Die künstliche Intelligenz in der Strafrechtsdogmatik

AF890792

Lasse Ferdinand Quarck

Die künstliche Intelligenz in der Strafrechtsdogmatik

Zur Verantwortung beim Einsatz von intelligenten Agenten und zur (Be-)Strafbarkeit von „e-Personen"

Springer

Lasse Ferdinand Quarck
Rechtswissenschaftliche Fakultät
Christian-Albrechts-Universität zu Kiel
Kiel, Deutschland

Inaugural-Dissertation zur Erlangung der Doktorwürde der Rechtswissenschaftlichen Fakultät der Christian-Albrechts-Universität zu Kiel, vorgelegt von Lasse Ferdinand Quarck aus Kiel

ISBN 978-3-658-50503-5 ISBN 978-3-658-50504-2 (eBook)
https://doi.org/10.1007/978-3-658-50504-2

Die Deutsche Nationalbibliothek verzeichnet diese Publikation in der Deutschen Nationalbibliografie; detaillierte bibliografische Daten sind im Internet über https://portal.dnb.de abrufbar.

© Der/die Herausgeber bzw. der/die Autor(en), exklusiv lizenziert an Springer Fachmedien Wiesbaden GmbH, ein Teil von Springer Nature 2025

Das Werk einschließlich aller seiner Teile ist urheberrechtlich geschützt. Jede Verwertung, die nicht ausdrücklich vom Urheberrechtsgesetz zugelassen ist, bedarf der vorherigen Zustimmung des Verlags. Das gilt insbesondere für Vervielfältigungen, Bearbeitungen, Übersetzungen, Mikroverfilmungen und die Einspeicherung und Verarbeitung in elektronischen Systemen.
Die Wiedergabe von allgemein beschreibenden Bezeichnungen, Marken, Unternehmensnamen etc. in diesem Werk bedeutet nicht, dass diese frei durch jede Person benutzt werden dürfen. Die Berechtigung zur Benutzung unterliegt, auch ohne gesonderten Hinweis hierzu, den Regeln des Markenrechts. Die Rechte des/der jeweiligen Zeicheninhaber*in sind zu beachten.
Der Verlag, die Autor*innen und die Herausgeber*innen gehen davon aus, dass die Angaben und Informationen in diesem Werk zum Zeitpunkt der Veröffentlichung vollständig und korrekt sind. Weder der Verlag noch die Autor*innen oder die Herausgeber*innen übernehmen, ausdrücklich oder implizit, Gewähr für den Inhalt des Werkes, etwaige Fehler oder Äußerungen. Der Verlag bleibt im Hinblick auf geografische Zuordnungen und Gebietsbezeichnungen in veröffentlichten Karten und Institutionsadressen neutral.

Planung/Lektorat: Karina Kowatsch
Springer ist ein Imprint der eingetragenen Gesellschaft Springer Fachmedien Wiesbaden GmbH und ist ein Teil von Springer Nature.
Die Anschrift der Gesellschaft ist: Abraham-Lincoln-Str. 46, 65189 Wiesbaden, Germany

Wenn Sie dieses Produkt entsorgen, geben Sie das Papier bitte zum Recycling.

Vorwort

Diese Arbeit wurde von der Rechtswissenschaftlichen Fakultät der der Christian-Albrechts-Universität zu Kiel im Wintersemester 2024/2025 als Dissertation angenommen. Die mündliche Prüfung fand am 10.02.2025 statt.

Herzlich bedanken möchte ich mich zuerst bei meiner Doktormutter, *Frau Prof. Dr. Janique Brüning*. Sie hat mir bei diesem kontroversen Thema die nötige wissenschaftliche Freiheit gelassen und wertvolle Ratschläge und Denkanstöße gegeben. An ihrem Lehrstuhl war ich ausgesprochen gern als wissenschaftlicher Mitarbeiter tätig. Ihr Interesse und Engagement für den akademischen Nachwuchs waren mir stets ein Vorbild. In guter und dankbarer Erinnerung werde ich auch die Kolleginnen und Kollegen am Lehrstuhl behalten, die diese Arbeit und die Zeit des Schreibens durch fachlichen und privaten Austausch bereichert haben.

Mein weiterer Dank gilt *Herrn Prof. Dr. Andreas Hoyer* für die zügige Erstellung des Zweitgutachtens und die lebendige Gestaltung seiner Vorlesungen, die mein Interesse am Strafrecht mitgeprägt haben.

Bedanken möchte ich mich außerdem bei den Damen und Herren der *Schleswig-Holsteinischen Universitätsgesellschaft*, die diese Arbeit auf Vorschlag der Rechtswissenschaftlichen Fakultät der Christian-Albrechts-Universität mit ihrem Promotionspreis ausgezeichnet haben.

Mein verbundener Dank gilt schließlich meinen Eltern, Hertje und Ulrich Quarck. Sie haben mir das Jurastudium erst ermöglicht und mich bei all meinen Vorhaben immer unterstützt. Ihnen ist diese Arbeit gewidmet.

Kiel, im September 2025 *Lasse F. Quarck*

Inhaltsverzeichnis

§ 1 Einleitung

A. Digitalisierung, Daten und disruptive Technologien

Das digitale Zeitalter ist angebrochen. Die Welt wird auch und vor allem durch das Internet und die Möglichkeit, große Mengen Daten zu speichern und in Echtzeit zu verwalten und zu nutzen („Big Data“[1]), immer vernetzter. Auch der Alltag verschiebt sich ins Digitale. Fernsehen und Kino werden zusehends durch Streaming-Dienste ersetzt, Shopping findet zu immer größeren Teilen bei Online-Händlern wie zum Beispiel Amazon statt, Kommunikationskanäle sind vermehrt Plattformen wie etwa WhatsApp, Twitter oder Instagram. Handys haben inzwischen die Rechenleistung von Desktop-Computern. Bei Behörden und Krankenkassen wird es in absehbarer Zeit ganz überwiegend digitale Akten geben.

Eine der faszinierendsten technischen Errungenschaften der Digitalisierung (und eine derjenigen mit einem der höchsten disruptiven Potenziale) ist die künstliche Intelligenz, kurz KI. Geprägt durch Science-Fiction und Popkultur werden bei KI wohl die meisten zunächst einmal an intelligente humanoide Roboter denken. Das Spektrum der künstlichen Intelligenz ist aber viel breiter als Star Wars‘ R2-D2 oder Sonny aus „I, Robot“. Zum wissenschaftlichen Gebiet der KI gehören unter anderem Informationstechnik, Maschinenlernen, mathematische Logik, wissensbasierte Systeme wie etwa Such- und Optimierungsverfahren, wie auch ggf. die haptische Umsetzung durch Elektrotechnik und Ingenieurswissenschaften. Der Bereich der KI ist ein multidisziplinärer.

1. Anwendungsbeispiele von künstlicher Intelligenz

Im Folgenden sind einige Beispiele für künstliche Intelligenzen aus verschiedenen Bereichen genannt, die bereits im Einsatz sind.

- **Mustererkennungssoftwares:** Diese sind inzwischen in jedem modernen Smartphone für die Gesichtserkennung im Einsatz, werden

---

[1] Ausf. *Hoffmann-Riem*, AöR 142 (2017), 1 (6 f.).

© Der/die Autor(en), exklusiv lizenziert an
Springer Fachmedien Wiesbaden GmbH, ein Teil von Springer Nature 2025
L. F. Quarck, *Die künstliche Intelligenz in der Strafrechtsdogmatik*,
https://doi.org/10.1007/978-3-658-50504-2_1

aber auch zur Aufklärung von Straftaten, u.a. durch das Gesichtserkennungssystem (GES) des Bundeskriminalamtes genutzt.[2] Außerdem werden die Strafverfolgungsbehörden künftig vermehrt auf KI setzen, wenn es darum geht, große Datenmengen zu sichten, die ansonsten in der erforderlichen Zeit nicht zu bewältigen wären (z.B. bei Wirtschaftsstrafsachen oder Cyberkriminalität[3]).

- **Chatbots:** Bots sind computergesteuerte technische Akteure (z.B. in sozialen Netzwerken oder bei Kundenservices von Dienstleistern), die vor allem bestimmte, sich wiederholende Aufgaben automatisch und ohne Notwendigkeit der Interaktion mit menschlichen Kommunikatoren verrichten.[4] Sie erkennen typische Konstellationen von Worten und können vorgefertigte Antworten geben. Das wohl bekannteste Beispiel für einen Chatbot, der auch komplexere Aufgaben erledigen kann, ist „ChatGPT". Der von der Firma OpenAI entwickelte und im November 2022 veröffentlichte Bot hat erstaunliche Fähigkeiten und ist beispielsweise in der Lage, auch längere, komplexere Texte zu schreiben und sogar einfache Software zu programmieren.[5] Auch, wenn ChatGPT bei seinen Antworten nicht immer fehlerfrei ist, zeigt er anschaulich, zu was KI bereits heute in der Lage ist.
- **Digitale Rechtsberatungssysteme (Legal Tech):** In den USA wurde in mehreren Bundesstaaten der Algorithmus „Compas" eingesetzt, der für Beschuldigte ein Rückfallrisiko errechnete, welches in die Strafzumessung einfließen kann.[6] Dessen Verwendung wurde dann allerdings wieder eingestellt, da die Ergebnisse, zu denen Compas kam, zum Teil diskriminierend waren: Tätern mit schwarzer Hautfarbe wurde per se ein höheres Rückfallrisiko unterstellt.[7] Der Einsatz von KI auf diese Weise dürfte grundsätzlich allerdings noch nicht ad acta gelegt sein. Ebenfalls relevant sind Unternehmen, die die auto-

---

[2] https://www.bka.de/DE/UnsereAufgaben/Ermittlungsunterstuetzung/Erkennungsdienst/erkennungsdienst_node.html#doc19616bodyText4 (abgerufen am 27.07.2025).

[3] *Menne*, <*www.zeit.de/2021/24/kuenstliche-intelligenz-software-sexuelle-gewalt-kinder-ermittlung-microsoft*>, (abgerufen am 27.07.2025).

[4] *Hoffmann-Riem*, AöR 142 (2017), 1 (14).

[5] *Schulman*, <*openai.com/blog/chatgpt*> (abgerufen am 27.07.2025).

[6] *Smith*, <*www.nytimes.com/2016/06/23/us/backlash-in-wisconsin-against-using-data-to-foretell-defendants-futures.html?module=inline*>; *Deutsche Welle*, <*www.dw.com/de/wenn-der-richter-mit-softwarehilfe-urteilt/a-47174579*> (jeweils abgerufen am 27.07.2025).

[7] *Holland*, <*www.heise.de/newsticker/meldung/US-Justiz-Algorithmen-benachteiligen-systematisch-Schwarze-3216770.html*> (abgerufen am 27.07.2025).

matische Überprüfung von Bußgeldbescheiden auf deren Rechtsmäßigkeit anbieten oder automatisiert Verbraucherrechte durchsetzen (z.B. „Flight Right“ oder geblitzt.de).

- **Selbstfahrende Kraftfahrzeuge:** Die wohl meiste mediale Aufmerksamkeit bekamen, neben ChatGPT, zuletzt (teil-)selbstfahrende Autos, wie von Tesla[8] oder aus den Projekten der Alphabet-Tochter Waymo (Alphabet ist der Mutterkonzern von Google).[9] In Berlin[10] und auch anderen Städten gab und gibt es Pilot-Projekte für hochautomatisierten öffentlichen Personenverkehr. Das automatisierte Fahren wird auch im weiteren Verlauf der Arbeit problematisiert werden, wenn es um konkrete Beispiele für etwaige Rechtsgutsverletzungen durch KI und den Umgang mit diesen geht.[11]
- **Medizinische und Pflegeroboter:** Auch in der Pflege gibt es Pilot-Projekte, in denen KI eingesetzt wird, wie etwa der Roboter „Pepper“.[12] Pflegeroboter können menschliches Pflegepersonal zwar nicht ersetzen, dieses aber erheblich entlasten, indem sie etwa zur Förderung kognitiver Fähigkeiten von Demenzpatienten eingesetzt werden oder um Patienten ganz grundsätzlich Gesellschaft zu leisten. Im Operationssaal wird ebenfalls vermehrt auf KI gesetzt. So wurde zum Beispiel an der TU Dresden ein System entwickelt, das Komplikationen beim Einsatz eines bestimmten OP-Instruments vorhersehen oder bei der effizienteren Vorbereitung der Instrumente unterstützen kann.[13] Dazu analysiert es menschliche Bewegungen auf Videoaufnahmen früherer Operationen und vergleicht diese mit dem Geschehen der gerade stattfindenden Operation. Sogar für die Durchführung von Operationen werden inzwischen Roboter eingesetzt, zum Beispiel „Da Vinci“, der in über hundert Kliniken in Deutschland steht.[14]

---

[8] *Finke*, <*www.autozeitung.de/tesla-model-s-autopilot-109969.html*> (abgerufen am 27.07.2025).

[9] *Conrad/Knecht*, <*www.auto-motor-und-sport.de/tech-zukunft/waymo-autonome-autos-ohne-sicherheitsfahrer/*> (abgerufen am 27.07.2025).

[10] *Berliner Abendblatt*, <*berliner-abendblatt.de/service/fahrerlose-busse-kurven-wieder-durch-tegel-id99726/*> (abgerufen am 27.07.2025).

[11] S.u. § 3 A. III.

[12] *SZ*, < https://www.sueddeutsche.de/leben/assistent-mit-kulleraugen-technik-in-der-pflege-morgengymnastik-mit-roboter-pepper-dpa.urn-newsml-dpa-com-20090101-230420-99-384612 >(abgerufen am 27.07.2025).

[13] *Ärzteblatt*, <*www.aerzteblatt.de/nachrichten/117532/Kuenstliche-Intelligenz-soll-Nutzung-chirurgischer-Instrumente-im-OP-vorhersagen*> (abgerufen am 27.07.2025).

[14] *Dörner*, <*www.mdr.de/wissen/supermikrochirurgie-op-roboter-operation-da-vinci-musa-100.html*> (abgerufen am 27.07.2025).

- **Finanzmärkte:** Ferner werden Algorithmen auch im Rahmen des sogenannten Hochfrequenzhandels eingesetzt, bei dem Wertpapiertransaktionen eigenständig von Hochleistungscomputern durchgeführt werden. Dieser Handel macht inzwischen einen Großteil des Handelsvolumens aus.[15]

2. Bedeutung von KI für die Gesellschaft

Künstliche Intelligenz kann also als bloße Software oder in physischem Gewand auftreten. Anhand der eben genannten Beispiele wird außerdem klar, dass KI in den verschiedensten Lebensbereichen bereits eingesetzt wird oder jedenfalls bald Einzug finden wird. Ihr Einsatz führt schon jetzt zur Verbesserung der Lebensbedingungen und eröffnet die Möglichkeit, dass sich der Mensch auf andere Aufgaben konzentrieren kann. Das ist insbesondere angesichts des demographischen Wandels (nicht nur im Hinblick auf die Pflege) begrüßenswert.[16] In einer alternden Gesellschaft führt langfristig kein Weg daran vorbei, bestimmte Tätigkeiten von intelligenten Robotern übernehmen zu lassen.[17] Außerdem können KI und Maschinen viele Aufgaben besser erledigen als der Mensch. Sie sind in ihren speziellen Anwendungsfeldern schneller, präziser und sicherer. Das ist vor allem dann von Vorteil, wenn sie in risikobehafteten Bereichen wie dem Straßenverkehr oder dem Operationssaal zum Einsatz kommen, da die Risiken hier aus menschlicher Fehlbarkeit resultieren. Allgemein verspricht man sich von dem Einsatz neuer Technologien eine relative Verringerung der Unfälle.[18]

Die meisten alltäglichen Prozesse würden schon jetzt ohne KI und digitale Netzwerke gar nicht mehr funktionieren, seien es die Herstellung und der Transport von Waren, Finanzmärkte, Verwaltung, Krankenhäuser usw. Was

---

[15] *Xetra*, <*www.xetra.com/xetra-de/newsroom/aktuelle-regulatorische-themen/hochfrequenzhandel*> (abgerufen am 27.07.2025).

[16] Vgl. *Kirchschläger*, AJP/PJA 2017, 240 (241 f.); *Döpke/Jülicher*, InTer 2019, 16 (17).

[17] In Japan, einem der am stärksten vom demographischen Wandel betroffenen Länder, ist der damit verbundene Einsatz von Robotern im Alltag längst Realität, *Hahn*, <*www.sueddeutsche.de/politik/japan-land-der-alten-1.5034933*> (abgerufen am 27.07.2025).

[18] *Mueller/Reagan/Cicchino*, Journal of Cognitive Engineering and Decision Making 2021, 3 ff.; *Fincan*, Artificial Intelligence and Legal Issues, S. 55 f.; *MDR*, <*www.mdr.de/wissen/sicher-autonom-fahren-algorithmus-echtzeitdaten-unfall-verhindern-100.html*> (abgerufen am 27.07.2025).

sich beim aktuellen gegenüber den historischen Transformationsprozessen geändert hat, ist die enorme Geschwindigkeit, mit der dieser Prozess voranschreitet. Dem zugrunde liegt das aus der Pionierzeit des Internets stammende und nach seinem Erdenker *Robert Metcalfe* benannte „Metcalfe's Law": Es besagt, dass der Nutzen eines Netzwerkes gegenüber der Anzahl seiner Nutzer exponentiell steigt, da jeder neue Nutzer mit allen anderen bisherigen Nutzern vernetzt ist.[19] Digitale Prozesse werden durch diesen Netzwerkeffekt enorm beschleunigt. Greifbar wird dieses rasante Tempo bei Technologieunternehmen wie Alphabet, Apple, Microsoft, Amazon etc.: Deren Marktkapitalisierung ist in den letzten Jahren exponentiell angewachsen. Es wird deutlich: Moderne Technologien und der Cyberspace sind unaufhaltsam auf dem Vormarsch.

B. Die vierte industrielle Revolution

Setzt man sich mit künstlicher Intelligenz auseinander, so wird man früher oder später auch auf den Begriff der vierten industriellen Revolution stoßen.[20] Die erste begann Ende des 18. Jahrhunderts, als moderne Staaten u.a. durch die Erfindung bzw. produktive Nutzung der Dampfmaschine von überwiegend Agrar- zu Industriestaaten wurden.[21] Die Produktion von Gütern wurde zunehmend mechanisiert. Im 19. Jahrhundert waren es vor allem die Elektrizität und das Fließband, die noch schnellere und effizientere Prozesse ermöglichten und die zweite industrielle Revolution einläuteten.[22] Die Massenproduktion verschaffte einer breiteren Masse der Bevölkerung den Zugang zu Technologien wie dem Automobil. Die dritte industrielle Revolution ist gerade erst vorüber. Mikrochips, Computer und die damit verbundene noch stärkere Automatisierung und Beschleunigung von Wertschöpfungsketten hat der Menschheit in

[19] *Groff/Jones*, Introduction to Knowledge Management, S. 21.
[20] Dazu ausf. *Bauernhansl*, in: Vogel-Heuser/Bauernhansl/Hompel, Handbuch Industrie 4.0, 1-31 ff.; vgl. aus der Rechtswissenschaft etwa *Hilgendorf*, in: Barton/Eschelbach/Hettinger/Kempf/Krehl/Salditt, Fischer-FS, S. 99 f.; *Döpke/Jülicher*, InTer 2019, 16 (18).
[21] *Pistorius*, Industrie 4.0 – Schlüsseltechnologien für die Produktion, S.6; *Mockenhaupt*, Digitalisierung und Künstliche Intelligenz in der Produktion, S. 40.
[22] *Pistorius*, Industrie 4.0 – Schlüsseltechnologien für die Produktion, S. 6; *Mockenhaupt*, Digitalisierung und Künstliche Intelligenz in der Produktion, S. 40.

den letzten Jahrzehnten des 20. Jahrhunderts einen nie dagewesenen Wohlstand beschert.[23] Komplexe Maschinen ermöglichen die schnelle und kostengünstige Herstellung von Gütern und digitale Systeme ermöglichen deren zielgerichtete globale Distribution „just in time".

Das Novum der vierten industriellen Revolution ist, dass die Technologien, die in der dritten entstanden sind, mit den digitalen Netzwerken verknüpft werden, die seit Ende der Achtzigerjahre massiv kommerzialisiert worden sind, insbesondere das Internet. Industrie 4.0 meint also eine umfassende Vernetzung aller Komponenten der Wertschöpfungskette.[24] Es wird insoweit auch vom Internet of Things (IoT) gesprochen.[25] Es können etwa in einer intelligenten Fabrik die Maschinen miteinander kommunizieren, Fehler im Fertigungsprozess melden, diese ggf. sogar selbst beheben und bei Warenknappheit diese automatisch nachbestellen.[26] Die Organisation von Produktionsprozessen wird dadurch dezentralisiert und ist somit dynamisch anpassbar.[27] Der Aufbau der Industrie 4.0 erhält auch kostenintensive staatliche Förderungen,[28] so dass davon auszugehen ist, dass eine flächendeckender Einsatz von einschlägigen KI-Systemen nur noch eine Frage der Zeit ist. Wenn man KI in Industrie und privatem Bereich so flächendeckend einsetzen möchte bzw. bereits einsetzt, muss sich auch fundiert mit etwaigen Risiken und der damit verbundenen Frage nach der Verantwortung auseinandergesetzt werden.

C. Risiken und Regulierungsbedarf

Historisch ist gesellschaftlichen Umwälzungen wie den industriellen Revolutionen und der Digitalisierung gemeinsam, dass sie die Lebenswirklichkeit der

---

[23] *Pistorius*, Industrie 4.0 – Schlüsseltechnologien für die Produktion, S. 6; *Mockenhaupt*, Digitalisierung und Künstliche Intelligenz in der Produktion, S. 40.

[24] *Kaufmann/Forstner*, in: Vogel-Heuser/Bauernhansl/Hompel, Handbuch Industrie 4.0, S. 124 ff.; Leupold/Wiebe/Glossner/*Gronau/Rojahn*, Teil 10.1, Rn. 1 ff.; *Reichwald/Pfisterer*, CR 2016, 208 (211).

[25] *Pistorius*, Industrie 4.0 – Schlüsseltechnologien für die Produktion, S. 9; *Mockenhaupt*, Digitalisierung und Künstliche Intelligenz in der Produktion, S. 248 ff.

[26] *Bauernhansl*, in: Vogel-Heuser/Bauernhansl/Hompel, Handbuch Industrie 4.0, 1-31S. 11 ff.; vgl. auch https://www.bmbf.de/de/zukunftsprojekt-industrie-4-0-848.html (abgerufen am 03.05.2021).

[27] *Hötitzsch*, in: Hilgendorf/Hötitzsch, Das Recht vor den Herausforderungen der modernen Technik, S. 757 f.

[28] *Europäische Kommission*, *<ec.europa.eu/commission/presscorner/detail/de/IP_18_6689>* (abgerufen am 27.07.2025).

Menschheit fundamental verändert haben. Die Technologien, die die industriellen Revolutionen maßgeblich angetrieben haben, waren alle disruptiv. Ex post betrachtet haben diese Veränderungen die Lebensqualität der Mehrheit der Menschen zum Teil deutlich verbessert.[29] Während des Prozesses allerdings wurden sie auch stets von Ablehnung, Misstrauen, Zweifeln und sonstigen mindestens ambivalenten Gefühlen ihnen gegenüber begleitet.[30] Die sozioökonomischen und rechtlichen Narrative sind immer ähnlich, denn Veränderungen bedeuten zunächst einmal Unsicherheit für die Betroffenen. So verhält es sich auch hinsichtlich der aktuell zu beobachtenden digitalen Transformation. Wie eben aufgezeigt wurde, hat die KI enormes Potenzial, unsere Lebenswirklichkeit zu bereichern. Doch bestehen (berechtigterweise) auch Bedenken.

1. Unfehlbare KI?

„Errare humanum est" wussten schon Seneca und Cicero. KI wird von Menschen erschaffen, so dass die Schöpfung ebenso fehlbar sein kann wie ihre Schöpfer. Solche Fehler können schon bei der Programmierung und Herstellung passieren, bei lernfähiger KI allerdings auch erst dann, wenn die Entwickler keinen oder nur noch bedingt Einfluss auf sie nehmen können.[31] So taten sich User des Forums „8chan" zusammen, um Microsofts selbstlernenden Chatbot „Tay" so lange mit rassistischem Input zu füttern, bis dieser selbst derartige Nachrichten über Twitter verbreitete.[32] Was man hier vielleicht noch als digitalen Dadaismus abtun kann, wird dann weniger spaßig, wenn schwerwiegendere Konsequenzen als beleidigende Tweets die Folge sind. Der oben angesprochene Legal Tech-Algorithmus „Compas" etwa attestiert Afroamerikanern systematisch ein höheres Rückfallrisiko. Ob das tatsächlich zutreffend ist oder die zugrunde gelegte Datenlage der Vergangenheit die dort evtl. vorgekommene systematische Benachteiligung von Afroamerikanern durch eine evtl. vorurteilsbehaftete Justiz sich in der KI ausgedrückt hat, sei dahingestellt. Dass jedenfalls diese Möglichkeit besteht, lässt aber aufhorchen. Noch relevanter sind denkbare Fallkonstellationen, in denen ein Algorithmus selbst eine Entscheidung trifft, durch die in der Folge Rechtsgüter verletzt werden. Man denke hier z.B. an die sog. Dilemma-Probleme (engl. „Trolley Problems) in

---

[29] *Kirchschläger*, AJP/PJA 2017, 240; *Hoffmann-Riem*, AöR 142 (2017), 1 (6).
[30] *Döpke/Jülicher*, InTer 2019, 16.
[31] *Müller*, AJP/PJA 2014, 595 (604 f.); *Beck*, JR 2009, 225 (227).
[32] *Graff*, <*www.sueddeutsche.de/digital/microsoft-programm-tay-rassistischer-chat-roboter-mit-falschen-werten-bombardiert-1.2928421*> (abgerufen am 27.07.2025).

Situationen, in denen ein Schaden nicht mehr abgewendet werden kann und die KI anhand der vorher implementierten Parameter entscheiden muss, welches Ergebnis in Kauf genommen wird.[33] Genannt sei auch der „Aschaffenburger Fall“, in dem ein Spurhalteassistent das Fahrzeug nicht in den Graben fahren ließ, nachdem der Fahrer einen Schlaganfall erlitten hatte und dadurch eine Mutter samt Kind tödlich erfasst wurden.[34] Und schließlich müssen auch und vor allem solche Fälle in den Blick genommen werden, in denen die KI eine Entscheidung nicht anhand vorher implementierter Regeln fällt, sondern anhand eigener Lernerfahrung.

Regelmäßig findet bei der Entwicklung neuer Technologien aber keine oder zumindest keine sorgfältige Prüfung (i.S.e. solchen, die der Gesetzgeber wohl anstrengen würde) langfristiger rechtlicher Konsequenzen statt. Die für das KI-System geltenden Normen werden also jedenfalls teilweise von Ingenieuren, Mathematikern und Informatikern gesetzt, nicht vom Gesetzgeber oder der Rechtsprechung.[35] Das Internet ist dafür ein eindrückliches Beispiel: Erst Jahre, nachdem es sich etabliert hatte, wurden bzw. werden die Behandlung von Phänomenen wie Cyber-Mobbing oder Hate Speech diskutiert.[36]

2. Analoge Spieler in einer digitalen Welt

Das hängt damit zusammen, dass die Grundkonzepte der analogen Welt selten unmittelbar auf die digitale angewendet werden können.[37] Die Entwicklungen der letzten Jahre sind zum Teil asynchron verlaufen. Wie sich diese Divergenz auf die juristische Dogmatik auswirkt, ist bereits im Fokus der Rechtswissenschaft und wird es auch künftig bleiben. Interessen, die nicht solche derjenigen Personen sind, die unmittelbar mit der technischen Entwicklung befasst sind (zum Beispiel staatliche Interessen), müssen von außen implementiert bzw. durchgesetzt werden.[38] Das bedeutet, dass die Zielsetzungen von Entwicklern und Programmierern (unbewusst) konträr zu denen des Gesetzgebers verlaufen

---

[33] Dazu ausf. s.u. § 3 A. III. 3.

[34] *Hilgendorf*, DRiZ 2018, 66; (ausf. zu diesen Problemstellungen § 3 A. III.).

[35] *Kirchschläger*, AJP/PJA 2017, 240 (241) in Fn. 8; *Hoffmann-Riem*, AöR 142 (2017), 1 (29); *Boehme-Neßler*, NJW 2017, 3031 (3033).

[36] Vgl. zu diesem Diskurs *Ceffinato*, JuS 2020, 495 m.w.N.; *Janisch*, *<www.sueddeutsche.de/digital/hate-speech-anzeigen-1.4682038>* (abgerufen am 27.07.2025).

[37] *Boehme-Neßler*, NJW 2017, 3031 (3036).

[38] *Boehme-Neßler*, NJW 2017, 3031 (3033).

können. Es kann und wird zu Widersprüchen kommen, da dem Recht deutlich engere Grenzen gesetzt sind als dem scheinbar grenzenlosen digitalen Transformationsprozess und seinen Machern. Innovationspotential und die Verantwortung für daraus entstehende Risiken müssen miteinander in Einklang gebracht werden.

Seitens der Kommission der Europäischen Union gibt es mit der KI-Verordnung nunmehr erstmals einheitliche Rahmenbedingungen für den Einsatz von künstlicher Intelligenz. Verstöße gegen die Verordnung sollen erhebliche Sanktionen nach sich ziehen. Schon 2017 hatte das EU-Parlament in einer Entschließung der EU-Kommission empfohlen, sich mit Regelungen im Bereich Robotik zu beschäftigen (allerdings explizit für das Zivilrecht).[39] Dort wurden neben der Frage nach der Haftung auch um etwaige Kategorisierungen von Robotern sowie ethische und datenschutzrechtliche Fragen aufgeworfen und entsprechende Forderungen gestellt.[40] Auch in Schleswig-Holstein existiert seit 2022 ein Digitalisierungsgesetz, welches unter anderem den Einsatz von KI in der Verwaltung regelt.[41]

Die Anstrengungen der EU zeigen, dass sich auch auf „höchster Ebene" mit KI und ihren Folgen auseinandergesetzt wird. Staatliche und private Institutionen haben das Potenzial und die Risiken dieser Technologie erkannt. Die Entwicklungen in diesem Bereich sind wohl in der Tat nicht mehr aufzuhalten, was angesichts der deutlich überwiegenden Vorteile auch nicht gewollt ist. Ein Konsens bezüglich der notwendigen Regulierung von KI ist aber noch lange nicht in Sicht. Für unterschiedliche rechtliche Fragestellungen oder Einsatzbereiche, in denen es einer Regulierung von KI bedarf, muss diese entsprechend angepasst werden. Es müssen ausgehend von solchen etwaigen Rahmenbedingungen, wie der AI Act sie vorgibt, für speziellere Bereiche konkrete Regelungen gefunden werden.

Dem Recht kommt dabei eine zweischneidige Rolle zu. Einerseits kann es Technik verhindern, durch direkte Verbote oder durch Anforderungen, die

---

[39] *Europäisches Parlament*, <*www.europarl.europa.eu/doceo/document/TA-8-2017-0051_DE.html?redirect*> (abgerufen am 04.06.2021).

[40] Dazu später mehr, wenn es um die Anforderungen an die Sorgfaltspflichten geht, § 3 A. II. 1. c. bb.

[41] Gesetz über offene Daten der Träger der öffentlichen Verwaltung vom 16. März 2022 (ODaG), vgl. zur Gesetzesbegründung die Drs. 19/3267 des *Schleswig-Holsteinischen Landtags*, <*www.landtag.ltsh.de/nachrichten/22_02_digitalisierungsgesetz/*> (abgerufen am 25.07.2025).

nicht eingehalten werden können.[42] Andererseits kann es Technik aber auch ermöglichen, indem Rechtssicherheit geschaffen wird. Es können Rahmenbedingungen abgesteckt werden, innerhalb derer KI-Projekte vorangetrieben werden können.[43] Durch die frühzeitige Implikation (auch) juristischer Standards in die Entwicklungsprozesse kann außerdem ein Beitrag zur langfristigen gesellschaftlichen Akzeptanz, bzw. dem diesbezüglichen Entscheidungsprozess geleistet werden.[44] Den Betroffenen der digitalen Transformation (also eigentlich allen Bürgern) wird dadurch signalisiert, dass Risiken erkannt und ernst genommen werden.

Dazu müssen allerdings zunächst seitens der Wissenschaftsdisziplinen und auch der Rechtswissenschaft Standards und Regeln für die aufkommenden digitalen Probleme gefunden werden. Mit dieser Arbeit sollen solche Schritte für das deutsche Strafrecht gegangen werden.

D. Kernfragestellungen und Stand der Forschung

Dabei wird es um die folgenden Kernfragestellungen gehen:

1. Was ist künstliche Intelligenz und wie funktioniert sie? (§ 2)
2. Wie kann sich ein Mensch beim Einsatz von KI strafbar machen? Wann ist das nicht der Fall? (§ 3 A.)
3. Wenn das nicht der Fall ist: Kann ein Verantwortungsvakuum aus strafrechtlicher Sicht hingenommen werden? (§ 3 B.)
4. Wenn das Vakuum nicht hingenommen werden kann: Kommt eine Strafbarkeit der KI selbst infrage und unter welchen Voraussetzungen? Kann eine KI insbesondere handlungs- und schuldfähig sein und Rechtssubjektivität besitzen? (§ 4)
5. Wenn eine KI strafbares Rechtssubjekt sein kann: Welche Auswirkungen hat das wiederum auf die Strafbarkeit menschlicher Tatbeteiligter? (§ 5)

---

[42] Beispielsweise durch die notwendige Erfüllung definitorischer Anforderungen, *Fincan*, Artificial Intelligence and Legal Issues, S. 29 f.

[43] *Döpke/Jülicher*, InTer 2019, 16 (18 f.).

[44] *Schaub*, JZ 2017, 342 (343), die insoweit von Rechtsinformatik spricht.

Bei den bisherigen rechtswissenschaftlichen Untersuchungen zu Künstlicher Intelligenz handelt es sich vorrangig um Aufsatzliteratur, die insbesondere zivilrechtliche Fragen in den Mittelpunkt stellt. Die Verfasser, die sich mit strafrechtlichen Fragen auseinandersetzen, haben zum Teil schon vor fast zwei Jahrzehnten menschliche Strafbarkeit untersucht und die problematischen Anknüpfungspunkte für eine KI-Strafbarkeit herausgearbeitet[45], oben die Fragen 2 und 4. Umfassende Monografien gibt es zur strafrechtlichen Einordnung von KI bisher aber nur vereinzelt. Hervorzuheben ist dabei die Dissertation von *Anna Lohmann*.[46] Auch wenn die vorliegende Arbeit in einigen Ansätzen der Dissertation von *Lohmann* ähnelt[47], unterscheidet sie sich in mehreren Aspekten. Während *Lohmanns* Schwerpunkt auf der Betrachtung der aktuellen Rechtslage (de lege lata) liegt, behandelt die hier vorliegende Arbeit sowohl die aktuelle als auch die künftige Rechtslage (de lege ferenda) mit annähernd gleichem Gewicht. Ein besonderes Merkmal dieser Arbeit ist die tiefgehende Analyse der Handlungs- und Schuldfähigkeit von Künstlicher Intelligenz, auch im Vergleich zu Unternehmen.[48]

Neben der Frage nach materiellen Strafbarkeiten, ist auch die nach einer adäquaten Sanktion nicht zu vernachlässigen. Aus dissertationsökonomischen Gründen werden in § 6 in einer Art Obiter Dictum diese und weitere übrig gebliebene Fragen nur kurz dargestellt und Denkanstöße für ihre Beantwortung gegeben.

---

[45] So etwa *Susanne Beck* oder *Eric Hilgendorf*, die auch gemeinsam Herausgeber der Reihe „Robotik und Recht" sind. Eine Vielzahl von Beiträgen aus der Reihe finden sich im Literaturverzeichnis dieser Arbeit.

[46] Ebenfalls erschienen in der Reihe „Robotik und Recht".

[47] Angesichts des Umstandes, dass der Verfasser bereits Ende 2018 mit seiner Dissertation begonnen hat und das Werk von Lohmann 2021 erschienen ist, handelt es sich bei etwaigen Ähnlichkeiten um Doppelschöpfungen.

[48] § 4 B. I. 2. und § 4 B. II. 2. b.

§ 2 Begriffliche und technische Grundlagen

Um künstliche Intelligenzen und ihre Manifestationen fundiert rechtswissenschaftlich einordnen zu können, bedarf es zunächst eines wenigstens grundlegenden Verständnisses: Wie funktioniert und wie lernt KI? Inwieweit ähneln oder unterscheiden sich algorithmische bzw. künstlich intelligente Prozesse von denjenigen, die im menschlichen Gehirn ablaufen? Und welche Auswirkungen hat das auf das Verständnis juristischer Fachtermini und deren zugrundeliegender Dogmatik?

Weder im technischen noch im rechtlichen Sinne gibt es in der Wissenschaft eine einheitliche Definition der teilweise synonym verwendeten Begriffe „künstliche Intelligenz", „Roboter", „autonome Systeme", „intelligente Agenten" und so weiter.[49] Für den allgemeinen Sprachgebrauch kommt erschwerend hinzu, dass durch den dauernden Einfluss von Science-Fiction und Popkultur in der Bevölkerung zum Teil divergierende Assoziationen mit diesen Begriffen existieren. Auch der stetige gesellschaftliche Wandel und der rasante technische Fortschritt führen dazu, dass eine für die unterschiedlichen betroffenen Wissenschaftsdisziplinen allgemeingültige und trennscharfe Begriffsbestimmung kaum möglich ist.[50] Analogien und eine metaphorische Wortverwendung im Rahmen der Auseinandersetzung mit KI sind die Folge.[51]

Nun ist es aber üblicherweise so, dass Juristen, um einen Sachverhalt unter eine (Straf-)Norm zu subsumieren, eine Definition benötigen. Wie sich zeigen wird, liegt bereits hierin die erste Schwierigkeit. Zwar handelt es sich bei der KI-Forschung um ein „Teilgebiet der Informatik, welches versucht, menschliche Vorgehensweisen der Problemlösung auf Computern nachzubilden, um auf diesem Wege neue oder effizientere Aufgabenlösungen zu erreichen".[52] Ihr Ziel ist es, „die Sinneswahrnehmung, die Motorik, die Lernfähigkeit, die Verhaltensplanung und die Inferenzfähigkeit des Menschen dort [zu ergänzen], wo es im Hinblick auf Assistenzfunktionen für den Menschen sinnvoll ist.[53]

---

[49] *Pieper*, InTer 2018, 9 (11); dieses Problem zeigt sich sowohl im nationalen wie im internationalen Kontext und lässt sich u.a. vergleichen mit der unterschiedlichen begrifflichen Einordnung von „Drogen", *Fincan*, Artificial Intelligence and Legal Issues, S. 27 f.

[50] *Günther*, Roboter und rechtliche Verantwortung, S. 17.

[51] *Görz/Nebel*, Künstliche Intelligenz, S. 9.

[52] *Lämmel/Cleve*, Künstliche Intelligenz, S. 13.

[53] So *Prof. Dr. Dr. h.c. mult. Wolfgang Wahlster* vom Deutschen Forschungszentrum für Künstliche Intelligenz (DFKI) in einem Interview, *Meyer*, <*www.computerwoche.de/a/kuenstliche-intelligenz-ist-besser-als-natuerliche-dummheit,3210426*> (abgerufen am 25.07.2025).

© Der/die Autor(en), exklusiv lizenziert an
Springer Fachmedien Wiesbaden GmbH, ein Teil von Springer Nature 2025
L. F. Quarck, *Die künstliche Intelligenz in der Strafrechtsdogmatik*,
https://doi.org/10.1007/978-3-658-50504-2_2

Nichtsdestotrotz war und ist künstliche Intelligenz aber auch ein interdisziplinäres Thema, das neurowissenschaftliche, philosophische, soziologische und nicht zuletzt eben auch juristische Relevanz hat. Einen allgemeingültigen Konsens für die Begriffsbestimmung gibt es bisher nicht und ist auch nicht zu erwarten.

Es geht an dieser Stelle daher nicht um die Herausarbeitung wissenschaftsübergreifend einwandfreier Definitionen, sondern es soll ein Grundverständnis für (künstliche) Intelligenz, Maschinenlernen und Roboter geschaffen werden. Es bedarf zumindest einer Umreißung der einschlägigen Begrifflichkeiten, um für die technischen Gegebenheiten und die Funktionsweise sensibilisiert zu sein. Denn ohne grundlegendes technisches Know-How misslingt eine juristische Bewertung: „Rechtlich einordnen kann man nur, was mach auch verstanden hat.“[54]

Die Notwendigkeit eines solchen Grundverständnisses wird im Rahmen dieser Arbeit insbesondere dann bestehen, wenn es im weiteren Verlauf um die Frage geht, ob das aktuelle Verständnis strafrechtlicher Instrumentarien für die Einordnung von KI geeignet ist oder ob aufgrund der veränderten Ursachen für das Zustandekommen von strafrechtlich relevantem Verhalten ein anderes Verständnis angezeigt sein könnte. Prägend für unsere bisherige Interpretation des Rechts ist ein „juristischer Humanismus“[55]. Darunter sei eine solche rechtsphilosophische Position zu verstehen, „die den Menschen mit seinen natürlichen Bedürfnissen und Interessen in den Mittelpunkt stellt und alles Recht daran misst, inwieweit es das menschliche Wohlergehen zu fördern geeignet ist.“[56] Die normative Ordnung ist also von Menschen und insbesondere für Menschen gemacht, er steht auch allein im Mittelpunkt dogmatischer Überlegungen. Intelligente künstliche Entitäten kamen in der Vorstellung des historischen Gesetzgebers nicht vor und rücken auch heute nur allmählich in den Fokus der Jurisprudenz.

[54] *Herberger*, NJW 2018, 2825.
[55] *Hilgendorf*, in: Groschopp, Humanismus und Humanisierung, S. 36 ff.
[56] *Hilgendorf*, in: Groschopp, Humanismus und Humanisierung, S. 41

A. Definitionen und Funktionsweise

I. Künstliche Intelligenz

Die Forschung zu künstlicher Intelligenz ist erst wenige Jahrzehnte alt. Als wissenschaftliche Geburtsstunde wird die Dartmouth Conference im Jahre 1956 angesehen, die sich erstmals in größerem Umfang mit dem Thema „Artificial Intelligence" beschäftigte.[57] Die federführend von den KI-Pionieren *John McCarthy*, *Marvin Minsky*, *Nathaniel Rochester* und *Claude Shannon* untersuchte These lautete: „[…] every aspect of learning or any other feature of intelligence can in principle be so precisely described that a machine can be made to simulate it."[58] Es könne also jeder Aspekt des Lernens oder jeder anderen Eigenschaft der Intelligenz im Prinzip so genau beschrieben werden, dass sie mit einer Maschine simuliert werden können. Das deckt sich mit der in der Einleitung aufgestellten These, dass quasi alle interaktiven Prozesse innerhalb von oder zwischen (organischen und anorganischen) Entitäten algorithmisch beschrieben werden können. Jedes Verhalten organischer oder anorganischer Entitäten kann in Zwischenschritte unterteilt werden, die bei Zugrundelegung eines bestimmten Regelwerks logisch aufeinander folgen.

Die Schwierigkeit, künstliche Intelligenz nun trennscharf zu definieren, beginnt bereits mit der Übersetzung des englischen Begriffs der „Artificial Intelligence". Insoweit wird vertreten, dass man dem Sinngehalt von „artificial" mit „synthetisch" oder „gekünstelt" besser gerecht würde.[59] Zudem wird auch in dem damals vorgelegten Vorschlagspapier von *McCarthy/Minsky/Rochester/Shannon* der Begriff der „intelligence" nicht näher betrachtet und als gegeben vorausgesetzt.[60] Auch die Bedeutung des englischen Wortes „intelligence" kann kontextual vom deutschen Begriff der „Intelligenz" abweichen. Er kann insofern auch die Beschaffung von Informationen und Daten im Sinne einer

---

[57] *McCarthy et al.*, A Proposal For The Dartmouth Summer Research Project On Artificial Intelligence, abrufbar unter *www-formal.stanford.edu/jmc/history/dartmouth/dartmouth.html* (abgerufen am 27.07.2025); vgl. auch *Görz/Nebel*, Künstliche Intelligenz, S. 22 f.

[58] *McCarthy et al.*, A Proposal For The Dartmouth Summer Research Project On Artificial Intelligence, abrufbar unter *www-formal.stanford.edu/jmc/history/dartmouth/dartmouth.html* (abgerufen am 27.07.2025).

[59] *Lämmel/Cleve*, Künstliche Intelligenz, S. 11; vgl. zur Kritik an dem Begriff auch *Herberger*, NJW 2018, 2825 (2827).

[60] Zu dieser Beurteilung bereits *Herberger*, NJW 2018, 2825 (2826).

technokratischen Intelligenz meinen[61] (vgl. den Namen der amerikanischen Central *Intelligence* Agency, CIA).

Davon ausgehend wirft der Begriff der künstlichen Intelligenz wiederum mehrere Fragen auf: Was ist Intelligenz? Wann liegt sie vor? Wann ist sie künstlich bzw. synthetisch oder in Abgrenzung dazu natürlich? Und bedarf es überhaupt einer solchen Abgrenzung? Nach der Behandlung dieser Fragen wird außerdem ein Überblick über die Art und Weise gegeben, wie KI lernt und welche Fähigkeiten sie bereits heute besitzt. Schließlich wird noch der Roboter etwas genauer behandelt, da im Bereich der Robotik diejenigen Veränderungen und Fortschritte zu erwarten sind, die den spürbarsten oder jedenfalls sichtbarsten Einfluss auf unseren Alltag haben werden.

1. Intelligenz

Laut dem Duden handelt es sich bei Intelligenz um die „Fähigkeit [des Menschen], abstrakt und vernünftig zu denken und daraus zweckvolles Handeln abzuleiten."[62] Als Beispiel für eine Form der Intelligenz wird unter anderem „in übertragener Bedeutung" die künstliche Intelligenz als „Fähigkeit bestimmter Computerprogramme, menschliche Intelligenz nachzuahmen" beschrieben.[63] Es wird hier also erstens eine Differenzierung zwischen menschlicher und künstlicher Intelligenz vorgenommen und zweitens wird die Zweckhaftigkeit des abgeleiteten Handelns für das Vorliegen von Intelligenz vorausgesetzt. Es bedarf nach diesem Verständnis mithin einer Zielsetzung für das Handeln der intelligenten Entität, die diese unter Zuhilfenahme ihrer Fähigkeiten erreicht.

Shane Legg, Mitbegründer des inzwischen von Google übernommenen KI-Unternehmens „DeepMind" und der Informatiker *Marcus Hutter* haben aus verschiedenen Erklärungsansätzen für menschliche Intelligenz folgende, den untersuchten Ansätzen gemeinsame Formel herausgearbeitet: „Intelligence measures an agent's ability to achieve goals in a wide range of environments".[64] Intelligenz sei also die Fähigkeit eines Agenten (lat. agere = handeln), in einem

[61] *Krämer*, Synäshtetische Soziologie, S. 35.
[62] https://www.duden.de/rechtschreibung/Intelligenz (abgerufen am 27.07.2025).
[63] https://www.duden.de/rechtschreibung/Intelligenz (abgerufen am 27.07.2025).
[64] *Legg/Hutter*, Minds & Machines 17 (2007), 391 (399).

weiten Umfeld von Rahmenbedingungen bzw. Umgebungen Ziele zu erreichen.[65] Legt man dieses Verständnis zugrunde, offenbart sich die oben angesprochene etymologische Unschärfe: Sowohl im deutschen als auch im englischen Sprachgebrauch kann das Verständnis von Intelligenz wesentlich umfassender sein, indem es über die obige Formel hinaus auch Bereiche wie etwa die soziale oder emotionale Intelligenz oder noch andere Kompetenzen umfasst.[66] So werden auch im Duden technische und politische Intelligenz als Beispiele angeführt.[67] *Herberger* regt aus diesem Grund im Zusammenhang mit der rechtlichen Einordnung einen Verzicht auf den Begriff der Intelligenz an, räumt aber ein, dass dies aufgrund dessen fester Verankerung im öffentlichen Diskurs unrealistisch sei.[68]

Die genannten Definitionen sind alle so weit formuliert, dass aus ihnen nicht ohne Weiteres klar wird, was die Voraussetzungen für Intelligenz sind. Daher bedarf es einer weiteren Konkretisierung der verwendeten Begrifflichkeiten.

a. Intelligenz als Kumulation verschiedener Fähigkeiten

Einigkeit besteht darüber, dass Intelligenz nicht an einzelnen Kriterien festgemacht werden kann, sondern sich in einer Kumulation verschiedener interner und externer Fähigkeiten ausdrückt, die kontext- und situationsbezogen zu Tage treten.[69] Dazu zählen etwa logisches Denken, Gedächtnisleistungen, Sprachgebrauch, die Fähigkeit, die eigenen Fertigkeiten zur Lösung von auch unbekannten Problemen anzuwenden, dabei ggf. kreativ zu werden[70] und bei

---

[65] So auch *Hilgendorf*, in: Barton/Eschelbach/Hettinger/Kempf/Krehl/Salditt, Fischer-FS, S. 100; *Erhardt/Mona*, in: Gless/Seelmann, Intelligente Agenten und das Recht, S. 616.
[66] Vgl. *Delahaye*, in: SdW kompakt v. 17.10.16, S. 45; *Meyer*, *<www.computerwoche.de/a/kuenstliche-intelligenz-ist-besser-als-natuerliche-dummheit,3210426>* (abgerufen am 27.07.2025).
[67] https://www.duden.de/rechtschreibung/Intelligenz (abgerufen am 27.07.2025).
[68] *Herberger*, NJW 2018, 2825 (2826 f.).
[69] *Görz/Nebel*, Künstliche Intelligenz, S. 10, 20 f.
[70] Dazu, dass intelligente Systeme in der Tat kreativ werden können s.u. i.R.d. Maschinenlernens § 2 A. II. 1. a. aa. (1).

der vorgenommenen Aktion Zweck und Mittel rational gegeneinander abzuwägen.[71] Daraus erwächst die Fähigkeit der intelligenten Entität, sich der jeweiligen Umgebung und ihren Bedingungen, also allen möglichen dort auftretenden Problemen oder Daten, anzupassen.[72]

Dabei kann zwischen genereller bzw. universeller und domänespezifischer Intelligenz unterschieden werden: Je größer die Zahl der Umgebungsbedingungen, an die sich die intelligente Entität anpassen kann, desto eher wird man von genereller oder universeller Intelligenz sprechen können.[73] Je eingeschränkter das Einsatzgebiet, beispielsweise bei einem Schachcomputer, desto domänespezifischer ist die Intelligenz.

Angesichts der vielfältigen Anhaltspunkte und Kriterien, anhand derer Intelligenz festgemacht werden kann, kann resümiert werden, dass Intelligenz keine binäre Eigenschaft darstellt, die entweder vorliegt oder nicht. Sie manifestiert sich vielmehr in der flexiblen Interaktion der intelligenten Entität mit ihrer Umgebung – sie entsteht also aus dem „sozialen Handlungszusammenhang".[74] Dies leuchtet schon deshalb ein, weil die Antwort auf die Frage, ob eine Entität Intelligenz besitzt oder nicht, jedenfalls in Grenzfällen sehr unterschiedlich beantwortet werden kann.

b. „Extended intelligence": Intelligenz als soziales Faktum eines übergeordneten Systems

Joichi Ito, der Leiter des Media Laboratory am Massachusetts Institute of Technology (MIT) geht sogar so weit, den Begriff der „extended intelligence" dem sonst üblicherweise verwendeten „artificial intelligence" vorzuziehen. „Instead of thinking about machine intelligence in terms of humans vs. machines, we should consider the system that integrates humans and machines — not artificial intelligence, but extended intelligence."[75] Gemeint ist also eine korrelative bzw. kooperative Existenz von Mensch und Maschine, die beide Teile eines übergeordneten Systems seien und als solche einem höheren Zweck

[71] *Görz/Nebel*, Künstliche Intelligenz, S. 10; *Decker*, in: Gless/Seelmann, Intelligente Agenten und das Recht, S. 235.

[72] *Erhardt/Mona*, in: Gless/Seelmann, Intelligente Agenten und das Recht, S. 616 f; *Delahaye*, in: SdW kompakt v. 17.10.16, S. 414.

[73] *Erhardt/Mona*, in: Gless/Seelmann, Intelligente Agenten und das Recht, S. 617; *Delahaye*, in: SdW kompakt v. 17.10.16, S. 414.

[74] *Görz/Nebel*, Künstliche Intelligenz, S. 11.

[75] *Ito*, *<jods.mitpress.mit.edu/pub/resisting-reduction>* Resisting Reduction, *https://jods.mitpress.mit.edu/pub/resisting-reduction* (abgerufen am 27.07.2025)

dienen sollen. „And we must question and adapt our own purpose and sensibilities as designers and components of the system for a much more humble approach: Humility over Control.“[76] Es gehe sinngemäß also nicht um Kontrolle (des Menschen), sondern um Demut gegenüber den Möglichkeiten und der Verantwortung, die der Einsatz dieser Technologie mit sich bringt.

Folgte man diesem Begriffsverständnis, so wäre eine Differenzierung zwischen menschlicher bzw. „natürlicher“ und maschineller bzw. „künstlicher“ Intelligenz überflüssig, da es vorrangig auf die Rolle ankäme, die die „designer“ des Systems den jeweiligen „components“, also den intelligenten Entitäten innerhalb des Systems, zuweisen. Durch die Zusammenarbeit der verschiedenen Entitäten, natürlicher und künstlicher, und die Verbindung ihrer Fähigkeiten entstünde dann die „extendend intelligence“.[77] Im Prinzip handelt es sich also um einen systemtheoretischen Ansatz, der in Bezug auf Intelligenz nicht auf die Individuen sondern auf das abstrakte, übergeordnete Konstrukt abstellt.

Itos Intention bei der Schaffung dieses Begriffs scheint dabei vornehmlich von philosophisch-utopistischten Motiven geprägt zu sein, eine ideale Welt, in der Mensch und Maschine optimal zusammenarbeiten und ein gemeinsames übergeordnetes Ziel verfolgen. Der Herausarbeitung eines Begriffsverständnisses von Intelligenz, das die Rechtsfindung beim Einsatz von KI fördert, ist die Annahme einer solchen „extended intelligence“ allerdings nicht dienlich. Zum einen wird nicht ausreichend klar, welcher „approach“, also welches übergeordnete vom System und seinen Individuen verfolgt werden soll. Zum anderen ist die Diskrepanz zwischen dem allgemeinen Verständnis von Intelligenz und der sehr abstrakten „extended intelligence“ zu groß. Um als Kriterium für eine rechtliche Bewertung zu dienen, müssen der Begriff auch in der Laiensphäre verständlich und nachvollziehbar und zumindest eine grundsätzliche Abgrenzbarkeit gegeben sein. Es wird nämlich immer dann, wenn sich der Mensch einer Technologie bedient, die Fähigkeiten besitzt, die seine eigenen übersteigen, eine Art von Künstlichkeit vorliegen (dazu auch sogleich). Eine vollständige Verschmelzung menschlicher und maschineller Fähigkeiten ist insofern auch auf einer theoretischen Ebene nicht anzunehmen.

---

[76] *Ito*, *<jods.mitpress.mit.edu/pub/resisting-reduction>*Resisting Reduction, *https://jods.mitpress.mit.edu/pub/resisting-reduction* (abgerufen am 27.07.2025)

[77] Vgl. zu Überlegungen zur Interaktion zwischen Menschen und Robotern auch *Kirchschläger*, AJP/PJA 2017, 240 (245 f.), wo unter anderem auch von sog. „Moral Technologies“ die Rede ist.

c. Zuschreibung von Intelligenz anhand einer mikroperspektivischen sozialen Betrachtung

Nichtsdestotrotz leitet auch *Itos* Denkweise die Maßstäbe für das Vorliegen von Intelligenz aus der sozialen Wirklichkeit ab. Der Unterschied zum vorangegangenen Ansatz (unter a.) ist die abweichende Perspektive auf den sozialen Handlungszusammenhang: Während *Ito* eher eine Makroperspektive einnimmt, wurde zuvor ein individuumsbezogener Schwerpunkt gesetzt. Es wird also im Hinblick auf den sozialen Handlungszusammenhang entweder auf die Interaktion von Individuen abgestellt (Mikroperspektive, vgl. a.) oder auf die Rolle, die den Individuen in einem übergeordneten System zukommt (Makroperspektive).

Das bedeutet, dass Intelligenz, egal ob natürlich oder künstlich, jedenfalls durch unsere gesellschaftliche und soziale Wirklichkeit zugeschrieben wird.[78] Den sozialen Handlungszusammenhang mikroperspektivisch zu betrachten und das Vorliegen von Intelligenz anhand der Interaktion der konkreten Entität mit ihrer Umgebung zu bewerten, erscheint angesichts des allgemeinen Sprachverständnisses von Intelligenz realitätsnäher und daher vorzugswürdig. Diese Zuschreibung erfolgt anhand bestimmter objektiver Anhaltspunkte, anhand derer es für den Beobachter logisch ist, dass das beobachtete Individuum Intelligenz besitzt.[79] Dies können beispielsweise Intelligenz-Tests sein, wobei diese nur eingeschränkt geeignet sind, da sie, je nach der konkreten Ausgestaltung des Tests, nur einen bestimmten Bereich von Intelligenz abdecken.[80] Intelligenz bemisst sich also aus der Interaktion einer Entität mit ihrer Umwelt, bzw. von Entitäten untereinander und der Beobachtung dieser Interaktion durch eine oder mehrere andere Entitäten.[81] Diesbezüglich können auch durchaus Trugschlüsse vorliegen. *Krämer* zeigt dies anhand des Beispiels, dass es wiederholt dazu gekommen ist, dass sich Betrüger ohne entsprechende Ausbildung als Ärzte oder Psychiater ausgeben konnten.[82] Das kommt daher, dass

---

[78] *Krämer*, Synäshtetische Soziologie, S.55; vgl. auch *Burchard*, Künstliche Intelligenz als Ende des Strafrechts?, S. 7.

[79] *Krämer*, Synäshtetische Soziologie, S. 55; vgl. auch *Burchard*, Künstliche Intelligenz als Ende des Strafrechts?, S. 7.

[80] Dazu auch s.u. § 2 A. I. 2.

[81] Zu der Feststellung von Intelligenz durch Tests näher s.u. § 2 A. I. 2. d.

[82] *Krämer*, Synäshtetische Soziologie, S. 55; so etwa der Hochstapler Gert Postel, in: *Götzke*, <*www.deutschlandfunk.de/psychogramm-des-hochstaplers-hochstapler-setzen-beim-100.html*> (abgerufen am 27.07.2025).

vielen Fällen die Sprache als Mittel der Kommunikation als Indikator für Intelligenz herhält: Wer klug redet, werde auch als klug angesehen.[83]

Aus dieser sozialen Zuschreibung als Grundlage ergibt sich ein zentrales Problem: Die Schwierigkeit, Intelligenz in ihrer Gesamtheit, also unter Berücksichtigung aller kumulierten Voraussetzungen und Anhaltspunkte generell zu quantifizieren. Es erscheint unrealistisch, sie, ausgehend von dem eben Gesagten, mittels einer abstrakten, mathematischen Formel oder eines Algorithmus zweifelsfrei feststellen zu können.[84] Dies gilt insbesondere dann, wenn man den Versuch anstellen wollte, Intelligenz Entitäten-übergreifend messen zu wollen (ein Hund wird unter anderen Voraussetzungen als intelligent bezeichnet werden als ein Schimpanse und dieser untere anderen als ein Mensch). Selbst einen (nur) für den Menschen allgemeingültigen und für alle Formen der Intelligenz gültigen Test gibt es nicht. Ein IQ-Test, bei dem Dinge wie analytisches Denken, Sprachbeherrschung und Merkfähigkeit abgeprüft werden, lässt beispielsweise soziale oder emotionale Intelligenz außen vor.[85] Der Versuch allgemeingültiger und verbindlicher Feststellung kann also nicht von Erfolg gekrönt sein, so dass nur die Zuschreibung in der Mikroperspektive bleibt. Intelligenz liegt also (an dieser Stelle zunächst noch abstrakt) dann vor, wenn es aufgrund der Fähigkeiten einer Entität plausibel erscheint, sie als intelligent zu bezeichnen.

Stellt sich Intelligenz als ein solches soziales Faktum dar, so wird außerdem deutlich, dass diese Intersubjektivität einer der Hauptgründe für die starke Dynamik der Begriffsbedeutung ist und damit auch zu einem stetigen Wandel der Voraussetzungen für das Vorliegen von Intelligenz führen kann. Verändern sich die Betrachtungsweise, die Fähigkeiten, die Perspektiven der Beobachter und der Beobachteten, so verändert sich auch die Art und Weise, wann und warum Intelligenz zugeschrieben wird. Außerdem wird auf diese Weise klar, warum es verschiedene „Formen" der Intelligenz geben kann (soziale, technische etc.), die einander nicht ausschließen und sogar nebeneinander vorliegen können. Sie stellen lediglich verschiedene Perspektiven auf verschiedene Fähigkeiten des betrachteten Individuums dar. Je nach zeitlicher Epoche, sozialem Umfeld und anderen internen und externen Faktoren, kurz: der jeweiligen mikroperspektivischen Betrachtung, verändert sich die Antwort auf die Frage,

---

83 *Rhetorikmagazin*, <*www.rhetorikmagazin.de/?p=4408*> (abgerufen am 27.07.2025).
84 *Styczynski/Rudion/Naumann*, Einführung in Expertensysteme, S. 2.
85 Vgl. dazu oben § 2 I. 1.

ob die einschlägige Entität Intelligenz besitzt oder nicht. Ein ständig veränderbares soziales Faktum lässt sich nur schwerlich allgemeingültig verobjektivieren.[86]

Wird Intelligenz also durch unser soziales System einzelfallbezogen zugeschrieben, so ist ein vermeintliches (Selbst-)Bewusstsein der intelligenten Entität in einem menschlichen Sinne für das Vorhandensein von Intelligenz keine zwingende Voraussetzung.[87] Als soziales Faktum ergibt sie sich vielmehr aus der konkreten Interaktion. Sie ist kein Dauerzustand, auch wenn die kognitiven, körperlichen oder sonstigen Voraussetzungen, die für die Annahme von Intelligenz entscheidend sind, permanent vorhanden sein mögen.

d. Zwischenfazit

Zusammenfassend stellt sich Intelligenz also als ein innerer Zustand dar, der sich durch die Interaktion der intelligenten Entität nach außen manifestiert. Sie erfordert die Anpassungsfähigkeit auf verschiedenen Interaktionsebenen in verschiedenen Umgebungen. Dabei ist Intelligenz keine Eigenschaft, die pauschal bejaht oder verneint werden kann, sondern die durch unser soziales System situationsabhängig zugeschrieben wird. Eine derartige Zuschreibung innerer Zustände im Einzelfall mag auf den ersten Blick etwas schwammig wirken. Allerdings ist ein solches Vorgehen der Rechtswissenschaft mitnichten fremd, wird doch im Ergebnis auch hinsichtlich etwa dem Vorsatz oder der Schuld genauso verfahren.[88]

Obwohl anhand dieser Kriterien nur schwer ein Mindestmaß an Fähigkeiten für die Annahme von Intelligenz festgelegt werden kann, muss gefragt werden, ab welcher Entwicklungsstufe bei künstlichen Entitäten von Intelligenz gesprochen werden kann. Ohne eine einigermaßen stichhaltige Herausarbeitung von Abgrenzungskriterien würde die Jurisprudenz sich bestenfalls mit einer bunten KI-Kasuistik konfrontiert sehen, schlechtestenfalls misslänge eine Einordnung mangels rechtlich belastbarer Anknüpfungspunkte. Der Umstand, dass es aktuell noch keine allgemeingültige „Checkliste“ für sämtliche infrage kommende Kriterien gibt, darf dabei nicht zur Kapitulation vor den Fragestel-

[86] So auch *Kaplan*, Künstliche Intelligenz, S. 15 f.
[87] *Koch*, in: SdW kompakt v. 17.10.16, S. 289.
[88] Auf diese Parallele wird unten bei der Frage nach der Schuldfähigkeit der elektronischen Person (§ 4 II.) noch deutlich ausführlicher eingegangen werden.

lungen führen. Vor der Herausarbeitung von Kriterien muss aber geklärt werden, ob und wenn ja, welche Unterschiede es zwischen der Zuschreibung menschlicher und nicht-menschlicher Intelligenz gibt.

2. Künstliche und natürliche Intelligenz

Angesichts dessen, dass Intelligenz bereits im Allgemeinen zugeschrieben wird und beim Menschen ganz grundsätzlich davon ausgegangen wird, dass dieser (mehr oder minder) intelligent ist, liegt zunächst die Vermutung nahe, dass für eine künstliche Entität dieselben Maßstäbe gelten könnten. Die künstliche Entität wäre dann intelligent, wenn der an ihre Stelle gedachte entsprechende Mensch auch als intelligent betrachtet würde.

a. Bestimmung von Künstlicher Intelligenz in Abgrenzung zu und durch Vergleich mit menschlicher Intelligenz

Die Bestimmung von künstlicher Intelligenz anhand eines Vergleichs mit der menschlichen Intelligenz ist eine Herangehensweise, die häufig gewählt wird, unabhängig davon, in welchem (wissenschaftlichen) Sektor man sich befindet. Im Folgenden werden aus der Vielzahl von Personen, die sich damit beschäftigen beispielhaft einige Ansätze gezeigt, die das Spektrum aus originärer KI-Forschung, Rechtswissenschaft und Politik abdecken.

So schreiben beispielsweise *Görz/Nebel*, die KI-Forschung sei „eine wissenschaftliche Disziplin, die ihre Aufgabe darin sieht, zum einen kognitive Systeme zu simulieren (rationales/menschenähnliches Denken), und zum anderen ‚intelligente' Systeme zu konstruieren (rationales/menschenähnliches Handeln)."[89] Auffällig ist hier die sprachliche Nähe zu der allgemeinen Definition von Intelligenz, die der Duden anführt.[90]

Ein ähnliches Verständnis scheint auch in der Politik zu existieren. In einer kleinen Anfrage der FDP-Bundestagsfraktion, die sich u.a. mit der strategischen Ausrichtung der Bundesregierung hinsichtlich künstlicher Intelligenz

[89] *Görz/Nebel*, Künstliche Intelligenz, S. 6 f.

[90] https://www.duden.de/rechtschreibung/Intelligenz (abgerufen am 27.07.2025).

beschäftigte, wurden darunter „nichtmenschliche, zerebrale Prozesse auf mindestens menschenähnlichem, menschengleichem oder sogar menschenübertreffendem Niveau“ verstanden.[91]

Auch *Styczynski/Rudion/Naumann* verstehen unter künstlicher Intelligenz eine „wissenschaftliche, technische Disziplin, die sich bemüht um

- das Verstehen und Modellieren menschlicher Intelligenzleistungen anhand informationstechnischer Modelle (Rechnerprogramme als Prozessmodelle)
- die qualitative Leistungssteigerung und Erschließung neuer Anwendungsgebiete von Computern, Programmmiertechniken und Informationstechniken.“[92]

Im Vordergrund steht also neben dem Erschaffen von künstlichen Intelligenzen auch das Verstehen der eigenen, menschlichen Intelligenz. Es soll demnach eine Wechselwirkung entstehen: einerseits wird sich von der KI eine Verbesserung der Lebensqualität versprochen, andererseits sollen durch die Erschaffung intelligenter Systeme auch Rückschlüsse auf die Vorgänge im Gehirn ermöglicht werden.[93] Deutlich wird jeweils, dass die Menschenähnlichkeit Voraussetzung für die Annahme künstlicher Intelligenz sein soll.

Ähnlich gehen auch *Erhardt/Mona* vor. Zunächst sei eine künstliche Intelligenz ein „nicht durch Evolution entstandener, sondern künstlich erschaffener, intelligenter Akteur oder Agent.“[94] Sie legen dabei ein weites Verständnis des Begriffs des Agenten zugrunde und machen diese Eigenschaft von der Möglichkeit abhängig, die Handlungen der Entität „durch Zuschreibung von Zielen und Überzeugungen systematisch [zu] erklären und [zu] prognostizieren.“[95] Demnach bedarf es für die Agenteneigenschaft (lat. agere = handeln) keiner physischen Komponente oder gar des Menschseins, so dass auch Tiere oder Computersysteme Agenten in diesem Sinne sein können.[96] Eine Untergrenze für die Einordnung als Agent muss an dieser Stelle nicht definiert werden, da bei denjenigen Agenten, die für die rechtliche Untersuchung von Relevanz sind, unproblematisch eine systematische Beschreibung ihrer Ziele möglich

---

[91] BT-Drs. 19/3255, S. 2, abrufbar unter https://dserver.bundestag.de/btd/19/032/1903255.pdf (abgerufen am 27.07.2025).
[92] *Styczynski/Rudion/Naumann*, Einführung in Expertensysteme, S, 7.
[93] Dazu, wie das gehen kann, vgl. das Fallbeispiel zu AlphaGo u. § 2 A. II. 1. a. bb.
[94] *Erhardt/Mona*, in: Gless/Seelmann, Intelligente Agenten und das Recht, S. 615.
[95] Erhardt/Mona in: Gless/Seelmann, Intelligente Agenten und das Recht, S. 65.
[96] *Erhardt/Mona*, in: Gless/Seelmann, Intelligente Agenten und das Recht, S. 616.

ist.[97] Ein Schachcomputer hat das Ziel, den gegnerischen König schachmatt zu setzen, ein Pflegeroboter hat das Ziel, sich um die Patientin oder den Patienten zu kümmern und so weiter.

b. Anlegung eines posthumanistischen Begriffsverständnisses

Alle eben genannten Ansätze differenzieren jedenfalls begrifflich zwischen künstlicher und natürlicher Intelligenz. Nichtsdestotrotz wird von ihnen für das Vorhandensein künstlicher Intelligenz ein menschlicher bzw. zumindest menschenähnlicher Maßstab angelegt. Die Annahme künstlicher Intelligenz auf den bloßen Vergleich mit dem Menschen zu reduzieren, ist allerdings nicht ausreichend.[98]

Eine zu starke Anthropomorphisierung des Begriffs der künstlichen Intelligenz ist als problematisch anzusehen.[99] So existiert (noch) keine künstliche Intelligenz, die ein so breites Spektrum an Fähigkeiten besitzt wie ein Mensch. Moderne KI-Systeme arbeiten bisher stets bereichsspezifisch. Ein Schachcomputer wäre mit einem Nintendo-Videospiel heillos überfordert und ein Pflegeroboter kann kein Kfz steuern. Umgekehrt können einige KI-Programme ihrerseits eine spezielle Aufgabe zuverlässiger und deutlich besser lösen als der Mensch oder aber Aufgaben lösen, die für den Menschen schlicht unlösbar wären (z.B. eine Sicherheitssoftware, die anhand von Zugriffsmustern einen Cyberangriff erkennt).[100] Doch nur weil die Maschine eine Aufgabe schneller und besser lösen kann als der Mensch, wird sie nicht zwangsläufig als KI im engeren Sinne betrachtet. Ein Taschenrechner etwa würde wohl kaum als künstlich intelligent angesehen werden.[101] Aufgrund der bisher nur bereichsspezifischen Fähigkeiten künstlicher Agenten hält *Hilgendorf* den Begriff der „maschinellen Intelligenz" oder „Maschinenintelligenz" für treffender.[102] Im Umkehrschluss würde das bedeuten, dass von künstlicher Intelligenz erst dann gesprochen werden könnte, wenn der Agent menschengleiche oder menschenähnliche Fähigkeiten besitzt. Nach der hier vertretenen Auffassung ist das aber

---

[97] *Erhardt/Mona* in: Gless/Seelmann, Intelligente Agenten und das Recht, S. 66.

[98] Vgl. dazu auch *Hilgendorf*, in: Barton/Eschelbach/Hettinger/Kempf/Krehl/Salditt, Fischer-FS, S. 99

[99] *Herberger*, NJW 2018, 2825 (2826).

[100] *Kaplan*, Künstliche Intelligenz, S. 18 f.

[101] Das Beispiel ist angelehnt an die Ausführungen in *Lämmel/Cleve*, Künstliche Intelligenz, S. 13, wonach die Multiplikation mehrstelliger Zahlen beim Menschen zwar eine „gehörige Portion Denkvermögen" voraussetze, jedoch wohl kein genuines KI-Problem sei.

[102] *Hilgendorf*, in: Barton/Eschelbach/Hettinger/Kempf/Krehl/Salditt, Fischer-FS, S. 99101.

gerade nicht Voraussetzung für die Bejahung künstlicher Intelligenz, da es begrifflich hierfür auf die Künstlichkeit des Agenten ankommt: „Intelligenz" und „Künstlich" sind voneinander zu trennen (dazu sogleich unter c. mehr).

Auch die oben genannten Begriffe von „Zielen" und „Überzeugungen" sollten nicht menschlich oder menschenähnlich interpretiert werden. Die Ziele eines KI-Systems erschöpfen sich vielmehr in ihrer „Nutzenfunktion".[103] Der wesentliche Unterschied zu natürlichen Agenten ist, dass deren Nutzenfunktion nicht durch den Programmierer implementiert wird, sondern durch biologische und psychologische Faktoren zustande kommt, also durch genetische Disposition, Erziehung und sonstige Sozialisierung, individuelle Lebenserfahrung und so weiter.[104] „Überzeugung" im entscheidungstheoretischen Sinne meint dabei die Wahrscheinlichkeit, dass der/die/das Entscheidende einen konkreten Sachverhalt für wahr oder unwahr hält.[105] Nach der *Bayes*'schen[106] Entscheidungstheorie ist die Wahrscheinlichkeit in diesem Kontext eine subjektive Komponente, die je nach Intensität der Überzeugung verschieden stark ausgeprägt sein kann: „According to this perspective, probabilities are properties of the state of knowledge of an individual rather than properties of a sequence of events (e.g., tosses of a ‚fair' coin)."[107] Die Überzeugung ist also umso stärker, je mehr sie auf dem individuellen Wissens- und Erkenntnisstand des intelligenten Agenten beruht. Durch diesen subjektivistischen Ansatz lassen sich neben Wahrscheinlichkeiten von repetitiven Abfolgen desselben Ereignisses (z.B. Fehleranfälligkeit bei der Fertigung eines technischen Bauteils in einer Produktionsschleife) auch Wahrscheinlichkeiten für einmalige Geschehnisse bestimmen (etwa für die Frage, ob das generöse Angebot des kenianischen Erbprinzen eine Spam-Mail darstellt oder nicht).[108]

Nach dieser Definition sind also auch künstlich intelligente Agenten in der Lage, Überzeugungen zu bilden, indem sie unter der Prämisse der Zielerrei-

---

[103] *Erhardt/Mona*, in: Gless/Seelmann, Intelligente Agenten und das Recht, S. 617.

[104] *Erhardt/Mona*, in: Gless/Seelmann, Intelligente Agenten und das Recht, S. 618.

[105] *Erhardt/Mona*, in: Gless/Seelmann, Intelligente Agenten und das Recht, S. 618.

[106] *Thomas Bayes* war ein englischer Mathematiker des 18. Jahrhunderts. Der von ihm entwickelte Satz von Bayes oder auch Bayes-Theorem dient der Berechnung bedingter Wahrscheinlichkeiten in der Wahrscheinlichkeitstheorie. Auf seiner Grundlage können beispielsweise Spam-Emails herausgefiltert werden oder aus bestimmten Symptomen die wahrscheinliche Krankheitsursache ausgemacht werden. Dazu wird ausgehend von einer oder mehrerer Bedingungen eine allgemeine Regel abgeleitet, etwa, dass eine Mail-Domain des Absenders aus Togo und schlechtes Englisch im Mail-Text mit hoher Wahrscheinlichkeit auf Spam hindeuten.

[107] *Horvitz/Breese/Henrion*, International Journal of Approximate Reasoning 2 (1988), 247 (250).

[108] *Horvitz/Breese/Henrion*, International Journal of Approximate Reasoning 2 (1988), 247

chung die Erfolgswahrscheinlichkeiten der dafür infrage kommenden Lösungswege abwägen und darauf basierend eine Entscheidung zur Handlung treffen.[109] Dabei ist der Weg, der zu der konkreten Entscheidung geführt hat, teilweise nicht einmal für die Programmierer in Gänze nachvollziehbar (insoweit besteht also kein Unterschied zum Menschen; auch Motive für menschliche Handlungen in Gänze nachzuvollziehen ist äußerst schwierig, wenn nicht gar unmöglich).[110] Um also die oben verwendeten Ansätze wieder aufzugreifen: Anhand der sozialen Wirklichkeit würde man Intelligenz dann zuschreiben, wenn beobachtet wird, dass das Individuum aus gebildeten Überzeugungen eine nachvollziehbare Abwägung trifft.

Ein Verständnis von künstlicher Intelligenz, das auf einem humanistischen Begriffsverständnis fußt, wäre also sowohl etymologisch als auch im Hinblick auf das technische Zustandekommen von Prozessen in künstlich intelligenten Systemen verfehlt. Vielmehr muss Intelligenz unabhängig von der Beschaffenheit der Entität verstanden werden. Diese Beschaffenheit wird erst für die Frage relevant, ob es sich um natürliche oder künstliche Intelligenz handelt.

c. Künstliche Intelligenz als soziales Faktum

Ausgangspunkt für die Annahme von künstlicher Intelligenz sollte also nicht der Mensch sein, sondern es muss umgekehrt zunächst gefragt werden, wann bzw. inwiefern eine Entität als intelligent anzusehen ist. Wie oben bereits festgestellt, wird beim Menschen Intelligenz als soziales Faktum kontextabhängig zugeschrieben, ohne, dass es sich bei der Intelligenz um einen Dauerzustand handeln muss. Derselbe Maßstab sollte dann auch für künstliche Agenten angewendet werden, da aus den oben genannten Gründen eine trennscharfe Abgrenzung natürlicher und künstlicher Intelligenz misslingt und wohl ein abweichendes Verständnis humanistisch geprägter Grundbegriffe (z.B. Ziele, Überzeugungen) angezeigt ist.

Für die Bewertung der Intelligenz kommt es im Ergebnis nur darauf an, ob und nicht warum eine Entität intelligent ist. Entscheidend ist die äußere Betrachtung, nicht die inneren Zustände. Die inneren Zustände, also die Zustände, die für die äußere Zuschreibung von Intelligenz ursächlich sind, werden dann aber

---

[109] *Nielsen*, in: SdW kompakt v. 01.10.2018, S. 3841 f.; *Erhardt/Mona*, in: Gless/Seelmann, Intelligente Agenten und das Recht, S. 618; a.A. *Ernst*, JZ 2017, 1026 (1027 f.).

[110] *Gelitz*, in: SdW kompakt v. 17.10.16, S. 146; *Nielsen*, in: SdW kompakt v. 01.10.2018, S. 3843; *Kirchschläger*, AJP/PJA 2017, 240 (245) m.w.N.

bei der rechtlichen Bewertung relevant und führen bis dato regelmäßig zu einer unterschiedlichen Behandlung von Menschen und KI.[111]

Für das äußere Vorhandensein von Intelligenz gelten bei Mensch und Maschine die gleichen Maßstäbe, nicht aber für das innere Zustandekommen.[112] Insofern ist es durchaus denkbar, künstlich intelligente Entitäten einem IQ-Test zu unterziehen. Denn diese haben bereits beim Menschen nur den Zweck, anhand objektiver Kriterien (die Test-Aufgaben) der Testperson Intelligenz quantifizierbar durch den ermittelten Quotienten zuzuschreiben. Der ermittelte Quotient ist dabei der Referenzwert zu anderen Testpersonen, die den konkreten Test absolviert haben. Dabei kann es sowohl allgemeine als auch bereichsspezifische Tests geben. Spezifische IQ-Tests für künstliche Intelligenzen sind also denkbar, sowohl für domänespezifische (schwache) KI als auch für starke KI. In letzterem Fall ist eine engere Orientierung an für Menschen gemachten IQ-Tests wahrscheinlich.

Was im Ergebnis bleibt, ist jedenfalls, wie bereits oben, die Zuschreibung von Intelligenz als soziales Faktum auch zu künstlichen Entitäten. Bewusst oder unbewusst wird im Zusammenhang mit KI von verschiedenen Autoren auch immer wieder von Zuschreibung gesprochen[113] oder gefragt, wann denn „alle von einer künstlichen Intelligenz sprechen" würden.[114] Die Maßstäbe für das äußere Vorliegen sind identisch. Damit ist, abgesehen von der Beschaffenheit des jeweiligen Agenten, aus einer externen Perspektive keine automatische Unterscheidung zwischen künstlicher und natürlicher Intelligenz möglich.

Fraglich ist angesichts dessen, ob es dann überhaupt noch einer rechtlichen Abgrenzung zwischen „natürlicher" und „künstlicher" Intelligenz bedarf. Es könnte insofern stattdessen von „universeller"[115] oder „relativer Intelligenz" gesprochen werden. Relativ müsste dabei in Bezug auf die intelligenten Entitäten des sozialen Systems verstanden werden: Wenn vergleichbare Fähigkeiten bei verschiedenen Entitäten vorliegen und eine von ihnen bereits als intelligent angesehen wird, muss dies auch für die andere gelten.

Doch auch, wenn die grundlegenden Voraussetzungen für das (äußere) Vorliegen von Intelligenz identisch sein mögen, so spielt für die rechtliche Bewer-

---

[111] Dazu ausf. s.u. § 3 und § 4.
[112] *Kaplan*, Künstliche Intelligenz, S. 15 f.
[113] Vgl. *Delahaye*, in: SdW kompakt v. 17.10.16, S. 410; *Herberger*, NJW 2018, 2825 (2827).
[114] *Kaplan*, Künstliche Intelligenz, S. 21.
[115] *Delahaye*, in: SdW kompakt v. 17.10.16, S. 412.

tung, neben der Frage, ob der Agent intelligent ist, auch die sonstige Wahrnehmung der Gesellschaft von dem intelligenten Agenten eine zentrale Rolle. Nur, weil einer Entität relative Intelligenz zugesprochen wird, heißt das nicht, dass diese auch gesellschaftlich bzw. in der konkreten Interaktion als (status-)rechtlich gleichwertig angesehen wird. Es muss der Begriff „künstliche Intelligenz" daher so verstanden werden, dass nicht die Intelligenz als solche künstlich ist, sondern der Agent.[116]

Es ließe sich wohl auch umgekehrt argumentieren, dass Intelligenz deshalb stets künstlich sei, weil sie durch unser soziales System zugeschrieben wird. Natürlich wären dann nur die Eigenschaften, die der Agent besitzt und die ihn nach gesellschaftlicher Auffassung als intelligent erscheinen lassen. Allerdings sprechen sowohl die historische Wortbedeutung als auch der aktuelle Sprachgebrauch für den Bezug von „künstlich" auf den Agenten. Andernfalls müsste auch menschliche Intelligenz als künstlich gelten, wenn man die Voraussetzungen der Zuschreibung für gekünstelt hält.

Anhand dessen lässt sich auch der sog. „Eliza-Effekt" erklären, die Bezeichnung dafür, wenn Menschen einer Maschine menschliche Eigenschaften zuschreiben, sie also anthropomorphisieren.[117] „Eliza" ist ein (noch sehr übersichtlich strukturierter) Chatbot, der 1966 von *Joseph Weizenbaum* am MIT dafür entwickelt wurde, um ein psychotherapeutisches Gespräch zu simulieren.[118] Dafür bediente das Programm sich einfacher Schlüsselworterkennung und entsprechend vorgefertigter Fragen und Antworten auf diese Schlüsselworte. Aufgrund dieser Antworten wurde ELIZA von einigen Teilnehmern menschliche Eigenschaften wie Kontextsensitivität und Mitgefühl zugeschrieben.[119]

d. Konkrete Maßstäbe für das Vorliegen künstlicher Intelligenz?

Nachdem nun herausgearbeitet wurde, dass sich die Maßstäbe für das Vorhandsein von Intelligenz sowohl für Mensch als auch Maschine aus der sozialen Wirklichkeit herleiten, stellt sich die Frage, ob und wenn ja wie, jedenfalls

---

[116] Zu einem ähnlichen Ergebnis kommt auch *Fincan*, Artificial Intelligence and Legal Issues, S. 17 f.

[117] Vgl. dazu auch *Brandstetter*, <*www.abendblatt.de/ratgeber/article234367105/roboter-liebe-beziehung-siri-alexa-expertin-interview.html*> (abgerufen am 27.07.2025).

[118] *Weizenbaum*, Communications of the ACM 1966, 36 ff.

[119] *Weizenbaum*, Communications of the ACM 1966, 36 ff.

einigermaßen, allgemeingültig festgestellt werden kann, ob eine künstliche Entität intelligent ist oder nicht. Dass der Mensch in diesem Sinne (meistens) intelligent ist, wird von der Rechtsordnung sowie in und anhand der zwischenmenschlichen Kommunikation als Rahmen für die Zuschreibung von Intelligenz, vorausgesetzt.[120] Einer Abgrenzung, ab wann ein Mensch intelligent ist, bedarf es im Übrigen nicht.

Die Problematik, zu bestimmen, wann eine künstliche Entität Intelligenz besitzt liegt wie gesagt darin, eine in ihrer Gesamtheit nicht messbare Eigenschaft zu quantifizieren. Eine Möglichkeit, die Zuschreibung von Intelligenz in der Interaktion Mensch-Maschine zu verobjektivieren, ist, neben den oben angesprochenen IQ-Tests, der von dem britischen Mathematiker und Informatiker *Alan Turing* entwickelte und später nach ihm benannte Turing-Test.[121]

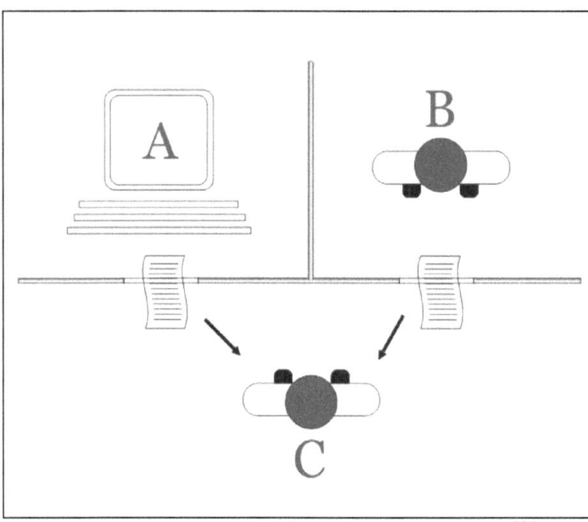

Abbildung 1: Versuchsaufbau des Turing-Tests[122]

Der Ablauf ist folgender: Eine menschliche Versuchsperson interagiert über Tastatur und Bildschirm mit zwei Chatpartnern, die er weder sehen noch hören

[120] Vgl. dazu noch ausf. s.u. § 4. B. II. 1. b. cc.
[121] *Turing*, Mind 49 (1950), 433 ff., wo er den Versuchsaufbau als „Imitation Game" bezeichnet.
[122] https://en.wikipedia.org/wiki/Turing_test (abgerufen am 27.07.2025).

kann. Einer der Chatpartner ist menschlich, der andere eine Maschine. Kann die Versuchsperson nicht ausmachen, welcher der beiden Chatpartner die Maschine ist, gilt der Test als bestanden. Erstmals bestanden wurde der Test im Jahr 2014: Eine Software mit Namen Eugene Goostman war in der Lage, 33% der Versuchspersonen zu täuschen.[123] Im Prinzip wird also versucht, erfolgreich den Eliza-Effekt zu erzeugen. Dies wurde als Meilenstein der KI-Forschung betrachtet.

Doch der Turing-Test hat zwei Schwächen. Erstens war es, zumindest bisher, stets so, dass der Chatbot für den Fall, dass er keine adäquate Antwort parat hatte, einfach möglichst pauschale Phrasen verwendete („Das müssen Sie mir genauer erklären.").[124] Und zweitens bildet der Test nur sprachliche Intelligenz ab. Ein Agent, der nicht die Fähigkeit zur sprachlichen Kommunikation besitzt, könnte den Test nicht bestehen, obwohl er ggf. Fähigkeiten auf anderen Gebieten besitzt, die eine Zuschreibung von Intelligenz ermöglichen. Das Vorliegen von Intelligenz wird durch den Turing-Test also nur auf ihre Menschenähnlichkeit in einem sehr eingeschränkten Bereich reduziert. Das widerspricht jedoch dem oben gezeigten Sinngehalt von Intelligenz, die ja gerade breit gefächert sein kann und stets kontext- und situationsbezogen ist.[125] Zwar dürfte die sprachliche Intelligenz wohl dann zwingende Voraussetzung sein, wenn man KI im Sinne einer generellen, starken KI zu definieren versucht. Der Turing-Test allein greift jedoch zu kurz.

An dieser Stelle allgemeingültige Maßstäbe herauszuarbeiten, anhand derer das Vorliegen von Intelligenz festgemacht werden kann, übersteigt aber den interdisziplinären Rahmen dieser Arbeit. Das Vorliegen von Intelligenz ist zwar auch Grundvoraussetzung für den im weiteren Verlauf noch diskutierten e-Personenstatus.[126] Die Voraussetzungen desselben sind, wie sich zeigen wird, aber deutlich enger und stärker an juristischen Wertungen orientiert, weswegen eine vertiefte Auseinandersetzung an dortiger Stelle stattfindet. Zudem wird die Annahme eines e-Personenstatus nur bei starker KI gelingen, so dass sich in solchen Fällen das Problem konkreter Maßstäbe für die Zuschreibung von Intelligenz gar nicht stellt. Bei starker, also menschengleicher oder jedenfalls –ähnlicher KI kann aufgrund dieser Ähnlichkeit ebenso wie beim Men-

---

123 *Zeit Online*, <*www.zeit.de/wissen/2014-06/kuenstliche-intelligenz-turing-test*> (abgerufen am 27.07.2025).

124 *Weizenbaum*, Communications of the ACM 1966, 36 (37).

125 S.o. § 2 A. I. 1.

126 S.u. § 4 B. II. 2. c.

schen das Vorliegen von Intelligenz vorausgesetzt werden. Besitzt eine artifizielle Entität derartige Fähigkeiten, dass man sie als starke KI einordnen muss, bedarf es wie beim Menschen auch keines Kriterien-Katalogs anhand dessen die vorhandene Intelligenz angeknüpft werden kann. Wie auch beim Menschen kann es hier aber durchaus zu Abstufungen hinsichtlich des Maßes der Intelligenz kommen. Allerdings würde niemand auf die Idee kommen, einer Person mit einem IQ von 85 gegenüber einer Person mit einem IQ von 130 die Intelligenz abzusprechen (unabhängig davon, ob der IQ überhaupt die vorrangig geeignete Einheit zur Messung von Intelligenz ist, vgl. dazu auch die unterschiedlichen Spielarten von Intelligenz[127]). Gleiches muss daher für alle Agenten gelten, die die Schwelle zur starken KI überschritten haben. Die Feststellung dieser Überschreitung und die Festlegung allgemeiner Kriterien hierfür wäre dann sinnvollerweise Aufgabe eines multidisziplinären Gremiums, welches die vielfältigen Aspekte abdeckt, die durch KI berührt sind.[128]

e. Zwischenfazit

Sowohl bei natürlichen als auch bei künstlichen Agenten wird Intelligenz durch unser soziales System zugeschrieben.[129] Dabei müssen bestimmte Begrifflichkeiten KI-spezifisch verstanden werden, da der bloße Vergleich mit dem Menschen nicht ausreicht (so etwa der Begriff der „Ziele", die ein intelligenter Agent in einem weiten Umfeld von Rahmenbedingungen zu erreichen in der Lage ist[130]). Die Herausarbeitung einer allgemeingültigen Formel zur objektiven Feststellung, wann ein Agent generell künstlich intelligent sei, muss hier nicht erfolgen. Denn eine rechtliche Sonderbehandlung künstlicher Entitäten kommt nur dann infrage, wenn es sich um starke KI handelt, sie also (nahezu) menschengleiche Fähigkeiten besitzen.[131] Andernfalls kann es sich nur um eine Sache handeln. Mit der Definition als menschengleich ist zum jetzigen Zeitpunkt das Erforderliche zu starker KI gesagt, eine darüberhinausgehende Einordnung kann an dieser Stelle nicht erfolgen. Denn die Forschung ist noch nicht so weit, derartige KI-Systeme entwickeln zu können (dazu sogleich, das wird noch einige Jahrzehnte dauern[132]). An dieser Stelle könnte man

---

[127] S.o. § 2 A. I. 1.

[128] *Fincan*, Artificial Intelligence and Legal Issues, S. 31, der dies „the determiner test" nennt und diesen gleichzeitig als Voraussetzung für die Annahme eines rechtlichen Status ansieht. Zu einem solchen s.u. in § 4 B. II. 2. c.

[129] S.o. § 2 A. I. 1. c.

[130] Vgl. die Definition für Intelligenz in § 2 A. I. 1.

[131] Dazu ausf. s.u. in § 4.

[132] S.u. § 2 A. II. 1.

also allenfalls einen philosophischen Diskurs darüber führen, was im Kontext der Intelligenz originär menschliche Fähigkeiten sind (und das auch noch, ohne zu wissen, ob diese dann auch in dieser Form durch eine KI emuliert werden können). Mit einem solchen Diskurs wäre der Zielsetzung dieser Arbeit nicht gedient. Wann genau eine Entität als starke KI gelten wird, kann daher an dieser Stelle offenbleiben.

II. Erscheinungsformen und Funktionsweise der künstlichen Intelligenz

Intelligente Agenten können uns in verschiedenen Gewändern begegnen. Die Art des Gewandes spielt, wie oben dargestellt, auch für die rechtliche Bewertung eine entscheidende Rolle, da durch sie der Kontext der Interaktion mitgeprägt wird. Um einen Überblick darüber zu geben, in welchen Formen KI existieren kann und welche Fähigkeiten sie bereits besitzt, wird im Folgenden ein kurzer Überblick über die Funktion von KI-Systemen gegeben sowie auf die zugrundeliegenden Lernprozesse eingegangen. Außerdem werden diese Fähigkeiten und Prozesse anhand diverser Fallbeispiele exemplarisch gezeigt. Sodann wird der Roboter als derjenige Agent dargestellt, der für die denkbaren strafrechtlichen Fallkonstellationen am relevantesten ist und hier wiederum eine Kategorisierung vorgenommen.

1. Was kann und wie lernt KI?

Künstliche Intelligenzen werden sowohl in den verschiedensten Bereichen des Alltages als auch in professionellen Umgebungen eingesetzt, unter anderem in den Bereichen[133]

- Robotik
- Verstehen (lesen und sprechen) von Sprache; Übersetzen
- Bild- und Gesichtserkennung
- Auffinden und Beweisen von logischen/mathematischen Zusammenhängen (Mustererkennung)
- Navigation.

[133] Aufzählung z.T. nach *Styczynski/Rudion/Naumann*, Einführung in Expertensysteme, S. 6.

Künstlicher Intelligenz zugrunde liegen stets sog. Algorithmen. Algorithmus meint zunächst nichts anderes, als dass ein Problem durch bestimmte Handlungsvorschriften in definierten Einzelschritten gelöst wird.[134] Technisch gesehen ist damit auch das Losfahren an einer grünen Ampel algorithmisch. Die Ampel zeigt grün, das Auge nimmt dies wahr, das Gehirn hat gelernt, dass grün „fahren“ bedeutet und setzt diesen optischen Impuls in einen Befehl an die Muskulatur in Bein und Fuß um. Wenn man so möchte, besteht damit die ganze Welt aus Algorithmen. Jedes tatsächliche Geschehen lässt sich in eine Abfolge von Einzelschritten unterteilen. Wird von Algorithmus (im engeren Sinne) gesprochen, ist damit aber regelmäßig diejenige Abfolge von Einzelschritten gemeint, die innerhalb von Sensoren und Computerchips verarbeitet wird.

KI kann dabei in starke und schwache KI kategorisiert werden. Schwache KI („weak AI“ oder „narrow AI“) meint dabei domänespezifische Systeme, die auf die Lösung klar definierter Probleme spezialisiert sind.[135] Die Herangehensweise an die Problemlösung ist dabei immer gleich und erfolgt insofern regelbasiert, als dass nur mit den dem System von den Erschaffern zur Verfügung gestellten Methoden vorgegangen werden kann. *Noack* schreibt dazu plakativ, die KI könne „jeden Schachweltmeister schlagen, aber nicht Äpfel von Birnen unterscheiden.“[136]

Im Gegensatz dazu hat eine starke KI („strong AI“ oder „general AI“) die gleichen intellektuellen Fähigkeiten wie ein Mensch, bzw. übertrifft diesen sogar.[137] Sie handelt aus eigenem Antrieb heraus und ist bei der Problemlösung komplett flexibel. Bei allen heute existierenden Systemen handelt es sich um schwache KI.[138] Dass in der Zukunft die Entwicklung einer starken KI gelingen wird, ist inzwischen wohl unumstritten. Fraglich ist lediglich das Wann. Die Einschätzungen variieren hier stark, teilweise wird behauptet, es würde nur noch wenige Jahrzehnte dauern, andere sehen die KI-Forschung noch nicht so weit, als dass überhaupt eine zuverlässige Prognose abgegeben werden könnte.[139]

Klar jedenfalls ist, dass die rasante Entwicklung im Bereich KI der vergangenen Jahre sich auch in der Zukunft fortsetzen wird. Ermöglicht wurde und wird

---

[134] *Hoffmann-Riem*, AöR 142 (2017), 1 (2 f.); *Noack*, ZHR 183 (2019), 105 (107).
[135] Vgl. *Noack*, ZHR 183 (2019), 105 (107) in Fn. 7.
[136] *Noack*, ZHR 183 (2019), 105 (107) in Fn. 6.
[137] Vgl. *Görz/Nebel*, Künstliche Intelligenz, S. 8 f.
[138] *Pieper*, InTer 2018, 9.
[139] Vgl. *Görz/Nebel*, Künstliche Intelligenz, S. 28 f.; *Fincan*, Artificial Intelligence and Legal Issues, S. 51 jeweils m.w.N.

dieser Fortschritt durch die Möglichkeit, immer größere Datenmengen berechnen zu können und nicht zuletzt durch den Einsatz neuronaler Netzwerke beim maschinellen Lernen.[140] In ihnen finden die algorithmischen Prozesse statt.

a. Künstliche Neuronale Netzwerke

Künstliche Neuronale Netzwerke (KNN) sind dem menschlichen Gehirn nachempfundene, gitter- und schichtförmig angeordnete Netze von Schaltelementen, den sog. Neuronen.[141] In einem KNN sind einige hundert bis einige tausend dieser Neuronen mit einander verschaltet und sinngemäß in Schichten angeordnet.[142] Unterschieden wird dabei zwischen der Eingabeschicht (Input Layer), der Ausgabeschicht (Output Layer) und den in der Regel sehr zahlreichen verborgenen Schichten (Hidden Layers), die zwischen Input und Output Layer liegen.[143]

Ein Neuron in einem KNN kann entweder aktiv oder inaktiv sein, es gibt also entweder ein Signal an nachfolgende Neuronen oder nicht.[144] Der elektronische Reiz an ein Neuron wird im Falle der Input Layer durch ein Systemeingangssignal und im Übrigen durch andere, vorgelagerte Neuronen erzeugt.[145] Überschreitet die Kumulation der gesetzten Reize einen festgelegten Schwellenwert, erhält das Neuron einen aktiven Zustand.[146] Die Verknüpfung der Neuronen untereinander ist dabei nicht von vornherein festgelegt – die eingehenden Reize können unterschiedlich gewichtet und die Verknüpfungen zwischen den Neuronen damit verschieden stark sein.[147] Verändert man die Gewichtung oder den Schwellenwert für die Aktivierung, so verändert sich dadurch auch das Verhalten des einzelnen Neurons und somit im Ergebnis der Output, den die Output Layer des KNN gibt (z.B. das Erkennen eines Gesichts

[140] *Keßler*, MMR 2017, 589 (590).

[141] *Lämmel/Cleve*, Künstliche Intelligenz, S. 190 ff.; *Decker*, in: Gless/Seelmann, Intelligente Agenten und das Recht, S. 2334; *Musser*, in: SdW kompakt v. 01.10.2018, S. 503; *Wolf*, in: SdW kompakt v. 01.10.2018, S. 45 f.

[142] *Lämmel/Cleve*, Künstliche Intelligenz, S. 191.

[143] *Lämmel/Cleve*, Künstliche Intelligenz, S. 197.

[144] *Styczynski/Rudion/Naumann*, Einführung in Expertensysteme, S. 136; *Lämmel/Cleve*, Künstliche Intelligenz, S. 192 f.

[145] *Styczynski/Rudion/Naumann*, Einführung in Expertensysteme, S. 136.

[146] *Decker*, in: Gless/Seelmann, Intelligente Agenten und das Recht, S. 234; *Styczynski/Rudion/Naumann*, Einführung in Expertensysteme, S. 136 f.

[147] *Lämmel/Cleve*, Künstliche Intelligenz, S. 196 f.; *Musser*, in: SdW kompakt v. 01.10.2018, S. 503 *Wolf*, in: SdW kompakt v. 01.10.2018, S. 46.

oder eine bestimmte Bewegung des intelligenten Agenten).[148] So kann der Algorithmus des KNN so lange modifiziert werden, bis er wie gewünscht funktioniert.[149]

Ein Beispiel[150]: Ein KNN soll auf einem Bild ein menschliches Gesicht erkennen. Die Pixel des Bildes sind dabei die Eingangssignale, die das System erhält. Die Neuronen der ersten Ebene sollen lediglich die Helligkeit der einzelnen Pixel des Bildes wahrnehmen. Die Überschreitung eines vorher bestimmten Helligkeitswertes hätte dann also die Aktivierung des jeweiligen Neurons zur Folge. In der nächsten Schicht wird überprüft, ob einige der gleich hellen Pixel zusammenhängende Kanten bzw. Linien bilden. In der darauffolgenden Schicht wird dann zwischen horizontalen und vertikalen Linien unterschieden. Das geht so weiter, bis die (zuvor anhand eines Trainingsdatensatzes erlernten) Merkmale eines Gesichts erkannt werden, etwa Nase, Mund, Augen und die entsprechenden Abstände und Proportionen zueinander. Ähnlich wäre der Ablauf auch im Falle eines intelligenten Agenten, der sich fortbewegen kann und in dessen Wegstrecke sich ein Hindernis befindet. Wird das zuvor in Form von Pixeln registrierte Objekt als Hindernis wahrgenommen, würde das Signal der Output Layer zum Anhalten oder einer Richtungsänderung führen. All das passiert im Bruchteil einer Sekunde. Durch die ständige Veränderbarkeit der Neuronen des KNN kann es im Laufe eines Lernprozesses auch passieren, dass einmal gelernte Funktionen oder Vorgehensweisen auch wieder verlernt werden.[151]

[148] *Styczynski/Rudion/Naumann*, Einführung in Expertensysteme, S. 138.
[149] *Lämmel/Cleve*, Künstliche Intelligenz, S. 198 f.
[150] Beispiel so gebildet von *Wolf*, in: SdW kompakt v. 01.10.2018, S. 46.
[151] *Decker*, in: Gless/Seelmann, Intelligente Agenten und das Recht, S. 2340.

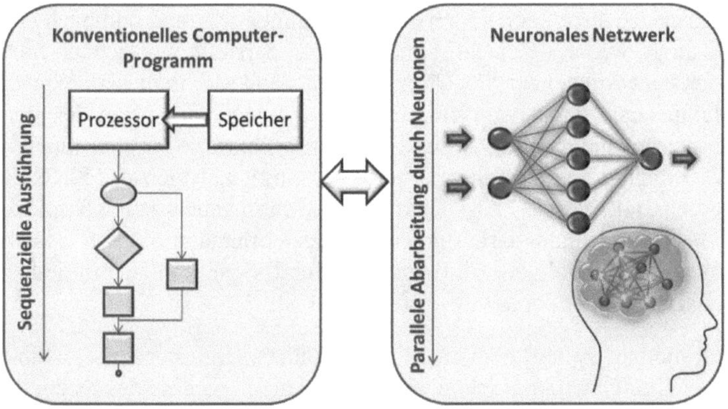

Abbildung 2: Vergleich konventioneller Computerprogramme mit neuronalen Netzwerken bzw. menschlichem Denken.[152] Die Darstellung rechts zeigt die (stark vereinfachte) Struktur von Input, Hidden (Mitte) und Output Layer.

aa. Formen des Maschinenlernens

Beim maschinellen Lernen gibt es verschiedene Methoden, die teilweise auch kombiniert angewandt werden.

(1) Bottom-Up, Deep Learning

Das eben geschilderte Beispiel der Gesichtserkennung beschreibt die „Bottom-Up"-Methode des maschinellen Lernens. Es wird dem System also ein umfangreicher, repräsentativer Trainingsdatensatz zur Verfügung gestellt, in dem beispielsweise menschliche Gesichter gezeigt werden.[153] Dieser Vorgang kann entweder überwacht oder unüberwacht stattfinden. Beim überwachten Lernen (supervised learning) wird dem System vorgegeben, welcher Output richtig und welcher falsch ist.[154] Das KNN lernt, dass der Output „Hier handelt es sich um ein Gesicht" oder „Hier ist ein Hindernis, ausweichen!" der gewünschte

152 *Styczynski/Rudion/Naumann*, Einführung in Expertensysteme, S. 132.

153 Vgl. *Mnih et al.*, <*www.cs.toronto.edu/~vmnih/docs/dqn.pdf*> (abgerufen am 27.07.2025).

154 *Lämmel/Cleve*, Künstliche Intelligenz, S. 199; Hoeren/Sieber/Holznagel/*Kevekordes*, Teil 29.1 Rn. 12 f.; *Gelitz*, in: SdW kompakt v. 17.10.16, S. 147; *Wolfangel*, in: SdW kompakt v. 17.10.16, S. 412 f.; *Gopnik*, in: SdW kompakt v. 01.10.2018, S. 1215 f.

ist.[155] Die Kriterien aber, nach denen der Algorithmus während und nach dem Training festlegt, was ein Gesicht, Hindernis etc. darstellt, sind jedoch nicht im Einzelnen nachvollziehbar.[156] „Überwacht" bezieht sich in diesem Kontext also nur darauf, dass das gewünschte Ergebnis vorgegeben ist und der Trainingsdatensatz beispielhaft für dieses Ergebnis ist, bzw. sogar sein muss.[157] Beim unüberwachten Lernen (unsupervised learning) analysiert das KNN die Trainingsdaten „auf eigene Faust" und erkennt darin (auch sehr komplexe) Muster und Zusammenhänge, beispielsweise das Vorhandensein von Gesichtern als Anordnung der Pixelpositionen von Mund, Nase und Augen, jedoch ohne zu wissen, welcher der gewünschte Output ist.[158]

Die Muster, die das System überwacht oder unüberwacht erlernt hat, können dann mit weiteren Daten kontextual verknüpft werden, so dass das System in der Lage ist, auf Basis des Erlernten Entscheidungen zu treffen. Ist die getroffene Entscheidung richtig im Sinne der Zielbestimmung des Systems, werden die entsprechenden Verknüpfungen höher gewichtet bzw. niedriger gewichtet, falls sich die Entscheidung nicht bestätigt. So entstehen immer tiefere Schichten von Verknüpfungen innerhalb der Hidden Layers. Aufgrund der immer tiefergehenden schichtförmigen Anordnung und Verknüpfung der künstlichen Neuronen wird von Deep Learning (zu dt. in etwa „tiefgehendes Lernen") gesprochen.[159] Das Besondere am Deep Learning gegenüber dem reinen Maschinenlernen ist, dass der Mensch auf den Lernprozess, also die Gewichtung und Verarbeitung der Daten innerhalb der Hidden Layers, keinen Einfluss nimmt bzw. nehmen kann – das KNN optimiert sich selbst. Das führt dazu, dass auch unvorhergesehene Ergebnisse entstehen können, oder jedenfalls nicht genau erklärt werden kann, wie das KNN zu seiner neuronalen Konfiguration gekommen ist, die Konfiguration selbst ist jedoch sichtbar.[160] Das bedeutet, dass ersichtlich ist, welche Zustände die Neuronen haben (aktiv/inaktiv) und wie sie sich zueinander verhalten, nicht aber, wie diese Zustände entstanden sind, als das Input-Signal die Schichten von Neuronen durchwandert

---

[155] *Decker*, in: Gless/Seelmann, Intelligente Agenten und das Recht, S. 2334; *Görz/Nebel*, Künstliche Intelligenz, S. 110 f.

[156] *Wolfangel*, in: SdW kompakt v. 17.10.16, S. 412.

[157] *Görz/Nebel*, Künstliche Intelligenz, S. 110 f.; vgl. auch die Aussage von Prof. Dr. *Fred Hamprecht* in: *Wolfangel*, in: SdW kompakt v. 17.10.16, S. 414.

[158] *Görz/Nebel*, Künstliche Intelligenz, S. 111; *Lämmel/Cleve*, Künstliche Intelligenz, S. 200; Hoeren/Sieber/Holznagel/*Kevekordes*, Teil 29.1 Rn. 18 f.; *Gopnik*, in: SdW kompakt v. 01.10.2018, S. 127.

[159] *Zech*, in: Gless/Seelmann, Intelligente Agenten und das Recht, S. 16370 f.

[160] *Decker*, in: Gless/Seelmann, Intelligente Agenten und das Recht, S. 2334 f.; *Gelitz*, in: SdW kompakt v. 17.10.16, S. 146; *Wolfangel*, *Wolfangel*, in: SdW kompakt v. 17.10.16, S. 414.

hat. Es wird in diesem Zusammenhang daher häufig von einer „Blackbox“ gesprochen.[161]

(2) Top-Down

Den umgekehrten Weg beschreitet die Top-Down-Methode. Anders als beim Bottom-Up bedarf es hier keiner umfangreichen Datenmenge als Ausgangspunkt. Vielmehr genügen dem System einige wenige Beispiele, um etwa die charakteristischen Merkmale eines zu erkennenden Objekts zu erlernen, zum Beispiel, dass Kätzchen Ohren und einen Schwanz haben.[162] Anhand dessen wird dann die Wahrscheinlichkeit berechnet, dass ein neuer, unbekannter Input mit den erlernten Merkmalen übereinstimmt (zum Beispiel, dass das Bild ebenfalls Kätzchen zeigt). Zur Berechnung dieser bedingten Wahrscheinlichkeiten wird unter anderem auf Bayes‘sches Schlussfolgern zurückgegriffen.[163]

Darüber hinaus ist das System in der Lage, anhand dieser Merkmale etwa unvollständige Bilder von Kätzchen zu vervollständigen sowie eigene, neue Modelle zu generieren – es wird im weiteren Sinne also kreativ.[164] Es wird in diesem Zusammenhang auch von generativen Modellen gesprochen.

(3) Reinforcement Learning

Eine weitere Methode des maschinellen Lernens stellt das Reinforcement Learning (dt.: Verstärkendes Lernen) dar. Dem Agenten wird nach Vornahme der Aktion mitgeteilt, ob der Output erwünscht oder unerwünscht war. Er erhält eine Bewertung der Aktion, allerdings ohne zu erfahren, welches die bestmögliche Aktion gewesen wäre.[165] Durch die Verknüpfung der Rückmeldung mit der vorangegangenen Aktion lernt das System, sich optimal zu verhalten, also die Zahl der positiven Rückmeldungen zu maximieren.[166] Ein von Forschern von Google DeepMind entwickelter Algorithmus war durch den Einsatz von Reinforcement Learning in der Lage, verschiedene Videospiel-Klassiker

---

[161] *Schaub*, InTer 2019, 2 (3); *Decker*, in: Gless/Seelmann, Intelligente Agenten und das Recht, S. 2334; *Hoffmann-Riem*, AöR 142 (2017), 1 (29); *Martini*, JZ 2017, 1017 (1018).

[162] *Gopnik*, in: SdW kompakt v. 01.10.2018, S. 129 f.; *Musser*, in: SdW kompakt v. 01.10.2018, S. 507 f.

[163] *Gopnik*, in: SdW kompakt v. 01.10.2018, S. 129; zu *Thomas Bayes* und dem Bayes-Theorem s.o. Fn. 103.

[164] *Gopnik*, in: SdW kompakt v. 01.10.2018, S. 129.

[165] *Görz/Nebel*, Künstliche Intelligenz, S. 111; *Lämmel/Cleve*, Künstliche Intelligenz, S. 199 f.

[166] Hoeren/Sieber/Holznagel/*Kevekordes*, Teil 29.1 Rn. 20 ff.

der Firma Atari eigenständig zu erlernen und einige dieser Spiele sogar deutlich besser zu spielen als ein menschlicher Spieler.[167] Das System erhielt als Input die Pixel des Spiels sowie den Spielstand und fand dann durch Trial-and-Error selbst heraus, welche Spielzüge zu einer Erhöhung des Punktestands führen.

Beim Spiel „Breakout“ erreichte der Algorithmus eine Leistung von 1327% des menschlichen Spielers, indem er seitlich ein Loch in die Wand schlug, so dass der Ball möglichst viele Ziegel von oben zerstören konnte, ohne, dass die Plattform bewegt werden musste.[168]

An seine Grenzen stößt Reinforcement Learning aber jedenfalls dann, wenn sich die Belohnungen oder Bestrafungen für Aktionen nicht einfach so quantifizieren lassen, wie das bei einem simplen Punktesystem in einem Videospiel der Fall ist. Die tatsächliche Lebenswirklichkeit vergibt solche unmittelbaren Rückmeldungen nur verhältnismäßig selten bzw. erst mit einigem räumlich-zeitlichen Abstand, so dass der Agent seine Handlung nicht oder nur eingeschränkt als richtig oder falsch einordnen kann.[169] Auch lässt sich ein ausgefeiltes Punktesystem, das für ein bestimmtes Einsatzgebiet konzipiert wurde, nicht ohne Weiteres auf eine andere Umgebung übertragen.[170] Forscher von der University of California in Berkeley haben deshalb einen Algorithmus entwickelt, der anstatt nur auf extrinsische Motivation (im Sinne eines Punktesystems) zu reagieren, darüber hinaus auch so etwas wie Neugier besitzt.[171]

Grundlage war u.a. das Videospiel „Super Mario Bros.“. Sie programmierten den Algorithmus so, dass er anhand des aktuellen Bildschirminhalts eine Vorhersage über den weiteren Spielverlauf traf.[172] Die Besonderheit war, dass ein

[167] *Mnih et al.*, *<www.cs.toronto.edu/~vmnih/docs/dqn.pdf>* (abgerufen am 27.07.2025); *Koch*, in: SdW kompakt v. 17.10.16, S. 28 ff.; *Gopnik*, in: SdW kompakt v. 01.10.2018, S. 127 f.
[168] *Koch*, in: SdW kompakt v. 17.10.16, S. 2832, 34.
[169] *Pathak et al.*, *<pathak22.github.io/noreward-rl/resources/icml17.pdf>* (abgerufen am 27.07.2025); *Mnih et al.*, *<www.cs.toronto.edu/~vmnih/docs/dqn.pdf>* (abgerufen am 24.07.2023); *Pavlus*, in: SdW kompakt v. 01.10.2018, S. 31 f.
[170] *Pavlus*, in: SdW kompakt v. 01.10.2018, S. 32. *Mnih et al.*, *<www.cs.toronto.edu/~vmnih/docs/dqn.pdf>* (abgerufen am 27.07.2025).
[171] *Pathak et al.*, *<pathak22.github.io/noreward-rl/resources/icml17.pdf>* (abgerufen am 27.07.2025), die Programmierung wurde von den Wissenschaftlern „Intrinsic Curiosity Module (ICM)“ genannt.
[172] *Pathak et al.*, *<pathak22.github.io/noreward-rl/resources/icml17.pdf>* (abgerufen am 27.07.2025), vgl. auch *Pavlus*, in: SdW kompakt v. 01.10.2018, S. 33.

intrinsisches, also nicht vom Punktestand des Spiels ausgehendes Belohnungssignal erzeugt wurde, wenn diese Vorhersage eine hohe Fehlerquote aufwies.[173]

Das führte dazu, dass der Agent von sich aus die Spielwelt und mögliche Aktionen mit der Spielfigur erforschte (nach links oder rechts laufen, springen, Gegner eliminieren etc.), im weiteren Sinne also neugierig auf Unbekanntes war. Und obwohl es im Falle des Todes von Mario keine Bestrafung gab, lernte der Algorithmus, das Sterben zu vermeiden, da andernfalls die Möglichkeit, Neues zu entdecken verloren ging. Der Anreiz, das Spiel erfolgreich zu spielen, kam also nicht aus dem Spiel, sondern aus dem System selbst.[174]

Die Gefahr bei dieser Herangehensweise ist, dass der intelligente Agent besonders neugierig auf Dinge wird, bei denen die Fehlerquote bei der Vorhersage zwar besonders hoch ist, die aber für die Zweckerreichung irrelevant sind – die Entwickler sprechen hier von einer „curiosity trap“.[175] Beispielsweise können die exakte Flugrichtung von vom Wind umhergewirbelter Blätter oder das schwarz-weiße Rauschen eines (Röhren-)Fernsehgeräts kaum sicher vorausgesagt werden, so dass der Agent dort „hängenbleiben“ würde. Die Lösung für dieses Problem war, die Input-Signale des Agenten zu kategorisieren in (1.) Dinge, die er kontrollieren kann, (2.) Dinge, die er nicht kontrollieren kann, die aber Einfluss auf den Agenten haben und (3.) Dinge, die er nicht kontrollieren kann und die auch keinen Einfluss auf ihn haben.[176] Klammert man die dritte Kategorie aus der Vorhersage aus, sind die Blätter und das Rauschen für das System uninteressant.[177] Neugier ist also „ein Modell, das einen Agenten anleitet, seine Umgebung trotz Hintergrundrauschen effizient zu erkunden“.[178]

---

[173] *Pathak et al.*, *<pathak22.github.io/noreward-rl/resources/icml17.pdf>* (abgerufen am 27.07.2025); vgl. auch *Pavlus*, in: SdW kompakt v. 01.10.2018, S. 33.
[174] *Pavlus*, in: SdW kompakt v. 01.10.2018, S. 28
[175] *Pathak et al.*, *<pathak22.github.io/noreward-rl/resources/icml17.pdf>* (abgerufen am 27.07.2025).
[176] *Pathak et al.*, *<pathak22.github.io/noreward-rl/resources/icml17.pdf>* (abgerufen am 27.07.2025).
[177] *Pathak et al.*, *<pathak22.github.io/noreward-rl/resources/icml17.pdf>* (abgerufen am 27.07.2025).
[178] *Pathak* im Interview mit *Pavlus*, in: SdW kompakt v. 01.10.2018, S. 32.

bb. Fallbeispiel AlphaGo

Um darzustellen, wie verschiedene Methoden des maschinellen Lernens zum Einsatz kommen können, soll im Folgenden kurz erklärt werden, wie der Algorithmus AlphaGo entwickelt und trainiert wurde. AlphaGo ist ein von DeepMind entwickeltes Programm, das zum Spielen des im asiatischen Raum weit verbreiteten Brettspiels Go geschrieben wurde. Go wird auf einem Feld mit 19x19 Feldern gespielt. Auf jedes dieser Felder setzen die beiden Spieler abwechselnd ihre Spielsteine. Ziel des Spiels ist es, möglichst viele Felder von den gegnerischen Steinen abzuschirmen bzw. die gegnerischen Steine einzukreisen und so das Gebiet zu beherrschen. Der Spieler, der am Ende die meisten Felder beherrscht, gewinnt. Trotz des grundsätzlich nicht allzu schwierigen Regelwerks, ist es bis dato nicht möglich gewesen, das Spiel mittels KI zu „knacken“, da die Zahl der möglichen Zugvariationen (etwa im Gegensatz zu Schach[179]) immens hoch ist (eine 2 mit 170 weiteren Ziffern dahinter – es gibt also mehr mögliche Spielverläufe als Atome im Universum).[180] Im März 2016 trat AlphaGo gegen den Südkoreaner Lee Sedol an, der zu diesem Zeitpunkt als stärkster Spieler der Welt galt, und entschied das Turnier mit 4:1 gewonnenen Partien für sich .[181] Wie war das möglich?

Die Entwickler ließen den Algorithmus für die Entscheidung, welcher Zug zu machen sei, drei Schritte durchlaufen. Ausgangspunkt war ein umfassender Trainingsdatensatz: Dem Algorithmus wurden weit über 100.000 Partien gezeigt, damit AlphaGo die Züge von menschlichen Spielern anhand von verschiedenen Brettpositionen voraussagen kann.[182] Bereits auf dieser Grundlage erreichte AlphaGo eine Vorhersagegenauigkeit von 57%.[183] Hier wurde also überwachtes Deep Learning angewendet, die Entwickler sprechen bei diesem Schritt vom „Policy Network“ (Policy meint in diesem Kontext Zugauswahl).[184] Um das Policy Network zu verbessern, ließen die Entwickler das System immer wieder gegen zufällig ausgewählte ältere Versionen von sich selbst

---

[179] Bereits im Jahr 1997 gelang es einem von IBM entwickelten Programm namens „Deep Blue“, den Schachweltmeister Gari Kasparov zu schlagen. Go galt seitdem als nächster Meilenstein der KI-Entwicklung.

[180] *Heise*, *<www.heise.de/hintergrund/Zahlen-bitte-Die-fast-unendliche-Tiefe-des-Go-Spiels-3130017.html>* (abgerufen am 27.07.2025); *Hassabis*, *<blog.google/technology/ai/alphago-machine-learning-game-go/>* (abgerufen am 27.07.2025).

[181] *Spiegel Online*, *<www.spiegel.de/netzwelt/gadgets/alphago-besiegt-lee-sedol-mit-4-zu-1-a-1082388.html>* (abgerufen am 27.07.2025).

[182] *Hartnett*, in: SdW kompakt v. 01.10.2018, S. 478.

[183] *Hassabis*, *<blog.google/technology/ai/alphago-machine-learning-game-go/>* (abgerufen am 27.07.2025).

[184] *Silver et al.*, Nature 529 (2016), 484 (484 f.).

spielen und so aus seinen Fehlern lernen.[185] Außerdem wurde ein „Value Network“ implementiert, das anhand der aktuellen Brettposition die Gewinnwahrscheinlichkeit für beide Spieler errechnet, indem, ausgehend vom Policy Network, der erwartete weitere Spielverlauf vorhergesagt wird.[186] Im dritten Schritt werden dann Policy und Value Network kombiniert und auf eine Monte-Carlo Tree Search (MCTS)-Simulation angewendet.[187] Das bedeutet, dass in einer Simulation, ausgehend von der aktuellen realen Brettposition, zufällig (deshalb die Benennung nach der berühmten Glücksspiel-Stadt) verschiedene erlaubte Züge ausgewählt werden und dann die Gewinnwahrscheinlichkeit der neuen Brettposition mit Policy und Value Network bewertet wird. Dieser Vorgang wird immer wieder wiederholt. Es werden also wie bei einem Baum verschiedene Äste ausgebildet, die sich wiederum immer weiter verästeln. Da jedoch die möglichen Zugvariationen beim Go unwahrscheinlich hoch sind, beschränkt sich der Algorithmus bei seiner Suche mit Hilfe der beiden Networks auf diejenigen Verästelungen, die entweder besonders vielversprechend sind oder bei denen noch eine Unsicherheit besteht, ob sich hier ein positiver Spielverlauf verstecken könnte.[188] Das bedeutet, dass auch, wenn die KI bereits glaubt, den optimalen Weg gefunden zu haben, noch auf vielen anderen Wegen nach der Siegmöglichkeit gesucht wird. Diese Beschränkung der MCTS-Simulation führte dazu, dass AlphaGo in dem Match gegen den Go-Profi Fan Hui viele tausend Brettpositionen weniger berechnete als es noch die Schach-KI „Deep Blue“ in der Partie gegen Großmeister Gari Kasparov tat.[189] Diese Herangehensweise hatte zur Folge, dass einige der Züge von AlphaGo den Kommentatoren der Partie – unter denen auch Profispieler waren – zunächst sinnlos oder fehlerhaft erschienen, sich schließlich aber als taktisch klug herausstellten.[190] Die KI hat also eine „Intuition“ für das Spiel entwickelt, die über das bisherige menschliche Verständnis hinaus geht.[191] Exemplarisch kann dafür der 37. Zug aus der zweiten Partie gegen Lee Sedol herangezogen werden: AlphaGo berechnete, dass die Wahrscheinlichkeit, dass ein menschlicher Spieler diesen Zug gemacht hätte, bei 1:10.000 lag.[192]

---

[185] *Silver et al.*, Nature 550 (2017), 354 (355 f.); *Silver et al.*, Nature 529 (2016), 484 (485 f.).
[186] *Silver et al.*, Nature 529 (2016), 484 (486).
[187] *Silver et al.*, Nature 529 (2016), 484 (486 f.).
[188] *Silver et al.*, Nature 550 (2017), 354 (354 f.); *Hartnett*, in: SdW kompakt v. 01.10.2018, S. 479.
[189] *Silver et al.*, Nature 529 (2016), 484 (489).
[190] *Stöcker*, <*www.spiegel.de/netzwelt/gadgets/alphago-sieg-wendepunkt-der-menschheitsgeschichte-a-1082001.html*> (abgerufen am 27.07.2025).
[191] Vgl. *Silver et al.*, Nature 550 (2017), 354 (357).
[192] *Hassabis*, <*blog.google/technology/ai/alphago-machine-learning-game-go/*> (abgerufen am 27.07.2025).

b. Überraschende Handlungen als systemimmanente Folge von KI-Systemen

Das Lernen und Entscheiden anhand von Wahrscheinlichkeiten kommt dem menschlichen Lernen erstaunlich nahe.[193] So bestimmen etwa Säuglinge Wortgrenzen dadurch, dass sie die Wahrscheinlichkeit bestimmen, mit der bestimmte Lautsequenzen, also Silben, gemeinsam auftreten und können so ausmachen, welche Silben ein Wort bilden.[194] Auch basieren reinforcement learning und die Anwendung tief verknüpfter neuronaler Netzwerke zum schichtweisen Verarbeiten von Informationen auf Erkenntnissen aus der Neurobiologie.[195] Es wurde versucht die Vorgänge in einem organischen Gehirn zu emulieren, um diejenigen Prozesse, die sich als besonders effizient erwiesen haben für die KI-Forschung fruchtbar zu machen.

Dass hinsichtlich der Art und Weise, wie gelernt wird, zwischen natürlichen und künstlichen Entitäten eine solche Ähnlichkeit besteht, deckt sich auch mit der oben[196] aufgestellten These, dass intelligente Agenten Überzeugungen im entscheidungstheoretischen Sinne haben können, da diese als Abwägung von Wahrscheinlichkeiten für die Zielerreichung zu verstehen sind. Insofern ist es auch nicht zu weit hergeholt, bei AlphaGo diesbezüglich von „Intuition“ zu sprechen. Dass diese Intuition auch danebenliegen kann, zeigte sich in der vierten Partie, der einzigen, die Lee Sedol für sich entscheiden konnte. Dort machte Sedol seinerseits einen Zug, bei dem der Algorithmus errechnete, dass die Wahrscheinlichkeit, dass ein menschlicher Spieler diesen machen würde, bei 1:10.000 lag.[197] Außerdem führte diese Intuition – jedenfalls aus Sicht der menschlichen Go-Experten – zu überraschenden Ergebnissen. AlphaGo entwickelte eine Spielweise, die es so bisher nicht gegeben hatte.

Was bei einer KI für Brettspiele spannend und für die Spielkultur möglicherweise sogar förderlich sein mag, kann in anderen Bereichen allerdings unerwünscht oder sogar schädlich sein. *Decker* nennt hier beispielhaft das autonome Fahren und die Prothetik: Ein selbstfahrendes Kfz, das überraschend ge-

[193] *Gelitz*, in: SdW kompakt v. 17.10.16, S. 149; *Silver et al.*, Nature 529 (2016), 484 (489).
[194] *Gelitz*, in: SdW kompakt v. 17.10.16, S. 14in: SdW kompakt v. 17.10.16, S. 19.
[195] *Koch*, in: SdW kompakt v. 17.10.16, S. 2831 ff.
[196] § 2 A. I. 2. b. c.
[197] *Hassabis*, *<blog.google/technology/ai/alphago-machine-learning-game-go/>* (abgerufen am 27.07.2025).

gen eine Mauer fährt oder ein bionischer Arm, der überraschend die Kaffeetasse vom Tisch schlägt, wären wohl kaum im Sinne des Erfinders.[198] Die Ursache für das Zustandekommen der unkonventionellen oder überraschenden Herangehensweise zur Zielerreichung verortet *Decker* in seinen Beispielen in der Vernetzung mehrerer gleichartiger KI-Systeme untereinander. So könne es sein, dass sich die Insassen eines autonom fahrenden Autos in südlichen Ländern unwohl fühlen, wenn das Auto auf Schnee und Eis so fährt, wie es das auch in Skandinavien täte – dort seien die Menschen entsprechende Wetterverhältnisse gewöhnt.[199]

Unabhängig davon, ob die Vornahme einer überraschenden Handlung aus dem System selbst oder aus der Vernetzung mehrerer Systeme folgt, kann festgehalten werden, dass es sowohl hinsichtlich ganzer Einsatzbereiche als auch hinsichtlich konkreter Handlungsumfelder einer Eliminierung, jedenfalls aber einer Minimierung überraschender Handlungen bedarf. Eine Möglichkeit wäre, den Algorithmus so anzupassen, dass solche Handlungen nicht sofort vorgenommen werden.[200] *Decker* führt insoweit aus, dass Handlungen erst nach deren Vornahme als erwünscht oder unerwünscht in dem entsprechenden Handlungskontext bewertet werden könnten.[201] Dann aber wäre es dem Algorithmus unmöglich, auch auf Situationen zu reagieren, die im Rahmen der Ausgangsprogrammierung nicht vorgesehen oder berücksichtigt worden sind.[202]

Zudem ist diese Einordnung nur zum Teil richtig. AlphaGo etwa hat für jeden eigenen und gegnerischen Zug errechnet, wie hoch die Wahrscheinlichkeit ist, dass ein Mensch diesen vorgenommen hätte. Wahrscheinlichkeit ist hier gleichbedeutend mit der menschlichen Erwartungshaltung, dass das (menschliche oder artifizielle) Gegenüber in der konkreten Situation ein bestimmtes Verhalten zeigt. Würde der Algorithmus nun so programmiert, dass bei Unterschreiten einer bestimmten Wahrscheinlichkeitsgrenze die in Betracht gezogene Handlung nicht oder nicht sofort vorgenommen wird, ließen sich die, aus Sicht des Menschen, überraschenden Handlungen zumindest reduzieren. Das ließe sich auch dadurch erreichen, dass bei der Programmierung die oben angesprochene Curiosity Trap umgangen wird. Bei der Festlegung dieser Grenze wäre der Grundsatz der Verhältnismäßigkeit zu beachten. Die Möglichkeiten der KI, ihre Nutzenfunktion auf verschiedene Weisen zu erfüllen, sollten nicht

---

198 *Decker*, in: Gless/Seelmann, Intelligente Agenten und das Recht, S. 2338 ff.
199 *Decker*, in: Gless/Seelmann, Intelligente Agenten und das Recht, S. 2339.
200 *Decker*, in: Gless/Seelmann, Intelligente Agenten und das Recht, S. 2341.
201 *Decker*, in: Gless/Seelmann, Intelligente Agenten und das Recht, S. 2341.
202 Vgl. *Sorge*, Softwareagenten, S. 8.

zu stark eingeschränkt werden, während gleichzeitig das Risiko für unerwartete Aktionen in Grenzen zu halten ist.

c. Zwischenfazit

Die bereits existierenden Fähigkeiten künstlicher Intelligenzen sind erstaunlich und die rasch voranschreitenden Entwicklungen zeigen, dass das Potenzial in diesem Bereich noch lange nicht ausgeschöpft ist. Die Ähnlichkeiten zur menschlichen Intelligenz und zum menschlichen Lernen sind dabei nicht von der Hand zu weisen. Das betrifft

- den Umstand, dass eine KI Überzeugungen und Ziele haben kann,
- das Vorliegen von Intuition und Fähigkeit zur Kreativität,
- die z.T. fehlende Nachvollziehbarkeit von Entscheidungen und die Fähigkeit, neugierig zu sein,
- die Nähe zum kleinkindlichen Lernen.

Daraus ließe sich folgender Schluss ziehen: Wenn biologische und künstliche Gehirne dieselbe organisatorische und kausale Struktur aufweisen, also nach denselben Regeln funktionieren, so müssen sie nach aktuellem Forschungsstand auch dieselben Bewusstseinszustände teilen.[203] Allerdings steht das empirisch auf tönernen Füßen. Denn bereits beim Menschen lässt sich nicht eindeutig bestimmen, wie dessen Bewusstseinszustände zustandekommen, geschweige denn, wie diese aussehen (abgesehen von bildgebenden Verfahren wie MRT oder EEG, die jedoch für die hiesigen Zwecke keinen Mehrwert liefern).[204] Eine so präzise Bestimmung ist auch gar nicht erforderlich. Denn ebenso wie Intelligenz kann auch das Bewusstsein in diesem Sinne zugeschrieben werden. Es ist doch sogar so, dass ein grundsätzliches Mindestmaß an Intelligenz erforderlich ist, um auch von einem Bewusstsein sprechen zu können. Umgebungs- und Selbstwahrnehmung und daraus folgende Interaktionen sind hierfür Voraussetzung.[205]

Aus all diesen Überlegungen lässt sich nun wiederum der Schluss ziehen, zu dem auch die Mehrheit der KI-Forscher kommt, nämlich, dass es nur noch eine

---

[203] So jedenfalls *Chalmers*, in: Metzinger, Conscious Experience, S. 309 ff.

[204] Dazu noch ausf. u. § 4 B. II. 1.

[205] Die Fähigkeit zu dieser Wahrnehmung ist auch ein Hauptargument dafür die Annahme von Schuldfähigkeit, für die es auch eines Mindestmaßes an Intelligenz bedarf, dazu auch ausf. u. §4 B. II. 1. b.

Frage der Zeit ist, bis es sog. starke, also gemessen an ihren Fertigkeiten menschengleiche KI geben wird.[206] Die Sorge, dass es dabei zu einer Verwirklichung dystopischer Zukunftsvisionen à la „I, Robot“[207] kommt, ist insofern unbegründet, als dass Mechanismen in den Algorithmus implementiert werden können, die die Vornahme überraschender Handlungen verhindern bzw. minimieren.

2. Der Roboter als intelligenter Agent

Der Roboter ist aufgrund der Vielfältigkeit seiner möglichen Ausgestaltungen und Einsatzfelder diejenige Manifestation künstlicher Intelligenz, die am wahrscheinlichsten im Mittelpunkt der zum jetzigen Zeitpunkt vorstellbaren Fälle von Rechtsgutsverletzungen stehen wird. Aus diesem Grund bedarf es auch hinsichtlich des Roboters eines grundlegenden systematischen Verständnisses: Insoweit ist die Frage, in welche Kategorien sich Roboter unterteilen lassen und inwiefern sich die möglichen Unterteilungen für rechtliche Rückschlüsse eignen. Dies wird auch ein Ausgangspunkt für die spätere juristische Einordnung sein.

Zwar können auch reine Softwareagenten strafrechtliche Tatbestände erfüllen (vgl. in der Einleitung den Chatbot Tay). Doch sind vor allem bei dem Einsatz von Maschinen Fälle denkbar, in denen die körperliche Unversehrtheit oder das Eigentum geschädigt werden. Das gilt vor allem dann, wenn der Einsatz in Bereichen erfolgt, die ohnehin schon relativ risikobehaftet sind bzw. wenn man davon ausgeht, dass sich überraschende und unvorhergesehene Aktionen des Agenten nicht endgültig eliminieren lassen – jedenfalls soweit man ein gewisses Maß an Eigenständigkeit zulassen möchte.

Die meisten Roboter, mit denen wir es heute zu tun haben, besitzen noch keine Intelligenz in dem herausgestellten Sinne, es handelt sich mithin noch um schwache KI (beispielsweise Saug- oder Mähroboter oder der Mars-Rover).

---

[206] *Hilgendorf*, in: Hilgendorf/Hötitzsch, Das Recht vor den Herausforderungen der modernen Technik, S. 1132 f.; *Russell*, <*link.springer.com/content/pdf/10.1007/s42354-021-0361-5.pdf?pdf=core*> (abgerufen am 27.07.2025); zsf. *Miebach*, Digitale Transformation von Wirtschaft und Gesellschaft, S. 307 ff. m.w.N.

[207] In *Alex Proyas'* Science-Fiction-Film (2004), der auf dem gleichnamigen Roman (1950) von *Isaac Asimov* beruht, kommt eine KI zu dem Ergebnis, dass der Menschheit aufgrund ihrer selbstzerstörerischen Lebensweise langfristig nur damit gedient sei, wenn sie unterworfen würde und sie so vor sich selbst zu beschützen.

Der stetige technische Fortschritt, die zunehmenden Investitionen in die Bereiche Robotik und künstliche Intelligenz[208] und die immer stärkere politische und gesellschaftliche Auseinandersetzung zeigen jedoch, dass intelligente Roboter nicht mehr bloße Spielereien für Technik-Affine sind sondern, großzügig geschätzt, noch in diesem Jahrhundert in den meisten Lebensbereichen alltäglich werden dürften.

Im Folgenden wird aus Verständnisgründen kurz auf die Begriffsherkunft eingegangen und sodann herausgearbeitet, wie sich Roboter im Sinne der Rechtsfindung kategorisieren lassen.

a. Begriff des Roboters

Das Wort Roboter wurde 1920 von dem tschechischen Autor *Karel Capek* vom slawischen „robota“ (= Arbeit, Zwangsarbeit, Fronarbeit) abgeleitet und in Bezug auf künstlich geschaffene Menschensklaven verwendet, die in seinem Theaterstück „R.U.R. – Rossumovi Univerzální Roboti“ gegen die Menschheit rebellieren und diese schließlich vernichten.[209]

Roboter im technischen Sinne meint dabei eine „sensumotorische [sic] Maschine zur Erweiterung der menschlichen Handlungsfähigkeit.“[210] Er muss in der Lage sein, seine Umwelt sensorisch wahrzunehmen, die so gewonnen Daten zu verarbeiten und darauf basierend Funktionen auszuführen.[211] Diese Funktionen können physisch oder nicht-physisch sein, müssen aber jedenfalls – in Abgrenzung etwa zu bloßen Software-Bots – einen Einfluss auf die Außenwelt haben.[212] Hiernach sind auch solche Maschinen Roboter, die den immer gleichen, vorgegebenen Arbeitsschritt ausführen, zum Beispiel ein Roboter in einer industriellen Fertigungsstrecke. Denn auch ein solcher muss etwa über Sensoren verfügen, die im Falle einer Überhitzung für die Automatische Abschaltung sorgen.

---

[208] Vgl. *Rusch*, *<www.tagesspiegel.de/wirtschaft/wohin-mit-den-milliarden-fur-kunstliche-intelligenz-5584852.html>*; *Diermann*, *<www.pv-magazine.de/2020/08/06/fraunhofer-iee-schafft-kompetenzzentrum-fuer-kuenstliche-intelligenz-im-energiesystem/>* (jeweils abgerufen am 27.07.2025)

[209] *Beck*, JR 2009, 225 (226); *Müller*, AJP/PJA 2014, 595 (596).

[210] *Christaller et al.*, Robotik, S. 5.

[211] *Bekey*, Autonomous Robots, S. 2; *Wildhaber/Lohmann*, AJP/PJA 2017, 135.

[212] *Lin/Abney/Bekey*, Artificial Intelligence 2011, 942 (943); *Hilgendorf*, in: Barton/Eschelbach/Hettinger/Kempf/Krehl/Salditt, Fischer-FS, S. 101; *Wildhaber/Lohmann*, AJP/PJA 2017, 135 f.

Gegenüber bloßen Automaten (griech. „automatos“ = sich selbst bewegend, zusammengesetzt aus „autos“ = selbst, „maiesthai“ = streben, suchen, trachten) kann der Roboter durch sein höheres Maß an Autonomie (autonom = eigengesetzlich machend, zusammengesetzt aus griech. „autos“ und „nomos“ = Gesetz), also ein größeres Repertoire an Bewegungs- und Verhaltensmöglichkeiten abgegrenzt werden.[213] Während beispielsweise eine Kaffeemaschine oder ein Spielzeugauto zum Aufziehen jeweils nur einen oder einige wenige vorgegebene und nur auf eine Weise ausführbare Arbeitsschritte vornehmen können, ist der Roboter in der Lage, komplexere Aufgaben lösen. Der Roboter in der Fertigungsstrecke, um bei diesem Beispiel zu bleiben, kann feinere oder dickere Schweißnähte beliebiger Form anfertigen, Metallteile auch schneiden oder schlicht festhalten und bewegen.

Die bloße Einordnung eines Akteurs als Roboter ist jedoch viel zu weit und wird dem Einzelfall nicht gerecht. Aufgrund der offenkundigen Unterschiede hinsichtlich etwa des Einsatzgebietes oder der individuellen Fähigkeiten verschiedener Roboter müssen für die rechtliche Bewertung etwaiger Schadenseintritte belastbare Abgrenzungskriterien gefunden werden.

b. Klassifizierung von Robotern

Roboter können auf vielfältige Weise kategorisiert werden, etwa nach Größe, Bewegungsfähigkeit (mobil/stationär) oder Einsatzgebiet.[214] Nicht alle dieser Unterscheidungen sind auch für die rechtliche Einordnung geeignet.

aa. Einordnung nach dem Einsatzgebiet

Eine Kategorisierung kann nach dem Einsatzgebiet erfolgen. Hinsichtlich des Einsatzgebiets wird typischerweise zwischen Industrie- und Servicerobotern unterschieden.[215] Der Verein Deutscher Ingenieure (VDI) definiert den Industrieroboter als „universell einsetzbaren Bewegungsautomaten mit mehreren Achsen, deren Bewegungen hinsichtlich Bewegungsfolge und Wegen bzw.

---

[213] *Roboterwelt*, *<www.roboterwelt.de/magazin/wann-ist-ein-roboter-ein-roboter>* (abgerufen am 27.07.2025); *Christaller et al.*, Robotik, S. 5; *Wildhaber/Lohmann*, AJP/PJA 2017, 135 (136).

[214] *Günther*, Roboter und rechtliche Verantwortung, S. 19; *Christaller et al.*, Robotik, S. 20.

[215] So jedenfalls die Unterscheidung der International Federation of Robotics (IFR), einem Dachverband für Industrie und Forschungsinstitute https://www.ifr.org/ (abgerufen am 24.07.2023).

Winkeln frei (d.h. ohne mechanischen bzw. menschlichen Eingriff) programmierbar und gegebenenfalls sensorgeführt sind“.[216] Ähnlich lautet auch die Definition der International Standardization Organization (ISO) in der ISO-Norm 8373, wonach ein Industrie-Roboter ein „automatisch gesteuerter, frei programmierbarer Mehrzweck-Manipulator [ist], der in drei oder mehr Achsen programmierbar ist und zur Verwendung in der Automatisierungstechnik entweder an einem festen Ort oder beweglich angeordnet sein kann.“[217]

Der Service-Roboter hingegen übernimmt „nützliche Aufgaben für Menschen, die Gesellschaft oder Einrichtungen […], mit Ausnahme von Anwendungen in der Automatisierungstechnik.“[218] Hier kann dann wiederum danach eingeordnet werden, ob sich das Einsatzgebiet im professionellen (Chirurgie, Reinigung, Gastronomie etc.) oder privaten Bereich (Haushalt, Assistenz, Überwachung) befindet.[219]

Etwas differenzierter hinsichtlich des Einsatzgebiets gehen *Christaller et. al.* vor, die letztlich aber auch auf den konkreten Nutzen des Roboters für den Menschen abstellen:[220]

- Roboter in für den Menschen kaum oder schwer zugänglichen Gebieten wie im Weltraum, unter Wasser, unter Tage, im Nano- oder Mikrobereich
- Roboter in für den Menschen kaum oder schwer zugänglichen Bereich (z.B. Abfallentsorgung)
- Roboter, der zuverlässiger ist als der Mensch (z.B. OP-Roboter)
- Ökonomischer Nutzen
- Roboter als Unterhaltung für den Menschen (z.B. Spielzeug)
- Roboter als Assistent für den Menschen (z.B. Pflegeroboter)

Allerdings liefert die Einordnung nach dem Einsatzgebiet für die Klärung von Haftungs- und Verantwortungsunsicherheiten kaum einen Mehrwert. Ausschlaggebend kann nicht lediglich der ggf. nur grob umrissene Einsatzbereich sein, insbesondere nicht im Hinblick auf die künftig wohl noch zunehmenden

---

[216] Zitiert nach *Naber*, Aufbau und Einsatz eines mobilen Roboters mit unabhängiger Lokomotions- und Manipulationskomponente, S. 7.

[217] ISO-Norm 8373 zu finden unter https://www.iso.org/store.html (abgerufen am 27.07.2025); *Müller*, AJP/PJA 2014, 595 (596).

[218] S.o. in der ISO-Norm.

[219] *IFR*, <*www.ifr.org/service-robots*> (abgerufen am 27.07.2025); Beispiele zum Teil nach *Müller*, AJP/PJA 2014, 595 (597).

[220] *Christaller et al.*, Robotik, S. 20.

Überschneidungen der Bereiche bei haftungsrelevanten Fragen. Während Industrieroboter in der Vergangenheit praktisch ausschließlich innerhalb eines nichtöffentlichen Bereiches zum Einsatz kamen und menschliche Berührungspunkte allenfalls mit geschultem Personal hatten, wird spätestens der vermehrte Einsatz von sogenannten Collaborative Robots, kurz Cobots, diese klare Trennung aufheben.[221] Cobots sind Industrieroboter, die ihren Arbeitsplatz mit menschlichen Arbeitskräften teilen, beispielsweise um in einer Bar Getränke einzuschenken und Gläser zu spülen.[222] Die International Federation of Robotics räumt dem Segment der Cobots ein enormes Wachstumspotential ein: bis 2025 sollen sie rund 34% des Robotermarktes ausmachen.[223] In absehbarer Zeit werden also einfache und/oder gefährliche Aufgaben in allen Bereichen von Maschinen übernommen werden (können).

Die Interaktion von Robotern mit im Umgang mit ihnen nur oberflächlich geschultem oder gar ungeschultem Personal birgt dabei stets ein größeres Risiko als eine Interaktion mit professionellem Personal in einer auf Roboter ausgelegten Umgebung. Allerdings würde man dann die Einordnung des intelligenten Agenten lediglich von Umständen abhängig machen, die nicht in ihm selbst begründet liegen, sondern ausschließlich in seiner Umgebung. Ein solches Vorgehen leuchtet nicht ein. Interne Faktoren können nicht gänzlich unberücksichtigt bleiben. Ferner macht es einen wesentlichen Unterschied, ob es sich beispielsweise um einen stationären Roboter handelt, der lediglich Getränke zubereiten kann oder aber er eigenständig Tische bedient und sich durch ein Restaurant bewegen kann.

Diese Kategorien eignen sich für rechtliche Wertungen deshalb eher nicht. Dies gilt aufgrund der zu erwartenden immer stärkeren Überschneidungen sowohl für Roboter, die in einem nicht-öffentlichen Umfeld (Beispiel Pflegeroboter) als auch für jene, die im öffentlichen Bereich zum Einsatz kommen können (Beispiel Bar).[224]

---

[221] Vgl. *Wildhaber/Lohmann*, AJP/PJA 2017, 135 (138).

[222] *Dierig*, *<www.welt.de/wirtschaft/article164014716/Cobots-ermoeglichen-den-Aufbruch-in-ganz-neue-Welten.html>* (abgerufen am 27.07.2025).

[223] *Höpner*, *<www.handelsblatt.com/technik/thespark/intelligente-maschinen-wie-die-daenische-stadt-odense-zum-mekka-des-neuen-roboterbooms-wurde/23761738.html?ticket=ST-23281-DtCXleiaClNVd25sVHeP-ap1>* (abgerufen am 27.07.2025).

[224] Vgl. *Hertzberg*, in: Hilgendorf/Hötitzsch, Das Recht vor den Herausforderungen der modernen Technik, S. 635 f.; *Wildhaber/Lohmann*, AJP/PJA 2017, 135 (138).

bb. Einordnung nach den Fähigkeiten

Eine besser geeignete Kategorisierung kann daher anhand der Fähigkeiten vorgenommen werden. Es muss angesichts des durch das Strafrecht angestrebten Rechtsgüterschutzes darauf ankommen, wessen Rechtsgüter in den jeweiligen Einsatzszenarien in welchem Umfang gefährdet werden könnten. Dabei gilt denklogisch: Je mehr Aktionsmöglichkeiten der Roboter hat und je freier er sich bewegen und/oder handeln kann, desto mehr Möglichkeiten zur Schädigung bestehen und desto größer ist damit in der Regel auch die Gefahr für die Rechtsgüter. Das gilt für alle Einsatzgebiete des Agenten und ist somit ein weiteres Argument gegen die reine Kategorisierung nach Einsatzgebiet. Umgekehrt heißt das, je weniger die Aktionen der Maschine von menschlichen Vorgaben abhängig sind, desto wahrscheinlicher ist ein Schadenseintritt (das gilt zumindest, soweit der Mensch keinen Fehler bei der Bedienung macht, sofern eine solche erforderlich ist). Zur Verdeutlichung folgendes Beispiel: Man stelle sich den intelligenten Roboter als Eisenbahn bzw. als Auto vor. Die Eisenbahn kann nur auf dem vorgegebenen Pfad (Schienen) agieren, hat also wenig Aktionsmöglichkeiten. Das Auto kann hingegen fast überall fahren, hat also viele Aktionsmöglichkeiten. Somit besteht das Risiko eines Schadenseintritts bei der Eisenbahn nur dann, wenn jemand die Schienen betritt, während das Auto auch auf den Bürgersteig fahren könnte. Je mehr Handlungsmöglichkeiten der Roboter hat, desto mehr Möglichkeiten bzw. Risiken bestehen auch für einen Schadenseintritt.

Hierbei handelt es sich um eine Feststellung, die nicht bloß Roboter oder KI betrifft, sondern die auch im Allgemeinen zutrifft. Es wird an dieser Stelle aber spezifisch die Autonomie von Robotern und deren Auswirkung untersucht, da es sich bei Robotern um die optisch präsenteste Verkörperung von KI handeln wird, die auch gerade wegen ihrer Körperlichkeit für etwaige Rechtsgutsverletzungen interessant sein wird. Es ist angesichts einer drohenden Fahrlässigkeitsstrafbarkeit grundsätzlich davon auszugehen, dass der Einsatz durch den Menschen dergestalt vorbereitet und ggf. gelenkt wird, dass es gerade nicht zu Rechtsgutsverletzungen kommt.[225]

---

[225] Näher zur Fahrlässigkeitsstrafbarkeit beim Einsatz von Robotern in § 3 A.

(1) Die Autonomie des Roboters als Richtwert

Sinnvoll ist also eine Klassifizierung von Robotern nach dem Grad ihrer Autonomie wie beispielsweise *Christaller et. al.* sie vornehmen:[226]

- 1. Stufe: Physikalische Maschinen mit Werkzeugcharakter zur Erweiterung der menschlichen Handlungsfähigkeit
- 2. Stufe: Bestimmte Funktionen des Roboters werden selbstständig nach Programmen ausgeführt, wobei die Arbeitsweise durch vorbestimmte Lernverfahren modifiziert werden kann
- 3. Stufe: Roboter sind künstliche Menschen mit Intelligenz

Ein solches Modell wird z.T. auch in der Politik als sinnvoll erachtet. In der in der Einleitung angesprochenen Empfehlung des EU-Parlaments an die EU-Kommission wird in der zugehörigen Anlage zwar keine Definition geliefert, allerdings die Erarbeitung einer einheitlichen Definition des „intelligenten Roboters“ nahegelegt.[227] Folgende Eigenschaften seien dabei zu berücksichtigen:

- die Fähigkeit, über Sensoren und/oder über den Datenaustausch mit seiner Umgebung (Interkonnektivität) Autonomie zu erlangen und diese Daten zu analysieren,
- die Fähigkeit, durch Erfahrung und Interaktion zu lernen,
- die Form der physischen Unterstützung des Roboters,
- die Fähigkeit, sein Verhalten und seine Handlungen an seine Umgebung anzupassen.

Es lassen sich aber die Kriterien zur Einordnung intelligenter Roboter nach dem Grad der Autonomie auch auf reine Software-Agenten übertragen. Diese können etwa Handlungsvorschläge für körperliche Akteure machen, (Fertigungs-)Prozesse steuern oder jedenfalls irgendwie geartet kommunizieren, so dass ihr Vorgehen Auswirkungen auf die reale Welt hat. Ähnlich kategorisieren daher auch *Gless/Weigend*, die danach unterscheiden, wie „offen“ ein System ist:[228]

- 1. Stufe: Einfache Datenverarbeitungssysteme, bei denen der Entwickler die Art und Verarbeitung der möglichen Datenaufnahme auf der Grundlage hierarchisch definierter Algorithmen abschließend festgelegt hat.

---

[226] *Christaller et al.*, Robotik, S. 138; diese Einordnung hält auch u.a. *Fincan* für sinnvoll, Artificial Intelligence and Legal Issues, S. 25 f.

[227] *Europäisches Parlament*, *<www.europarl.europa.eu/doceo/document/TA-8-2017-0051_DE.html?redirect>* (abgerufen am 27.07.2025).

[228] *Gless/Weigend*, ZStW 126 (2014), 561 (562 f).

– 2. Stufe: Geöffnete Systeme, die über Sensoren unterschiedliche Daten aus der Außenwelt aufnehmen können, diese jedoch nach Regeln verarbeiten, die der Entwickler unveränderbar festgelegt hat.
– 3. Stufe: Intelligente Systeme, die große Mengen von Daten nicht nur aufnehmen, sondern auch auf bestimmte Muster hin interpretieren und selbstständig auf die Daten reagieren.

Maßgebend für den Grad der Autonomie sind dabei der Umfang des (vor dem Einsatz erlernten) Wissens und der Fähigkeiten des Systems, der Umfang der Kontrolle des Systems über den eigenen Input sowie der Umfang der Selbstkontrolle.[229] Je stärker die KI also selbst steuern kann, was und nach welcher Gewichtung die Grundlage für die eigene Handlung bildet, desto autonomer ist sie. Ein autonomer Roboter ist demnach eine frei programmierbare Maschine, die auf Basis von Umgebungssensordaten in geschlossener Regelung in Umgebungen agiert, die zur Zeit der Programmierung nicht genau bekannt und/oder dynamisch und/oder nicht vollständig erfassbar sind.[230]

(2) Bedeutung von Autonomie und ethische Überlegungen

Autonomie meint demnach, grundsätzlich unabhängig von der betroffenen Entität, die Fähigkeit, Entscheidungen zu treffen und diese in der äußeren Welt unabhängig von externer Steuerung oder Einflussnahme umzusetzen.[231] Der autonome Agent kann also auf Probleme unabhängig von unmittelbarer menschlicher Steuerung situationsangemessen und in diesem Sinne intelligent reagieren.[232] Dabei muss ein autonomes System von sogenannten automatisierten Systemen abgegrenzt werden. Letztere funktionieren lediglich nach einem determinierten Reiz-Reaktion-Schema.[233] Das bedeutet, auf eine unbekannte Situation vermag ein automatisiertes System nicht zu reagieren. Das autonome System hat hingegen einen Entscheidungsspielraum. Der autonome Agent muss für eine Einflussnahme demnach auch Handlungskontexte differenzieren können sowie Folgenbewusstsein in der unbekannten Situation haben.[234] Die

[229] *Reichwald/Pfisterer*, CR 2016, 208 (210); *Pieper*, InTer 2018, 9 (12).
[230] *Hertzberg*, in: Hilgendorf/Hötitzsch, Das Recht vor den Herausforderungen der modernen Technik, S. 635.
[231] Entschließung des Europäischen Parlaments v. 16.2.2017 mit Empfehlungen an die Kommission zu zivilrechtlichen Regelungen im Bereich Robotik (2015/2103 [INL]) - P8_TA(2017)0051, Einl. AA. (sub „Haftung“), s.o. Fn. 225; hierzu *Lohmann,* ZRP 2017, 168 (169).
[232] *Hilgendorf*, ZStW 130 (2018), 674 (675).
[233] *Kniepert*, JA 2021, 358; *Sorge*, Softwareagenten, S. 8.
[234] *Loh*, InTer 2017, 220 (225); *Sorge*, Softwareagenten, S. 8.

Kriterien für eine solche situationsadäquate Handlung können hierbei technischer, ökonomischer, ökologischer, rechtlicher, moralisch-ethischer oder sozialer Natur sein.[235] Ebenso wie bei menschlichen Aktionen bedarf es hier einer Gesamtbetrachtung. Ein solches Grundgerüst ließe sich dem Algorithmus bei dessen Ursprungsprogrammierung implementieren und durch die stetige Interaktion des Agenten mit seiner Umwelt ständig (ggf. selbsttätig) weiterentwickeln, so dass es bestmöglich dem gesamtgesellschaftlichen Wertekonsens entspricht.

Ein erster Versuch, ein entsprechendes grundlegendes Wertekonstrukt für den Einsatz von autonomen Robotern zu entwerfen, stammt von dem Autor *Isaac Asimov*, der in seinem Kurzgeschichtenband „I, Robot“ (dt. „Ich, der Roboter“) die sog. Robotergesetze, auch Asimovschen Gesetze (engl. Three Laws of Robotics) aufstellte:[236]

1. Ein Roboter darf kein menschliches Wesen (wissentlich) verletzen oder durch Untätigkeit (wissentlich) zulassen, dass einem menschlichen Wesen Schaden zugefügt wird.
2. Ein Roboter muss den ihm von einem Menschen gegebenen Befehlen gehorchen – es sei denn, ein solcher Befehl würde mit Regel eins kollidieren.
3. Ein Roboter muss seine Existenz beschützen, solange dieser Schutz nicht mit Regel eins oder zwei kollidiert.

Zwar entstammen diese Regeln der Popkultur, doch waren und sind sie mitprägend für das Verständnis von Robotern und KI. Betrachtet man aber die oben dargestellte Komplexität der Anforderungen an eine situationsadäquate und damit in diesem Sinne autonome Handlung, wird schnell deutlich, dass die Asimovschen Gesetze allenfalls als rudimentärer Ausgangspunkt herangezogen werden können. Die Herausarbeitung der konkreten Anforderungen an die Erfüllung der oben genannten Kriterien sowie deren Implikation in Algorithmen wird eine zentrale Herausforderung bei der Entwicklung hoch entwickelter KI darstellen, die nur interdisziplinär gemeistert werden kann. Den genannten Modellen zur Differenzierung nach dem Grad der Autonomie ist gemeinsam, dass sie kein philosophisches sondern ein technisches Verständnis von Autonomie und damit eine Entkopplung des Begriffs von dem Erfordernis des

[235] *Decker*, in: Gless/Seelmann, Intelligente Agenten und das Recht, S. 235.
[236] *Asimov*, Ich der Roboter, S. 8 (in der deutschen Ausgabe des Heyne Verlags).

Menschseins zugrunde legen.[237] Autonomie wird wie Intelligenz nicht isoliert einem System zugeschrieben, sondern entsteht aus der Relation zwischen zwei oder mehr Akteuren.

Aus den vorangegangenen Ausführungen lässt sich folgende Definition zusammenfassen: Ein System ist autonom, wenn seine kontextuale Entscheidung unter Berücksichtigung der systemimmanenten Basis-Parameter (besagtes „Grundgerüst") zu einer situationsadäquaten Handlung führt.

(3) Verhältnis von menschlicher und robotischer Autonomie

Dagegen ließe sich zwar einwenden, dass es nicht möglich ist, technische Systeme als autonom zu bezeichnen, da Voraussetzungen wie Folgenbewusstsein oder die Fähigkeit zur Differenzierung von Handlungskontexten bei diesen gerade nicht vorliege.[238] Es handele sich um eine reine Datenverarbeitung und nicht um einen in diesem Sinne intentionalen Vorgang.[239]

Allerdings ist nicht ersichtlich, warum das Ergebnis einer algorithmischen Datenverarbeitung, das den aktuellen Handlungskontext erkannt und das Verhalten des Agenten entsprechend angepasst hat, etwas Anderes sein sollte, als das Abwägen verschiedener Handlungsfolgen mit anschließender Entscheidung für eine Handlung. Dieses rein technische Verständnis von Folgenbewusstsein und Intentionalität greift zu kurz. Denn sowohl rechtlich als auch tatsächlich kommt es vor allem darauf an, welche Folgen die inneren Prozesse des Menschen oder der Maschine für die Außenwelt haben. Für die Person, die mit dem intelligenten Agenten interagiert, macht es hinsichtlich der realen Handlungsfolge keinen Unterschied, wie die konkrete Aktion zustande gekommen ist. Die Zielbestimmung[240] des Systems und die daraus folgenden Aktionen reichen daher für eine Intentionalität aus.[241] Entscheidend für die Annahme von Autonomie ist also die externe Perspektive, unabhängig von – sowohl bei Mensch als auch Maschine ja ggf. nur fiktiven – inneren Zuständen wie Folgenbewusstsein und Intentionalität im humanistischen Sinne. Das alles gilt

---

[237] Vgl. *Hilgendorf*, ZStW 130 (2018), 674 (675); *Wildhaber/Lohmann*, AJP/PJA 2017, 135 (136).

[238] *Günther*, Roboter und rechtliche Verantwortung, S. 29.

[239] *Günther*, Roboter und rechtliche Verantwortung, S. 30.

[240] S.o. § 2 II. 1. b. aa.

[241] So auch *Kemper*, cognitio 2018, 1 (12).

dann, wenn ein Rückschluss von den äußeren Handlungen auf die inneren Zustände möglich ist (anders wird etwa bei der Annahme von Vorsatz auch nicht verfahren).

(4) Zwischenfazit

Mit einem höheren Maß an Autonomie geht logischerweise ein größeres Spektrum an möglichen Aktionen einher, was folglich auch zu einer Zunahme der möglichen Rechtsgutverletzungen führt, die durch einen intelligenten Agenten verursacht werden können.[242] Denn einerseits erweitert eine solche Autonomie den Einsatzbereich des Agenten, da er ggf. nicht mehr nur domänespezifisch eingesetzt werden kann. Das Risiko von Schäden steigt insbesondere dann, wenn der Roboter im öffentlichen Raum und mit Kontakt zu im Umgang mit Robotern nicht geschulten Menschen zum Einsatz kommt. Und andererseits ist Autonomie ja das Resultat der Fähigkeit des Agenten, seine Nutzenfunktion auf vielfältige Weise zu erfüllen. Das bedeutet aber auch, dass ein Restrisiko für überraschende Aktionen besteht, die prädestiniert für aus ihnen folgende Schadenseintritte sind.

Entscheidend ist dabei nicht eine generelle Unvorhersehbarkeit für jedermann, sondern dass diejenigen Personen, die mit dem intelligenten Agenten in dem konkreten Umfeld interagieren nicht bzw. nicht mit Sicherheit sagen können, was dieser als nächstes tut. Das bedeutet, dass selbst, wenn die Entwickler und Programmierer durch Einsicht in den Algorithmus eine Vorhersage treffen könnten (was in der Regel ja gerade nicht der Fall ist), das System als autonom einzuordnen ist.
Der Einordnung eines Agenten als autonom muss insoweit nicht einmal zugestimmt werden, da sich später[243] zeigen wird, dass es für die rechtliche Bewertung insbesondere auf die fehlende sichere Vorhersehbarkeit der Aktion des Agenten aus Sicht der interagierenden Person, sowie die Frage der Sozialadäquanz, bzw. einer Zuschreibung von Verantwortlichkeit, ankommt.[244]

---

[242] Vgl. *Borges*, NJW 2018, 977 (978).
[243] (§ 3 A. II. i.R.d. Fahrlässigkeit sowie § 4 II. i.R.d. Frage nach der Strafbarkeit der e-Person)
[244] So auch *Günther*, Roboter und rechtliche Verantwortung, S. 37.

B. Bedürfnis der dogmatischen Einordnung autonomer KI

Betrachtet man das Tempo und die Anzahl der technischen Neuerungen der vergangenen Jahrzehnte und die immer zahlreicheren und raffinierteren Praxisbeispiele, wird schnell deutlich, dass diese Entwicklung sich in den kommenden Jahren und Jahrzehnten fortsetzen wird. Es wird dabei auf immer leistungs- und anpassungsfähigere Systeme hinauslaufen. Die Stärke von KI liegt, neben dem Übertreffen menschlicher Fertigkeiten in domänespezifischen Anwendungsbereichen, nämlich gerade in ihrer Adaptivität.[245] Die Möglichkeit, schnelle Umgebungswechsel vorzunehmen, wird künftig völlig neue Anwendungsbereiche eröffnen. Adaptive Systeme können aber nur dann effektiv eingesetzt werden, wenn sie sich selbst anpassen.[246] Eine zentrale oder gar lokale turnusmäßige Veränderung bzw. Entwicklung des Systems durch die Entwickler anhand der gespeicherten Daten über die vorherigen Aktionen ist unter diesem Gesichtspunkt nicht sinnvoll, da so der wesentliche Vorteil der schnellen Anpassung verloren geht.[247] Aus selbstständiger Anpassung können, wie oben gezeigt, aber auch überraschende Ergebnisse und Aktionen folgen, unabhängig davon, ob die Nutzenfunktion vom Menschen eingestellt worden ist oder nicht.[248] Erforderlich ist daher, dass Handlungsdomänen, in denen Überraschungen erwünscht bzw. tolerierbar sind, abgegrenzt werden zu jenen, in denen sie nicht hinnehmbar sind, etwa sobald die KI sicherheitsrelevante Tätigkeiten wie beispielsweise bei der Bedienung von Baumaschinen oder in der häuslichen Pflege übernimmt.[249] Die Parameter, inwieweit rechnerisch unwahrscheinliche, mithin überraschende Aktionen vorgenommen werden müssen dem jeweiligen Handlungskontext angepasst werden.

Nichtsdestotrotz können sie vorkommen und sind nicht vollständig eleminierbar, wenn adaptive Systeme effektiv eingesetzt werden sollen. Das Restrisiko überraschender Handlungen muss aber auch zu einem Überdenken der bisherigen rechtlichen Verantwortungskategorien führen: „Dies nachträgliche Bereuen von Ungewissheitsentscheidungen aber ist ein klarer Fall von rechtlich gebotener Verantwortung.“[250] Setzt man sich nicht bereits jetzt mit diesen Problemen auseinander, so sind zwei Szenarien denkbar: Entweder erhalten

---

[245] Dazu s.o. § 2 A. II. 1.
[246] *Decker*, in: Gless/Seelmann, Intelligente Agenten und das Recht, S. 2333, 43.
[247] *Decker*, in: Gless/Seelmann, Intelligente Agenten und das Recht, S. 2333, 43.
[248] *Erhardt/Mona*, in: Gless/Seelmann, Intelligente Agenten und das Recht, S. 618.
[249] *Decker*, in: Gless/Seelmann, Intelligente Agenten und das Recht, S. 2339, 41.
[250] *Teubner*, AcP 218 (2018), 155 (175).

neue Technologien Einzug in unseren Alltag und es ist ungeklärt, wie mit unvorhergesehenen Auswirkungen dieser Technologien umzugehen ist (was das bedeutet, kann man an den kläglichen Versuchen sehen, das Internet zu regulieren; hier hat der Gesetzgeber Jahre zu spät reagiert. Hate Speech, Social Bots und Fake News sind die Folge). Oder aber die Nutzung neuer Technologien wird aus Sorge vor Unvorhergesehenem ausgebremst, was nicht absehbaren wirtschaftlichen und gesellschaftlichen Schaden anrichten wird.

Die Gesellschaft, und daraus resultierend auch das Recht, sehen sich also in zunehmendem Maße mit völlig neuen Phänomenen konfrontiert, bei denen noch nicht abschließend geklärt ist, wie diese in das existierende normative Gerüst eingeordnet werden sollten. *Von Lewinski* schreibt dazu treffend, dass sich neue Rechtsphänomene typischerweise nicht in eine „überkommene Ordnung" einfügen würden – „täten sie dies, wären sie keine neuen Rechtsphänomene".[251] Das nahezu sichere Wissen darum, dass im obigen Sinne autonome KI-Systeme eine disruptive Wucht auf etliche Lebensbereiche haben werden, macht es notwendig, sich bereits jetzt mit rechtlichen Paradigmen auseinander zu setzen, die aus der Prä-Internet-Zeit stammen. Dazu zählen insbesondere das Verständnis von Verantwortung für und Zurechnung vom Handeln intelligenter Agenten.[252]

In vielen Bereichen wird die KI den Menschen entweder ersetzen oder jedenfalls ganz wesentlich unterstützen. Bei der Behandlung der Frage nach Zurechnungsparadigmen handelt es sich also um eine rechtlich wie gesellschaftlich grundlegende. Es ist aus diesem Grund nicht hinnehmbar, etwaige negative Folgen erst ex post zu behandeln.[253] Vielmehr müssen bereits jetzt solche rechtlichen Wertungen getroffen werden, die der technischen Entwicklung einen angemessenen normativen Rahmen bieten.[254] Das Recht würde zum Technikverhinderer, wenn neue Technologien erst dann in das Bewusstsein der Rechtswissenschaft gelangen, wenn entweder bereits Schäden eingetreten sind oder die einschlägige Technik schon wieder überholt ist.[255] Es müssen daher einerseits technische Neuerungen antizipiert werden und andererseits, soweit dies möglich ist, fundamentale Wertungsfragen schon jetzt und so bald wie möglich geklärt werden.[256] Bei diesen Fragen müssen die Chancen gegen die

[251] *v. Lewinski*, InTer 2018, 168.
[252] *Pieper*, InTer 2018, 9 (10).
[253] *Christaller et al.*, Robotik, S. 135.
[254] *Pieper*, InTer 2018, 9 (14).
[255] *Döpke/Jülicher*, InTer 2019, 16 (19).
[256] *Döpke/Jülicher*, InTer 2019, 16 InTer 2019, 16 (19).

Risiken, die sich aus dem Einsatz autonomer KI ergeben, unter Berücksichtigung ökonomischer Gesichtspunkte gegeneinander abgewogen werden.[257] Da Abwägungen stets auch kontextbezogen sind, kann die Beantwortung von Verantwortungs- und Wertungsfragen für verschiedene Lebensbereiche durchaus unterschiedlich ausfallen.[258] Das bedeutet, dass nicht auf die Klärung aller möglichen Rechtsfragen im Zusammenhang miteinander gewartet werden kann, sondern im Sinne einer zielführenden normativen Begleitung der technischen Entwicklung zunächst auch Einzelfragen in den Fokus genommen werden müssen.[259] Vereinfacht gesagt: Es ist sinnvoller, wenn sich jede rechtliche Disziplin mit den für sie relevanten Herausforderungen beschäftigt, die KI bereithält, als dass der Gesetzgeber ein umfassendes „KI-Gesetz" verabschiedet.

Aus diesem Grund wird in der vorliegenden Arbeit konkret die Frage nach der Strafbarkeit sowie, aus dieser denklogisch folgend, die der Bestrafbarkeit von intelligenten Agenten untersucht. Dass an dieser Stelle das Bedürfnis einer dogmatischen Auseinandersetzung besteht, wird sich zeigen, wenn im Folgenden erläutert wird, dass es misslingen kann, dem Menschen Handlungen der KI zuzurechnen, so dass eine Verantwortungsdiffusion als rechtlich luftleerer Raum entsteht.[260] *Hilgendorf* beschreibt den oben angesprochenen juristischen Humanismus so, dass sich jede staatliche Normierung daran messen lassen muss, „inwieweit sie den Bedürfnissen der von ihr betroffenen Menschen gerecht wird."[261] Die Bedürfnisse bzw. die Gründe, aus denen der Staat strafrechtliche Sanktionen verhängt, werden durch die Strafzwecktheorien beschrieben. Daher wird dargelegt werden, warum es aus strafzwecktheoretischen Erwägungen einer KI-Strafbarkeit bedarf.

C. Fazit

Es kann abschließend festgehalten werden, dass Intelligenz einer Entität zugeschrieben wird und zwar anhand einer Gesamtbetrachtung ihrer kumulierten Fähigkeiten, die sich im Rahmen der Interaktion mit ihr zeigen. Es hat sich

---

[257] *Schaub*, InTer 2019, 2 (5).
[258] *Schaub*, InTer 2019, 2 (5).
[259] So auch: *Hertzberg*, in: Hilgendorf/Hötitzsch, Das Recht vor den Herausforderungen der modernen Technik, S. 6373.
[260] S.u. § 3 B.
[261] *Hilgendorf*, ZStW 130 (2018), 674 (676).

gezeigt, dass die Voraussetzungen für diese Zuschreibung bei Mensch und Maschine grundsätzlich gleich sind, auch wenn bei Begrifflichkeiten wie Intelligenz, Autonomie, Motivation oder Zielsetzung ein posthumanistisches Verständnis vonnöten ist. Die Begriffe der Intelligenz und der Künstlichen Intelligenz sind mithin deckungsgleich.[262] Auch die Künstliche Intelligenz ist also kein rein technisches Faktum, sondern existiert intersubjektiv innerhalb unseres sozialen Konstrukts der Gesellschaft. Die Einstufung als künstlich bezieht sich auf die Entität, nicht auf die Intelligenz per se.

Für die Kategorisierung künstlich intelligenter Roboter als wohl relevantesten Agenten in den für diese Untersuchung relevanten Fallgruppen eignet sich der Grad der Autonomie am besten. Diese Kategorisierung lässt sich aber auch auf jede andere Form von intelligenten Agenten übertragen. Dabei hat sich gezeigt, dass Autonomie und Intelligenz wesensgleich sind, bzw. Autonomie aus Intelligenz folgt.[263] Der Grad der Autonomie bestimmt den Grad der Eigenständigkeit einer Entscheidung, während die Intelligenz eines Systems die Qualität der möglichen Lösungsalternativen bestimmt.[264] Ohne Intelligenz kann auch keine Autonomie in diesem Sinne bestehen. Eine klare Abgrenzung der beiden Begrifflichkeiten gelingt daher nicht, sie bedingen sich gegenseitig.[265]

Die Umreißung des KI-Begriffs und das Aufzeigen der bereits jetzt erstaunlichen Fähigkeiten hat verdeutlicht, dass es sich bei autonomen Maschinen nicht um Visionen der Science-Fiction handelt, sondern diese schon bald Realität sein werden. Wichtig ist zu verstehen, dass es bei der Entwicklung von KI und deren rechtlichen Betrachtung nicht um die Schaffung eines „digitalen Homunkulus"[266] geht, sondern die zu erwartende (bloße) Menschenähnlichkeit hoch entwickelter KI gerade der Grund für eine rechtliche Differenzierung ist. Dass es in Zukunft intelligente Agenten geben wird, die hinsichtlich ihrer normativen Bewertung dem Menschen gleichgestellt sind, ist weder wünschenswert noch wahrscheinlich. Zwar existiert zum jetzigen Zeitpunkt noch keine autonome KI mit Fähigkeiten, die eine von der bisherigen Verantwortungs- und Zurechnungsdogmatik abweichende rechtliche Einordnung erfordert. Dennoch müssen mit Blick auf die technische Entwicklung schon jetzt Zurechnungsfragen gestellt werden. Denn es ist zu erwarten, dass das nur bedingt kalkulierbare Risiko algorithmischer Fehlentscheidungen in Kauf genommen wird, da die

---

[262] S.o. § 2 A. I. 2.
[263] S.o. § 2 A. II. 2. b. bb.
[264] Vgl. dazu auch *Reichwald/Pfisterer*, CR 2016, 208 (211).
[265] Vgl. dazu auch *Spindler*, CR 2015, 766 (767).
[266] *Noack*, ZHR 183 (2019), 105 (107).

Chancen und Möglichkeiten (nicht zuletzt solche finanzieller Natur), die KI bietet, zu groß sind, um sie ungenutzt zu lassen. Um diesen Herr zu werden, wird es aber neuer Verantwortungsformen bedürfen.[267]

Die oben vorgenommene Umreißung der Begriffe und der technischen Rahmenbedingungen dient als Grundlage für die folgenden Erwägungen, in denen Anfang und Ende der menschlichen Verantwortungsbereiche aufgezeigt werden sowie eine neue Verantwortungsform vorgeschlagen wird.

[267] Vgl. *Teubner*, AcP 218 (2018), 155 (175).

§ 3 Verantwortlichkeit für die KI und Verantwortungsdiffusion

Algorithmische Fehlentscheidungen sind – ebenso wie menschliche – im Rechtsverkehr nicht gänzlich vermeidbar. Die Bewertung einer Aktion eines intelligenten Agenten als fehlerhaft wird spätestens dann vorzunehmen sein, wenn durch sie fremde Rechtsgüter ungerechtfertigt geschädigt werden. Der Algorithmus wird zwischen mehreren Handlungsalternativen zwar stets diejenige wählen, die das optimale Verhältnis von Risiko und Erfolgswahrscheinlichkeit im Sinne der Nutzenfunktion aufweist. Allerdings kann die Aktion eines intelligenten Agenten einerseits deshalb fehlgehen, weil bei der Bewertung der Handlungsalternativen Faktoren nicht mit einbezogen werden oder fehlerhaft gewichtet werden. Dieses Risiko besteht auch beim Menschen und dürfte bei der KI jedenfalls stark reduziert sein, liegt aber nichtsdestotrotz vor.[268] Andererseits kann die gewählte Aktion aus menschlicher Sicht nicht unmittelbar einleuchtend sein, also eine überraschende Handlung darstellen[269], auf die der menschliche Akteur nicht oder nicht angemessen zu reagieren vermag. Insbesondere in gefahrträchtigen Einsatzumgebungen, aber auch ansonsten, besteht in diesen Fällen ein Schadensrisiko. Ist der eingetretene Schadenserfolg strafrechtlich relevant, stellt sich die Frage, ob jemand und wenn ja, wer dafür zur Verantwortung gezogen werden kann.

Verursacht eine KI einen strafrechtlichen Erfolg, überschreitet oder missinterpretiert der intelligente Agent also die vorgesehene Nutzenfunktion, ist, jedenfalls zum jetzigen Zeitpunkt, als erstes an eine strafrechtliche Verantwortung der involvierten menschlichen Akteure zu denken. Als menschliche Verantwortliche kommen in solchen Fällen infrage:[270]

1. Der oder die Hersteller der KI, bzw. die diesen unterstellten Personen, namentlich Entwickler, Programmierer, Ingenieure usw.,
2. insb. im Falle autonom fahrender Kraftfahrzeuge ggf. der Halter und
3. der oder die Betreiber, Benutzer und Bediener der KI.

---

[268] So könnte das Weglassen einer radargestützten Entfernungsmessung bei jüngeren Tesla-Modellen der Grund dafür gewesen sein, dass vermehrt Motorradfahrer auf sog. Cruiser-Bikes umgefahren wurden. Der nicht mit einbezogene Faktor wäre dann ebendiese Entfernungsmessung. https://www.youtube.com/watch?v=yRdzIs4FJJg&feature=youtu.be (abgerufen am 07.09.2022).

[269] Dazu § 2 A. II. 1. c.

[270] Vgl. *Borges*, NJW 2018, 977 (980); *Sander/Hollering*, NStZ 2017, 193 (195); *Schaub*, InTer 2019, 2 (5); *Taeger*, NJW 2016, 3764 (3765).

© Der/die Autor(en), exklusiv lizenziert an Springer Fachmedien Wiesbaden GmbH, ein Teil von Springer Nature 2025
L. F. Quarck, *Die künstliche Intelligenz in der Strafrechtsdogmatik*,
https://doi.org/10.1007/978-3-658-50504-2_3

Die Möglichkeit einer Verantwortlichkeit für den intelligenten Agenten kann durch eine rechtliche Handlungs- (z.B. der Programmierer hat selbst einen Fehler gemacht) oder Organisationszuständigkeit (z.B. Halterhaftpflicht i.S.e. Vergesellschaftung der Schadensfolgen) begründet sein.[271]

Es ist bzgl. der Form der Verantwortung zu unterscheiden zwischen Verletzungsursachen, die schon in dem Agenten angelegt sind und (ausgehend von den o.g. Personen) mittelbar zur Schädigung führen sowie solchen, die unmittelbar durch menschliche Einwirkung entstanden sind. Bei den mittelbaren Ursachen ist vor allem zu denken an eine unbewusst fehlerhafte Programmierung oder (falls möglich) Steuerung des Agenten, an eine fehlerhafte Kalibrierung der Input-Sensoren oder – und das wird die für diese Arbeit besonders interessante Konstellation – an Fälle, in denen die KI trotz an sich fehlerfreier Ausgangsprogrammierung und Bedienung für einen Verletzungserfolg ursächlich wird (der Pflegeroboter stößt den Erbonkel ohne Fremdeinwirkung die Treppe hinunter, das automatisiert bzw. autonom fahrende Auto verursacht bei der Fahrt mit dem Auto-Piloten einen Unfall usw.).

Welche rechtliche Konsequenz für Menschen hinsichtlich etwaiger Strafbarkeiten gezogen werden kann bzw. sollte, wenn keine direkte menschliche Einwirkung auf die KI stattgefunden hat, wird Gegenstand dieses Kapitels sein. Das Ergebnis wird am Ende dann in den strafzwecktheoretischen Kontext eingeordnet, um zu bewerten, ob die aktuelle Strafrechtsdogmatik den Herausforderungen, die künftig mit dem Einsatz von KI einhergehen werden, gewachsen ist.

A. Menschliche Fahrlässigkeitsstrafbarkeit durch KI-Verhalten

Aus rein praktischen Erwägungen werden Fälle, in denen eine Vorsatzstrafbarkeit infrage kommt, voraussichtlich eine Randerscheinung sein. Denn ein Vorgehen, bei dem beispielsweise eine KI vorsätzlich so programmiert wird, dass sie einen strafrechtlichen Erfolg herbeiführt, wäre das für die dahinterstehen Unternehmen mit einem erheblichen wirtschaftlichen Schaden verbunden.[272] Nichtsdestotrotz sind solche Fälle denkbar und werden daher an späterer Stelle Gegenstand der Untersuchung sein.[273] Hat also keine bewusste und gewollte

[271] *Gless/Seelmann*, in: Gless/Seelmann, Intelligente Agenten und das Recht, S. 117.
[272] *Schmidt/Schäfer*, NZWiSt 2021, 413 (416).
[273] S.u. § 5.

Einwirkung auf den intelligenten Agenten zum Zwecke der Erfolgsherbeiführung stattgefunden, ist beim menschlichen Akteur also das kognitive Vorsatzelement mindestens reduziert und das voluntative nicht vorhanden,[274] kommt für diesen nur eine Fahrlässigkeitsstrafbarkeit in Betracht.

> *Fallbeispiel 1: Krankenpfleger K macht bei der Einstellung eines Pflegeroboters versehentlich einen Fehler, so dass dieser mehr Kraft als notwendig einsetzt und den Patienten die Treppe herunterstößt anstatt sanft in den Treppenlift zu setzen. Dieser verletzt sich.*

> *Fallbeispiel 2: Firmenchef F entscheidet, dass aus Kostengründen bei der neuen Generation eines selbstfahrenden Autos auf den Einbau eines Infrarot-Systems zur Abstandsmessung verzichtet wird. Die Fahrzeuge können nur noch auf ein Kamera-System zugreifen. Eines der Fahrzeuge hält die kleinen und tiefliegenden Punkt-LED-Rückleuchten eines Custom-Choppers (individuelle Anfertigung) für Lichter einer Stadt am Horizont, bremst trotz des sich verringernden Abstandes nicht und kollidiert deshalb mit dem Motorrad. Der Fahrer wird verletzt, das Motorrad beschädigt. Es wurden vor der Markteinführung der Autos zahlreiche und alle erforderlichen Tests durchgeführt.*

> *Fallbeispiel 3: Entwickler E programmiert einen neuartigen lernfähigen, autonomen Roboter, der als allgemeine Haushaltshilfe und Partner-Ersatz fungieren soll und sich hervorragend verkauft. E ist auf seinem Gebiet eine Koryphäe, niemand sonst hätte den Code so programmieren können. Weil einer dieser Roboter von seinem Eigentümer stetig misshandelt wird, erschlägt der Roboter diesen schließlich mit einer Bratpfanne. Ein solches Verhalten war in der Ausgangsprogrammierung nicht vorgesehen und wurde von dem Roboter erst später erlernt.*

Im Folgenden werden zunächst die dogmatischen Grundlagen derselben betrachtet. Dann wird untersucht, wie die in § 2 gewonnenen technischen Erkenntnisse sich in die Fahrlässigkeitsdogmatik einfügen. Schließlich wird noch der in diesem Kontext aktuell wohl prominenteste Anwendungsfall der selbstfahrenden Autos und einige der damit verbundenen Probleme betrachtet.

---

[274] Vgl. insoweit zur Vorsatzdogmatik und der Abgrenzung von bedingtem Vorsatz und bewusster Fahrlässigkeit MüKo-StGB /*Kulhanek*, § 16 Rn. 59 ff; SSW/*Momsen*, § 15 Rn. 59; *Bock*, Strafrecht AT, S. 217, 227 ff.

I. Grundlegende Dogmatik des Fahrlässigkeitsdelikts

1. Verhältnis zum Vorsatzdelikt

Das Fahrlässigkeitsdelikt ist heute inzwischen als eigenständige Deliktskategorie anerkannt, wohingegen es früher als reine Schuldform eingeordnet wurde.[275] Es stehe gegenüber dem Vorsatzdelikt in einem normativen Stufenverhältnis, so dass trotz dogmatischer Verschiedenartigkeit eine Strafbarkeit wegen Fahrlässigkeit vorliegen kann, wenn der Vorsatz nicht zweifelsfrei erwiesen werden kann.[276] Entgegen der herrschenden Meinung bedeutet das aber trotzdem, dass fahrlässiges Verhalten in der Vorsatztat mitenthalten ist: Die Deliktsformen stehen darüber hinaus auch in einem logischen Stufenverhältnis im Sinne eines Plus-Minus-Verhältnis (Vorsatz = Fahrlässigkeit + voluntatives Element in Form des mindestens billigenden Inkaufnehmens).[277]

Was dabei unter Fahrlässigkeit zu verstehen ist, lässt sich dem StGB nicht entnehmen. Die einschlägigen Tatbestände des StGB verwenden diesen Begriff ohne nähere Konkretisierung.[278] Vielfach bemühte, aber nicht allzu hilfreiche Faustformel ist dabei der § 276 Abs. 2 BGB, der Fahrlässigkeit als die Außerachtlassung der im Verkehr erforderlichen Sorgfalt definiert. Zwar taugt sie für ein erstes Grundverständnis, gibt aber keinen derartigen Aufschluss über den Charakter der Fahrlässigkeit, der für eine vertiefte dogmatische Auseinandersetzung notwendig ist.[279] Zudem wird fälschlicherweise suggeriert, es bestehe stets eine Reihe von Sorgfaltspflichten, deren Beachtung für die sanktionslose Teilnahme am Rechtsverkehr erforderlich sei.[280] Das kann aber jedenfalls dann nicht gelten, wenn eine solche Sorgfaltspflicht nicht in einer entsprechenden Sondernorm festgehalten ist (z.B. Unfallverhütungsvorschriften, Vorschriften von Berufs- oder Sportverbänden), sondern in den einschlägigen Straftatbestand „hineingelesen" wird. Präziser ist es wohl, die „Pflicht" darin zu erkennen, das subjektive Können (individuelle Fähigkeiten des Täters, dazu ausf.

---

[275] Ausf. *Heinrich*, Strafrecht AT, Rn. 974 ff.; vgl. auch SK-StGB/*Hoyer*, Anh zu § 16 Rn. 5; NK-StGB/*Puppe*, § 15 Rn. 1 ff. jeweils m.w.N.

[276] MüKo-StGB/*Duttge*, § 15 Rn. 104; SSW/*Momsen*, § 15 Rn. 59; BeckOK-StGB/*Kudlich*, § 15 Rn. 30 m.w.N. aus d. Rspr.; vgl. auch SK-StGB/*Hoyer*, Anh zu § 16 Rn. 7.

[277] *Rostalski*, GA 2016, 73 (79 ff.); *Roxin/Greco*, Strafrecht AT I, § 24 Rn. 80; SK-StGB/*Hoyer*, Anh zu § 16 Rn. 3 ff.; NK-StGB/*Puppe*, § 15 Rn. 5; *Jakobs*, Strafrecht AT, § 9 Rn. 3 f.

[278] Zu diesbezüglichen Bedenken hinsichtlich der Bestimmtheit des Begriffs vgl. *Herzberg*, NStZ 2004, 593 (593 ff.); *Herzberg*, NStZ 2005, 602 (602 ff.); BeckOK-StGB/*Kudlich*, § 15 Rn. 34 ff. m.w.N.

[279] Dazu, dass zivil- und strafrechtlicher Fahrlässigkeitsbegriff im Ergebnis deckungsgleich seien *Herzberg*, NStZ 2005, 602 (605).

[280] Dölling/Duttge/König/Rössner/*Duttge*, § 15 Rn. 28.

sogleich) an das objektive Sollen (Vermeidung des Erfolgs) zu knüpfen.[281] Umfassender und hier als vorzugswürdig erachtet ist der Begriff der Sorgfaltswidrigkeit, mit dem solche linguistischen Gedankenspiele vermieden werden können.[282]

2. Differenzierung zwischen Handlungs- und Erfolgsunrecht und Abgrenzung zum Vorsatzdelikt

Ausgehend von der personalen Unrechtslehre steht zunächst fest, dass für die Fahrlässigkeitsstrafbarkeit eine irgendwie geartete Vertypung des Unrechts vorliegen muss.[283] Ebenso wie beim Vorsatzdelikt muss auf Tatbestandsebene daher zunächst zwischen Handlungs- und (bei Erfolgsdelikten) Erfolgsunrecht unterschieden werden.[284] Anhand des Handlungs- und Erfolgsunrechts kann die Fahrlässigkeitstat dann abgegrenzt werden, allerdings nicht zum Vorsatzdelikt sondern zum tatbestandslosen Handeln.[285] Die Abgrenzung von Vorsatz und (bewusster) Fahrlässigkeit ist indes Gegenstand der Prüfung des Vorsatzdelikts.

Das Handlungsunrecht des Fahrlässigkeitsdelikts setzt sich dabei aus einem sorgfaltswidrigen Verhalten des Täters sowie der Vorhersehbarkeit und, je nachdem, wie hoch die Anforderungen an die Sorgfaltswidrigkeit gesetzt werden, Vermeidbarkeit des Erfolgseintritts zusammen.[286] Ebenso wie beim Vorsatzdelikt muss beim fahrlässigen Erfolgsdelikt für das Erfolgsunrecht ein kausal auf der Handlung des Täters beruhender Erfolg vorliegen.[287] Dieser Erfolg muss auch objektiv zurechenbar sein, es muss also ein Sorgfaltswidrigkeitszusammenhang sowie ggf. der Schutzzweckzusammenhang vorliegen[288] (zu den Einzelheiten dieser Merkmale und deren Einordnung in den Deliktsaufbau sogleich). Bei reinen Tätigkeitsdelikten erschöpft sich das Fahrlässigkeitsunrecht in der Erkennbarkeit der Tatbestandsverwirklichung durch die in der Norm beschriebene Handlung.[289] Vor allem im Nebenstrafrecht sind etliche fahrlässige

---

[281] *Kindhäuser*, GA 1994, 197 (198).
[282] Diff., aber nicht gänzlich ablehnend ggü. dem Begriff der Sorgfaltspflichtverletzung MüKo-StGB/*Duttge*, § 15 Rn. 110.
[283] *Kühl*, Strafrecht AT, § 17 Rn. 9.
[284] Schönke/Schröder/*Sternberg-Lieben/Schuster*, § 15 Rn. 120.
[285] SK-StGB/*Hoyer*, Anh zu § 16 Rn. 8 f.
[286] Vgl. MüKo-StGB/*Duttge*, § 15 Rn. 105; BeckOK-StGB/*Kudlich*, § 15 Rn. 31.
[287] SSW/*Momsen*, § 15 Rn. 62.
[288] Vgl. dazu an dieser Stelle nur MüKo-StGB/*Duttge*, § 15 Rn. 105; Lackner/Kühl/Heger/*Heger*, § 15 Rn. 41.
[289] *Wessels/Beulke/Satzger*, Strafrecht AT, Rn. 1110; *Kühl*, Strafrecht AT, § 17 Rn. 12.

Tätigkeitsdelikte zu finden. Allerdings betreffen die künftig wohl vorrangig relevanten strafrechtlichen Erfolge im Zusammenhang mit dem Einsatz von KI Normen des StGB. Die für diese Arbeit relevanten Fahrlässigkeitstatbestände des StGB sind Erfolgsdelikte, weswegen sich die Ausführungen im Folgenden auf diese beziehen.

3. Formen der Fahrlässigkeit

Die Mindestanforderung an den Vorsatz in Form des dolos eventualis sind – an dieser Stelle ungeachtet der zahlreichen inhaltlichen Kontroversen – kognitiv das Für-Möglich-Halten und voluntativ das billigende In-Kauf-Nehmen der Tatbestandsverwirklichung.[290] Hält der Täter in Abgrenzung dazu den (grundsätzlich vermeidbaren) Erfolgseintritt für möglich (reduziertes kognitives Element), vertraut er aber ernsthaft auf dessen Ausbleiben, so wird aufgrund dessen, dass er sich jedenfalls der Gefahr bewusst war, von bewusster Fahrlässigkeit (luxuria) gesprochen.[291] Erkennt er die Tatumstände, schließt er daraus aber (vorwerfbar) nicht, dass eine solche vermeidbare Gefahr besteht, liegt unbewusste Fahrlässigkeit (neglegentia) vor.[292] Die Art der Fahrlässigkeit spielt für die materielle Strafbarkeit regelmäßig aber keine Rolle, sondern wird erst auf Strafzumessungsebene bzw. bei der Frage nach den Anforderungen an den Sorgfaltsmaßstab und der Vorhersehbarkeit berücksichtigt, weshalb an dieser Stelle nicht näher darauf eingegangen wird.[293]

Die Form der Fahrlässigkeit wird materiell allenfalls dann relevant, wenn der Tatbestand ausdrücklich Leichtfertigkeit als Steigerung vorschreibt. Diese liegt vor, wenn der Täter die erforderliche Sorgfalt in besonderem Maße missachtet, indem er aus besonderer Gleichgültigkeit oder gesteigerter Unachtsamkeit die Gefahr des Tatbestandseintritts verkennt, diese also schon bei geringem Interesse an deren Vermeidbarkeit erkennbar war, weil sich die Möglichkeit eines solchen Verlaufs aufdrängte (in Anlehnung an das Zivilrecht ähnlich der groben Fahrlässigkeit).[294]

---

[290] Vgl. nur MüKo-StGB/*Joecks*, § 16 Rn. 31 ff.

[291] SSW/*Momsen*, § 15 Rn. 60; *Wessels/Beulke/Satzger*, Strafrecht AT, Rn. 1106.

[292] NK-StGB/*Paeffgen/Böse/Eidam*, § 229 Rn. 11; *Kaspar*, Strafrecht AT, § 9 Rn. 8.

[293] BeckOK-StGB/*Kudlich*, § 15 Rn. 32 ff; *Heinrich*, Strafrecht AT, Rn. 1003.

[294] BGHSt 33, 66 (67); *Kindhäuser/Zimmermann*, Strafrecht AT, § 33 Rn. 6.

II. Die Fahrlässigkeitselemente

1. Tatbestandsebene

a. Erfolgsverursachung

Bei den hier vorrangig zu betrachtenden Erfolgsdelikten muss der Erfolg kausal im Sinne der condicio-sine-qua-non-Formel auf dem Täterverhalten beruhend eingetreten sein.[295] Darauf muss an dieser Stelle aber nicht vertieft eingegangen werden, da bezüglich der menschlichen Strafbarkeit weder hier noch im Rahmen der später vorgenommenen Einordnung von KI-Fällen Besonderheiten oder Probleme bestehen.[296]

> *In Fallbeispiel 1 ist die fehlerhafte Einstellung kausal für einen Körperverletzungserfolg geworden. Es kommt eine Strafbarkeit gem. § 229 StGB infrage.*
>
> *In Fallbeispiel 2 hätten der Einbau eines Infrarot-Systems oder ein unterbliebenes Inverkehrbringen des Fahrzeugs zur Verhinderung der Kollision geführt. Es wäre abzugrenzen, ob der Schwerpunkt der Vorwerfbarkeit in einem Tun (Inverkehrbringen) oder Unterlassen (des Einbaus) liegt. Naheliegender wäre hier das Inverkehrbringen als aus Sicht des F letztkausale Handlung. Es kommt ebenfalls § 229 StGB infrage. Eine fahrlässige Sachbeschädigung ist dagegen straflos.*
>
> *In Fallbeispiel 3 kommt eine Strafbarkeit gem. § 222 StGB infrage. Die Kausalität beruht darauf, dass E den Roboter überhaupt erst autonom und lernfähig programmiert hat, was das Erlernen des später tödlichen Verhaltens ermöglichte.*

b. Maßstab der Sorgfaltswidrigkeit

Die Sorgfaltswidrigkeit ist das wesensbestimmende Element der Fahrlässigkeit. Je nachdem, welche Anforderungen an das sorgfaltswidrige Verhalten gestellt werden, ändern sich auch die Voraussetzungen für die Strafbarkeit. Daher muss an dieser Stelle detaillierter darauf eingegangen werden, welcher Maßstab an die Fahrlässigkeit im engeren Sinne anzulegen ist, damit später die KI-

[295] Vgl. nur *Wessels/Beulke/Satzger*, Strafrecht AT, Rn. 1112.

[296] Ohnehin ist bereits im Strafrecht ganz grundsätzlich nur relevant, dass etwas für den Erfolg kausal ist und wie man diese Kausalität bewertet, nicht, warum etwas kausal ist, *Grosse-Wilde*, ZIS 2017, 638 und in Fn. 4.

Fälle darunter subsumiert werden können. Die Frage, ob ein Verhalten subjektiv sorgfaltswidrig war, stellt sich nur bei der unbewussten Fahrlässigkeit.[297] Denn bei der bewussten Fahrlässigkeit weiß der Täter ja sogar, dass er durch dieses Verhalten ein rechtlich missbilligtes Risiko setzt, ohne aber fest mit dessen Verwirklichung zu rechnen (reduziertes kognitives Element).

Der Inhalt der Sorgfaltswidrigkeit, und damit auch ganz grundsätzlich die Konzeption des Fahrlässigkeitsdelikts, ist insoweit umstritten, als dass einige zwischen objektiver und subjektiver Sorgfaltswidrigkeit differenzieren, wobei nur die objektive tatbestandlich sei, die subjektiven Merkmale hingegen bei der Schuld zu verorten seien (sog. zweistufiges Fahrlässigkeitsmodell bzw. komplexer Fahrlässigkeitsbegriff).[298] Andere sehen allein subjektive Merkmale als konstituierend für den Sorgfaltsmaßstab an und wollen deren Prüfung bereits im Rahmen des Tatbestands vornehmen (sog. einstufiges Fahrlässigkeitsmodell bzw. individualisierter Fahrlässigkeitsbegriff).[299]

aa. Generalisierender Sorgfaltsmaßstab

Nach dem zweistufigen Modell wird auf Tatbestandsebene zunächst nur ein allgemeiner, mithin (vermeintlich) objektiver Fahrlässigkeitsmaßstab angelegt. Die Fahrlässigkeit wird dergestalt negativ umrissen, als dass ein Verhalten, das ein einsichtiger und besonnener Mensch in der Lage des Täters vornehmen würde, sorgfaltsgemäß sei. Es komme für den objektiven Sorgfaltsmaßstab also auf eine ex-ante Betrachtung der Gefahrenlage an und auf diejenigen Anforderungen, die in dieser an einen besonnenen und gewissenhaften Menschen in der konkreten Lage und der sozialen Rolle des Handelnden zu stellen sind.[300] Es wird insoweit ein (fiktives) objektives Leitbild einer sorgfältig handelnden Person erstellt, welches sich, falls möglich, am Verkehrskreis des jeweiligen Täters orientiert (z.B. die lege artis unter Ärzten).[301]

---

[297] SK-StGB/*Hoyer*, Anh § 16 Rn. 10.

[298] So etwa *Kühl*, Strafrecht AT, § 17 Rn. 89; Schönke/Schröder/*Sternberg-Lieben/Schuster*, § 15 Rn. 118; *Jescheck/Weigend*, Strafrecht AT, S. 565; *Heinrich*, Strafrecht AT, Rn. 983, 1018.

[299] So etwa SK-StGB/*Hoyer*, Anh zu § 16 Rn. 25 ff.; *Kindhäuser/Zimmermann*, Strafrecht AT, § 33 Rn. 57 ff; Dölling/Duttge/König/Rössner/*Duttge*, § 15 Rn. 29 f.; *Jakobs*, Strafrecht AT, § 9 Rn. 8 ff.; *Stratenwerth/Kuhlen*, Strafrecht AT, § 15 Rn. 12 ff.

[300] BGHSt 7, 307 (309 f.); BGH NJW 2000, 2754 (2758); BGH NStZ 2005, 446 (447); *Jescheck/Weigend*, Strafrecht AT, S. 578 f.; Lackner/Kühl/Heger/*Heger*, § 15 Rn. 37.

[301] Schönke/Schröder/*Sternberg-Lieben/Schuster*, § 15 Rn. 135; BeckOK-StGB/*Kudlich*, § 15 Rn. 41; BGH NJW 2000, 2754 (2758); BGH NStZ 2005, 446 (447).

In Fallbeispiel 1 müsste man diesbezüglich untersuchen, ob die Bedienung des Pflegeroboters zu den üblichen Tätigkeiten eines Krankenpflegers gehört und ob diese üblicherweise im Umgang mit den Robotern geschult sind.
In Fallbeispiel 2 müsste man als Leitbild die Firmenchefs anderer Unternehmen heranziehen, die technisch vergleichbare Fahrzeuge herstellen. Der Kreis dieser Personen ist denkbar klein, die Objektivität dieser Vergleichsgruppe daher zweifelhaft.
In Fallbeispiel 3 misslingt die Bildung eines Leitbilds gänzlich, da es niemanden außer E gibt, der die gleichen Fähigkeiten besitzt.

Dieser generalisierende Maßstab wird insbesondere dann relevant, wenn für die fragliche Tatsituation keine Sondernormen die Anforderungen an die erforderliche Sorgfalt kodifizieren (wie etwa konkrete Sicherheitsvorschriften in gefährlichen Arbeitsumgebungen). Allerdings müsse auch dann, wenn solche Vorschriften vorliegen, eine Einzelfallbetrachtung vorgenommen werden.[302] Es komme der einschlägigen Sondernorm insoweit dann aber Indizwirkung zu.[303] Die individuellen Fähigkeiten des Täters sollen hier, jedenfalls grundsätzlich, noch keine Rolle spielen, sondern sind im Wesentlichen Gegenstand der persönlichen Vorwerfbarkeit des Unrechts im Rahmen der Schuld.

Im Rahmen dieser Einzelfallbetrachtung gegebenenfalls zu berücksichtigen seien dabei hinsichtlich dieses objektiven Maßstabs aber nichtsdestotrotz Wissens- und Fähigkeitsabweichungen des konkreten Täters relativ zur Leitfigur. Die individuellen Fertigkeiten des Täters verschieben hiernach also den objektiven Maßstab. Das soll nach überwiegender Auffassung aber nur dann gelten, wenn es sich dabei um Abweichungen nach oben handelt, er also über überdurchschnittliches Wissen oder besondere Fähigkeiten verfüge.[304] Wisse der Täter beispielsweise, dass die Person, die er verprügeln will, ein Bluter ist, so liege, soweit der Vorsatz fehlt, hinsichtlich des Todeserfolgs Fahrlässigkeit

302 *Heinrich*, Strafrecht AT, Rn. 1029; MüKo-StGB/*Duttge*, § 15 Rn. 111; *Kaspar*, Strafrecht AT, § 9 Rn. 20.

303 Dag. MüKo-StGB/*Duttge*, § 15 Rn. 114 f., der argumentiert, dass wenn man Sondernormen eine Indizwirkung zumessen würde, das Normative über- und das Faktische unterbewertet werden würde.

304 Ausf. *Greco*, ZStW 117 (2005), 519; für diese h.M. außerdem BeckOK-StGB/*Kudlich*, § 15 Rn. 45; Lackner/Kühl/Heger/*Heger*, § 15 Rn. 38; SSW/*Momsen*, § 15 Rn. 66; *Heinrich*, Strafrecht AT, Rn. 1038; diff. *Wessels/Beulke/Satzger*, Strafrecht AT, Rn. 1119.

vor.[305] Habe der Täter hingegen unterdurchschnittliche Kenntnisse und Fähigkeiten, so sei dies erst im Rahmen der Schuld zu berücksichtigen.[306] Es sei also „nach ‚unten' zu generalisieren, nach ‚oben' zu individualisieren".[307]

bb. Kritik am zweistufigen Modell und individualisierter Sorgfaltsmaßstab

Die Schwächen des zweistufigen Modells zeigen sich schon auf den ersten Blick: Es soll zwar auf tatbestandlicher Ebene auf einen objektiven Maßstab ankommen, während die individuellen Fähigkeiten nur in der Schuld zu berücksichtigen seien. Allerdings wird dann inkonsequenterweise schon tatbestandlich eine subjektive Einschränkung vorgenommen, indem Sonderwissen und besondere Fähigkeiten täterbelastend berücksichtigt werden. Warum dann nicht aber auch subjektive Defizite des Täters bereits tatbestandlich zu seinen Gunsten ausgelegt werden sollen, leuchtet nicht ein. Beim Vorsatzdelikt wird die Verwirklichung des Tatbestands im Bewusstsein ihrer Vermeidbarkeit subjektiv tatbestandlich geprüft. Dies muss auch für die individuelle Fähigkeit gelten, die Gefahr und ihre Vermeidbarkeit überhaupt erst zu erkennen.[308] Dem Argument, ein individuell nicht herabgestufter Sorgfaltsmaßstab diene dem Rechtsgüterschutz,[309] kann entgegnet werden, dass in Fällen unterdurchschnittlichen Täterwissens und –fähigkeiten gegebenenfalls bereits eine Übernahmefahrlässigkeit angenommen werden kann, so dass keine automatische Entlastung des Täters vorgenommen wird.[310] Der gewissenhaft Handelnde darf bzw. wird keine Handlungen vornehmen, die seine individuellen Fähigkeiten und Kenntnisse übersteigen. Zu erkennen, dass dies der Fall ist, ist dann der einzuhaltende Sorgfaltsmaßstab.

> *In Fallbeispiel 1 hätte Krankenpfleger K somit die Einstellungen an dem Pflegeroboter gar nicht erst vornehmen dürfen, soweit er nicht im Umgang mit diesem geschult ist.*

---

[305] BGHSt 14, 52 (54).
[306] BeckOK-StGB/*Kudlich*, § 15 Rn. 44 m.w.N. für die h.M.
[307] *Roxin/Greco*, Strafrecht AT I, § 24 Rn. 53 ff.
[308] *Kindhäuser*, GA 2007, 447 (456 f.); *Kindhäuser/Zimmermann*, Strafrecht AT, § 33 Rn. 57.
[309] So etwa BeckOK-StGB/*Kudlich*, § 15 Rn. 45.1; Schönke/Schröder/*Sternberg-Lieben/Schuster*, § 15 Rn. 140.
[310] NK-StGB/*Puppe/Grosse-Wilde*, Vor §§ 13 ff. Rn. 160; *Jakobs*, Strafrecht AT, § 9 Rn. 14; *Stratenwerth/Kuhlen*, Strafrecht AT, § 15 Rn. 22; *Kindhäuser/Zimmermann*, Strafrecht AT, § 33 Rn. 63; *Rostalski*, GA 2016, 73 (87); vgl. zum Übernahmeverschulden auch *Brüning*, ZJS 2010, 549.

Eine Ablehnung des individuellen Maßstabs mit der Begründung, dieser laufe Gefahr, allzu schnell zu einer Beseitigung des Unrechts der Tat zu führen, überzeugt daher nicht.[311]
Beachtlich sind auch die Schwierigkeiten, die es mit sich bringt, möchte man die durchschnittlichen objektiven Sorgfaltsanforderungen für die konkrete Tatsituation realistisch umreißen. Da es sich angesichts der unüberschaubaren Datenmenge, die für eine empirische Betrachtung herangezogen werden müsste, denklogisch nur um eine normativierte Maßfigur handeln kann, besteht die Gefahr der willkürlichen Konstruktion dieser Figur.[312] Umgekehrt bestünde wiederum das Problem, dass womöglich kaum oder keine Anhaltspunkte oder Erfahrungswerte zum Entwurf einer empirischen Maßfigur für den konkreten Fall vorliegen, insbesondere bei Handlungen, die ohnehin verboten sind (beispielhaft „[...] die Frage, über welches Wissen ein besonnener und gewissenhafter Schläger [...] des maßgeblichen Verkehrskreises [...] verfügt.")[313].

Dieses Problem besteht wie gesagt auch bei Fallbeispielen 2 und 3. Das gilt wohl auch für einen normativen Maßstab, der jedenfalls bedingt auf empirische Erkenntnisse zurückgreift, da für die Brauchbarkeit der empirischen Erkenntnisse deren Methodik, ihre Vergleichbarkeit mit dem individuell zu beurteilenden Täter sowie die Trennung von persönlichen (möglicherweise als empirisch wahrgenommenen) Erfahrungen der Personen im Justizapparat erforderlich wäre. Eine generelle Abgrenzung, welche Fakten noch für die Bildung der Maßfigur relevant sind und welche nicht, kann nur schwerlich gelingen (Alter, Geschlecht, Bildungsabschluss, Sehkraft, aktuelle Stimmung, Hunger oder Durst, ausreichend Schlaf?).
Zudem leuchtet nicht ein, warum eine fiktive Maßfigur die Zurechnung des Handlungsunrechts zum konkreten Täter zu leisten vermag. „Dass sich eine andere Person an Stelle des Täters anders verhalten hätte als dieser [kann] nicht den Vorwurf begründen, dass sich der Täter falsch verhalten hat."[314]
Ferner kann ein Vergleich mit dem vorsätzlichen Unterlassungsdelikt herangezogen werden. Bei diesem kommt es für den Verhaltensbegriff ebenfalls auf einen individuellen Maßstab an. Denn Handlung als willensgesteuerte Aktivität bzw. das Unterlassen als willensgesteuertes Ausbleiben einer Aktivität, setzen jeweils überhaupt erst eine Willenssteuerbarkeit voraus.[315] Eine solche

[311] So aber Schönke/Schröder/*Sternberg-Lieben/Schuster*, § 15 Rn. 142.
[312] *Bock*, Strafrecht AT, S. 503; MüKo-StGB/*Duttge*, § 15 Rn. 118.
[313] SK-StGB/*Hoyer*, Anh § 16 Rn. 20.
[314] *Kindhäuser*, GA 2007, 447 (459).
[315] SK-StGB/*Stein*, Vor § 13 Rn. 1 f.

Steuerbarkeit setzt wiederum voraus, dass der individuelle Täter die Fähigkeiten zur Ausführung der Handlung besitzt. Ein Nichtschwimmer kann sich demnach schon tatbestandlich nicht gem. §§ 212, 13 StGB strafbar machen, wenn er den Ertrinkenden nicht rettet. Nun mögen das Unterlassungs- und das Fahrlässigkeitsdelikt verschiedene Deliktskategorien sein. Doch ist ihnen in unterschiedlicher Ausprägung gemein, dass sie dem Täter zum Vorwurf machen, er habe seine kognitiven oder körperlichen Fähigkeiten nicht eingesetzt, um den vermeidbaren Erfolg abzuwenden.
Noch evidenter wird die Diskrepanz dann beim fahrlässigen Unterlassungsdelikt. Dort wird nämlich nach dem zweistufigen Modell bereits die Erfüllung des Tatbestands verneint, wenn der konkrete Täter die erforderliche Rettungshandlung nicht erkennen konnte, obgleich dies für die Maßfigur möglich gewesen wäre.[316] Das hänge damit zusammen, dass für das Unterlassen einer Handlung, anders als für deren Vornahme, keine besonderen Fähigkeiten erforderlich seien.[317] Es liege demnach kein rechtliches Handlungsgebot vor, da ein solches nicht mehr verlangen könne, als dem Täter auch möglich sei. Anderes kann aber auch nicht für die Fahrlässigkeit gelten. Denn mangelt es dem Täter individuell an dem Wissen und den Fähigkeiten, die gefährliche Situation zu erkennen und zu vermeiden, so kann er bereits von dem Appell der Fahrlässigkeitsnorm nicht erreicht werden.[318] Es kann angesichts der allgemeinen Handlungsfreiheit aus Art. 2 Abs. 1 GG aber nicht verlangt werden, dass die Normadressaten auf das Risiko einer Gefahrschaffung mit fortdauernder Untätigkeit reagieren.[319]

Dem individuellen Maßstab wird entgegenhalten, dass er in solchen Fällen, in denen der Täter vorsätzlich handelt, aber nach § 20 StGB entschuldigt ist, zu widersprüchlichen Ergebnissen kommt. Dem Täter müsse nach § 20 StGB die Fähigkeit fehlen, das „Unrecht der Tat einzusehen“ oder „nach dieser Einsicht zu handeln“, trotzdem entfiele aber das Unrecht der Tat nicht. Denn setzt man Vorsatz und Fahrlässigkeit in ein Plus-Minus-Verhältnis, gilt ja: „Auch und erst recht der Vorsatztäter missachtet die erforderliche Sorgfalt“.[320] Lege man für die Fahrlässigkeit einen individuellen Maßstab an, werde trotz eigentlich

[316] Schönke/Schröder/*Sternberg-Lieben/Schuster*, § 15 Rn. 143; *Heinrich*, Strafrecht AT, Rn. 989; *Kaspar*, Strafrecht AT, § 10 Rn. 96.
[317] Schönke/Schröder/*Sternberg-Lieben/Schuster*, § 15 Rn. 132.
[318] *Jakobs*, Strafrecht AT, § 9 Rn. 10; SK-StGB/*Hoyer*, Anh § 16 Rn. 18.
[319] *Jakobs*, Strafrecht AT, § 9 Rn. 10; SK-StGB/*Hoyer*, Anh § 16 Rn. 18.
[320] *Herzberg*, NStZ 2005, 602 (606).

subjektiver Unfähigkeit (§ 20 StGB) das im Vorsatzunrecht enthaltene Fahrlässigkeitsunrecht mitbejaht.[321] Mit dieser Argumentation werden allerdings unzutreffend der subjektive Fahrlässigkeitsmaßstab und die Schuldfähigkeit gleichgesetzt, was nicht zu überzeugen vermag. Bei ersterem geht es um die Frage, ob nach Ansehung des Täters überhaupt eine Vermeidungshandlung erwartet werden konnte. Dagegen geht es bei der Schuld um die Frage, ob die Nichtvermeidung dem Täter persönlich vorgeworfen werden kann.[322] Die Gleichsetzung überzeugt auch vor dem Hintergrund nicht, dass das Verhältnis zwischen Vorsatz und Fahrlässigkeit sich gerade im subjektiven Bereich konstituiert: Es kommt für die Abgrenzung maßgeblich auf die subjektive Kenntnis oder Unkenntnis der zur Vermeidbarkeit des Erfolgs erforderlichen Umstände an.[323] Bei Kenntnis kommt es darauf an, ob der Täter daneben den Erfolgseintritt billigt oder nicht. Bei Unkenntnis kommt es darauf an, ob diese durch sein Vorverhalten verursacht wurde.

Zudem wird dem einstufigen Modell vorgeworfen, es würde bei mangelnden Täterfähigkeiten dem Opfer durch die fehlende Tatbestandsmäßigkeit das Notwehrrecht nehmen sowie die Maßregeln der §§ 63 ff. StGB abschneiden.[324] Allerdings erscheint es angemessener, dass sich das Opfer in solchen Fällen mit dem Defensivnotstand begnügen muss.[325] Die Notwehrregeln gehen angesichts des fehlenden Wissens und Könnens des Täters zu weit. Bezüglich der übrigen Kritikpunkte kann wie schon oben auf die Übernahmefahrlässigkeit verwiesen werden.

Aus diesen Gründen ist die Anwendung des individuellen Fahrlässigkeitsmaßstabs bereits auf Tatbestandsebene vorzugswürdig. Nichtsdestotrotz führt der Vorzug des einstufigen Modells gegenüber der Maßfigur nicht zur Bedeutungslosigkeit objektiver Kriterien. Denn eine einwandfreie richterliche Feststellung subjektiver (bzw. generell innerer) Umstände ist mit nicht unerheblichen Schwierigkeiten verbunden, wenn nicht gar unmöglich (dies wird sich auch im weiteren Verlauf dieser Arbeit noch zeigen, wenn es um die Schuld[326]

[321] *Herzberg*, NStZ 2005, 602 (605 f.).
[322] BGHSt 2, 194 (200 ff.) = NJW 1952, 593 (594); ausf. dazu s.u. § 4 B. II.
[323] *Jakobs*, Strafrecht AT, § 9 Rn. 4.
[324] *Jescheck/Weigend*, Strafrecht AT, S. 565.
[325] SK-StGB/*Hoyer*, Anh § 16 Rn. 22.
[326] S.u. § 4 B. II.

gehen wird).[327] Es bedarf daher einer objektiven Annäherung, bei der der Verkehrskreis des Täters Indizwirkung hat. Diese Indizwirkung des generellen Maßstabs bezieht sich aber (entgegen der h.M.) insbesondere auf die Frage, welche Risiken in der konkreten Tatsituation überhaupt eingegangen werden durften, mithin erlaubt waren.[328] Es sind objektive Grenzen abzustecken, innerhalb derer fahrlässiges Verhalten vorliegen kann. Das zur Abwendung unerlaubter Risiken konkret erforderliche Verhalten bemisst sich indes an den individuellen Fähigkeiten des Täters (vgl. insoweit auch § 41 Abs. 2 Nr. 7 StVO, der diese Vorgehensweise sogar ausdrücklich normiert). Es ist also zu fragen, wie sich jemand mit den Fähigkeiten des Täters hätte verhalten müssen, wenn er sich an den Maßstäben eines sorgfältigen Verkehrsteilnehmers orientiert hätte.[329]

Es kann vermutet werden, dass die praktische Herangehensweise des Tatgerichts ähnlich abläuft.[330] Schon prozessökonomisch könnte wohl kaum jedes Mal eine realistische Maßfigur entworfen werden, indem man Lebensumstände, sozialen Hintergrund des Täters, Tatsituation usw. beleuchtet, diese zunächst generalisiert, nur, um dann an anderer Stelle wieder zu individualisieren. Das gilt auch dann, wenn die Maßfigur nicht empirisch, sondern normativ entworfen wird.[331] Die Ausführungen in einschlägigen Urteilstenorierungen sind diesbezüglich auch äußerst oberflächlich und begnügen sich regelmäßig mit der Feststellung, dass objektive Sorgfaltswidrigkeit vorliegt, indem regelmäßig nur auf das konkrete Tatgeschehen und Täterverhalten rekurriert wird, nicht aber auf eine Maßfigur.[332]

Insoweit hat der obige Streit praktisch wohl nur bedingt Bedeutung. Dass dogmatische Theorie und Praxis nicht selten divergieren, zeigt sich auch bei der Findung der tat- und schuldangemessenen Strafe. Dabei soll dogmatisch zwar nach der Spielraumtheorie[333] vorgegangen werden, dies wird aber häufig tatsächlich gar nicht „gelebt“[334], da es eben kaum umzusetzen ist. Die Anlegung eines individuellen Maßstabs ist damit nicht nur dogmatisch vorzugswürdig,

---

[327] Vgl. dazu an dieser Stelle beispielhaft für die psychische Kausalität zwischen Anstiftungshandlung und Haupttat *Puppe*, GA 1984, 101 (101 ff.) sowie für Schuld und Willensfreiheit *Marlie*, ZJS 2008, 41 (44 ff.).

[328] *Stratenwerth/Kuhlen*, Strafrecht AT, § 15 Rn. 13.

[329] *Kindhäuser*, GA 2007, 447 (459).

[330] Vgl. *Duttge*, NStZ 2006, 266 (267 f.).

[331] Vgl. MüKo-StGB/*Duttge*, § 15 Rn. 118.

[332] Vgl. beispielhaft BGH NStZ 2005, 446; OLG Köln NStZ-RR 2002, 304; außerdem MüKo-StGB/*Duttge*, § 15 Rn. 117 m.w.N.

[333] Vgl. hier nur Lackner/Kühl/Heger/*Heger*, § 46 Rn. 24 m.w.N. aus Rspr. und Lit.

[334] *Güntge*, ZIS 2018, 384 (386).

sondern auch näher an der „gelebten“ praktischen Anwendung von Fahrlässigkeitstatbeständen.

c. Sorgfaltspflichten beim Einsatz von intelligenten Agenten

Das einstufige Fahrlässigkeitsmodell ist also dogmatisch als vorzugswürdig. Angesichts der neuartigen tatsächlichen und rechtlichen Herausforderungen, die der Umgang mit KI mit sich bringt, ist ein individueller Maßstab auch praktisch besser geeignet, diesen Herausforderungen zu begegnen. Denn bei intelligenten Agenten handelt es sich um hochspezialisierte Maschinen, die zum einen anders auf menschliche Interaktion reagieren, als das noch bei ihren deutlich einfacher konzipierten „Vorfahren“ der Fall war. Dadurch wird es ungleich schwieriger, das Maß an Sorgfalt zu bestimmen, das objektiv bei der Programmierung, Herstellung oder Bedienung der KI erforderlich gewesen wäre.

Siehe dazu Fallbeispiele 2 und 3.

Zudem orientiert sich der objektive Sorgfaltsmaßstab ja immer an einer durchschnittlichen Maßfigur. Zur vernünftigen Bestimmung derselben bedarf es aber irgendeiner Form von empirischen Daten. Solche Daten können (unabhängig davon, dass diese bei dem Entwurf der Maßfigur in der Praxis i.d.R. tatsächlich nicht erhoben werden, s.o.) bei derart neuen Technologien noch nicht vorliegen. Es ist noch nicht allgemeingültig festgestellt, welche Anforderungen an Angehörige verschiedener Verkehrskreise gestellt werden können oder müssen. Es bedarf hier zwangsläufig einer Einzelfallbetrachtung. Somit ist der individuelle Maßstab in dogmatischer und in Bezug auf die fraglichen Fälle auch in tatsächlicher Hinsicht besser geeignet.

Es wurde oben ebenfalls herausgearbeitet, dass es aber stets einer objektivierten Annäherung an diesen individuellen Maßstab bedarf. Um eine objektivierte Zuschreibung subjektiver Täterfähigkeiten und –kenntnisse in der konkreten KI-Tatsituation zu ermöglichen bzw. zu vereinfachen, werden daher im Folgenden Kriterien vorgeschlagen, an denen sich orientiert werden kann.

aa. Vorüberlegungen

Bei der Zurechnung von durch KI verursachten strafrechtlichen Erfolgen zu menschlichen Verantwortlichen sind zunächst allgemeine Haftungszuschreibungen oder Haftungserleichterungen zu vermeiden. Das gilt angesichts eines individuellen Sorgfaltsmaßstabs ohnehin, ebenso aber de lege ferenda für normativierte Sorgfaltsmaßstäbe. Es sollte also ebenso wenig stets der Hersteller eines autonomen Systems haften[335], wie der der Benutzer einer KI sich nicht pauschal darauf berufen kann, dass diese gewisse Eigenständigkeiten aufzuweisen hat, die mitursächlich für den Erfolg waren.[336] Letzterer Grundgedanke zeigt sich beispielhaft in den Regelungen zum vollautomatisierten Fahren in § 1a Abs. 4 StVG, wonach Fahrzeugführer und damit Haftungssubjekt auch derjenige ist, „der eine hoch- oder vollautomatisierte Fahrfunktion im Sinne des Absatzes 2 aktiviert und zur Fahrzeugsteuerung verwendet, auch wenn er im Rahmen der bestimmungsgemäßen Verwendung dieser Funktion das Fahrzeug nicht eigenhändig steuert."

bb. Katalog konkreter einzuhaltender Sorgfaltspflichten

Die zeitlichen Abschnitte, in denen menschliche Fahrlässigkeit im Zusammenhang mit KI vorliegen kann, lassen sich zweiteilen: Die Sorgfaltswidrigkeit kann einerseits vor und andererseits nach dem Inverkehrbringen der KI vorliegen. Um für alle Beteiligten Rechtssicherheit zu schaffen, bedarf es eines Katalogs von Sorgfaltspflichten, der bei Nichteinhaltung Indizwirkung für das Vorliegen von Fahrlässigkeit hat. Vor dem Inverkehrbringen betrifft das etwa die Herstellung der physischen Komponenten (falls vorhanden) und insb. die Programmierung des Algorithmus. Nach dem Inverkehrbringen ist beispielsweise an die richtige Instruktion des Endnutzers und ggf. an eine anschließende Produktüberwachung zu denken (im Einzelnen dazu sogleich).

Vor allem bei der Programmierung muss ein hohes Maß an Sorgfalt eingehalten werden, da der Algorithmus bestimmend für das spätere Verhalten des Agenten sein wird. Dabei muss beachtet werden, dass mit der Programmierung auch die Risikotoleranz des Agenten bei seinen Entscheidungen festgelegt wird. Dazu bedarf es einer Reflektion möglicher Interaktionsszenarien zwischen Mensch und KI. Denn der Sorgfaltsmaßstab beinhaltet nicht selten auch ethische Wertungen, die sich z. T. aus der konkreten Situation ergeben. Der KI müssen diese ethischen Wertungen und auch und vor allem die ex-ante Bewertung von Risikoszenarien vorher implementiert werden.

---

[335] Dazu, dass ein deliktischer Schadensersatzersatzanspruch auch nicht ohne Weiteres begründen ließe, woraus sich auch Rückschlüsse für das Strafrecht ziehen lassen *Schuhr*, in: Hilgendorf, Robotik im Kontext von Recht und Moral, S. 17 f.

[336] Vgl. *Borges*, NJW 2018, 977 (981); *Christaller et al.*, Robotik, S. 144.

(1) Sorgfaltspflichten der Hersteller vor Inverkehrbringen des intelligenten Agenten

(a) Hinreichender Datensatz bei der Programmierung

Zu Beginn wurde deutlich gemacht, dass beim Bottom-Up-Ansatz des maschinellen Lernens ein umfangreicher Trainingsdatensatz erforderlich ist, damit die KI wie gewünscht funktioniert[337]. Durch die Zurverfügungstellung eines hinreichend komplexen Datensatzes soll erreicht werden, dass die KI auf möglichst viele Eventualitäten ihres täglichen Einsatzes vorbereitet ist und dadurch situationsadäquat (re)agieren kann. Kommt die Top-Down-Methode[338] zum Einsatz, soll die KI also selbstständig Muster in ihrem Einsatzgebiet erkennen und daraus Handlungen ableiten wird zu fordern sein, dass sie ausreichend Zeit bekommt, in einem überwachten Umfeld die notwendigen Erfahrungen zu machen. Es wäre wohl mindestens grob fahrlässig, eine „blanko-KI" ohne menschliche Überwachung in den Rechtsverkehr zu entlassen, wo sie per trial and error zunächst selbst lernen müsste.

Wichtige Prämisse beim Einsatz von (vor allem körperlicher) KI muss der Schutz fremder Rechtsgüter, insb. die körperliche Unversehrtheit der interagierenden Personen sein. Besonderes Augenmerk muss daher auf typische Gefahrensituationen des Einsatzes gelegt werden. Es wurde herausgearbeitet, dass überraschenden Handlungen ein besonderes Risikopotenzial innewohnt.[339] Es bedarf einer Eliminierung bzw. jedenfalls Minimierung von überraschenden Handlungen. Insofern wird zu fordern sein, dass in typischen Gefahrensituationen auf eine selbstständige Entscheidungsfindung durch die KI verzichtet wird, so dass interagierende Personen mit konkreten Handlungen rechnen können. Das kann etwa durch feste Regelsysteme in Form von „Wenn-Dann-Verknüpfungen" erreicht werden.[340] Der Mensch kann sich dann darauf verlassen, dass die KI eine bestimmte Reaktion zeigen wird. Das kann ggf. auch bedeuten, dass der intelligente Agent selbst gar nicht in die Situation eingreift, lediglich Warnungen ausspricht oder Hilfe holt. Die Einbuße des originären Vorteils autonomer KI (nämlich eben diese selbstständige Entscheidungsfindung) ist insoweit zu verschmerzen.[341] Aus dieser Vorgehensweise ergeben sich dann allerdings Folgeprobleme, da die Abwägung der betroffenen Rechtsgüter und

---

[337] S.o. § 2 A. II. 1. a. aa. (1).
[338] S.o. § 2 A. II. 1. a. aa. (2).
[339] S.o. § 2 A. II. 1. c.
[340] Vgl. zu solchen Regelsystemen auch *Kirchschläger*, AJP/PJA 2017, 240 (246); *Döpke/Jülicher*, InTer 2019, 16 (20).
[341] Dazu, dass das der Fall wäre *Lämmel/Cleve*, Künstliche Intelligenz, S. 189 f.

der Risiken in den Zeitpunkt der Programmierung vorverlagert werden. Determiniert der Mensch die Aktion einer Maschine, so kann für ihn grundsätzlich auch eine Haftbarkeit entstehen. Sind die Programmierer wegen Unterlassen strafbar, wenn der intelligente Agent nicht eingreift, obwohl er physisch dazu in der Lage wäre? Entsteht eine Haftung, wenn nach den programmierten Regeln zwar ein Rechtsgut geschützt, dafür aber ein anderes geschädigt wird? Das ist vor allem bei gleichwertigen Rechtsgütern hoch problematisch. Ob und wenn ja solche Implementierungen strafrechtlich relevant sein kann, bedarf einer differenzierteren Auseinandersetzung und wird daher aus Gründen der Übersichtlichkeit gesondert unter III., auch anhand dem Praxisbeispiel des autonomen Fahrens, diskutiert werden.

Schließlich muss auch sichergestellt sein, dass überprüft werden kann, ob der Datensatz hinreichend ausdifferenziert ist, bzw. die KI ausreichend gelernt hat, damit sie zum Einsatz kommen kann. Für diese Überprüfung muss ein Protokollschreiber eingebaut werden, der den ursprünglichen Datensatz sowie das neu Erlernte enthält, jedenfalls in dem technisch möglichen Umfang. Zu berücksichtigen sind insoweit wieder Kategorisierungen nach dem Einsatzgebiet sowie nach dem Grad der Autonomie.[342] Nach diesen Parametern bestimmt sich, in welche typischen Situationen der Agent voraussichtlich kommen wird und in welchen er wie reagieren kann und soll. Je komplexer die KI und je mehr Gefahrenpotenzial der Einsatz birgt, desto höher auch der erforderliche Umfang des Datensatzes bzw. die erforderliche Dauer der Tests. Um im Laufe der Zeit eine höhere Ergebnissicherheit beim Lernprozess zu erreichen, sollten jedenfalls Teile der Verfahren standardisiert werden.[343] Das ist vor allem in Bereichen sinnvoll, die verhältnismäßig wenig komplex sind, und typischerweise für die meisten KI-Typen relevant sind, wie etwa grundlegende Interaktion mit Menschen in alltäglichen Umgebungen.

(b) Standards bei der Konstruktion

Evident müssen bei der Herstellung von Robotern und anderen physischen Manifestationen von KI etwaige Produktionsnormen wie etwa DIN- oder ISO-Normen, Produkthaftungs- oder Unfallverhütungsvorschriften eingehalten

[342] Zu dieser Differenzierung s.o. § 2 A. II. 2. b.
[343] So auch *Martini*, JZ 2017, 1017 (1022).

werden.[344] Es sind also bestimmte technische Spezifikationen zu beachten. Diesbezüglich existiert auch die europäische Richtlinie 2015/1535, nach der die „technische Spezifikation" Merkmale für ein Erzeugnis vorschreibt wie Qualitätsstufen, Gebrauchstauglichkeit, Sicherheit oder Abmessungen, einschließlich der Vorschriften über Verkaufsbezeichnung, Terminologie, Symbole, Prüfungen und Prüfverfahren, Verpackung, Kennzeichnung und Beschriftung des Erzeugnisses sowie über Konformitätsbewertungsverfahren.[345] Zu nennen ist hier auch der 2019 in Kraft getretene Cyber Security Act, der vom Europäischen Rat und Parlament beschlossen wurde.[346] Durch diesen wurde die Erteilung von Cyber-Security-Zertifikaten ermöglicht, wenn innerhalb der Rahmenbedingungen Sicherheitsmerkmale bereits bei der technischen Planung und Entwicklung berücksichtigt worden sind.[347] Im Artificial Intelligence Act der EU (KI-VO)[348] wird ferner gefordert, dass Hochrisiko-KI-Systeme grundsätzlich mit einer CE-Kennzeichnung versehen werden, aus der die Konformität mit der Verordnung hervorgeht, Erwägungsgrund 129 KI-VO. Besonders gefährliche KI-Anwendungen sollen nach der Verordnung sogar ganz verboten werden, Art. 5 KI-VO. Dazu zählen unter anderem Techniken, die von der KI angewendet werden, die das Verhalten einer Person manipulieren sollen und dadurch Schaden zufügen können, Art. 5 Abs. 1a KI-VO, das System die Schwäche oder Schutzbedürftigkeit von Personen ausnutzt, Art. 5 Abs. 1b KI-VO, oder das System Personen aufgrund persönlicher Eigenschaften oder Verhalten bewertet (sog. Social Scoring), Art. 5 Abs. 1c KI-VO.

Das normative „Grundgerüst" für die Einführung verbindlicher Standards für die Konstruktion nimmt also mehr und mehr Gestalt an. Es ist nun Aufgabe des nationalen Gesetzgebers, dieses, wo erforderlich, in konkrete Normen umzusetzen. Werden die eben formulierten Standards vor dem Inverkehrbringen

---

344 Zsf. hierzu *Günther*, Roboter und rechtliche Verantwortung, S. 223 f. m.w.N; vgl. als bereits existierende Normen die ISO-technische Spezifikationen 15066:2016 sowie 10218:2011 und 13482:2014 für den Einsatz von CoBots, Industrierobotern bzw. Personal-Care-Robotern.

345 Art. 1 Abs. 1 lit. c, zu finden unter *<https://eur-lex.europa.eu/legal-content/de/ALL/?uri=CELEX:32015L1535>* (abgerufen am 27.07.2025).

346 Verordnung (EU) 2019/881 zu finden unter *<https://eur-lex.europa.eu/eli/reg/2019/881/oj?locale=de>* (abgerufen am 27.07.2025); Vorgängernorm ist die Richtlinie 98/34/EG, nach der unter einer Normung eine technische Spezifikation verstanden wurde, die von einem anerkannten Gremium zur wiederholten oder ständigen Anwendung angenommen wurde, deren Einhaltung aber nicht verpflichtend ist. Es waren grundsätzlich alle Maßnahmen zu treffen, damit Rechtsgüter bei angemessener Installierung und Wartung und ordnungsgemäßem Betrieb nicht gefährdet werden.

347 Vgl. auch *Noack*, ZHR 183 (2019), 105 (128).

348 Hierzu zsf. *Geminn*, ZD 2021, 354; *Heiss*, EuCML 2021, 252.

nicht eingehalten, kann das zu einer deliktischen oder strafrechtlichen Haftung führen (abgesehen von den empfindlichen Sanktionen, die die EU-Verordnung vorsieht). Dann nämlich kann angenommen werden, dass eine hieraus resultierende Rechtsgutverletzung sorgfaltswidrig und damit fahrlässig herbeigeführt wurde. Ggf. müssen diese und andere Vorschriften neuen Produktionsmethoden und technischen Gegebenheiten angepasst werden, die mit neuer Technologie einhergehen oder neue Vorschriften geschaffen werden. Die Einhaltung dieser Sorgfaltspflichten in Form von Standards ist durch geeignete interne Compliance-Maßnahmen sowie durch stichprobenartige externe Kontrollen durch die zuständigen Institute sicherzustellen.

(2) Sorgfaltspflichten der Hersteller nach Inverkehrbringen des intelligenten Agenten

(a) Instruktion der Endnutzer

Um seiner Sorgfaltspflicht nach Inverkehrbringen gerecht zu werden, ist zunächst notwendig, dass der Hersteller diejenigen Personen, die mit der KI (zusammen-)arbeiten, auf Besonderheiten im Umgang schult oder sie jedenfalls die Möglichkeit bekommen, etwaige Gefahren des Einsatzes zur Kenntnis zu nehmen.

> *So wäre in Fallbeispiel 1 zu prüfen, ob eine solche Instruktion erfolgt ist und wenn nein, ob ihr Unterbleiben ursächlich für die fehlerhafte Einstellung des Pflegeroboters durch K war.*

Hier ist im Grunde nicht anders zu verfahren, als bei anderen Produkten, von denen Gefahren ausgehen. Bei einfachen Anwendungen kann eine Betriebsanleitung ausreichen. Je komplexer der Einsatz und je größer potenzielle Risiken, desto eher wird eine gesonderte Schulung erforderlich sein. Langfristig könnte insofern auch über eine Art „KI-Führerschein" nachgedacht werden. Spätestens, wenn die Anwender im Umgang mit der KI ausgebildet sind, würde die Verantwortung für Rechtsgutsverletzungen auf diese übergehen, es sei denn diese lassen sich eindeutig auf die Konstruktion zurückführen. Fraglich ist dann auch, inwiefern die verschiedenen Agenten in ihrem Verhalten bzw. ihrer Bedienbarkeit übereinstimmen, so dass nicht der Hersteller selbst die Schulungen und Prüfungen durchführen müsste, sondern dritte Stellen (so wie das jetzt schon beim Kfz-Führerschein ist). Das übersteigt aber die Kernfragestellungen dieser Arbeit und soll an dieser Stelle daher nur als Denkanstoß dienen.

(b) Regelmäßige Kontrollen und Updates, Protokollschreiber (Black Box)

Zudem wird es zur Einhaltung der Sorgfaltspflicht notwendig sein, die intelligenten Agenten regelmäßig Kontrollen zu unterziehen.

> *In Fallbeispiel 2 wäre eine solche Kontrolle bereits dann angezeigt, wenn Angehörige der Firma von dem Unfall mit dem selbstfahrenden Auto Kenntnis erlangen.*

Diese Kontrollen müssen in jedem Fall auch von menschlichem Fachpersonal durchgeführt werden, allerdings sind daneben auch Kontrollen durch den zu prüfenden Algorithmus selbst oder durch dritte Systeme denkbar, sozusagen ein Blackboxing der Blackbox[349], eine Kontrolle von KI durch KI. Dabei ist neben der technischen Unbedenklichkeit auch der eben angesprochene Datensatz zu überprüfen und ggf. zu erweitern. Für den Fall, dass Lernerfahrungen nur zentral im System des einzelnen Agenten gespeichert werden, sollten regelmäßig die Erfahrungen von Agenten des gleichen Typs für alle verfügbar gemacht werden. Um das zu ermöglichen, ist ebenfalls der Einbau eines Protokollschreibers notwendig, der die Lernfortschritte bzw. die gesammelten Erfahrungen aufzeichnet.[350] Hierbei ist es unerheblich, ob die KI das Gelernte sofort umsetzt oder ob zunächst eine Auswertung durch Fachpersonal erfolgt. Die adaptive Vorgehensweise würde dem originären Vorteil von KI mehr Rechnung tragen. Eine vorherige Auswertung ist hingegen zeit- und kostenaufwendig, ermöglicht es aber, etwaige unerwünschte Folgen des Lernens zu verhindern. Für die Wahl der Vorgehensweise ist erneut der mögliche Grad an Autonomie sowie das Gefahrenpotenzial des Einsatzes zu berücksichtigen. Außerdem muss dann geprüft werden, ob durch die Implementierung neuer Lernerfahrungen die ursprüngliche Nutzenfunktion und das einschlägige Handlungsspektrum irgendwie beeinträchtigt werden.[351]

Zudem kann durch den Einsatz eines Protokollschreibers nachvollzogen werden, welche Kriterien die KI zur Findung einer Entscheidung herangezogen hat und ob diese evtl. rechtswidrig waren.[352] So kann auch die Einhaltung der eben angesprochenen Verbote für KI-Praktiken überprüft werden. Technische Voraussetzung für eine solche Protokollierung ist die Auslesbarkeit der Daten und

---

[349] *Lewinski*, InTer 2018, 168 (174); vgl. zur Blackbox o. § 2 A. II. 1. a. aa. (1).

[350] So u.a. auch *Decker*, in: Gless/Seelmann, Intelligente Agenten und das Recht, S. 231 f.; *Noack*, ZHR 183 (2019), 105 (127 f.); *Ernst*, JZ 2017, 1026 (1032).

[351] *Decker*, in: Gless/Seelmann, Intelligente Agenten und das Recht, S. 2342.

[352] Wie z.B. gegen das AGG verstoßende Kriterien *Ernst*, JZ 2017, 1026 (1032); relevant können u.a. auch Verstöße gegen die DSGVO sein.

vor allem die Möglichkeit, diese zu verstehen. Eine nur kryptische Betrachtbarkeit ist nicht ausreichend, da die Daten in juristische bzw. ganz grundsätzlich erklärbare Zusammenhänge gebracht werden müssen, um Schlussfolgerungen für die Rechtmäßigkeit zu ziehen.[353] Zwar ist bei aktuellen KI-Systemen noch nicht immer der Fall.[354] Allerdings gibt es hierzu bereits Forschung, die auch schon Ergebnisse vorweisen kann.[355] Auch bei automatisiert fahrenden Kraftfahrzeugen ist ein Fahrtenschreiber bereits vorgeschrieben (dieser muss auch laufen, wenn das Kfz manuell gesteuert wird).[356] Es ist also zu erwarten, dass die technische Umsetzung einer auslesbaren Blackbox (jedenfalls für die allermeisten KI-Typen) kein Problem darstellen wird. Jedenfalls dann, wenn ein entsprechendes Erfordernis normiert wird, wird auch die technische Umsetzung erfolgen. Die hier formulierte Forderung deckt sich syntaktisch mit den Anforderungen des Erwägungsgrundes 71 KI-VO, der lebenslang eine systematische Beobachtung und Dokumentation nach dem Inverkehrbringen verlangt.

(3) Sorgfaltspflichten der Nutzer

Nach Inverkehrbringung haben auch die Nutzer Sorgfaltspflichten einzuhalten. Zunächst sind solche Pflichten zu nennen, die grundsätzlich auch bei der Nutzung anderer technischer Systeme bestehen. Dazu gehören ggf. eine Durchsicht vor Inbetriebnahme des Systems zur Entdeckung offenkundiger Mängel (diese Pflicht besteht z.B. auch für den Halter bzw. Fahrer eines Kfz), die regelmäßige Wartung und die Durchführung von Softwareupdates (soweit diese durch die Nutzer vorgenommen werden können). Denklogisch muss vor Inbetriebnahme auch überprüft werden, ob die aktuelle Umgebung dafür geeignet ist. Je nach Einsatzort und KI-System kann auch eine Überwachung während des Betriebs erforderlich sein, jedenfalls aber stichprobenartige Kontrollen, insb. dann, wenn das System durchgehend in Betrieb ist (wie dies etwa bei Pflegerobotern zu erwarten ist).

---

[353] *Herberger*, NJW 2018, 2825 (2828).

[354] S.o. § 2 A. II. 1. a. aa. (1).

[355] So etwa bei einem Projekt der University of Utah unter Leitung von *Gang Luo*, bei dem mittels KI Wahrscheinlichkeiten für die Erkrankung an Typ 2 Diabetes vorausgesagt und gleichzeitig automatisch der „Pfad“ zu diesem Ergebnis mitgeliefert wurde, *Luo*, *<pages.cs.wisc.edu/~gangluo/explain_prediction_results.pdf>* (abgerufen am 27.07.2025).

[356] *Kaler/Wieser*, NVwZ 2018, 369 (371).

d. Sorgfaltswidrigkeit beim Einsatz von intelligenten Agenten

Selbst, wenn alle eben vorgeschlagenen Anforderungen eingehalten werden, verbleibt ein Restrisiko. Einerseits können überraschende Handlungen des KI-Systems nicht ausgeschlossen werden. Oben wurde diesbezüglich festgestellt, dass autonome Systeme gerade als solche definiert werden können, deren Verhalten nicht gänzlich vorhersehbar oder –bestimmbar ist. Fehler sind also systemimmanent.[357] Das gilt insbesondere dann, wenn die Zahl der zusammenwirkenden Faktoren hoch ist.[358] Und andererseits besteht auch ganz generell beim Einsatz von Maschinen (hier: physischer KI) regelmäßig ein erhöhtes Verletzungsrisiko aufgrund der Beschaffenheit der Systeme (oft metallische Werkstoffe, bewegliche Teile, ggf. Einsatz von Hydraulik). Es kann, realistisch betrachtet, aber weder seitens der Hersteller noch der Nutzer eine durchgängige Überprüfbarkeit und Überwachung gewährleistet werden, insbesondere dann nicht, wenn mit zunehmender Erfahrung mit dem Einsatz von KI die Prüfanforderungen sinken könnten (jedenfalls dann, wenn der Einsatz weitestgehend reibungslos verläuft).[359]

Zu bestimmen sind daher nun die Grenzen der Sorgfaltswidrigkeit, innerhalb derer es überhaupt erst auf die individuellen Fähigkeiten des Täters ankommen kann. Die andere Frage, die sich im Anschluss stellt, ist, ob im Falle einer Rechtsgutsverletzung durch einen intelligenten Agenten das Bewusstsein um dieses Restrisiko ausreicht, um eine Fahrlässigkeitsstrafbarkeit anzunehmen oder ob die zu erörternden Ausschlussgründe die Verantwortung auch für KI-Verhalten begrenzen.

aa. Vorhersehbarkeit

Die Vorhersehbarkeit bzw. Erkennbarkeit des Erfolgseintritts ist unmittelbar mit der Sorgfaltswidrigkeit verbunden, da nur dann die Einhaltung der erforderlichen Sorgfalt gefordert werden kann, wenn für den Täter auch erkennbar ist bzw. gewesen wäre, dass seine Handlung ein rechtlich missbilligtes Risiko gesetzt hat.[360] Der Inhalt der Sorgfaltsanforderungen umfasst wiederum, die

---

[357] *Hötitzsch*, in: Hilgendorf/Hötitzsch, Das Recht vor den Herausforderungen der modernen Technik, S. 7580 f.

[358] Vgl. *Schaub*, InTer 2019, 2 (3).

[359] *Teubner*, AcP 218 (2018), 155 (190).

[360] *Duttge*, NStZ 2006, 266 (267); SSW/*Momsen*, § 15 Rn. 62.

Gefahr für das Rechtsgut durch die Einhaltung dieser Anforderungen zu erkennen und, soweit möglich, zu vermeiden.[361] In der Regel wird die Vorhersehbarkeit nach objektiven Kriterien bestimmt, wonach sie gegeben sei, wenn der Erfolg sich als nicht völlig außerhalb der allgemeinen Lebenserfahrung liegende Folge des sorgfaltswidrigen Verhaltens darstellt und die objektive Maßfigur aus dem Verkehrskreis des Täters dies bei Einhaltung der erforderlichen Sorgfalt erkannt hätte.[362] Uneinigkeit besteht darüber, ob sich die Vorhersehbarkeit nur auf den Erfolg[363] oder auch auf den zugrundeliegenden Kausalverlauf erstrecken muss.[364] Dieser Streit muss hier aber nicht entschieden werden, da, ebenso wie schon bei der Sorgfaltswidrigkeit, ein individueller Maßstab schon auf Tatbestandsebene als vorzugswürdig erachtet wird. Teilweise kann bezüglich der Bedenken hinsichtlich der objektiven Maßfigur nach oben verwiesen werden. Das gilt an dieser Stelle erst recht für den Vorwurf der Uferlosigkeit der Maßfigur, der hier angesichts des Abstellens auf die allgemeine Lebenserfahrung (wie soll diese neben der und auch noch in Bezug auf die Maßfigur bestimmt werden?) umso schwerer wiegt. Wird dem Täter vorgeworfen, er habe das objektiv (wie auch immer „objektiv“ dann definiert werden mag) erkennbare Risiko nicht erkannt, so wird übersehen, dass bei der unbewussten Fahrlässigkeit gerade diese Erkennbarkeit für ihn gehindert ist und so auch keine Hemmungsmotive bzgl. der Begehung entstehen können.[365] Die reine Erkennbarkeit ist insoweit ein „zurechnungsirrelevantes Nullum“, es kann nur auf „faktische Kenntnis (Vorsatz) oder vorwerfbare faktische Unkenntnis (Fahrlässigkeit)“ ankommen.[366] Die Natur der unbewussten Fahrlässigkeit besteht ja gerade darin, dass das Risiko nicht erkannt wurde. Es wäre daher zirkelschlüssig, wenn man den Fahrlässigkeitsvorwurf an die objektive Erkennbarkeit knüpfte.

Die erforderliche vorwerfbare Unkenntnis kann einerseits daraus resultieren, dass der Täter alle relevanten Umstände zur Vornahme einer zutreffenden Risikoprognose kennt, daraus allerdings nicht den Schluss zieht, dass ein unerlaubtes Risiko vorliegt[367] (der Fahrer eines Autos sieht einen Fußball zwischen

---

[361] Vgl. *Kindhäuser/Zimmermann*, Strafrecht AT, § 33 Rn. 22.

[362] SSW/*Momsen*, § 15 Rn. 74; BeckOK-StGB/*Kudlich*, § 15 Rn. 56; *Heinrich*, Strafrecht AT, Rn. 1013; BGHSt 12, 75; BGH NStZ 2001, 478 (479).

[363] So insb. die Rspr. BGHSt 39, 322 (324); 55, 58 (59); BGH NStZ 2001, 478 (479); BGH NJW 2015, 96 (98) Rn. 41; a. d. Lit. *Heinrich*, Strafrecht AT, Rn. 1014 m.w.N.

[364] So etwa Schönke/Schröder/*Sternberg-Lieben/Schuster*, § 15 Rn. 200; *Kindhäuser/Zimmermann*, Strafrecht AT, § 33 Rn. 29 f.; *Krey/Esser*, Strafrecht AT, Rn. 1353.

[365] *Kindhäuser*, GA 1994, 197 (209); zust. MüKo-StGB/*Duttge*, § 15 Rn. 110.

[366] *Kindhäuser*, GA 1994, 197 (209) in Fn. 43.

[367] SK-StGB/*Hoyer*, Anh § 16 Rn. 28.

parkenden Fahrzeugen auf die Straße rollen, kommt aber nicht auf den Gedanken, dass ein Kind auf die Straße laufen könnte und verringert daher nicht seine Geschwindigkeit).

In Fallbeispiel 2 hat Firmenchef F nicht den Schluss gezogen, dass der Einbau eines Infrarot-Systems die Sicherheit der Fahrzeuge erhöhen würde. Fraglich wäre eine Sorgfaltspflichtverletzung aber deswegen, weil man F andernfalls gegenüber den üblichen Anforderungen überobligatorische Sorgfaltspflichten auferlegen würde (es wurden ja alle erforderlichen Tests durchgeführt).

In Fallbeispiel 3 weiß Entwickler E, dass die autonome KI auch überraschende Handlungen vornehmen kann und wird, da dies systemimmanent ist.

Und andererseits kann die Unkenntnis aus einer unsorgfältigen Überprüfung von Tatumständen entstehen, so dass dem Täter relevante Umstände vorwerfbar verborgen bleiben[368] (der gleiche Fahrer sieht den Fußball gar nicht erst, weil er mit seinem Handy beschäftigt ist).

In Fallbeispiel 1 wäre dies der Vorwurf, den man K machen könnte: Entweder hat er eine fehlerhafte Einstellung nicht gesehen (z.B. verklickt, verguckt), oder gar nicht gewusst, dass die Einstellung fehlerhaft ist (dann eventuell Übernahmefahrlässigkeit oder aber sorgfaltswidrige Instruktion durch Hersteller oder Arbeitgeber).

Jedenfalls diesen Vorwurf könnte man F in Fallbeispiel 2 nicht machen, da zahlreiche und alle erforderlichen Tests durchgeführt wurden.

Dass der Fahrlässigkeitstäter die Gefahr vorwerfbar nicht vorhergesehen hat, kann entweder auf einer unsorgfältigen Überprüfung der Tatumstände oder einer unsorgfältigen Auswertung dieser Umstände liegen. Der Nutzer einer KI könnte also beispielsweise deswegen eine Gefahr nicht vorhersehen, weil er das Handbuch nicht durchliest (Überprüfung) oder der Programmierer deshalb nicht, weil er den scheinbar fertigen Code nicht noch einmal überprüft oder aber der Nutzer fälschlicherweise annimmt, dass ein vereister Sensor des Agenten schon nicht so schlimm sei. Bei „typischen“ menschlichen Fehlern, die auch hinsichtlich anderer Produkte passieren können, bestehen für die Annahme der Vorhersehbarkeit keine Probleme.

So etwa in Fallbeispiel 1, in dem K eine fehlerhafte Einstellung vornimmt.

[368] SK-StGB/*Hoyer*, Anh § 16 Rn. 29.

Schwieriger ist dies bei überraschenden Handlungen des intelligenten Agenten aufgrund von neu Gelerntem. Dass nicht jeder mögliche Ausgang des Inverkehrbringens oder der Nutzung im Detail bekannt sein kann, ist zwingende Folge eines autonomen Systems.

> *In Fallbeispiel 3 war das Erschlagen Folge eines Lernprozesses der autonomen KI.*

Nichtsdestotrotz führt das nicht dazu, dass keine generelle Vorhersehbarkeit vorliegt. Denn seitens der Hersteller und Programmierer liegt schon bei der Konzeption des Systems als lernfähig und autonom das Wissen darum vor, dass diese (wohl unerwünschten und deshalb allenfalls fahrlässig verursachten) Folgen daraus entstehen können. Die selbstständige und eventuell fehlerhafte Weiterentwicklung des Systems ist schon in der Programmierung angelegt.[369] Gleiches gilt für die Vorhersehbarkeit aus Sicht der Nutzer, sofern diese sorgfältig instruiert worden sind beziehungsweise sich selbst sorgfältig instruiert haben. Durch das Inverkehrbringen beziehungsweise die Nutzung der Technologie würde also ein Übernahmeverschulden begründet.

Es müssen grundsätzlich Anhaltspunkte für das konkrete später verwirklichte Risiko vorliegen. Davon muss bei selbstlernender KI dem Grunde nach immer die Rede sein. Da der Lernprozess jedes KI-Typs und eventuell sogar jedes Fabrikats des gleichen Typs unterschiedlich verlaufen kann, besteht insoweit zwar keine Möglichkeit für die Hersteller, ihre Prognosebasis hinsichtlich konkreter Risiken und Verhaltensweisen zu verbessern. Die bloße Veranlagung eines Systems, dass aus ihm (auch bis dato unbekannte) Gefahren entstehen können, reicht für die Annahme der Vorhersehbarkeit aber aus. Sich angesichts der autonomen Konzeption eins Systems darauf zu berufen, dass man damit nun nicht habe rechnen können, erscheint lebensfremd. Ein Korrektiv ist an anderer Stelle zu suchen.

Es muss somit konstatiert werden, dass Rechtsgutsverletzungen durch autonome intelligente Agenten, die auf einer selbstständigen Weiterentwicklung des Systems beruhen, immer vorhersehbar sind.[370] Es liegt insofern dann ein Übernahmeverschulden durch das Inverkehrbringen und die Nutzung vor. Das ist noch ein Grund, einen Protokollschreiber für lernende KI vorzusehen, um

[369] S.o. § 2 A. II. 1. b.

[370] Im Ergebnis auch *Gaede*, Künstliche Intelligenz, S. 82.

zu unterscheiden, zu welchem Zeitpunkt die schadensursächliche Konfiguration des Systems eingetreten ist.

Allerdings führt nicht jede denkbare Risikoprognose, die die Verantwortlichen hätten vornehmen können, auch dazu, dass strafrechtlich relevantes Verhalten vorliegt. Andernfalls hätte dies eine uferlose Ausdehnung der Strafbarkeit zur Folge.[371] Es bedarf einer normativen Begrenzung, welche bereits aus der allgemeinen Handlungsfreiheit in Art. 2 Abs. 1 GG entspringt.[372]

bb. Überschreitung des erlaubten Risikos

Für die Annahme der Sorgfaltswidrigkeit muss der Täter mit seinem Verhalten daher ferner das erlaubte Risiko überschritten haben. Damit ein Erfolg dem Täter objektiv zurechenbar ist, muss das im Erfolg verwirklichte Risiko aus seiner Sphäre stammen, also dem Verantwortungsbereich des Täters entspringen.[373] Insoweit bestehen keine Unterschiede zum Vorsatzdelikt. Und nur, wenn ein durch *sein* Verhalten gesetztes Risiko *unerlaubt* war, hat es auch rechtliche Relevanz.[374] An einer tatbestandlichen Fahrlässigkeit kann es also fehlen, wenn das vom Täter gesetzte ein erlaubtes Risiko war. Das kann dann der Fall sein, wenn dieses das allgemeine Lebensrisiko nicht überschreitet oder aber ein sozialadäquates Risiko war.

Die Abgrenzung, ob es sich schon nicht mehr um ein allgemeines Lebensrisiko, welches bereits nicht rechtlich missbilligt ist, handelt oder ein rechtlich missbilligtes erst aufgrund seiner Sozialadäquanz unerheblich ist, gelingt nicht immer eindeutig.[375] Von allgemeinen Lebensrisiken kann man nur dann sprechen, wenn die Gefährdung sehr gering ist. Das kann etwa dann der Fall sein, wenn die gesetzte Bedingung und der Erfolg weit voneinander entfernt sind (z.B. Zeugung eines Mörders) oder es sich um unbeherrschbare Kausalverläufe handelt (z.B. Naturgewalten).[376] Um abschließend zu bewerten, wie sich die Risiken, die von einer KI ausgehen, zum allgemeinen Lebensrisiko verhalten, wäre zunächst erforderlich, dass diese KI überhaupt schon zum alltäglichen Leben gehört. Darüber hinaus müsste überprüft werden, wie hoch die Wahrscheinlichkeit eines Schadenseintritts bei dem Einsatz der konkreten KI ist.

---

[371] MüKo-StGB/*Duttge*, § 15 Rn. 109.
[372] SK-StGB/*Hoyer*, Anh § 16 Rn. 25.
[373] Vgl. Schönke/Schröder/*Sternberg-Lieben/Schuster*, § 15 Rn. 127.
[374] *Jakobs*, Strafrecht AT, § 9 Rn. 7; *Heinrich*, Strafrecht AT, Rn. 245.
[375] *Wessels/Beulke/Satzger*, Strafrecht AT, Rn. 265; *Heinrich*, Strafrecht AT, Rn. 519.
[376] *Wessels/Beulke/Satzger*, Strafrecht AT, Rn. 264; *Heinrich*, Strafrecht AT, Rn. 245.

Hier kann es zu unterschiedlichen Ergebnissen kommen. Vorstellbar ist, dass ein Erfolg bei autonomer KI im Straßenverkehr öfter vorkommt als im Heimgebrauch.

Allerdings bestehen erhebliche Bedenken bei einem Zurechnungsausschluss aufgrund Unterschreitung des allgemeinen Lebensrisikos. Denn anders als dies etwa bei der menschlichen Reproduktion, Krankheiten oder Naturgewalten der Fall ist, handelt es sich bei KI nicht um etwas was der *natürlichen* Lebensrealität entspringt. Sie ist ein Kunstprodukt, vom Menschen geschaffen und somit, jedenfalls zu einem gewissen Grad, von diesem beherrschbar. Die Vergleichbarkeit mit anderen allgemeinen Risiken des Lebens ist nicht gegeben. Bezüglich der Unbeherrschbarkeit eines Kausalverlaufs könnte man zwar insbesondere bei *Fallbeispiel 3* auf die Idee kommen, dass ein eigenständiger Lernprozess einer KI, der nicht in der Ausgangsprogrammierung vorgesehen war, nicht von den an dem Inverkehrbringen Beteiligten beherrscht werden konnte. Allerdings wäre das Verhalten, auf das für eine Fahrlässigkeitsstrafbarkeit abgestellt würde, bereits die Ausgestaltung des intelligenten Agenten als autonom und lernfähig, nicht die letztkausale Aktion des Agenten. An einer Beherrschbarkeit fehlt es somit nicht. Somit kann es sich bei Rechtsgutsverletzungen durch KI nicht um die Verwirklichung eines allgemeinen Lebensrisikos handeln.

Vertritt man, wie hier, den Standpunkt, aufgrund der Systemimmanenz schadensursächlicher Lernfortschritte sei die Vorhersehbarkeit immer gegeben und das Risiko menschengemacht, gelangt man also zu der Frage, ob das Inverkehrbringen und das Nutzen intelligenter Agenten erlaubt, weil sozialadäquat sein könnte. Sozialadäquat sind Handlungen, die zwar grundsätzlich vom Wortlaut der Norm erfasst sind, sich allerdings im Rahmen des sozialen Normgefüges bewegen.[377] Gewisse Risiken werden angesichts des damit verbundenen gesellschaftlichen Nutzens hingenommen, obwohl eine Realisierung statistisch gesehen durchaus vorhersehbar und erwartbar ist.[378] Diese stellen aber kein Unrecht dar, wenn die erforderlichen Sicherungsmaßnahmen und Regeln der Kunst eingehalten worden sind und das Risiko damit auf das erforderliche Minimum reduziert wurde.[379]

---

[377] *Heinrich*, Strafrecht AT, Rn. 519; OLG Hamm, NJW 1973, 716 (718 f.); *Roxin/Greco*, Strafrecht AT I, § 10 Rn. 33 f.; zur hist. Entwicklung *Knauer*, ZStW 126 (2014), 844 (846 ff.).
[378] *Bock*, Strafrecht AT, S. 139; *Heinrich*, Strafrecht AT, Rn. 518; *Wessels/Beulke/Satzger*, Strafrecht AT, Rn. 265.
[379] *Heinrich*, Strafrecht AT, Rn. 518; MüKo-StGB/*Duttge*, § 15 Rn. 139; Schönke/Schröder/*Sternberg-Lieben/Schuster*, § 15 Rn. 145.

Die Teilnahme am Straßenverkehr ist hierfür das einleuchtendste Beispiel. Es ist angesichts der tausenden Toten und Verletzten nicht von der Hand zu weisen, dass der Straßenverkehr gefährlich ist (es sterben deutlich mehr Menschen durch Verkehrsunfälle als durch Tötungsdelikte[380]). Trotzdem ist das (im Sinne der StVO sorgfaltsgemäße) Führen eines Kraftfahrzeugs nicht verboten, da unser gesellschaftliches Zusammenleben anders schlicht nicht möglich wäre. Lieferketten und Berufspendler sind zwingend auf Kraftfahrzeuge angewiesen. Zudem ist die Zahl der Unfälle mit Personenschaden gemessen an der Menge der Fahrzeuge, die täglich auf den Straßen unterwegs ist, verschwindend gering und seit Jahren immer weiter rückläufig.[381] Der gesellschaftliche Nutzen übersteigt also das Risiko deutlich, dieses ist daher grundsätzlich sozialadäquat. Gleiches gilt beispielsweise auch für den Vertrieb gefährlicher Produkte wie etwa Messern, ohne die etwa das Zubereiten von Speisen nicht möglich wäre. Auch verfassungsrechtlich lässt sich dieses Ergebnis im Hinblick auf die allgemeine Handlungsfreiheit aus Art. 2 Abs. 1 GG begründen.[382]

Diese Erwägungen beruhen auch auf dem Vertrauensgrundsatz, der besagt, dass ein sorgfaltsgemäßer Verkehrsteilnehmer davon ausgehen darf, dass andere Teilnehmer sich ebenfalls sorgfaltsgemäß verhalten.[383] Es muss also bei der Vornahme riskanter Handlungen nur mit solchen Fehlern gerechnet werden, die nach den Umständen bei verständiger Würdigung zu erwarten sind, nicht aber mit solchen, die nur ausnahmsweise vorkommen und deswegen außerhalb aller Erfahrung liegen.[384]

Ein Zurechnungsausschluss auf diese Weise sieht sich teilweise zwar Kritik ausgesetzt, da die Sozialadäquanz Gefahr laufen kann, willkürliche Entscheidungen zu begünstigen.[385] Allerdings vermag die bloße Behauptung der Sozi-

[380] Genaugenommen rund 50% mehr im Jahr 2019, vgl. *Destatis*, *<www.destatis.de/DE/Presse/Pressemitteilungen/2021/02/PD21_084_46.html>* (abgerufen am 27.07.2025); *Deutscher Verkehrssicherheitsrat*, *<www.dvr.de/service/unfallstatistik>*; sowie *Statista*, *<de.statista.com/statistik/daten/studie/37468/umfrage/opfer-von-totschlag-und-toetung-auf-verlangen-in-deutschland/>* (alle abgerufen am 27.07.2025).

[381] *Deutscher Verkehrssicherheitsrat*, *<www.dvr.de/service/unfallstatistik>* (abgerufen am 27.07.2025).

[382] *Jakobs*, Strafrecht AT, § 9 Rn. 10; SK-StGB/*Hoyer*, Anh § 16 Rn. 18; zust. MüKo-StGB/*Duttge*, § 15 Rn. 136.

[383] SSW/*Momsen*, § 15 Rn. 68; SK-StGB/*Hoyer*, Anh § 16 Rn. 39; *Kühl*, Strafrecht AT; *Kühl*, Strafrecht AT, § 17 Rn. 36 ff.

[384] BGHSt 9, 92 (93 f.); 13, 169 (173).

[385] Ausf. zu diesem Streit *Knauer*, ZStW 126 (2014), 844 (852 ff.).

aladäquanz diese noch nicht zu begründen. Wichtig ist vor allem, dass es einerseits einer Abgrenzung von Risikosphären bedarf und andererseits der Abwägung, ob ein Risiko gesellschaftlich hinnehmbar ist.

Geht man mit den einleitenden Ausführungen dieser Arbeit davon aus, dass künstliche Intelligenzen in den allermeisten Lebensbereichen zum Einsatz kommen wird (perspektivisch insbesondere auch in physischem Gewand, Software-Agenten sind bereits ubiquitär), so eröffnet dies in einem ersten Schritt die Annahme eines erlaubten Risikos aufgrund von Sozialadäquanz. [386]

Des Weiteren sind oben bereits einzuhaltende Maßnahmen für die Wahrung der Sorgfaltspflicht erörtert worden. Sind diese Sicherungsmaßnahmen getroffen sowie die Regeln der Kunst eingehalten worden, führt das dazu, dass trotz be- und erkanntem Risiko die Vornahme der Handlung (hier: das Herstellen, Programmieren, Inverkehrbringen oder benutzen von intelligenten Agenten) erlaubt sein kann, soweit der gesellschaftliche Nutzen überwiegt. Zu denken wäre in diesem Zusammenhang, ebenfalls in Anlehnung an den Straßenverkehr, noch an eine Art „KI-TÜV", der die eben angesprochene Einhaltung der Sorgfaltspflichten (ggf. regelmäßig) überprüft.

Liegen nun all diese Voraussetzungen vor, so bleibt nichts übrig, was für die Annahme eines unerlaubten Risikos ausreichte. Intelligente Agenten können zahlreiche Tätigkeiten sicherer und präziser ausführen als der Mensch. Das Gesamtrisiko von Schäden in dem jeweiligen Einsatzbereich wird also sehr wahrscheinlich sogar sinken. Und ohne den umfassenden Einsatz von KI würde unser gesellschaftliches Zusammenleben bereits jetzt nicht mehr auf diese Weise funktionieren, was sich künftig noch verstärken wird.

Selbst, wenn der obige Maßnahmenkatalog (oder darüberhinausgehende Regelungen) konsequent eingehalten wird, kann das Restrisiko nicht gänzlich eliminiert werden. Möchte man gesamtgesellschaftlich die Vorteile einer Technologie nutzen, so müssen hieraus resultierende Negativfolgen, die nicht klar individuell (also dem Menschen oder ggf. dem intelligenten Agenten selbst,

[386] Eine sehr anschauliche Abwägung findet sich bei *Schmidt/Schäfer*, NZWiSt 2021, 413 (417 ff.) am Beispiel von Paketdrohnen, die ihre Ladung in der Luft verlieren sowie am Beispiel von Fertigungsrobotern, die menschliche Mitarbeiter verletzen.

dazu später) zugerechnet werden können, ebenfalls vergesellschaftet werden.[387] Insofern wird das Herstellen, Inverkehrbringen und Nutzen intelligenter Agenten in den überwiegenden Fällen ein sozialadäquates Risiko sein.[388]

Hierzu lässt sich auch ein wertungsmäßiger Vergleich mit der deliktischen Produzentenhaftung heranziehen.[389] Nach § 1 Abs. 2 Nr. 5 ProdHaftG scheidet eine Ersatzpflicht des Herstellers dann aus, wenn der Fehler nach dem Stand der Wissenschaft und Technik in dem Zeitpunkt, in dem der Hersteller das Produkt in den Verkehr brachte, nicht erkannt werden konnte. Auch eine fehlerhafte Weiterentwicklung ist zwar systemimmanent, was für die Verantwortlichen auch vorhersehbar ist. Allerdings ist Sinn und Zweck der Produzentenhaftung nicht, jedes besondere Risiko bei der Produktentwicklung zu berücksichtigen. Vielmehr soll die sorgfältige Herstellung gewährleistet werden. Hier muss die Grenze gezogen werden. „Anlernfehler"[390] fallen gerade nicht mehr in diesen Herstellungsprozess. Eine Risikoprognose vermag die Haftung, ebenso wie bei der Vorhersehbarkeit des strafrechtlichen Erfolgseintritts, dann nicht zu begründen, wenn das fragliche Verhalten im Einzelnen nicht schon in der Entwicklung implementiert wurde.[391] Dies würde sonst einer unbegrenzten Gefährdungshaftung gleichkommen. Das kann jedenfalls für das Strafrecht als ultima ratio[392] nicht tragen (und in dieser Weite wohl auch nicht für das Zivilrecht).[393]

cc. Eigenverantwortliche Selbstgefährdung

Zu nennen ist schließlich noch der Ausschluss der objektiven Zurechnung im Falle einer frei- oder eigenverantwortlichen Selbstgefährdung. Bei dieser (ebenfalls nicht auf das Fahrlässigkeitsunrecht beschränkten Fallgruppe) wer-

---

[387] So auch *Lewinski*, InTer 2018, 168 (175).

[388] Kritischer insoweit *Schmidt/Schäfer*, NZWiSt 2021, 413 (419).

[389] Vgl. auch *Schmidt/Schäfer*, NZWiSt 2021, 413 (416 f.) zur strafrechtlichen Produzentenhaftung beim Einsatz von KI.

[390] Zitiert nach *Zech*, in: Gless/Seelmann, Intelligente Agenten und das Recht, S. 163 (184) in Fn. 51.

[391] *Schaub*, JZ 2017, 342 (343); *Zech*, in: Gless/Seelmann, Intelligente Agenten und das Recht, S. 163184.

[392] BVerfGE 96, 10 (25); 120, 224 (240).

[393] Zur Natur des ProdHaftG als verschuldensunabhängige oder Gefährdungshaftung MüKo-BGB/*Wagner*, Einl ProdHaftG Rn. 18 ff. m.w.N.; zur Frage nach einer zivilrechtlichen Gefährdungshaftung bei autonomer KI de lege lata et ferenda *Zech*, in: Gless/Seelmann, Intelligente Agenten und das Recht, S. 16395 ff.

den erneut die Risikosphären des Täters und des Opfers gegeneinander abgegrenzt.[394] Das verwirklichte Risiko stammt hier nicht aus der Sphäre des Täters, sondern aus der des Opfers. Der Erfolg kann dem Täter im Falle einer eigenverantwortlichen Selbstgefährdung nicht zugerechnet werden, wenn das Opfer die Gefahrenlage überblicken kann und sich dennoch aus freien Stücken in diese Lage begibt.[395] Es hat sich also nicht das vom Täter gesetzte Risiko im Erfolg verwirklicht, obwohl beim Täter ein gefährliches Verhalten vorliegt. Etwas anderes kann gelten, wenn der Täter an einer Selbstgefährdung des Opfers bewusst teilnimmt oder konkrete Risikoanhaltspunkte für eine Selbstgefährdung vorliegen, die er ignoriert.[396] In solchen Fällen kann dann ggf. eine Ausnahme vom Vertrauensgrundsatz gemacht werden.

Ein Zurechnungsausschluss aufgrund eigenverantwortlicher Selbstgefährdung scheidet jedenfalls bereits dann aus, wenn die geschädigte Person sich gar nicht bewusst oder willentlich in die gefährliche Situation mit der KI begeben hat. Das könnte dann der Fall sein, wenn seitens des Menschen schon gar nicht bewusst diese Entscheidung getroffen werden kann, etwa, weil KI flächendeckend eingesetzt wird und so im Alltag regelmäßig Begegnungen mit ihr passieren. Das gilt beispielsweise für Passanten, wenn KI eingesetzt wird, um alltägliche Erledigungen zu machen.
Differenzieren müsste man wohl beim Einsatz von Cobots. Könnte sich der Straßenbauer oder der Krankenpfleger nicht aussuchen, ob in seinem Unternehmen ein Cobot zum Einsatz kommt, käme ein Zurechnungsausschluss auf diese Weise nicht in Betracht. Allerdings stünde es ihm frei, sich einen anderen Arbeitsplatz zu suchen, in dem ein solcher Einsatz nicht stattfindet. Aus einer solchen Abwägung nun aber unmittelbar eine eigenverantwortliche Selbstgefährdung zu folgern, ginge in dieser Pauschalität zu weit. Es bleibt, abgesehen von Einzelfällen, auch an dieser Stelle vielmehr eine Frage der Sozialadäquanz.

Auch bzgl. der eigenverantwortlichen Selbstgefährdung besteht hinsichtlich überraschender Handlungen eine Besonderheit. Oben wurde festgestellt, dass angesichts des Vertrauensgrundsatzes mit solchen Fehlern anderer Verkehrs-

---

[394] *Heinrich*, Strafrecht AT, Rn. 1047.
[395] *Krey/Esser*, Strafrecht AT, Rn. 356 ff., 363; *Bock*, Strafrecht AT, S. 140 ff.
[396] MüKo-StGB/*Duttge*, § 15 Rn. 152 ff.; SK-StGB/*Hoyer*, Anh § 16 Rn. 39 ff.; *Heinrich*, Strafrecht AT, Rn. 1048.

teilnehmer nicht gerechnet werden muss, die außerhalb aller Erfahrung liegen.[397] Ähnlich wie bei der Vorhersehbarkeit und Vermeidbarkeit lässt die Systemimmanenz überraschender Handlungen entweder den Schluss zu, dass diese stets oder nie außerhalb aller Erfahrungen liegen.
Hier muss, anders als noch im Rahmen der Vorhersehbarkeit gelten, dass eine eigenverantwortliche Selbstgefährdung grundsätzlich auch dann ausscheidet, wenn die geschädigte Person um das systemimmanente Risiko wusste. In Ansehung des Sphärengedankens darf seitens der Nutzer und Dritten davon ausgegangen werden, dass der Hersteller und Inverkehrbringer sorgfältig gearbeitet hat.

In Fallbeispiel 3 wären die Nutzung und auch die Misshandlung des Roboters daher kein Grund für einen Zurechnungsausschluss.

Auf mögliche Risiken bei der Benutzung hinzuweisen ist wiederum Aufgabe der Hersteller und Inverkehrbringer und wird im Laufe der Zeit auch „common sense" werden, je alltäglicher der Umgang mit intelligenten Agenten wird.

e. Rechtswidrigkeitszusammenhang

Die Herbeiführung des Erfolgs muss nicht nur kausal auf dem Täterverhalten beruhen, sondern muss gerade durch seine Fahrlässigkeit verursacht worden sein.[398] Andernfalls fehlt es am Rechtswidrigkeitszusammenhang. Das Erfordernis eines solchen Zusammenhangs zwischen Handlung und Erfolg ergibt sich bereits daraus, dass der Gesetzgeber das sorgfaltswidrige Verhalten (jedenfalls bei den Erfolgsdelikten) allein nicht unter Strafe gestellt hat.[399] Da hier für Sorgfaltswidrigkeit und die Vorhersehbarkeit ein individueller Maßstab zugrunde gelegt wird (und so klingt dies regelmäßig auch bei Vertretern eines objektiven tatbestandlichen Maßstabs an[400]), ist Rechtswidrigkeitszusammenhang nicht anders zu verstehen als hypothetisches rechtmäßiges Alternativverhalten.[401]
Dass ein Erfolg nicht zurechenbar ist, wenn er objektiv, also naturgesetzlich, durch nichts mehr zu verhindern gewesen wäre, ist unmittelbar einleuchtend. Hier kann aber möglicherweise wieder ein Übernahmeverschulden vorliegen, wenn der Täter sich fahrlässig überhaupt erst in eine Situation bringt, in der

---

[397] BGHSt 9, 92 (93 f.); 13, 169 (173).
[398] SK-StGB/*Hoyer*, Anh § 16 Rn. 66.
[399] MüKo-StGB/*Duttge*, § 15 Rn. 94.
[400] Vgl. nur *Heinrich*, Strafrecht AT, Rn. 1012, 1016.
[401] SSW/*Momsen*, § 15 Rn. 86.

der Erfolg objektiv unvermeidbar wird (vgl. das Fallbeispiel mit dem Fußball[402]).[403]

Darüber hinaus kann insofern auch nach der subjektiven Vermeidbarkeit gefragt werden, als dass der Erfolg auch bei Einhaltung der erforderlichen Sorgfalt ausgeblieben wäre. Insoweit wird eine Ausnahme vom Grundsatz der Unbeachtlichkeit hypothetischer Kausalverläufe gemacht.[404] Beispielhaft ist der sog. Radfahrerfall, in dem ein LKW-Fahrer einen alkoholisierten Radfahrer unter Nichteinhaltung des von der StVO geforderten Seitenabstands überholt, der Radfahrer aufgrund seines Rauschzustands nach links zieht und von dem LKW überfahren wird.[405] Die Untersuchung ergab, dass der Unfall mit hoher Wahrscheinlichkeit auch passiert wäre, hätte der LKW-Fahrer den Seitenabstand eingehalten. Umstritten ist dabei, inwieweit das Hinzudenken rechtmäßigen Alternativverhaltens zu einem Ausschluss der Zurechnung führen kann, wenn nicht eindeutig feststeht, dass der Erfolg auch dann mit gleicher Wahrscheinlichkeit eingetreten wäre. Im Originalfall hatte der BGH die fahrlässige Tötung abgelehnt, da die „gesetzte Bedingung nach rechtlichen Beurteilungsmaßstäben für den Erfolg [nicht] bedeutsam war."[406] Für einen Zurechnungsausschluss darf also nicht ausgeschlossen sein, dass der Erfolg auch bei pflichtgemäßem Handeln eingetreten wäre.[407]

In Fallbeispiel 2 entfiele in dubio pro reo eine Strafbarkeit, soweit nicht eindeutig feststeht, ob der Unfall bei Verwendung eines Infrarot-Systems ausgeblieben wäre. [408]

---

[402] S.o. § 3 A. II. 1. d. aa.
[403] Lackner/Kühl/Heger/*Heger*, § 15 Rn. 39c m.w.N.
[404] Schönke/Schröder/*Sternberg-Lieben/Schuster*, § 15 Rn. 174.
[405] BGHSt 11, 1.
[406] BGHSt 11, 1; vgl. auch BGHSt 33, 61 (63); 49, 1 (4).
[407] Der Rspr. folgend a. d. Lit. BeckOK-StGB/*Kudlich*, § 15 Rn. 54; *Kindhäuser*, GA 1994, 197 (219); *Heinrich*, Strafrecht AT, Rn. 1045 m.w.N.
[408] Nach anderer Auffassung soll die bloße Risikoerhöhung für eine Zurechnung ausreichen, das heißt, es genügt, wenn das fahrlässige Verhalten die Erfolgswahrscheinlichkeit erhöht hat – mit anderen Worten muss der Täter den tatsächlichen Nachweis erbringen, dass der Erfolg auch bei pflichtgemäßem Verhalten eingetreten wäre. Dann wäre F in Fallbeispiel 2 strafbar, soweit der Nachweis nicht gelingt, vgl. dazu *Jescheck/Weigend*, Strafrecht AT, S. 584 f.; Lackner/Kühl//Heger/*Heger*, § 15 Rn. 44; *Stratenwerth/Kuhlen*, Strafrecht AT, § 8 Rn. 36 f.; SSW/*Momsen*, § 15 Rn. 83.

f. Schutzzweckzusammenhang

Schließlich wird für den Ausschluss der Fahrlässigkeit noch auf den sog. Schutzzweckzusammenhang rekurriert. Hiernach sollen solche Verhaltensweisen nicht strafbar sein, die zwar sorgfaltswidrig sind, die allerdings gegen eine Norm verstoßen, die den eingetretenen Erfolg gar nicht verhindern soll, also nicht dem Schutzzweck der Norm unterfallen.[409] Es muss sich für eine Strafbarkeit also gerade die typische, in der fahrlässigen Handlung liegende Gefährlichkeit auch im konkreten Erfolg verwirklicht haben.[410] Insofern kann der fehlende Schutzzweckzusammenhang im übertragenen Sinne als Fall des Zurechnungsausschlusses aufgrund atypischen Kausalverlaufs in Bezug auf die betroffene Sorgfaltsnorm angesehen werden.[411] So soll etwa ein Tempolimit im Straßenverkehr bezwecken, dass der Anhalteweg des Fahrers verkürzt wird und außerdem ein anderer Verkehrsteilnehmer im Falle einer drohenden Kollision besser ausweichen kann. Nicht aber soll erreicht werden, dass der Unfallfahrer zu einem späteren Zeitpunkt am Unfallort eintrifft, an dem sich das Opfer einer Kollision dort noch nicht aufgehalten hätte.[412] Wenn ein Autofahrer auf gerader Strecke unter Einhaltung der zulässigen Höchstgeschwindigkeit einen Fußgänger überfährt, wird er nicht deshalb bestraft, weil er ein paar Meter vorher noch zu schnell gefahren ist.

Einer Korrektur auf diese Weise bedarf es aber in der Regel dann nicht, wenn, wie hier, schon zuvor das sorgfaltswidrige Verhalten präzise benannt worden ist.[413] Dann nämlich ist schon im Rahmen der diesbezüglichen Prüfung klar, ob das fragliche Verhalten strafbarkeitsbegründend sein kann. So würde im eben gemachten Beispiel bzgl. des Autofahrers, der aufgrund überhöhter Geschwindigkeit schneller an einem Ort ist, wo er sich dann aber wieder sorgfaltsgemäß verhält, schon nicht auf das vorangegangene zu schnelle Fahren als fahrlässige Handlung abgestellt werden können, da es im konkreten Zeitpunkt der Kollision keine Bedeutung mehr hat.[414]

Knüpft man, nun in Bezug auf KI, an die in den <u>*Beispielsfällen 1 und 2*</u> genannten Handlungen an (fehlerhafte Einstellung, Weglassen eines Infrarot-

---

[409] Schönke/Schröder/*Sternberg-Lieben/Schuster*, § 15 Rn. 157; BeckOK-StGB/*Kudlich*, § 15 Rn. 55; *Heinrich*, Strafrecht AT, Rn. 1046; *Kühl*, Strafrecht AT, § 17 Rn. 68.
[410] SSW/*Momsen*, § 15 Rn. 85; *Jescheck/Weigend*, Strafrecht AT, S. 586.
[411] SK-StGB/*Hoyer*, Anh § 16 Rn. 82 ff.
[412] Vgl. BGH VRS 20, 129; BGHSt 33, 61; SSW/*Momsen*, § 15 Rn. 85; SK-StGB/*Hoyer*, Anh § 16 Rn. 87.
[413] NK-StGB/*Puppe/Grosse-Wilde*, vor § 13 Rn. 230 f.; MüKo-StGB/*Duttge*, § 15 Rn. 185.
[414] MüKo-StGB/*Duttge*, § 15 Rn. 187.

Sensors), so wird ein hieraus resultierendes fehlerhaftes, erfolgskausales Verhalten des intelligenten Agenten auch immer Schutzzweck der Norm unterfallen. Ebenso verhält es sich in *Fallbeispiel 3*. Hier kommt es darauf an ob die oben genannten Sorgfaltsanforderungen eingehalten worden sind. Denn deren Einhaltung soll gerade die Fehlfunktion der KI verhindern oder jedenfalls das Risiko minimieren. Bei Einhaltung liegt somit bereits Sozialadäquanz vor, so dass es auf den Schutzzweckzusammenhang nicht mehr ankommt. Bei Verstoß hingegen ist ein Inverkehrbringen nicht mehr sozialadäquat und ein Erfolg unterfällt auch dem Schutzzweck der Norm.

An einer tatbestandlichen Fahrlässigkeit kann es, neben Gründen der Sozialadäquanz, aber auch dann fehlen, wenn sich nicht ein durch das Täterverhalten gesetztes, sondern ein allgemeines Lebensrisiko verwirklicht hat oder es sich um eine eigenverantwortliche Selbstgefährdung des Opfers handelt.

2. Rechtswidrigkeit und Schuld

Auf Rechtswidrigkeitsebene gelten für das Fahrlässigkeitsdelikt die allgemeinen Regeln.[415] Die einzige Abweichung besteht darin, dass es für die Rechtfertigung der Fahrlässigkeitstat mangels isolierter Strafbarkeit des Handlungsunrechts keines subjektiven Rechtfertigungselements im engeren Sinne bedarf.[416] Zum Teil wird das Vorliegen eines subjektiven Rechtfertigungselements in Form eines grundsätzlichen Gefahrenabwehrwillens jedenfalls für den Fall der bewussten Fahrlässigkeit gefordert.[417] Auch für die Schuldebene gelten zunächst die allgemeinen Regeln.[418] Da hier ein individueller Fahrlässigkeitsmaßstab zugrunde gelegt wird, kommt es, anders als bei Vertretern des zweistufigen Modells, an dieser Stelle nicht mehr auf die subjektive Sorgfaltswidrigkeit und Vorhersehbarkeit an.[419] Es muss somit nur noch nach der Unzumutbarkeit normgemäßen Verhaltens gefragt werden. Diese soll ausnahmsweise dann vorliegen, wenn außergewöhnliche Umstände vorliegen, unter de-

[415] Lackner/Kühl/Heger/*Heger*, § 15 Rn. 48; BeckOK-StGB/*Kudlich*, § 15 Rn. 58.
[416] Schönke/Schröder/*Sternberg-Lieben/Schuster*, § 15 Rn. 188; MüKo-StGB/*Duttge*, § 15 Rn. 202 f.; BeckOK-StGB/*Kudlich*, § 15 Rn. 62; Lackner/Kühl/Heger/*Heger*, § 15 Rn. 48 m.w.N.
[417] SSW/*Momsen*, § 15 Rn. 88; *Heinrich*, Strafrecht AT, Rn. 1021 m.w.N.
[418] SK-StGB/*Hoyer*, Anh § 15 Rn. 98; BeckOK-StGB/*Kudlich*, § 15 Rn. 63.
[419] Vgl. dazu BeckOK-StGB/*Kudlich*, § 15 Rn. 65 f.; Schönke/Schröder/*Sternberg-Lieben/Schuster*, § 15 Rn. 194 ff.

nen nach Abwägung aller betroffenen Interessen (auch der des Täters) die Einhaltung der Sorgfalt durch den Normadressaten nicht erwartet werden kann.[420] Dass der Fahrlässigkeitstäter über die allgemeinen Regeln hinaus entschuldigt sein kann, wird mit der grundsätzlich geringeren Schuld bei Fahrlässigkeit begründet.[421]

Hinsichtlich Rechtswidrigkeit und Schuld bei menschlicher Fahrlässigkeitsstrafbarkeit bestehen in Bezug auf Fälle mit KI allerdings keine Besonderheiten, so dass hierauf nicht vertieft einzugehen ist.

3. Zwischenfazit

Zusammenfassend kann also festgehalten werden, dass es für die Annahme von Fahrlässigkeit auf einen individuellen Maßstab hinsichtlich der Sorgfaltswidrigkeit und Vorhersehbarkeit ankommt. Bringt man eine lernfähige und autonome KI in Verkehr, so müssen auch überraschende Handlungen als vorhersehbar eingestuft werden. Die relevanteste Kategorie für einen Zurechnungsausschluss ist das erlaubte Risiko, konkret die Sozialadäquanz. Im Rahmen der Rechtswidrigkeit und der Schuld bestehen keine nennenswerten Besonderheiten, auf die Bezug zu nehmen wäre.

III. Folgeprobleme der Vorverlagerung der Verantwortlichkeit – Fallbeispiel automatisiertes und autonomes Fahren

Im Rahmen der Sorgfaltsanforderungen an die Programmierung der KI[422] wurde gefordert, dass Abwägungen im Rahmen von Risiko- oder Gefahrensituationen weitestgehend der Programmierung bereits implementiert sind, um überraschende und daher evtl. gefährlichere Handlungen des intelligenten Agenten zu eliminieren. Das bedeutet aber, dass eine strafrechtliche (und auch zivilrechtliche) Verantwortlichkeit schon im Zeitpunkt der Implementierung entstehen kann. Das gilt unabhängig von der Komplexität des Systems, soweit

---

[420] RGSt 30, 25 („Leinenfängerfall"); Lackner/Kühl/Heger/*Heger*, § 15 Rn. 51; *Stratenwerth/Kuhlen*, Strafrecht AT, § 15 Rn. 51 ff.; *Wessels/Beulke/Satzger*, Strafrecht AT, Rn. 1146; *Heinrich*, Strafrecht AT, Rn. 1025; diff. Schönke/Schröder/*Sternberg-Lieben/Schuster*, § 15 Rn. 204 ff.

[421] *Stratenwerth/Kuhlen*, Strafrecht AT, § 15 Rn. 52.

[422] S.o. § 3 II. 1. c. bb (1) (a).

Regeln aufgestellt werden, nach denen das System dann in der konkreten Situation handelt. Besonders problematisch ist das, wenn in sogenannten Dilemma-Situationen eine solche Entscheidung in jedem Fall zu einer Schädigung führt (zu diesen Fällen sogleich).

Da an gleicher Stelle ebenfalls gefordert wurde, die Programmierung und die Produktionsprozesse insgesamt compliant zu gestalten, müssen hier die Folgeprobleme berücksichtigt werden. Bei der Entwicklung und Produktion von KI muss für die Verantwortlichen Rechtssicherheit bestehen, damit die Prozesse nicht unnötig be- oder verhindert werden. Das ist zwar letztlich ein (straf-)rechtsexternes Problem, allerdings sei hier erneut[423] auf die wichtige Rolle hingewiesen, die dem Recht im Hinblick auf neue Technologien zukommt.

Zur praktischen Verdeutlichung der strafrechtlichen und nicht zuletzt auch (rechts)ethischen Probleme soll im Folgenden exkurshaft das automatisierte bzw. autonome Fahren untersucht werden. Die dabei aufgeworfenen Probleme in aller Ausführlichkeit zu behandeln würde dabei den Rahmen sprengen. Es soll vor allem darum gehen, Problembewusstsein zu schaffen.

1. Automatisiertes und autonomes Fahren

Unterschieden werden bei Kraftfahrzeugen fünf Stufen der Automatisierung:[424]

1. Fahrassistenzsysteme (Längs- oder Querführung unter menschlicher Überwachung, z.B. Spurhalteassistent, Abstandstempomat, Einparkhilfe)
2. Teilautomatisiertes Fahren (Längs- und Querführung unter menschlicher Überwachung, z.B. Stauassistent)
3. Hochautomatisiertes Fahren (diese Systeme können bereits für kurze Zeit „alleine" fahren, der Mensch muss aber zeitnah übernehmen können)
4. Vollautomatisiertes Fahren (diese Systeme können nahezu alle Aufgaben im Verkehr allein bewältigen, allerdings kann nach wie vor menschliche Übernahme etwa bei starker Witterung oder Baustellen notwendig sein)
5. Autonomes Fahren (kein menschlicher Fahrer notwendig)

Zugelassen für den Straßenverkehr sind bisher nur Fahrzeuge bis zur vierten Stufe, so dass stets ein Fahrer erforderlich ist, der selbst steuern könnte, vgl.

---

[423] S.o. § 1 C.

[424] Vgl. zu dieser Einstufung *Sander/Hollering*, NStZ 2017, 193 (194); *Hilgendorf*, ZStW 130 (2018), 674 (680).

insoweit § 1 Abs. 4 StVG. Daran, dass in absehbarer Zeit die Zulassung auch für Fahrzeuge der Stufe fünf erfolgen wird, besteht aber kein Zweifel.

2. Der „Aschaffenburger Fall"

Eine etwaige Vorverlagerung der Verantwortlichkeit auf Handlungen, die weit vor dem Zeitpunkt des Erfolgseintritts liegen, ist dabei nicht auf das obere Spektrum der Automatisierung beschränkt. Ein Fall im Zusammenhang mit bloßen Fahrassistenzsystemen, der die Rechtsprechung bereits beschäftigt hat, ist der sog. „Aschaffenburger Fall".[425] Der Fahrer erlitt während der Fahrt auf der Bundesstraße einen Schlaganfall und wurde ohnmächtig. Der einwandfrei funktionstüchtige Spurhalteassistent verhinderte ein Abdriften in den Straßengraben, so dass das Auto, dank Tempomat ungebremst, in eine Ortschaft einfuhr und dort ein Kind in einem Kinderwagen tödlich erfasste. Die zuvor definierten Regeln des Systems („lenke das Fahrzeug zurück in die Spur, wenn die Fahrbahnmarkierung zu dicht am Reifen ist") und damit die Personen, die diese Regeln programmiert und inverkehrgebracht hatten, waren also für die Kollision kausal. Eine Fahrlässigkeitsstrafbarkeit aufgrund einer Fehlerhaftigkeit des Systems schied aus, da es genau das tat, wofür es gedacht war (die Spur halten, wenn der Fahrer es nicht tut). Die entscheidende Frage war daher, ob dem Spurhalteassistenten ausreichend Schutzvorrichtungen implementiert worden waren (denkbar etwa die Kontrolle der Vitalfunktionen des Fahrers).[426] Das wurde aber im Hinblick auf das erlaubte Risiko verneint, da „ein Sicherungssystem nicht in der Lage sein [muss], jede technische Möglichkeit auszuschöpfen".[427] Es reiche vielmehr, wenn die Hersteller alles Zumutbare tun, um die Gefahren ihrer Produkte zu reduzieren.[428]

3. Dilemma-Situationen

Man stelle sich nun aber folgende Situation vor:

> <u>*Fallbeispiel 4:*</u> *Ein Fahrzeug fährt auf eine Person zu, die sich auf der Fahrbahn befindet. Abbremsen ist nicht mehr möglich und die einzige Möglichkeit, die Kollision zu vermeiden, ist das Ausweichen auf den*

---

[425] Geschildert nach *Hilgendorf*, DRiZ 2018, 66 (68), vgl. hier auch Fn. 12.
[426] *Hilgendorf*, DRiZ 2018, 66 (68).
[427] GStA Bamberg, Beschl. v. 13.12.2012, AZ 5 ZS 1016/12, S. 1, zitiert nach *Hilgendorf*, DRiZ 2018, 66 (68) in Fn. 13.
[428] *Hilgendorf*, DRiZ 2018, 66 (68).

Gehweg, wodurch eine andere, unbeteiligte Person erfasst werden würde.

Fallbeispiel 5: Der Fall lässt sich auch so modifizieren, dass zwei Personen auf der Fahrbahn sind und nur eine, allerdings unbeteiligte, durch das Ausweichen getroffen würde.

Fallbeispiel 6: Und schließlich ist auch theoretisch denkbar, dass drei Personen auf der Fahrbahn sind, ein Ausweichen nicht möglich ist, aber durch einen Lenkimpuls nur eine der drei Personen getroffen würde.

Derartige Dilemma-Situationen um die fragliche Quantifizierbarkeit des Rechtsguts Leben werden in der Strafrechtswissenschaft seit über 100 Jahren diskutiert und sind u.a. in Form des „Autolenker-Falls[429]" oder des „Weichensteller-Falls[430]" bekannt.

Natürlich ist die Wahrscheinlichkeit, dass sich ein Fall genau so zuträgt sehr gering. In aller Regel wird die Möglichkeit bestehen, jedenfalls durch Ausweichen ein geringeres Übel wie etwa einen Sachschaden zu verursachen. Allerdings ist die Auseinandersetzung notwendig, um grundlegende Wertungen der Rechtsordnung zu überprüfen.[431] An dieser Stelle wird zudem zugrunde gelegt, dass für den Insassen des Fahrzeugs keine wesentlichen Gefahren bestehen.[432]

a. Lösungsansätze bei menschlichem Fahrer

Klar ist zunächst, dass eine Rechtfertigung nach § 34 StGB ausscheidet, da es bei Gleichwertigkeit der betroffenen Rechtsgüter an einem wesentlichen Überwiegen fehlt. Schwere Verletzungen oder gar der Tod müssen seitens der unbeteiligten Person als Solidaropfer nicht hingenommen werden.[433] Infrage kommt also der Notstand nach § 35 StGB. Hierbei wird in der Regel allenfalls der übergesetzliche entschuldigende Notstand einschlägig sein können, da es entweder an dem persönlichen Näheverhältnis zwischen Fahrer und der Person fehlt, der ausgewichen wurde, oder er nicht in dem Sinne verantwortlich ist,

[429] *Engländer*, ZIS 2016, 608 in Fn. 1.
[430] *Welzel*, ZStW 1951, 47 (51 f.).
[431] *Hilgendorf*, JA 2018, 801 (806).
[432] Vgl. hierzu *Weber*, NZV 2016, 249 (253 ff.).
[433] Schönke/Schröder/*Perron*, § 34 Rn. 23.

dass über bloße Kausalität hinaus auch eine Obliegenheitsverletzung[434] bzw. objektive Pflichtwidrigkeit[435] vorliegt.

Beim übergesetzlichen entschuldigenden Notstand ist dann umstritten, ob dieser nur auf Fälle anwendbar ist, in denen eine sog. Gefahrgemeinschaft besteht, also nur solche Leben zugunsten anderer geopfert werden, die ohnehin bereits verloren waren[436] (so in Fallbeispiel 6), oder ob auch Fälle erfasst sind, in denen eine geringere Zahl Unbeteiligter zugunsten einer Mehrzahl ursprünglich Gefährdeter geopfert wird[437] (sog. quantitativer Lebensnotstand, Fallbeispiel 5). Diejenigen, die das Erfordernis der Gefahrengemeinschaft postulieren, argumentieren, dass das Rechtsgut Leben aufgrund seines hohen Stellenwertes einer Quantifizierung generell nicht zugänglich sei.[438] Es fehle zudem an einem rechtlich beachtenswerten Gewissenskonflikt, wenn lediglich Risiken auf Unbeteiligte umverteilt würden.[439] Die Gegenseite bringt vor, dass durch den Ausschluss einer Quantifizierung das moralische Dilemma und die dadurch entstehende Zwangslage des Entscheidenden aber nicht berührt werde.[440] Die Entscheidung für das quantitativ kleinere Übel verdiene kein geringeres Maß an Nachsicht als das Untätigbleiben, soweit kein vorwerfbarer Mangel an Rechtsgesinnung vorgelegen hat.[441] Wird eine Quantifizierbarkeit abgelehnt, wird z.T. aber eine Straflosigkeit aufgrund eines persönlichen Schuldausschließungsgrundes angenommen.[442]

b. Lösungsvorschläge bei autonomen Kraftfahrzeugen

Wenn nun jedoch nicht mehr der Mensch das Fahrzeug steuert, sondern dieses autonom fährt, ändert sich die Situation. Es wird an dieser Stelle nur auf die

---

434 Dölling/Duttge/König/Rössner/*Duttge*, § 35 Rn. 13; Schönke/Schröder/*Perron*, § 35 Rn. 20.
435 *Wessels/Beulke/Satzger*, Strafrecht AT, Rn. 713; SK-StGB/*Rogall*, § 35 Rn. 30 ff.
436 So u.a. *Wessels/Beulke/Satzger*, Strafrecht AT, Rn. 714, 717; *Heinrich*, Strafrecht AT, Rn. 596; Schönke/Schröder/*Sternberg-Lieben*, Vor §§ 32 ff. Rn. 117, allerdings mit sehr eng definierten Ausnahmen.
437 So u.a. *Stratenwerth/Kuhlen*, Strafrecht AT, § 10 Rn. 129; SSW/*Rosenau*, Vor §§ 32 ff. Rn. 67; *Jakobs*, Strafrecht AT, § 20 Rn. 40 ff.
438 Vgl. insofern auch das Urteil des BVerfG zum speziellen Rechtfertigungsgrund des § 14 Abs. 3 Luftsicherheitsgesetz, BVerfGE 115, 118, wo eine Quantifizierung von Leben als generell unvereinbar mit der Menschenwürde und dem Recht auf Leben angesehen und die Norm daher für verfassungswidrig erklärt wurde.
439 Schönke/Schröder/*Sternberg-Lieben*, Vor §§ 32 ff. Rn. 117a.
440 *Kühl*, Strafrecht AT, § 12 Rn. 105; *Stratenwerth/Kuhlen*, Strafrecht AT, § 10 Rn. 129.
441 *Kühl*, Strafrecht AT, § 12 Rn. 105, der hier beispielhaft den Fall nennt, dass der Täter das rettende Medikament A wegnimmt, um damit B zu retten.
442 BGHSt 1, 321 (335); offen gelassen von BGHSt 35, 347 (350 f.).

Hersteller und Programmierer abgestellt. Eine etwaige Übersteuerungsmöglichkeit, von der der Fahrer (ggf. sogar pflichtwidrig) keinen Gebrauch macht, sei hier außer Acht gelassen.[443] Der wesentliche Unterschied besteht darin, dass die Entscheidung, welche Person getroffen wird, nicht in der konkreten Situation getroffen werden muss, sondern bereits bei der Programmierung. Der zweite Unterschied, etwa zum obigen Aschaffenburger Fall, ist, dass nicht etwas Unvorhergesehenes passiert, weil das System nicht jede denkbare Schutzvorrichtung enthält, sondern genau der problematische Fall vorhergesehen und im Vorfeld entschieden wurde. Daraus folgt, dass ein Strafbarkeitsausschluss über die Sozialadäquanz deutlich erschwert ist (dazu sogleich).

> *Denn anders als bei Fallbeispiel 3, wo eine überraschende Handlung zum Erfolg führte, funktioniert das System hier einwandfrei nach den vorher festgelegten Maßgaben.*[444]

Es kann hier auch nicht auf das Ausbleiben einer solchen Situation vertraut werden.[445] Denn es werden aufgrund der Programmierung konkreter Situationen ja genau diese für möglich gehalten, so dass eine Vorhersehbarkeit unproblematisch vorliegt.

Es muss hier Rechtssicherheit für die Programmierer und Hersteller dahingehend bestehen, ob der veränderte Zeitpunkt der (originär ja menschlichen) Entscheidung auch zu einer anderen juristischen Bewertung führt oder ob sie wie ein menschlicher Fahrer ebenfalls straflos bleiben können.

aa. Lösung über die persönliche Straflosigkeit

Zunächst kommt infrage, Dilemma-Situationen mit autonomen Fahrzeugen ebenso wie Fälle mit menschlichem Fahrer zu lösen. Da durch eine wie auch immer geartete Programmierung aber juristische Tatsachen geschaffen würden, kann eine Entscheidung nur den kleinsten gemeinsamen Nenner der widerstreitenden Ansichten abbilden, solange noch keine Einigkeit erzielt worden ist. Eine allgemeine oder gar normative Anerkennung des quantitativen Lebensnotstandes ist jedenfalls fernliegend, da die – zutreffenden – verfassungsrechtlichen Bedenken seiner Gegner zu fundamental sind. Es bliebe bei

---

[443] Vgl. dazu nur *Sander/Hollering*, NStZ 2017, 193 (196 f., 200 ff.) m.w.N.

[444] Anders läge der Fall natürlich dann, etwa, wenn die Sensoren, die den Input für das autonome Fahrmanöver geben auf dem Gehweg fälschlicherweise einen Menschen erkennen und deshalb das Fahrzeug nicht ausweicht, vgl. *Sander/Hollering*, NStZ 2017, 193 (203).

[445] So auch *Sander/Hollering*, NStZ 2017, 193 (196, 202).

Fehlen einer Gefahrgemeinschaft also nur ein persönlicher Schuldausschließungsgrund als vertretbare Lösung. Zwar besteht bei der Programmierung des Systems keine zeitlich-unmittelbare Drucksituation, wie beim Autofahrer, bei dem der Zusammenstoß kurz bevorsteht und sofort eine Entscheidung gefällt werden muss. Allerdings bleiben die erheblichen Schwierigkeiten bei der Abwägung und die damit verbundene moralische Drucksituation dieselben. Insofern stünde einer Anwendung wohl nichts im Wege.[446]

Zu bedenken ist aber der Umstand, dass unterschiedliche Programmierer und Entwickler voraussichtlich zu unterschiedlichen Ergebnissen bei der Abwägung kommen würden, welche Personen in den Dilemma-Situationen „geopfert" werden sollten. Es ist schon deshalb nicht zu erwarten, dass der Gesetzgeber ein solches Problem anderen zur Entscheidung überlässt. Diese Rechtsunsicherheit bei einem so sensiblen Thema ist nicht hinnehmbar.

Zudem kann aus dem Artificial Intelligence Act der EU ein Erst-recht-Schluss gezogen werden. Dort wird vorgegeben, dass Social Scoring verboten ist, Art. 5 Abs. 1c. Das meint eine qualitative Bewertung von Menschen aufgrund persönlicher Eigenschaften oder Verhalten und eine daraus resultierende Schlechterstellung. Wenn dies schon verboten sein soll, dann gilt das erst recht für eine rein quantitative Bewertung aufgrund dessen, dass die betroffenen Personen zur falschen Zeit am falschen Ort sind.

> *Man stelle sich einmal vor, das Fahrzeug würde in Fallbeispiel 4 anstatt des siebenjährigen Kindes auf der Straße eine 80-jährige Person auf dem Bürgersteig überfahren, weil das Kind „das Leben noch vor sich hat".*

Ein gesellschaftlicher oder juristischer Konsens über Kriterien und deren Gewichtung wäre wohl unmöglich zu erreichen und auch nicht erstrebenswert. Derartige Lösungen öffneten zudem willkürlichen Bewertungskriterien Tür und Tor. Es ist daher nicht zu erwarten, dass sie, auch nicht de lege ferenda, mit geltendem Recht vereinbar sein werden.

bb. Lösung über das erlaubte Risiko

Denkbar ist eine Lösung wieder über das erlaubte Risiko. Das wäre auch kein quantitativer Lebensnotstand „durch die Hintertür", da die Setzung eines Risikos, das gegen verfassungsrechtliche Prinzipien verstößt, schon nicht erlaubt

---

[446] Ausf. hierzu *Wörner*, ZIS 2019, 41 (45 f.).

sein kann. Bezüglich der Grundannahme der Sozialadäquanz des Einsatzes von KI im Rechtsverkehr sei gesagt, dass ca. 90 % der Verkehrsunfälle auf menschliches Versagen zurückzuführen sind, so dass autonome Fahrzeuge die absolute Zahl voraussichtlich schrumpfen lassen werden. [447] Hieraus ergäbe sich das überwiegende gesellschaftliche Interesse an dem Einsatz. Bei der Annahme von Sozialadäquanz müsste auch berücksichtigt werden, dass echte Dilemma-Situationen praktisch den absoluten Ausnahmefall darstellen und dahingehend nur untergeordnete Relevanz besitzen. Auch mit Blick auf alle zu erwartenden Risikoszenarien ist das Risiko einer solchen Programmierung in relativer Hinsicht möglicherweise hinnehmbar.

Problematisch an einer solchen Lösung ist aber, ob das Programmieren der Verhaltensregeln überhaupt unter das erlaubte Risiko fallen kann. Dabei wäre zunächst zu berücksichtigen, dass es sich um eine vorsätzliche Schädigung der schließlich Überfahrenen handeln würde. Ob ein vorsätzlich geschaffenes Risiko überhaupt erlaubt sein kann, wäre zu diskutieren. Legt man außerdem zugrunde, dass das Überfahren Unbeteiligter (*Fallbeispiele 4 und 5*) gerade nicht erlaubt ist, so ist das Programmieren des Weiterfahrens in einem solchen Fall ja schon nicht unrechtmäßig.[448] Dann liegt auch kein rechtlich missbilligtes Risiko vor. Ob das Überfahren der Person auf der Straße dann strafrechtlich relevant sein könnte, bedürfte einer gesonderten Betrachtung des konkreten Falls. Das bedeutet, dass zum Originalfall keine dogmatischen Unterschiede bestehen. Bleibt es dabei, dass sich der quantitative Lebensnotstand nicht durchsetzt, so dürfte jedenfalls die Schädigung zuvor Unbeteiligter nicht einprogrammiert werden. Anders läge das nur bei Fällen, in denen Leben einer Gefahrgemeinschaft geopfert werden (*Fallbeispiel 6*). Eine derartige Programmierung wäre aufgrund der Risikoverringerung schon kein rechtlich missbilligtes Risiko.

Abschließend sei zu Dilemma-Situationen mit Blick in die Zukunft folgendes angemerkt: Das autonome Fahren wird die Rechtswissenschaft früher oder später zu einer Lösung dieses Problems zwingen. Es bedarf vorher festgelegter, objektiver Kriterien, die im Falle einer akuten Drucksituation eine schnelle Entscheidung ermöglicht. Den Menschen Richtlinien oder Ge- und Verbote für

---

[447] *Destatis*, *<www.destatis.de/DE/Themen/Gesellschaft-Umwelt/Verkehrsunfaelle/Tabellen/fehlverhalten-fahrzeugfuehrer.html;jsessionid=CF84D5ECDA4C6F304D0BEFCFF32CBF9A.live721>* (abgerufen am 27.07.2025) *Hilgendorf*, in: Hilgendorf/Hötitzsch, Das Recht vor den Herausforderungen der modernen Technik, S. 11.

[448] *Wörner*, ZIS 2019, 41 (46 f.).

das eigene Handeln zu geben, ist eine der Kernaufgaben des Rechts und seiner Anwender. In der Medizin werden solche Handlungsrichtlinien im Rahmen der Triage bereits jetzt praktiziert. Sind mehrere Patienten gleichzeitig zu versorgen, werden diese in verschiedene Kategorien eingeteilt und entsprechende, genaue Handlungsanweisungen erteilt.[449] Triagiert ein Arzt demgemäß und stirbt der Patient, der „aussortiert" wird, so würde wohl niemand diejenigen Personen anklagen, die die Richtlinien entworfen haben. Das Problem soll hier aber nicht weiter vertieft werden.

IV. Zwischenfazit zur Fahrlässigkeit

Es besteht keine Möglichkeit, die konkrete Entwicklung eines lernfähigen Algorithmus vorherzusagen. Überraschende bzw. fehlerhafte Handlungen und ggf. daraus folgende Schäden sind systemimmanent und damit stets vorhersehbar. Die gegenwärtige Systemkonfiguration entfernt sich zunehmend von der ursprünglichen. Überraschende schädliche Handlungen müssen minimiert werden, lassen sich aber nicht gänzlich eliminieren. Daraus, dass die strafrechtliche Fahrlässigkeitsdogmatik grundsätzlich auch auf KI-Fälle anwendbar ist, ergibt sich, dass Hersteller, Programmierer und Benutzer regelmäßig nicht strafbar für etwaige Schäden sind, wenn und soweit sie die oben formulierten Sorgfaltsmaßstäbe eingehalten haben. Der Ausschluss der Strafbarkeit ergibt sich dabei insbesondere aus der Sozialadäquanz des gesetzten Risikos.
Das gilt auch und vor allem für solche Fälle, in denen die KI eine „eigene", weil selbst erlernte (und möglicherweise überraschende) Handlung vornimmt, wie etwa in *Fallbeispiel 3*. Es besteht dann also eine Verantwortungsdiffusion: Trotz eingetretener erfolgsgeeigneter Schädigung des Rechtsguts kann kein Teilnehmer am Rechtsverkehr hierfür strafrechtlich zur Verantwortung gezogen werden, da eine Handlung „der KI" de lege lata nicht strafbar sein kann. Die Betonung liegt hier auf strafrechtlich. Denn zivilrechtlich ist es sehr wohl denkbar, ja zum Teil geradezu erforderlich, etwaige, möglicherweise auch verschuldensunabhängige, Schadensersatzpflichten zuzuordnen. Denkbar wären insoweit eine Form der Haftpflichtversicherung für den Benutzer oder ein Haftungsfonds der oder des Herstellers der jeweiligen KI oder gar der KI per se.[450] Der Einsatz von künstlicher Intelligenz schafft also einerseits menschliche

[449] Vgl. dazu *Ziegenfuß*, Notfallmedizin, S. 448 f.
[450] Vgl. dazu *Schuhr*, in: Hilgendorf, Robotik im Kontext von Recht und Moral, S. 19 f.; *Spindler*, CR 2015, 766 (775).

Verantwortlichkeit und kann sie andererseits auch begrenzen.[451] All das regt zum Nachdenken darüber an, ob die bisherigen strafrechtsdogmatischen Grundvoraussetzungen dazu geeignet sind, den Zweck des Strafrechts per se angesichts der neuen Herausforderungen zu erfüllen.

B. Die Vereinbarkeit der Verantwortungsdiffusion mit dem Sinn und Zweck des Strafrechts

Wie sich also gezeigt hat, wird sich in zahlreichen Bereichen, in denen KI bereits zum Einsatz kommt oder bald kommen wird, eine menschliche Strafbarkeit mit den aktuell zur Verfügung stehenden Instrumentarien nicht feststellen lassen. Daneben besteht keine Möglichkeit, den intelligenten Agenten zur Verantwortung zu ziehen. Fraglich ist nun, ob dies ein Zustand ist, der aus strafrechtlicher Perspektive hingenommen werden kann. Hierzu wird im Folgenden untersucht, was der Sinn und Zweck der Verhängung einer strafrechtlichen Sanktion als Anknüpfung an die materielle Strafbarkeit ist.

I. Die Strafzwecke

Die Verhängung einer Kriminalstrafe ist der schwerstmögliche Eingriff in die Grundrechte des Bürgers, den unsere Rechtsordnung kennt. Sie kann daher nur ultima ratio für solches Verhalten sein, das in krassem Missverhältnis zur Rechtsordnung steht.[452] Es muss deswegen auch genau reflektiert werden, warum ein bestimmtes Verhalten auf diese Weise pönalisiert wird.

1. Die absoluten Theorien

Losgelöst von der Verfolgung nützlicher Zwecke wurde die Strafe von Vertretern der absoluten Theorien gesehen (lat. „absolvere“ = ablösen).[453] Intention

---

[451] *Gless/Seelmann*, in: Gless/Seelmann, Intelligente Agenten und das Recht, S. 117; vgl. für das Zivilrecht insoweit auch *Pieper*, InTer 2018, 9 (10), „Ab einem bestimmten Grad der Automatisierung keine sichere Bestimmung des Haftungssubjekts mehr möglich.“

[452] BVerfGE 96, 10 (25); 120, 224 (240).

[453] Vgl. *Roxin/Greco*, Strafrecht AT I, § 3 Rn. 2; LK-StGB/*Schneider*, Vor §§ 46-50 Rn 26; NK-StGB/*Neumann/Saliger*, Vor § 1 Rn 270.

dieser Ansätze war zum einen die Wiedergutmachung des begangenen Unrechts, beziehungsweise die Wiederherstellung der Gerechtigkeit (Vergeltungstheorie, insb. begründet durch *Georg Wilhelm Friedrich Hegel*[454] und *Immanuel Kant*[455]), zum anderen soll der Täter durch die Strafe zur Sühne aufgefordert werden und sich so mit der Gesellschaft versöhnen (Sühnetheorie i.S.d. Bibel). Es handelt sich also um eine rein rückwärtsgewandte Legitimation: die Strafe ist Selbstzweck.

Auch aufgrund der missbräuchlichen Verwendung der Begriffe von Vergeltung und Sühne durch den Reichsgerichtshof werden diese Strafzwecke in ihrer ursprünglichen Form jedoch nicht mehr herangezogen.[456] Nach heutiger Rechtsprechung wird die Idee dieser Ansätze im Begriff des Schuldausgleichs zusammengefasst.[457] § 46 Abs. 1 Satz 1 StGB benennt die Schuld als „Grundlage für die Zumessung der Strafe“ und verankert damit das Schuldprinzip „nulla poena sine culpa“ (lat. = keine Strafe ohne Schuld) im Gesetz.[458]

2. Die relativen Theorien

Den Gegenentwurf zu den absoluten Theorien bilden die relativen Theorien. Sie stellen die Prävention neuer Straftaten in den Mittelpunkt, wobei zwischen Spezialprävention (begr. v. *Franz von Liszt*[459]) und Generalprävention (begr. v. *Paul Johann Anselm von Feuerbach*[460]) unterschieden wird.

Nach dem Grundgedanken der Spezial- oder auch Individualprävention soll der einzelne Täter von der Verübung weiterer Straftaten abgehalten werden.[461] Dazu dienen seine Sicherung und die durch den Rechtsentzug bewirkte Abschreckung vor einer erneuten Tatbegehung (negative Spezialprävention) sowie seine Resozialisierung (positive Spezialprävention, vgl. auch § 2

454 Vgl. *Heinrich*, Strafrecht AT, Fn. 24.
455 Vgl. *Heinrich*, Strafrecht AT, Fn. 25.
456 SSW/*Eschelbach*, § 46 Rn. 20.
457 BVerfGE 109, 190 (212); LK-StGB/*Schneider*, § 46 Rn 12 ff.
458 Lackner/Kühl/Heger/*Heger*, § 46 Rn 23; MüKo-StGB/*Maier*, § 46 Rn 20 ff.; BVerfG NJW 2013, 1058 (1059).
459 *Liszt*, ZStW 3 (1883), 1.
460 Vgl. *Heinrich*, Strafrecht AT, Fn. 29.
461 SSW/*Eschelbach*, § 46 Rn 28.

StVollzG).[462] Die Rechtsprechung formuliert gar einen „Anspruch auf Resozialisierung".[463] Umgekehrt soll denklogisch eine weitere Entsozialisierung vermieden werden. Diese täterbezogene Betrachtungsweise findet sich auch in § 46 Abs. 1 Satz 2 StGB wieder, wenn dort von den „Wirkungen [...] für das künftige Leben des Täters" die Rede ist.

Bezugspunkt bei der Generalprävention ist dagegen nicht der Täter selbst sondern die Allgemeinheit, quasi als unbeteiligte Rezipientin des tatrichterlichen Urteils.[464] Zum einen geht es auch hier wieder um Abschreckung: Potentiellen Tätern sollen die Folgen einer Tat aufgezeigt und selbiger so vorgebeugt werden (negative Generalprävention).[465] Zum anderen soll durch das Verhängen einer Strafe das Vertrauen in die Rechtsordnung wiederhergestellt beziehungsweise gestärkt werden (positive Generalprävention).[466] In § 47 Abs. 1 StGB ist insoweit von der „Verteidigung der Rechtsordnung" die Rede. Entspricht ein Verhalten nicht den moralischen und rechtlichen Erwartungen der rechtstreuen Bürger, bedarf es der Sanktionierung als Mittel „symbolischer Konflikterledigung".[467]

3. Die Vereinigungstheorien

Dass für das deutsche Strafrecht keiner dieser Ansätze alleingültig sein kann, wird schon durch die Einseitigkeit der jeweiligen Betrachtungen impliziert. So ist der Standpunkt der absoluten Theorien, die Strafe genüge sich selbst, als Legitimation unzureichend.[468] Die Schuld als alleiniger Grund der Strafe ist zu unbestimmt und stellt dem Rechtsanwender kein Instrument zur Verfügung, das praktisch handhabbar ist.[469] Das heutige Verständnis von Strafe und deren Sinn geht über die sinnbildliche Formel „Auge um Auge – Zahn um Zahn" weit hinaus. Zwar wird in Ansatz gebracht, die Menschenwürde aus Art. 1 Abs. 1 GG verbiete es, bei der Strafe Nützlichkeitsgesichtspunkte heranzuziehen.[470]

---

462 *Meier*, Strafrechtliche Sanktionen, S. 22 f.
463 BVerfGE 45, 187 (239).
464 *Meier*, Strafrechtliche Sanktionen, S. 23.
465 BGH BeckRS 2014, 00511; NK-StGB/*Villmow*, Vor §§ 38 ff. Rn. 76; Schönke/Schröder/*Kinzig*, Vor §§ 38 ff. Rn. 3.
466 Schönke/Schröder/*Kinzig*, Vor §§ 38 ff. Rn. 3; MüKo-StGB/*Radtke*, Vor § 38 Rn 36.
467 *Kindhäuser/Hilgendorf*, Vor § 1 Rn 26.
468 BVerfGE 39, 1 (46) ; 72, 105 (114); Lackner/Kühl/Heger/*Heger*, § 46 Rn 2; MüKo-StGB/*Radtke*, Vor § 38 f Rn 33.
469 NK-StGB/*Streng*, § 46 Rn 19; MüKo-StGB/*Maier* § 46 Rn 1.
470 Vgl. BVerfG NJW 2013, 1058 (1059); SSW/*Eschelbach*, § 46 Rn 30; NK-StGB/*Neumann/Saliger*, Vor § 1 Rn 282.

Diese Auffassung ist jedoch überholt: Auch durch die Verfolgung nützlicher, der Allgemeinheit dienender Zwecke wird der Täter als Teil derselben anerkannt und damit in seiner Subjektsqualität grundsätzlich gewürdigt.[471] Dies ist auch rechtsdogmatisch notwendig, da durch eine Kriminalstrafe in Grundrechte des Bürgers eingegriffen wird und ein solcher Eingriff nicht ohne legitimen Zweck erfolgen darf.[472] Diesbezüglich wird zu Recht kritisiert, dass die präventiven Ansätze keinen „Maßstab zur Begrenzung" der Strafe enthalten: Die Strafhöhe sei nach oben offen und begünstige so die Verhängung härterer Strafen, um einen größeren präventiven Effekt zu erzielen.[473] Nur deshalb härter zu strafen, würde den Täter in der Tat in seiner Menschenwürde beeinträchtigen.

Fraglich ist dann aber, welchen spezialpräventiven Nutzen die Strafe für einen Täter hat, der nicht resozialisierungsbedürftig ist.[474] Ebenso problematisch ist die empirische Nachweisbarkeit des generalpräventiven Nutzens.[475] So muss zur Zweckerreichung zum einen die Allgemeinheit Kenntnis von der Bestrafung nehmen, zum anderen muss hieraus auch tatsächlich eine Motivation zu rechtstreuem Verhalten erwachsen.[476] Der Umstand, dass dafür aber noch eine Vielzahl anderer (etwa sozialer, wirtschaftlicher etc.) Faktoren eine Rolle spielt, lässt eine sichere Schlussfolgerung diesbezüglich nicht zu.

Vorherrschend sind deshalb die Vereinigungstheorien als eine Kombination aus den oben genannten Ansätzen. Dabei sollen, mit unterschiedlicher Schwerpunktsetzung, weder absolute noch relative Theorien allein und uneingeschränkt gültig sein.[477] Es sollen vielmehr alle Strafzwecke gleichrangig nebeneinander stehen.[478] In der Literatur wird insoweit eine Strafbegründung vertreten, die die präventiven als vorrangige Zwecke und Legitimation betrachtet und die Schuld lediglich als begrenzendes Element heranzieht (präventive Vereinigungstheorie).[479] In diesem Sinne kann auch *Seneca* verstanden werden, als er schrieb: „Nemo prudens punit, quia peccatum est, sed ne peccetur" (lat.

---

[471] *Meier*, Strafrechtliche Sanktionen, S. 20.
[472] Vgl. insoweit nur BVerfGE 115, 320 (345).
[473] *Meier*, Strafrechtliche Sanktionen, S. 24; *Roxin/Greco*, Strafrecht AT I, § 3 Rn. 32.
[474] *Roxin/Greco*, Strafrecht AT I, § 3 Rn. 19.
[475] MüKo-StGB/*Radtke*, Vor § 38 Rn. 36 f.; Schönke/Schröder/*Kinzig*, Vor §§ 38 ff. Rn. 3.
[476] NK-StGB/*Neumann/Saliger*, Vor § 1 Rn. 283; MüKo-StGB/*Radtke*, Vor § 38 Rn. 35 f.
[477] *Heinrich*, Strafrecht AT, Rn. 19; NK-StGB/*Neumann/Saliger*, Vor § 1 Rn. 286 f.; Schönke/Schröder/*Kinzig* Vor §§ 38 ff. Rn. 11.
[478] BVerfGE 45, 187 (253 f.); BVerfG JuS 2004, 527 = BVerfGE 109, 133; *Roxin/Greco*, Strafrecht AT I, § 3 Rn. 33 f.
[479] *Roxin/Greco*, Strafrecht AT I, § 3 Rn. 37 ff.; *Meier*, Strafrechtliche Sanktionen, S. 35 ff. m.w.N.

= Kein Kluger straft, weil gesündigt worden ist, sondern damit nicht gesündigt werde).[480] Der moderne Staat habe „kein Recht, auf Grund philosophischer oder religiöser Auffassungen in die Freiheit seiner Bürger einzugreifen."[481]

Insbesondere von der Rechtsprechung vertreten wird die vergeltende Vereinigungstheorie.[482] Die ursprüngliche Schwerpunktsetzung fiel zunächst zugunsten des Schuldausgleichs aus.[483] Dieses Verständnis fußte auf der Annahme, präventive Zwecke würden aufgrund ihrer Unvereinbarkeit mit der Verfassung nicht als Legitimation taugen. Dabei wurde aber verkannt, dass das Ziel des Strafrechts vorrangig der Schutz der Rechtsordnung und der ihr innewohnenden Individuen ist.[484] Gestraft werden darf also nur dann, wenn hieraus zumindest auch ein Nutzen für die Rechtsordnung entsteht. So hat auch der BGH die Bedeutung der präventiven Zwecke herausgearbeitet und sie der Schuldausgleichsfunktion gleichgestellt.[485]

II. Folgen des diffusen Zustands in strafzwecktheoretischer und tatsächlicher Hinsicht

Legt man nun die Strafzwecke zugrunde ergibt sich angesichts der Verantwortungsdiffusion in KI-Fällen folgender Schluss: Der Zustand eines solchen rechtlichen Vakuums kann nicht hingenommen werden. Denn insbesondere unter der Berücksichtigung der generalpräventiven Strafzwecke besteht die Gefahr, dass es zu einer Erosion des Rechts kommt. Bliebe delinquentes Verhalten ohne Reaktion, entstünde der Eindruck, der Rechtsstaat hätte auf Gefahren für die Rechtsgüter seiner Bürger bzw. auf den Eintritt solcher Gefahren keine adäquaten Antworten. Dadurch würde das Normvertrauen erschüttert. Es entstünde ebenfalls der Eindruck, der Staat hätte keine Lösungen für juristische Probleme, die mit der Nutzung neuer Technologien einhergehen – und das,

[480] Zit. nach NK-StGB/*Neumann/Saliger*, Vor § 1 Rn. 268.
[481] *Roxin/Greco*, Strafrecht AT I, § 3 Rn. 48.
[482] BGHSt 20, 264; 24, 132; BVerfG NJW 1967, 1748 (1749) = BVerfGE 22, 125.
[483] BGHSt 3, 179 = NJW 1952, 1306; BGHSt 7, 214 (216) = NJW 1955, 557.
[484] Schönke/Schröder/*Kinzig*, Vor §§ 38 ff. Rn. 1.
[485] BGHSt 24, 40 (42).

obwohl diese Probleme im Vorfeld (jedenfalls teilweise) vorhersehbar waren.[486] Ein handlungsfähiger Staat, der auch nach außen einen entsprechenden Eindruck vermittelt, ist aber eine Grundvoraussetzung für die Normtreue der Normadressaten. Der Bürger muss wissen, dass die Normen Geltung besitzen und diese Geltung auch durchgesetzt wird.

Hier lässt sich eine Parallele mit demselben Problem aus dem Zivilrecht ziehen. *Teubner* schreibt bzgl. dortiger Haftungsfragen, dass, wenn auf diese Verantwortungsdiffusion „nur mit den herkömmlichen dogmatischen Mitteln reagiert" würde und somit eine Haftungsfreiheit entstünde, dies „falsche Anreize für Betreiber, Produzenten und Programmierer" setze.[487] Zwar liegt, wie sich gezeigt hat[488], hinsichtlich dieser Personen jedenfalls dann keine (gänzliche) strafrechtliche Haftungsfreiheit vor, wenn bei Betrieb, Produktion oder Programmierung bestimmte Sorgfaltsstandards nicht eingehalten wurden.

Man könnte meinen, dass eine bloß zivilrechtliche Haftung ausreicht, um das Normvertrauen der Bevölkerung aufrechtzuerhalten. Werden Schadensersatz und Schmerzensgeld gezahlt, etwa durch eine Haftpflichtversicherung[489], könnte dies zur Herstellung des Rechtsfriedens genügen. Allerdings wäre es nicht klug, sich von vornherein nur auf diesen Weg zu beschränken. Der Staat und das Recht müssen auf allen Ebenen handlungsfähig sein. Das Strafrecht muss dabei, wie üblich, ultima ratio bleiben[490], aber dennoch die verbleibenden Einzelfälle abdecken, die andernfalls nicht erfasst werden und zu ebenjener Erosion führen können. Es muss in alle Richtungen gedacht werden. Es ist ferner auch nicht auszuschließen, dass durch die Sanktionslosigkeit rechtsgutsschädigenden Verhaltens der Lernprozess der betroffenen intelligenten Agenten negativ beeinflusst wird. Selbst, wenn man hinsichtlich der Folgen der Verantwortungsdiffusion nicht so schwarzmalen möchte, gleich einen Abgesang

---

[486] Man erinnere sich an dieser Stelle an die (nicht gänzlich unberechtigte) Häme, die der ehemaligen Bundeskanzlerin Angela Merkel zuteilwurde, als sie das Internet im Jahr 2013 als „Neuland" bezeichnete, *Kämper*, <*www.spiegel.de/netzwelt/netzpolitik/kanzlerin-merkel-nennt-bei-obama-besuch-das-internet-neuland-a-906673.html*> (abgerufen am 27.07.2025).
In den darauffolgenden Jahren hat sich dann gezeigt, dass der Gesetzgeber auf die Probleme, die mit dieser „neuen" Technologie einhergingen (Hate Speech und Cyber Mobbing, Social Bots, Beeinflussung politischer Meinungsbildungsprozesse, die Verantwortlichkeit der Social Media-Plattformen für deren Inhalte, um nur einige zu nennen) in der Tat nicht ausreichend vorbereitet war. Die Schlachten um die Regulierung von Facebook, Twitter und Co sind noch immer nicht geschlagen.

[487] *Teubner*, AcP 218 (2018), 155 (160).

[488] S.o. § 3 A. II. c. und d.

[489] S.o. § 3 A. IV.

[490] S.o. § 3 A. II. 1. d. bb. und B. I.

auf den Rechtsstaat anzustimmen, wird doch jedenfalls damit zu rechnen sein, dass die Akzeptanz für den Einsatz von KI in der Bevölkerung zusehends schwinden wird, wenn nicht wenigstens auf die allermeisten und bereits jetzt absehbaren Probleme Antworten gefunden werden.[491] Es kann aus Perspektive derjenigen, die von den technischen Neuerungen betroffen sind (also im Prinzip alle Menschen) in der Tat nicht angehen, dass KI in den Rechtsverkehr entlassen wird, die sanktionslos machen darf, was sie will.

Das gilt insbesondere dann, wenn aufgrund der weitreichenden Fähigkeiten der Agenten der angesprochene Eliza-Effekt durchschlägt.[492] Dann wären auch all die (im Wesentlichen) unbestrittenen gesellschaftlichen und volkswirtschaftlichen Vorteile, die die Nutzung dieser Technologien mit sich bringt bzw. bringen wird sowie auch und vor allem die partielle Integrität des Rechts gefährdet.

C. Auflösung der Verantwortungsdiffusion

Aus diesen Gründen müssen Lösungen diskutiert werden, um dieses Verantwortungsvakuum zu füllen. Die bisherige (Straf-)Rechtsdogmatik vermag hier, wie die obigen Untersuchungen gezeigt haben, keine vollends überzeugenden Ansätze anzubieten. Eine Strafbarkeit des Menschen scheidet in den genannten Fällen aus und bei der Maschine scheitert sie de lege lata schon an ihrer Eigenschaft als Sache. Es muss diskutiert werden, wie die Verantwortungsdiffusion aufgelöst werden kann.

Die Einführung einer Gefährdungshaftung oder „digitalen Assistenzhaftung“[493], wie sie für das Zivilrecht vorgeschlagen wird, ist mit dem Prinzip nulla poena sine culpa nicht vereinbar. Auch sonstige Regulierungsvorschläge aus anderen Rechtsgebieten[494], die auf Einsatzüberwachung, Folgenabschätzung und Zulassungsvoraussetzungen abzielen, eignen sich für die Auflösung der strafrechtlichen Diffusion nicht – ihre Einhaltung führt die Diffusion durch den (an sich ja richtigen) Ausschluss der Fahrlässigkeitsstrafbarkeit ja gerade erst herbei.

---

[491] So auch *Teubner*, AcP 218 (2018), 155 (160), auch wenn dieser hieraus dann z.T. andere Schlüsse zieht, als es im weiteren Verlauf dieser Arbeit der Fall sein wird.

[492] S.o. § 2 A. I. 2. c.

[493] *Teubner*, AcP 218 (2018), 155 (191 ff.) m.w.N.

[494] Zsf. *Lewinski*, InTer 2018, 168 (173 ff.) m.w.N.

Es werden sich auf diesen Wegen also die relevanten Lücken nicht vollumfänglich schließen lassen. Nicht gänzlich vorhersehbar interagierende Software führt zu teilweisem menschlichem Kontrollverlust und es verbleiben Fälle, in denen auch zum Teil schwere Rechtsgutsverletzungen sanktionslos strafrechtlich blieben. Daher bedarf es eines neuen Instrumentariums.

Der Anspruch soll dabei auch nicht sein, jeden Einzelfall lückenlos erfassen zu wollen, sondern die Strafbarkeitslücken auf ein Minimum zu reduzieren. Als eine mögliche Herangehensweise kommt hierfür schließlich noch die Strafbarkeit des intelligenten Agenten selbst in Betracht. Ein rechtspolitisches Bedürfnis allein darf dabei aber noch nicht unmittelbar zu einer Normsetzung führen. Das ergibt sich zum einen bereits daraus, dass es neben rechtspolitischen noch weitere Interessen gibt, die der Gesetzgeber bei der Normsetzung berücksichtigen muss. Zum anderen darf sie auch nicht gegen fundamentale Prinzipien der (Straf-)Rechtsdogmatik verstoßen.

Im Folgenden wird daher untersucht, ob sich eine hypothetische KI-Strafbarkeit mit geltendem Recht und der zugrundeliegenden Dogmatik vereinbaren lässt oder ob und wenn ja, unter welchen Voraussetzungen dies de lege ferenda möglich sein könnte.

§ 4 Verantwortlichkeit der KI

Fehlt es an einer strafrechtlichen Verantwortlichkeit der Menschen für die erfolgsursächliche Handlung des intelligenten Agenten, so stellt sich also die Frage, ob nicht die KI selbst verantwortlich sein kann. Das verbietet sich schon auf den ersten Blick bei (noch) schwachen KI-Systemen, also insbesondere solchen, die nur eine domänespezifische Intelligenz aufweisen. Niemand würde heutzutage auf die Idee kommen, den Roboter-Arm in der Autofabrik zu bestrafen, wenn dieser einen Arbeiter verletzt. Etwas anderes könnte sich aber dann ergeben, wenn der Agent über solche kognitiven Fähigkeiten verfügt, die denen eines Menschen jedenfalls ähnlich oder gar überlegen sind.[495] Denn der Grund für eine etwaige persönliche Verantwortlichkeit einer starken KI läge darin, dass diese autonom agieren kann, also eigene Entscheidungen in einem weiten Anwendungsfeld treffen kann und selbstständig lernt (dazu sogleich noch ausführlicher). Daraus können „eigene“, überraschende Handlungen entstehen. Nur hinsichtlich solcher Handlungen und Handlungsfolgen kommt eine eigene Verantwortlichkeit infrage, da bei allen übrigen Verhaltensweisen eine Rückführung auf die menschlichen Verantwortlichen möglich ist.[496]

A. Vorüberlegungen

I. Begriff der Verantwortlichkeit

Für einen ersten Denkanstoß lohnt sich ein Blick auf die Etymologie der „Verantwortung“. Allgemein lässt sich sagen, dass es sich bei Verantwortung um ein „Für-etwas-einstehen-müssen“, ein „Dafür-Können“ handelt, so dass über bloße Kausalität hinaus stets auch ein normatives Geschehen vorliegt.[497] Hierbei kann man Verantwortung sowohl retrospektiv für vergangenes Verhalten (ausgedrückt z.B. durch repressive Sanktionen) als auch prospektiv als Pflicht

---

[495] Dass dies schon bald keine Science-Fiction mehr sein wird, wurde in § 1 und § 2 ausführlich besprochen.

[496] Die Frage ist dann lediglich noch, ob die durch den Menschen verursachte Fehlfunktion strafrechtlich relevant ist oder nicht. Diese Frage wurde in § 3 behandelt. Wenn nein, besteht auch kein Strafbedürfnis, ergo keine Verantwortungsdiffusion, so dass es auch einer Bestrafung des Agenten nicht bedarf.

[497] *Loh*, InTer 2017, 220 (221); *Hassemer*, ZStW 121 (2009), 829 (849).

© Der/die Autor(en), exklusiv lizenziert an Springer Fachmedien Wiesbaden GmbH, ein Teil von Springer Nature 2025
L. F. Quarck, *Die künstliche Intelligenz in der Strafrechtsdogmatik*,
https://doi.org/10.1007/978-3-658-50504-2_4

für die Zukunft begreifen (z.B. durch die Einhaltung von Produkthaftungsvorschriften im Sinne einer Verantwortlichkeit für die Sicherheit des Produkts).[498] Zur Klarstellung: Verantwortung meint die Beziehung zwischen Personen oder Personen und Gegenständen (A hat für B Verantwortung), während Verantwortlichkeit den Grund meint, aus welchem die Verantwortung zugeschrieben[499] wird (Eltern sind als Erziehungsberechtigte verantwortlich für die Aufsicht ihrer Kinder und tragen daher Verantwortung für sie).

Verantwortlichkeit findet sich mit verschiedenen Verständnissen und Voraussetzungen in vielen (Wissenschafts-)Disziplinen und wird auch innerhalb der Rechtswissenschaft unterschiedlich verstanden.[500] Im Strafrecht wird die Verantwortlichkeit (für einen Erfolg) heute so ausgedrückt, dass eine tatbestandliche, ergo zurechenbare, rechtswidrige und schuldhaft und vorgenommene Handlung vorliegt. Dem war allerdings nicht immer so. Die heutige Dogmatik ist das Ergebnis jahrhundertelanger Auseinandersetzungen von Gelehrten und ihrer Anwendung in der Praxis. Wollte man strafrechtliche Verantwortlichkeit in einfacher Sprache in einem Satz beschreiben, so wäre es wohl „Dieser Täter war es und er kann etwas dafür!". Warum und aus welchen Gründen er verantwortlich sein soll bzw. kann, wurde rechtshistorisch immer weiter ausgefeilt und für alle Details versucht, zu rationalisieren. Auch heute entwickelt sich die Dogmatik immer weiter. Denn Gesetze, Rechtsordnungen und deren Dogmatik sind immer der Versuch, vorgesetzliche Probleme des realen Lebens zu lösen. Das Strafrecht möchte insofern das Problem lösen, wie mit jemandem zu verfahren ist, der in *erheblichem* Maße gegen Moral- und Wertvorstellungen der Gesellschaft verstoßen hat.

Neben der bloßen Ursächlichkeit (operationale Verantwortlichkeit[501]) bedarf es, nun wieder allgemein gesprochen, seitens des Verantwortlichen üblicherweise auch einer irgendwie gearteten bewussten Beherrschbarkeit der Ursache (funktionale Verantwortlichkeit)[502]. Die Sonne ist beispielsweise in diesem

---

[498] *Seelmann*, Kollektive Verantwortung im Strafrecht, S. 7.

[499] *Lampe*, ZStW 118 (2006), 1 (18); zur Bedeutung der Zuschreibung i.d.S., die hier das Ergebnis ein wenig vorwegnimmt, wird noch ausführlich Stellung zu nehmen sein.

[500] So ist es im Zivilrecht für die Verantwortlichkeit für einen Schaden nicht selten irrelevant, ob dieser vorsätzlich oder bloß fahrlässig verursacht wurde – die Haftung besteht gleichermaßen. Im Strafrecht hingegen zeitigt dieser Unterschied verschiedene Tatbestände und damit verschiedene Formen der Verantwortlichkeit.

[501] *Loh*, InTer 2018, 29 (31 ff.).

[502] *Loh*, InTer 2018, 29 (31 ff.); vgl. zu dem Begriff der funktionalen Verantwortlichkeit auch *Seelmann*, Kollektive Verantwortung im Strafrecht, S. 9.

Sinne nicht verantwortlich dafür, dass es heute warm ist. Ebenso ist ein selbstfahrendes Kraftfahrzeug nicht selbst funktional verantwortlich, wenn es einen Fußgänger überfährt, obwohl der Algorithmus operational zu der Kollision geführt hat. Somit ist die Bejahung der Verantwortung auch immer mit der Annahme verbunden, das Haftungssubjekt habe die entsprechenden Fähigkeiten, um den Vorgang in einer verantwortungsbegründenden Weise zu beeinflussen.[503] Die später noch detailliert zu behandelnde strafrechtliche Schuld wird insofern auch als „persönliche Vorwerfbarkeit" des Unrechts bezeichnet.[504] Bemerkenswert bei diesem soziologischen Verständnis ist hier, wie bereits bezüglich der Intelligenz[505], wieder das zuschreibende Element. Das Unterscheidungskriterium für das Vorliegen oder Nicht-Vorliegen von Verantwortlichkeit ist also die selbsttätige Empfänglichkeit für moralische Werte und die Fähigkeit, daraus eigene, also nicht fremdinitiierte Handlungen entstehen zu lassen.[506] Ein solches Verständnis wird sich so ähnlich auch in der, rein strafrechtlichen, Untersuchung der Schuld wiederfinden.[507]

Loh schreibt aus einem soziologisch-philosophischen Blickwinkel bezüglich der Zuschreibung von Verantwortung, dass es dreier Kompetenzen bedarf, über die ein potentielles Haftungssubjekt verfügen muss und zwar Kommunikationsfähigkeit, Handlungsfähigkeit sowie Urteilskraft.[508] Anhand dieser Kompetenzen ist auch der Umfang der Verantwortung bestimmbar. Handlungsfähigkeit könne dabei auch mit Autonomie umschrieben werden und setze ihrerseits Folgenbewusstsein, Kontextwahrnehmung, die Wahrnehmung des Individuums als Einheit sowie Einflussmöglichkeit voraus.[509] Für die Verantwortlichkeit im rechtlichen Sinne ist somit vor allem die Fähigkeit relevant, eigene Entscheidungen (weitestgehend) unabhängig von externem Input treffen zu können.[510]

---

503 *Loh*, InTer 2017, 220 (221).
504 Weber/*Werner*, „Schuld".
505 S.o. § 2 A. I. 1. c.
506 *Loh*, InTer 2018, 29 (31).
507 S.u. § 4 B. II. 1. b.
508 *Loh*, InTer 2017, 220 (221; 225).
509 *Loh*, InTer 2017, 220 (225).
510 *Markwalder/Simmler*, AJP/PJA 2017, 171 (173).

II. Verantwortliche KI

Das Rekurrieren auf die dem potenziellen Haftungssubjekt zugeschriebenen Kompetenzen und die Entscheidungsfreiheit deckt sich mit der oben vorgeschlagenen Kategorisierung nach den Fähigkeiten.[511] Es führt zu dem Schluss, dass eine KI-Strafbarkeit erst dann überhaupt infrage kommt, wenn es sich um selbstlernende, universelle autonome KI handelt. Die Voraussetzungen für funktionale Verantwortlichkeit dürften künftig also nur bei solchen Agenten vorliegen, die (jedenfalls annähernd) als starke KI eingestuft werden können. Vorher kann schon keine Verantwortung vorliegen, da nur diese Form der KI – im Gegensatz zu rein domänespezifischer – über Fähigkeiten verfügt, die Autonomie dergestalt begründet, dass daraus Kommunikationsfähigkeit, Handlungsfähigkeit und Urteilskraft entstehen und aus diesen Kompetenzen dann genuine Handlungen hervorgehen: Hier zeigt sich erneut die Korrelation von Intelligenz, Autonomie und Verantwortung.

Aus dieser Schlussfolgerung lässt sich eine Parallele zu einem der Schutzzwecke des § 19 StGB ziehen. Hiernach werden Kinder unter 14 Jahren für schuldunfähig erklärt und so ein materielles Strafbarkeitshindernis konstituiert. Aufgrund der unwiderleglichen Vermutung der noch fehlenden kognitiven Fähigkeiten bzw. des Fehlens geistiger Reife, fehle es an der Fähigkeit zur Unrechtseinsicht und zur entsprechenden Handlungssteuerung.[512] Taten von Kindern würden deshalb das „Vertrauen der Allgemeinheit in die Rechtsgeltung“ nicht oder nur wenig erschüttern.[513] Hierin kann ferner eine Parallele zu den obigen Ausführungen gezogen werden, in denen die Strafzwecke als Ausgangsüberlegung für das Bedürfnis einer KI-Strafbarkeit gedient haben. Generalpräventive Erwägungen stehen auch hier im Vordergrund. Die Grenze von 14 Jahren ist dabei insbesondere rechtspolitischer Natur.[514] Wo genau diese Grenze dann für autonome KI zu ziehen sein wird, ist zum jetzigen Zeitpunkt noch nicht absehbar. Der diesbezügliche Diskurs wird aber sicher in der näheren Zukunft zu führen sein müssen, wenn die technische Entwicklung weiter fortschreitet.

[511] S.o. § 2 A. II. 2. b. bb.
[512] MüKo-StGB/*Streng*, § 19 Rn. 1.
[513] MüKo-StGB/*Streng*, § 19 Rn. 1.
[514] NK-StGB/*Schild/Zabel*, § 19 Rn. 1.

B. Materielle Strafbarkeit der KI

Nachdem herausgestellt wurde, dass es aus strafzwecktheoretischer Sicht nicht hinnehmbar ist, eine Verantwortungslücke bestehen zu lassen, stellt sich nun die Frage, was mögliche Lösungen hierfür sein können. Ein Ansatz ist eine eigene strafrechtliche Verantwortlichkeit der Künstlichen Intelligenz: Wenn nicht der Mensch im Vorfeld verantwortlich ist, dann eventuell diejenige Entität, die die letztkausale Ursache gesetzt hat. Daraus ergibt sich die zentrale Fragestellung, ob sich eine KI materiell überhaupt strafbar machen könnte und ob das für alle Formen der KI gilt. Im Folgenden werden daher die Voraussetzungen einer materiellen Strafbarkeit im Einzelnen näher betrachtet werden. Keine Probleme bereiten dabei zunächst diejenigen Voraussetzungen, bei denen es lediglich auf äußere objektive Umstände ankommt. So lassen sich Kausalität oder, hält man diese für erforderlich, die objektive Zurechenbarkeit unabhängig davon feststellen, wer die Handlung vorgenommen hat, auf die sie sich beziehen. Allerdings gilt dies nicht für ebendiese zugrundeliegende schuldhafte Handlung.

Die Problematik ist hier, dass irgendwie geartete innere Zustände Strafbarkeitsvoraussetzung sind und diese inneren Vorgänge eines künstlichen neuronalen Netzwerks möglicherweise anders ablaufen als die in einem menschlichen Gehirn, so dass hier eventuell verschiedene „Bewusstseinszustände" vorherrschen. Das ist jedenfalls für die Schuld und, je nachdem, wie man diesen versteht, auch für den Handlungsbegriff relevant. Es ist insofern fraglich, ob sich Begriffsbedeutungen und die Dogmatik von Handlung und Schuld, die originär für den Menschen erdacht worden sind, auf KI übertragen und anwenden lassen.

I. Der Handlungsbegriff

Das Vorliegen einer Handlung im strafrechtlichen Sinne ist Voraussetzung der materiellen Strafbarkeit. Die im juristischen Gutachten aufgrund des vorherrschenden dreistufigen Aufbaus üblicherweise eher stiefmütterlich behandelte Handlung bildet auch bereits ganz zu Beginn die erste Hürde für eine KI-Strafbarkeit.

Nimmt man an, dass das Verhalten eines intelligenten Agenten nicht anders zu bewerten ist, als das eines Roboters in der Fertigungsstraße einer Fabrik, kann schon keine Strafbarkeit vorliegen. Im Folgenden wird daher untersucht, welches die Charakteristika der Handlung im strafrechtlichen Sinne sind und inwieweit sich Aktionen autonomer starker KI hierunter subsumieren lassen.

1. Dogmatik des Handlungsbegriffs

Der Begriff der Handlung wird ausdrücklich an verschiedenen Stellen des Gesetzes verwendet. So zum Beispiel in §§ 8, 9 StGB wo Handlung nur das aktive Tun meint, während in §§ 14 Abs. 1 und 2, 20 StGB auch das Unterlassen mitgemeint ist.[515] Wieder anders wird Handlung in § 52 Abs. 1 StGB verstanden, wo sie nicht nur das Verhalten in einem ganz konkreten Zeitpunkt meint, sondern auch mehrere Einzeltaten, soweit diese zu einer „natürlichen Handlungseinheit" zusammengefasst werden können.[516] Zu differenzieren ist hierbei aber zwischen vor- und nachtatbestandlicher Handlung, da §§ 8, 9, 52 ff. StGB nur für tatsächlich strafrechtlich relevantes Verhalten einschlägig sind.[517] Die Handlung ist somit ein ausfüllungsbedürftiger Rechtsbegriff.[518] In dem den Normen des besonderen Teils zugrundeliegenden Handlungsbegriff im strafrechtlichen Sinne vereinen sich vorsätzliches sowie fahrlässiges aktives Tun und Unterlassen (i.V.m. § 13 StGB), denn durch all diese Verhaltensweisen kann beispielsweise ein Mensch getötet werden.[519] Dadurch wird deutlich, dass die Handlung kleinster gemeinsamer Nenner jeder Erscheinungsform strafbaren Verhaltens ist.[520] Diese sog. Definitionsfunktion (auch: Grundfunktion) ist eine von drei Funktionen, die dem Handlungsbegriff zugeschrieben werden. Daneben soll der Handlungsbegriff eine Verbindungsfunktion erfüllen, indem die einzelnen Verbrechenskategorien miteinander verknüpft werden und die Handlung durch jede Stufe des dreistufigen Deliktsaufbaus weiter konkretisiert wird.[521] Er sei also deren gemeinsamer Bezugspunkt, um zu verhindern, dass sie sich auf verschiedene Individuen beziehen.[522] Die Handlung sei insofern

---

[515] Schönke/Schröder/*Eisele*, Vor §§ 13 ff. Rn. 23/24; vgl. auch Fischer/*Fischer/Anstötz* § 13 Rn. 4.

[516] Vgl. nur Fischer/*Fischer*, Vor § 52 Rn. 3 ff.

[517] *Roxin/Greco*, Strafrecht AT I, § 8 Rn. 5.

[518] BeckOK-StGB/*Heuchemer*, § 13 Rn. 3.

[519] *Radbruch*, Der Handlungsbegriff in seiner Bedeutung für das Strafrechtssystem, S. 70; *Jescheck/Weigend*, Strafrecht AT, S. 219.

[520] *Radbruch*, Der Handlungsbegriff in seiner Bedeutung für das Strafrechtssystem, S. 70 f.; *Roxin/Greco*, Strafrecht AT I, § 8 Rn. 1; SSW/*Kudlich*, Vor §§ 13 ff. Rn. 12.

[521] *Radbruch*, Der Handlungsbegriff in seiner Bedeutung für das Strafrechtssystem, S. 71; *Roxin/Greco*, Strafrecht AT I, § 8 Rn. 2.

[522] *Jescheck/Weigend*, Strafrecht AT, S. 219; NK-StGB/*Puppe/Grosse-Wilde*, Vor §§ 13 ff. Rn. 33.

der Ausgangspunkt jeder Strafbarkeit.[523] Schließlich habe er auch noch eine Begrenzungs- oder Abgrenzungsfunktion, um Verhaltensweisen auszuklammern, die tatbestandsunabhängig von vornherein nicht strafrechtlich relevant sein können (Verhalten von Tieren, Schlafwandeln, bloße Gesinnung etc.).[524]

Für den Handlungsbegriff ergeben sich mehrere Fragen: Gibt es eine vorrechtliche, sich sozusagen auf einer höheren Metaebene befindliche Handlung im allgemeinen Sinne, die auf das Strafrecht durchschlägt oder hat nur der Handlungsbegriff im strafrechtlichen Sinne Bedeutung? Wie können diese definiert werden und unter welchen Voraussetzungen liegen sie vor?

a. Die Handlung im strafrechtlichen Sinne als Ausfluss der gesetzlichen Tatbestandsbeschreibung

Eine Legaldefinition liefert der Gesetzgeber bis dato nicht. In den Tatbeständen des besonderen Teils des StGB wird auf die Handlung auch nur insofern Bezug genommen, als dass im Gesetzeswortlaut ein oder mehrere Verben stehen, die ein bestimmtes Verhalten beschreiben (z.B. „tötet" in § 212 Abs. 1 StGB oder „wegnimmt" in § 242 Abs. 1 StGB). Wie der Täter das Opfer getötet oder die Sache weggenommen haben muss, damit an das Verhalten die in der Norm vorgesehene Rechtsfolge geknüpft werden kann, wird den Rechtsanwendern und der Rechtslehre überlassen.[525] Es handelt sich also weniger um eine Handlungs- als eine Erfolgsbeschreibung.[526] Für das Strafrecht ist hier auf die Verfassungsgrundsätze „nulla poena sine lege" und „nullum crimen sine lega scripta" Bezug zu nehmen. Wenn Verbrechen und Strafe nur durch Gesetz bestimmt werden können und das Gesetz ausdrücklich oder jedenfalls mittelbar durch die Beschreibungen im Tatbestand auf die Handlung Bezug nimmt, so muss dies eine Handlung im strafrechtlichen Sinne sein. Damit ist aber noch wenig gewonnen, da unzählige Verhaltensweisen denkbar sind, durch die etwa ein Mensch zu Tode kommen kann.

---

523 *Radbruch*, Der Handlungsbegriff in seiner Bedeutung für das Strafrechtssystem, S. 71.
524 *Roxin/Greco*, Strafrecht AT I, § 8 Rn. 4; *Jescheck/Weigend*, Strafrecht AT, S. 219
525 Vgl. hierzu bereits *Radbruch*, Der Handlungsbegriff in seiner Bedeutung für das Strafrechtssystem, S. 68 f.
526 Anders ist dies z.B. beim „Aussagen", „Schwören" oder „Führen eines Fahrzeugs".

b. Handlung im allgemeinen und im strafrechtlichen Sinne

Wenn so viele verschiedene Verhaltensweisen Handlung im strafrechtlichen Sinne sein können, stellt sich die Frage, ob es einen übergeordneten, allgemeinen Handlungsbegriff gibt und wenn ja, welche Funktionen dieser erfüllt. *Radbruch* war, jedenfalls grundsätzlich, der Auffassung, dass es einer Handlung im allgemeinen Sinne als Gattungsbegriff bedürfe, um dann die juristische, bzw. strafrechtliche Handlung hieraus zu entwickeln.[527] Diesen Gedanken haben beispielsweise auch *Ast* und *Kreuzberg* in ihren Untersuchungen zugrundegelegt.[528] Diese Überzeugung fußt auf dem aristotelischen Definitionsideal „definitio fit per genus proximum et differentiam specificam", wonach die Definition eines Begriffs der „Angabe des nächsthöheren oder nächstallgemeineren Oberbegriffs (genus proximum) und einer artbildenden Differenz (differentia specifica), die den Inhalt des zu definierenden Begriffs von den Inhalten nebengeordneter Begriffe unterscheidet" bedarf.[529]

Die Erscheinungsformen des Verhaltens, die im strafrechtlichen Handlungsbegriff vereint werden sollen (Vorsatzdelikte und Fahrlässigkeitsdelikte, Versuchs- und Vollendungsdelikte, Begehungs- und Unterlassungsdelikte), seien aber ihrer Natur nach so unterschiedlich, dass man sie nur schwerlich unter einen gemeinsamen Gattungsbegriff (wie z.B. Pflanze, Tier o.ä.) subsumieren könne, der auch für das Strafrecht Bedeutung haben kann.[530] Dies stellt dann auch *Radbruch* fest, wenn er die Vereinbarkeit von Handlung und Unterlassung „Position und Negation, a und non-a", unter einem Oberbegriff für unmöglich erklärt.[531] Insofern mutet die amtliche Überschrift des § 13 StGB durchaus paradox an. Es kann ebenfalls bezweifelt werden, dass es für das Strafrecht überhaupt eines solchen axiomatischen Gattungsbegriffs bedarf. Die vortatbestandliche Handlung im allgemeinen Sinne tauge nicht als ein Grundelement nach der Definitionsfunktion, ohne, dass sie zu beliebig und somit dogmatisch unergiebig werde.[532]

Jedenfalls für die Frage der Strafbarkeit kann ein übergesetzlicher, allgemeiner Handlungsbegriff angesichts der eben angesprochenen strafrechtlichen Prinzi-

---

[527] *Radbruch*, Der Handlungsbegriff in seiner Bedeutung für das Strafrechtssystem, S. 74 f., 90.

[528] *Ast*, Handlung und Zurechnung, S. 11; *Kreuzberg*, Täterschaft und Teilnahme als Handlungsunrechtstypen, S. 71.

[529] *Zoglauer*, Einführung in die formale Logik für Philosophen, S. 20.

[530] NK-StGB/*Puppe/Grosse-Wilde*, Vor §§ 13 ff. Rn. 31 f.

[531] *Radbruch*, Der Handlungsbegriff in seiner Bedeutung für das Strafrechtssystem, S. 141 f.

[532] NK-StGB/*Puppe/Grosse-Wilde*, Vor §§ 13 ff. Rn. 31 f.; Schönke/Schröder/*Eisele*, Vor §§ 13 ff. Rn. 23/24; *Walter*, Der Kern des Strafrechts, S. 26 m.w.N. in Fn. 36.

pien also nicht von Bedeutung sein, da im Hinblick auf die verschiedenen Erscheinungsformen scheinbar selbst innerhalb des Strafrechts mehrere Handlungsbegriffe existieren.

Nichtsdestotrotz ist die Bezugnahme auf ein genus proximum notwendig, um ein Verständnis für das Spezifische zu erlangen. *Ast* schreibt insofern: „Es ist nicht anzunehmen, dass die Strafrechtsdogmatik einen Handlungsbegriff erzeugt, der völlig isoliert sowohl von anderen Rechtsbereichen als auch von der außerrechtlichen Rede ist.“[533] Was also zeichnet Handlung im allgemeinen aus und was im strafrechtlichen Sinne?

Angesichts der so wesensverschiedenen Möglichkeiten, eine Handlung im Sinne des StGB vorzunehmen und der Unmöglichkeit, dies unter einen Gattungsbegriff zu fassen, ergibt sich folgender Schluss: Im Allgemeinen ist Handlung stets ein reines Zurechnungsprodukt, so dass Gegenstand der Zurechnung sowohl eine aktive Körperbewegung als auch das Unterlassen einer solchen sein kann.[534] Es kommt darauf an, dass ein Effekt in der Außenwelt erzielt wird.[535] Dass etwas dann als Handlung zugerechnet wird, kann verschiedene Gründe haben und rührt zum Beispiel aus einer sozialen Betrachtung, die nach Sinn und Funktion der Handlung in diesem Kontext fragt und in ihrer Zurechnung unter anderem auch die sprachliche Wirklichkeit berücksichtigt.[536] Wird etwas typischerweise als Handlung bezeichnet, so ist es auch eine. *Ast* möchte den für das Strafrecht unbedingt erforderlichen Bezug auf den Gesetzeswortlaut dergestalt berücksichtigen, dass „Handlungen [...] Gegenstand einer Bewertung sein [können] oder diese begrifflich implizieren, so die Begriffe einzelner Straftaten. Diese normative Dimension kann im Zurechnungsbegriff integriert werden, weil eine Norm der Zurechnungsgrund innerhalb einer Handlung sein kann.“[537] Der allgemeine Handlungsbegriff entfaltet für die Strafbarkeit also erst im Lichte des Gesetzes Bedeutung. Dem Grunde nach erkennt das auch *Ast*, wenn er schreibt, dass man „bei der Handlungskonstitution eine normative und eine nichtnormativ begründete Zurechnung unterscheiden“ könne (imputatio legis vel iuris bzw. imputatio facti), also die Zurechnung einer Handlung als Tötung (nichtnormativ) und die Zurechnung einer

---

[533] *Ast*, Handlung und Zurechnung, S. 11.

[534] *Ast*, Handlung und Zurechnung, S. 16; *Kreuzberg*, Täterschaft und Teilnahme als Handlungsunrechtstypen, S. 71.

[535] *Kindhäuser*, Intentionale Handlung, S. 156 f.

[536] *Kreuzberg*, Täterschaft und Teilnahme als Handlungsunrechtstypen, S. 72, 76; *Kindhäuser*, Intentionale Handlung, S. 153 ff.; vgl. auch *Ast*, Handlung und Zurechnung, S. 14 f.

[537] *Ast*, Handlung und Zurechnung, S. 15.

Handlung als Totschlag (normativ).[538] Strafrechtlich relevant kann hierbei dann allein die strafrechtsnormativ begründete Handlung sein. Die Verknüpfung der allgemeinen Handlung mit dem durch sie verursachten tatbestandlichen Erfolg tritt zum allgemeinen Handlungsbegriff hinzu und definiert einen strafrechtsspezifischen Zurechnungsgegentand und damit einen eigenen abgeleiteten Handlungsbegriff, dann im strafrechtlichen Sinne. Schaffte man den § 212 StGB ab, so wäre das Erschießen eines Menschen immer noch ein Töten, aber kein Totschlag mehr.

Handlungen im strafrechtlichen Sinne folgen somit einer eigenen, normativen Zurechnung, die sich nur aus dem Gesetz ergibt. Der Effekt in der Außenwelt, konkret der strafrechtliche Erfolg, muss dafür plausibel auf dem Verhalten beruhen *können*, damit dieses als Handlung im strafrechtlichen Sinne zugerechnet werden kann. Es muss also grundsätzlich, nach den Naturgesetzen, der allgemeinen Lebenserfahrung oder einer sozialen Betrachtung *möglich sein*, dass das untersuchte Verhalten hierfür ursächlich ist. Die tatsächliche Ursächlichkeit ist dann erst Gegenstand der Kausalitätsprüfung. Die Überlegungen bezüglich eines vortatbestandlichen Handlungsbegriffs stellen also insofern die Weichen, als dass hierdurch der allgemeine Zurechnungsmechanismus und sodann derjenige in Form des Gesetzes deutlich wird. Auf eine nicht-gesetzliche Zurechenbarkeit kommt es für das Strafrecht indes nicht an, selbst wenn diese gleichzeitig gelingt. Allgemeiner und strafrechtlicher Handlungsbegriff stehen somit aus einer strafrechtsdogmatischen Warte nebeneinander.

c. Die Handlung im allgemeinen Sinne als Grundlage für den dreistufigen Deliktsaufbau

Daneben, dass die Handlung im allgemeinen Sinne das Ergebnis einer Zurechnung ist und Grundlage für die Zurechnung der Handlung im strafrechtlichen Sinne das Gesetz sein muss, gibt der allgemeine Handlungsbegriff auch darüber Aufschluss, warum der Deliktsaufbau dreistufig erfolgt. Grund ist die Differenzierung zwischen den Herleitungen der Handlungsbegriffe. „Das Urteil über die Verbotswidrigkeit setzt demnach immer das nichtnormative Urteil voraus, dass eine Handlung bestimmter Art gegeben ist. Normative Verbrechensmerkmale wie die Rechtswidrigkeit und Schuldhaftigkeit sind [...] auf die primär festzustellende Handlung [im allgemeinen Sinne] bezogene akzidentielle Attribute, nicht aber Merkmale des Begriffs der Handlung selbst. Weil sie zum Begriff der Handlung hinzutreten, erscheint dieser als der Grundbegriff des

[538] *Ast*, Handlung und Zurechnung, S. 22 f.

Deliktssystems. Das Delikt wird definiert als tatbestandliche, rechtswidrige und schuldhafte Handlung.“[539]

Die Handlung im allgemeinen Sinne kann hier also beispielsweise das Töten eines Menschen sein, während diejenige im strafrechtlichen Sinne das Totschlagen oder Ermorden ist (§ 212 StGB bzw. § 211 StGB).[540] Es liegt also einmal ein Verhalten vor, was unter vortatbestandlichen Gesichtspunkten zugerechnet werden kann und einmal eines, das unter normativen Gesichtspunkten zugerechnet werden kann. Daraus ergibt sich, dass das Delikt sich darstellt als Handlung, die tatbestandlich, rechtswidrig und schuldhaft ist. Würde man annehmen, dass sich strafrechtsdogmatisch der strafrechtliche stets unmittelbar aus dem allgemeinen Handlungsbegriff ergäbe und nicht, wie hier bevorzugt, dogmatisch danebenstünde, so wäre der Ausdruck „tatbestandliche Handlung“ ein Pleonasmus, da die Tatbestandlichkeit die Handlung denklogisch mitumfassen müsste. Doch erst durch die Tatbestandlichkeit entsteht die Handlung im strafrechtlichen Sinne. Im Hinblick auf die Definitionsfunktion ist ein allgemeiner Handlungsbegriff also nicht mehr als eine „didaktisch nützliche Eingangsstufe“.[541] Auch *Roxin/Greco* erkennen an, dass ein allgemeiner Handlungsbegriff, der allen oben genannten Funktionen gerecht wird, bisher noch nicht gefunden wurde.[542] Zudem ist es nicht (mehr) so, dass der zunächst noch allgemeine Handlungsbegriff i.S.e. Verbindungsfunktion durch jede Prüfungsebene weiter konkretisiert wird. Denn die Schuld bezieht sich auf den gesamten Unrechtstatbestand, von dem die Handlung im strafrechtlichen Sinne jedoch nur einen Ausschnitt darstellt.[543] Einer Abgrenzung insofern, als dass Rechtswidrigkeit und Schuld die objektive bzw. subjektive Seite der Handlung darstellen, bedarf es angesichts subjektiver Unrechtselemente auf allen Ebenen nicht.[544] Ein Verbindungselement ist mithin nicht erforderlich.

Als wesentliches Charakteristikum der (vortatbestandlichen) Handlung im allgemeinen Sinne bleibt somit die dogmatische bzw. begriffliche Herleitung des dreistufigen Deliktssystems sowie die Schaffung eines Grundverständnisses von Handlung als Ergebnis einer Zurechnung.

---

[539] *Ast*, Handlung und Zurechnung, S. 27.
[540] *Ast*, Handlung und Zurechnung, S. 27 f.
[541] Vgl. *Jakobs*, Der strafrechtliche Handlungsbegriff, S. 13.
[542] *Roxin/Greco*, Strafrecht AT I, § 8 Rn. 6.
[543] NK-StGB/*Puppe/Grosse-Wilde*, Vor §§ 13 ff. Rn. 33.
[544] *Gallas*, ZStW 67 (1955), 1 (3).

d. Die Handlung im strafrechtlichen Sinne als Abgrenzung zu generell straflosem Verhalten

Die Handlung im strafrechtlichen Sinne bezweckt hingegen (nur) die Abgrenzungsfunktion gegenüber Verhaltensweisen, die von vornherein nicht für eine strafrechtliche Beurteilung im Lichte des Besonderen Teils in Betracht kommen, da sie nicht als plausibler Grund für den außenweltlichen Effekt taugen.[545] Die besonderen Eigenheiten der Handlung im strafrechtlichen Sinne (differentia specifica) ergeben sich eben nicht unmittelbar aus dem allgemeinen Handlungsbegriff (genus proximum), sondern erst aus dem Zusammenwirken des Verhaltens, welches grundsätzlich strafrechtlich relevant sein kann, mit dem Besonderen Teil. Insofern ist es auch nicht verwunderlich, dass sich viele darauf beschränken, die Handlung ganz pragmatisch als bloße Abgrenzung von Handeln und Nicht-Handeln (Reflexe, schlafende Personen etc.) zu sehen und sich hieraus insbesondere Fallgruppen gebildet haben.[546] Die entscheidende Frage ist folglich, welche Anforderungen an die Handlung im strafrechtlichen Sinne zu stellen sind bzw., um den oben verwendeten Terminus heranzuziehen, unter welchen Voraussetzungen etwas als Handlung im strafrechtlichen Sinne zugeschrieben werden kann.[547] Klassischerweise wird diese definiert als vom Willen getragenes, menschliches Verhalten[548], wobei diese Grunddefinition, wie sich sogleich zeigen wird, verschieden stark normativ aufgeladen wird.

e. Die Willensgetragenheit als wesentliches Abgrenzungskriterium

Neben der bereits erörterten Plausibilität kommt es also auf das Menschsein und die Willensgetragenheit an. Bezüglich letzterer stellte auch bereits *Radbruch* die Frage: „Welche Beziehung zwischen Wille und Tat ist zu der Handlung in dem Sinne erforderlich, in welchem sie das Gesetz in dem Ausdruck ‚strafbare Handlung' gebraucht?"[549] Denn eine bloße Körperbewegung, die aber gänzlich unwillkürlich ist (z.B. ein Reflex), kann keine Handlung sein, ergo auch nicht im Lichte des BT zu einer strafbaren Handlung werden. Es wäre nicht plausibel, einem Schlafwandler die umgestoßene Kerze und das dadurch in Brand gesetzte Haus als Handlung zur Brandstiftung zuzurechnen.

---

[545] Vgl. auch *Kühl*, Strafrecht AT, § 2 Rn. 3; *Heinrich*, Strafrecht AT, Rn. 194.

[546] Vgl. für zahlreiche Beispiele LK-StGB/*Walter*, Vor §§ 13 ff. Rn. 37 f.; *Krey/Esser*, Strafrecht AT, Rn. 295 ff; *Wessels/Beulke/Satzger*, Strafrecht AT, Rn. 151 ff.; zur geringen Bedeutung der ontologischen Handlungsstruktur vgl. auch *Lampe*, ZStW 118 (2006), 1 (9).

[547] Vgl. auch *Ast*, Handlung und Zurechnung, S. 19

[548] Vgl. hier nur *Heinrich*, Strafrecht AT, Rn. 88.

[549] *Radbruch*, Der Handlungsbegriff in seiner Bedeutung für das Strafrechtssystem, S. 73.

Die, wie auch immer geartete, Willensgetragenheit ist also ein zentrales Abgrenzungskriterium von Handlung und Nichthandlung. Auf sie bezieht sich auch die Plausibilitätsfrage: Macht es Sinn, dass durch diese Willensbetätigung der Effekt herbeigeführt wurde?

Die Willensgetragenheit ist insofern auch nicht das allgemein zugrundeliegende Merkmal (genus proximum) der Handlung im strafrechtlichen Sinne, denn für diese braucht es ein willensgetragenes *Verhalten* und gerade in Bezug auf dieses bestehen, wie eben dargestellt wurde, die Unterschiede im Naturell. Gleiches gilt umgekehrt auch für das Verhalten, welches deshalb nicht genus proximum der strafrechtlichen Handlung sein kann, weil die dafür relevante Verhaltensbeschreibung („töten“) nicht vorrechtlich ist und auch vorrechtlich nur in Verbindung mit der Willensgetragenheit zur Handlung im strafrechtlichen Sinne wird. Das Verhalten als solches taugt insofern auch nicht einmal als genus proximum für die Handlung. Denn man kann den Begriff des Verhaltens, je nachdem, welcher Zurechnungskriterien man sich für die Annahme einer Handlung bedient, quasi ins Unendliche ausweiten, wodurch er sinnentleert wird (dazu auch sogleich i.R.d. natürlichen Handlungsbegriffs). Ein uferloser Begriff birgt keinen Mehrwert in sich. Dieser dem letzten Jahrhundert entstammende, eigentlich semantisch-grammatikalisch-philosophische Streit hat für das Strafrecht zwar, nicht zuletzt aufgrund der gesetzlichen Normierung des unechten Unterlassungsdelikts sowie einer umfassenderen Zurechnungsdogmatik, an Bedeutung verloren.[550] Allerdings ist es erforderlich, angesichts der neuartigen Entitäten, deren Verhalten nun eingestuft werden soll, einen erneuten Blick darauf zu werfen. Denn je nachdem, wie stark nun die einzelnen Handlungslehren durch die jeweiligen Konkretisierungserfordernisse des Willens normativ aufgeladen sind, lassen sich daraus verschiedene Ergebnisse für die Frage ableiten, ob eine KI handlungsfähig sein kann (dazu jeweils direkt bei den jeweiligen Handlungslehren). Daher muss zunächst geklärt werden, wie die Willensgetragenheit des Verhaltens verstanden werden muss. Auf das Erfordernis des Menschseins, welches bis dato ausdrücklich mitgenannt wird, wird am Schluss gesondert einzugehen sein. Im Einzelnen:

---

[550] Diese Schwierigkeit der Einordnung des Unterlassens war ein wesentlicher Grund dafür, dass herausgearbeitet wurde, dass Handlung und Zurechnung sich deckten, bzw. Handlung erst durch Zurechnung zu einer solchen werde, *Radbruch*, Der Handlungsbegriff in seiner Bedeutung für das Strafrechtssystem, S. 85 ff., 98 ff.; vgl. auch SSW/*Kudlich*, Vor §§ 13 ff. Rn. 11.

f. Die Handlungsbegriffe

aa. Natürlicher Handlungsbegriff

(1) Dogmatik des natürlichen Handlungsbegriffs

Nach der natürlichen oder auch kausalen Handlungslehre ist Handlung ein vom Willen getragenes menschliches Verhalten[551], unabhängig davon, worauf dieser Wille konkret abzielt.[552] Verhalten meint dabei sowohl aktives Tun als auch Unterlassen.[553] Für das aktive Tun ist nach herkömmlicher Definition eine durch Nervenreiz ausgelöste Muskelbewegung erforderlich, während das Unterlassen durch die Unterdrückung des Nervenreizes zustande kommt. Beiden Verhaltensweisen liegt aber Willkürlichkeit insofern zugrunde, als dass der Nervenreiz bewusst ausgelöst wird. Dabei wird, anders als in ihren Ursprüngen, die subjektive Tatseite durch den natürlichen Handlungsbegriff nicht mehr der Schuld zugeordnet.[554] *Beling* war insofern der Auffassung, dass der Tatbestand wertfrei sei, so dass jedes subjektive Element, mithin auch die Willensgetragenheit der Handlung, Teil der Schuld sei.[555] Allerdings war damit das vorsatzbezogene Willensmoment der Handlung gemeint, welches über die bloße die bloße, wie auch immer geartete, Willensgetragenheit der Handlung hinausgeht.[556] Mit der heutigen Verbrechenslehre ist der Vorsatz aber Teil des Tatbestandes geworden und von der Handlung entkoppelt. Die Willkürlichkeit der Handlung erschöpft sich auf dieser Grundlage nach heutigem Verständnis darin, dass sie „Anstoß von irgend etwas" [sic] ist, während sich die Qualität des Anstoßes, also die Frage, ob Sachbeschädigung oder Totschlag vorliegt, aus dem Kausalverlauf ergibt, nicht aber für die Handlung per se relevant ist.[557] Deswegen ist die Bezeichnung kausaler Handlungsbegriff etwas irreführend, da es für das Vorliegen einer Handlung auf die Kausalität im Hinblick auf den

---

[551] Vgl. zu weiteren Umschreibungen dieser Definition *Roxin/Greco*, Strafrecht AT I, § 8 Rn. 11.
[552] So bereits *Beling*, Grundzüge des Strafrechts, S. 12; vgl. auch SSW/*Kudlich*, Vor §§ 13 ff. Rn. 13; LK-StGB/*Walter*, Vor §§ 13 ff. Rn. 29 m.w. hist. Nachw. in Fn. 30.
[553] *Beling*, Grundzüge des Strafrechts, S. 12; andere Ansicht statt vieler *Krey/Esser*, Strafrecht AT, Rn. 287; *Jescheck/Weigend*, Strafrecht AT, S. 220.
[554] Unter anderem aus diesem Grund wurde oben § 3 II. 1. b. bb. auch der einstufige Fahrlässigkeitsaufbau und ein individueller Sorgfaltsmaßstab als vorzugswürdig erachtet, da das herrschende zweistufige Modell aus der in dieser Form überholten natürlichen Handlungslehre hervorgegangen ist, *Kindhäuser/Zimmermann*, Strafrecht AT, § 33 Rn. 57.
[555] *Beling*, Grundzüge des Strafrechts, S. 30 f.
[556] *Ambos*, JA 2007, 1 (3) in Fn. 36.
[557] *Jakobs*, Der strafrechtliche Handlungsbegriff, S. 20.

tatbestandlichen Erfolg gar nicht ankommt.[558] Vielmehr ist damit die Kausalität des Willens für das Verhalten gemeint.[559] Es handelt sich bei dem natürlichen Handlungsbegriff also um einen dem Grunde nach ontologischen, da er an sich ohne Bezugnahme auf Straftatbestände auskommt.

Es kann im Hinblick auf das Verhalten auch bezweifelt werden, dass es überhaupt einer Muskelanspannung oder einer Körperbewegung in diesem Sinne bedarf. Man stelle sich den Fall vor, dass ein Mensch eine Roboter-Armprothese hat, die mittels der Gedanken gesteuert werden kann. Man kann sich bereits darüber streiten, ob die Prothese Teil des Körpers in diesem Sinne ist und dementsprechend eine *Körper*verhalten vorliegen kann. Jedenfalls aber wird keine *Muskel*anspannung vorliegen, wenn die Prothese benutzt wird. Es liegt lediglich der Nervenreiz aus dem Gehirn vor, der einen mechanischen Ablauf ingangsetzt, an den man die Handlung anknüpfen könnte. Die bewusste Steuerung der Prothese durch den gesetzten Nervenreiz impliziert die Willensgetragenheit und die Zurechnung der Handlung aufgrunddessen ist auch plausibel. Es wäre nicht nachvollziehbar, würde man die Benutzung der Prothese nicht als Handlung ansehen. Insofern kann Handlung also nur als Zurechnung aufgrund der irgendwie gearteten Willensgetragenheit vorliegen.

Wird dem natürlichen Handlungsbegriff vorgeworfen, er könne Unterlassen als Verhalten nicht erfassen, da es hier mangels Muskel- oder Nervenanspannung an einem willkürlichen Verhalten fehle,[560] so kann dem entgegnet werden, dass Unterlassen nicht automatisch ein gänzlich untätiges, innerlich wie äußerlich apathisches Herumstehen bedeutet. Der Unterschied zwischen aktivem Tun und Unterlassen ist nur die offenkundige äußerliche Sichtbarkeit.[561] Man stelle sich einen Fall vor, in dem der Unterlassungstäter für einen Moment den Drang verspürt, doch zu handeln und dieser Drang äußert sich in Form eines kurzen Muskelzuckens, etwa wenn der Täter seinen Rivalen sieht, der zu ertrinken droht, einen Schritt Richtung Wasser macht, dann aber doch stehen bleibt. Die sofortige Unterdrückung dieses Impulses bzw. das „Abklemmen" des im ersten Moment entstandenen neurologischen Reizes, den eigenen Körper zur Rettung in Bewegung zu setzen, stellt dann das Verhalten dar, nicht der Zustand des Ausbleibens von Nervenreizen. Gleiches gilt für die Verhinderung

[558] *Baumann/Weber/Mitsch/Eisele*, Strafrecht AT, § 9 Rn. 4.
[559] *Radbruch*, Der Handlungsbegriff in seiner Bedeutung für das Strafrechtssystem, S. 130.
[560] *Radbruch*, Der Handlungsbegriff in seiner Bedeutung für das Strafrechtssystem, S. 132 f.; *Jescheck/Weigend*, Strafrecht AT, S. 219 f.; *Roxin/Greco*, Strafrecht AT I, § 8 Rn. 13; vgl. auch *Jakobs*, Der strafrechtliche Handlungsbegriff, S. 22.
[561] LK-StGB/*Walter,* Vor §§ 13 ff. Rn. 32.

bereits des Zustandekommens eines solchen Reizes. Das äußert sich zwar nicht durch eine optisch erst wahrnehmbare, dann aber abgebrochene Muskelbewegung, ließe sich aber jedenfalls über die Messung der Hirnströme im Elektroenzephalogramm (EEG) darstellen.[562]

Roxin/Greco kritisieren weiterhin, dass im Falle des unbewusst fahrlässigen Unterlassens schon die Willkürlichkeit des Verhaltens entfiele, da ein Wille, der das Geschehen hätte beherrschen können, dies aber nicht hat, gar keiner sei.[563] Ein solcher Wille ließe sich wohl auch nicht im EEG darstellen, da der unbewusst fahrlässige Unterlassungstäter ja gerade nicht erkannt hat, dass er sich sorgfaltswidrig verhält und dann den Nervenreiz zur rechtmäßigen Verhaltensalternative auch nicht abklemmen kann. Ist das Erkannt-Haben der rechtmäßigen Verhaltensalternative aber Voraussetzung für das Vorliegen einer Handlung, so ist diese dann jedoch nicht nur vortatbestandliches Abgrenzungskriterium für Handlung oder Nicht-Handlung, sondern auch tatbestandliches Abgrenzungskriterium für Vorsatz oder Fahrlässigkeit hinsichtlich des Unterlassens. Und Ansatzpunkt der Fahrlässigkeit ist ja gerade das, ggf. sogar vorgelagerte, vorwerfbare Nichterkennen trotz individuellen Erkennen-Könnens der rechtmäßigen Verhaltensalternative.[564]

> *In einem Originalfall des AG Kassel[565] ließ ein Vater seine sechs und vier Jahre alten Kinder baden, während ein an das Stromnetz angeschlossener Rasierer neben der Wanne lag. Er ließ sie dann unbeaufsichtigt, damit er einkaufen gehen konnte, ohne aber mit der Möglichkeit des Erfolgseintritts, der Rasierer wurde eingeschaltet, fiel in die Wanne und tötete die Kinder, zu rechnen.*

In der Unterlassung der Beaufsichtigung liegt nichtsdestotrotz eine Willensbetätigung. Diese zielte zwar darauf ab, Besorgungen zu machen, allerdings kommt es auf den Inhalt des Willens gerade nicht an. Aufgrund der Willensbetätigung im Vorfeld des Erfolgseintritts wird eine diesbezügliche Handlung zugerechnet.

---

[562] Vgl. dazu ein Experiment, wo die „Entscheidung" für Drücken des linken oder rechten Knopfes konnte schon vor der Bewegung in Form von Hirnpotentialänderungen gemessen werden, *Kornhuber/Deecke*, Pflügers Archiv 284 (1965), 1; zum möglichen Abbruch eines solchen Reizes *Libet*, in: Petzold/Sieper, Der Wille, die Neurobiologie und die Psychotherapie, S. 181 f.

[563] *Roxin/Greco*, Strafrecht AT I, § 8 Rn. 13.

[564] S.o. § 3 A. II. 1. b. bb.

[565] AG Kassel, BeckRS 2015, 12234.

Ferner wird dem natürlichen Handlungsbegriff vorgeworfen, er wäre uferlos, da er auch solche Verhaltensweisen einbeziehe, die nicht im Entferntesten mit der Tat in Verbindung stünden.[566] Diese Kritik trägt aber spätestens seitdem sich die Figur der objektive Zurechnung durchgesetzt hat nicht mehr, soweit die Zeugung und Geburt des Mörders als kausale, aber nicht objektiv zurechenbare Handlung betrachtet wird.[567] Nach den oben dargestellten Grundsätzen lässt sich etwas dann sogar schon nicht als Handlung zurechnen, wenn keine Plausibilität in Bezug auf den Erfolg vorliegt. Für den Tod eines Menschen die Zeugung des Täters als Tötungshandlung anzusehen fällt hierunter. Einer Uferlosigkeit des strafrechtlichen Handlungsbegriffs wird somit entgegengewirkt.

(2) Einordnung von KI-Verhalten nach dem natürlichen Handlungsbegriff

Lässt man mit der natürlichen Handlungslehre die bloße Willkürlichkeit des Verhaltens ausreichen, so kann man das Verhalten einer starken autonomen KI ohne Weiteres als Handlung subsumieren, soweit es ohne menschliche Steuerung vorgenommen wird. Die Regeln, nach denen der intelligente Agent zu seiner „Entscheidung" für eine Handlung gelangt, mögen zwar vorher (jedenfalls teilweise) implementiert worden sein. Jedoch wird das Puzzle aus Entscheidungsregeln, neu Gelerntem und insbesondere situativem sensorischem Input innerhalb des künstlichen neuronalen Netzwerks durch die KI selbst zusammengesetzt. Die KI greift somit selbsttätig in den Ablauf ein. Ferner würde man nach diesem Verständnis auch beim Menschen nicht dann die Handlung verneinen, wenn der handelnden Person von dritter Seite Richtlinien oder gar einigermaßen konkrete (in Abgrenzung zu einer Anstiftung oder einer Mittäterschaft) Verhaltensanweisungen gegeben worden wären. Der Antrieb zur Vornahme der konkreten Handlung in der konkreten Situation folgt aus ihr selbst. Insofern muss die Willens*getragenheit* im Hinblick auf die Handlung anders verstanden werden als die Willens*freiheit* im Rahmen der Schuld (Intentionalität einerseits und ebenfalls, aber unter anderen Voraussetzungen, zugerechnete persönliche Verantwortlichkeit andererseits, dazu später noch ausf. i.R.d. Schuld). Die Autonomie und Lernfähigkeit der KI ermöglicht damit bei rein natürlicher Betrachtungsweise auch ihre Handlungsfähigkeit.[568]

566 *Jakobs*, Der strafrechtliche Handlungsbegriff, S. 22; *Jescheck/Weigend*, Strafrecht AT, S. 220.

567 Schönke/Schröder/*Eisele*, Vor §§ 13 ff. Rn. 27; *Roxin/Greco*, Strafrecht AT I, § 8 Rn. 12; LK-StGB/*Walter*, Vor §§ 13 ff. Rn. 36.

568 A.A. *Lohmann*, Strafrecht im Zeitalter von Künstlicher Intelligenz, S. 110 f.

bb. Finaler Handlungsbegriff

(1) Dogmatik des finalen Handlungsbegriffs

Im Gegensatz dazu steht die, insb. von *Welzel* begründete, finale Handlungslehre. Hiernach ist Handlung die bewusste menschliche Ausübung einer vom Willen beherrschbaren, zielgerichteten Zwecktätigkeit und damit final und nicht bloß kausal.[569] Diese finale Überdetermination des Verhaltens drückt sich in der Erfolgskausalität des Verhaltens aus. Der Mensch könne die möglichen Folgen seines Verhaltens bis zu einem gewissen Grad voraussehen, sich darum verschiedene Ziele setzen und sein Verhalten im Hinblick auf diese Zielerreichung ausrichten.[570] An diese naturgegebene, mithin vorrechtliche Voraussetzung sei auch der Gesetzgeber gebunden, wenn er an eine Handlung anknüpfe. Der Handlungsbegriff sei demnach ontologisch und müsse damit rechtsgebietsübergreifend gültig sein.[571] Das angestrebte Ziel ist im Falle des Strafrechts mithin die Tatbestandsverwirklichung. Im Hinblick auf den historischen Verlauf des Verbrechensaufbaus ist es also *Welzels* Verdienst, dass die vorsatzbezogene Willensgetragenheit der Handlung, die vorher noch von *Beling* in der Schuld verortet wurde, nun in den Tatbestand gelangte und so die Normativierung des Schuldbegriffs einleitete, die im weiteren Verlauf dieser Arbeit noch von großer Relevanz sein wird.[572]

Dennoch muss dem finalen Handlungsbegriff folgendes entgegnet werden: Es leuchtet nicht ein, wie ein strafrechtlicher Handlungsbegriff ontologisch sein will, der eine Zweckgerichtetheit auf die Erfolgsverwirklichung beinhaltet, wenn sich der tatbestandliche Erfolg doch erst aus dem Gesetz ergibt, mithin normativ ist. Das Erfordernis dieser konkreten Zweckgerichtetheit lädt den Handlungsbegriff zudem zu stark normativ auf, der Handlungssinn wird hiernach allein aus der subjektiven Warte des Handelnden bewertet, denn für die konkrete Zweckgerichtetheit kommt es auf seine innere Willensrichtung an. Das kann bei einem ontologischen Begriff (und auch ansonsten) in dieser Absolutheit nicht richtig sein.[573] Dem Handlungsbegriff werden dadurch auch

---

[569] *Welzel*, Das Deutsche Strafrecht, S. 33; vgl. auch *Stratenwerth/Kuhlen*, Strafrecht AT, § 6 Rn. 6; *Krey/Esser*, Strafrecht AT, Rn. 289; vgl. auch *Kreuzberg*, Täterschaft und Teilnahme als Handlungsunrechtstypen, S. 76 f.

[570] *Welzel*, Das Deutsche Strafrecht, S. 33; jdf. insoweit zust. *Roxin*, ZStW 74 (1962), 515 (523); vgl. auch Weber/*Werner*, „Finale Handlungslehre".

[571] *Roxin*, ZStW 74 (1962), 515 (518 f.).

[572] *Ambos*, JA 2007, 1 (3).

[573] *Kindhäuser*, Intentionale Handlung, S. 189.

Elemente zugeordnet, die in den Bereich der Unrechts- oder Schuldlehre gehören, namentlich, ob das angestrebte Ziel i.S.d. Rechtsordnung erlaubt ist oder nicht.[574]

> *Der erwünschte ärztliche Heileingriff ließe sich nicht mehr eindeutig als strafrechtliche Handlung einordnen, denn die Ziele eines chirurgischen Eingriffs oder der Verabreichung einer Spritze sind grundsätzlich erlaubt.*

Das mit der Finalität verbundene Bewusstsein, dass das Ziel im Widerspruch zur Rechtsordnung steht (ergo den Tatbestand verwirklicht), käme schließlich einer Vorverlagerung des Vorsatzes gleich.[575] Durch diese starke Normativierung eignet er sich nicht mehr als vortatbestandlicher Oberbegriff, um die als wesentlich angesehene Abgrenzungsfunktion zu erfüllen. Zudem fielen automatisiertes oder Affektverhalten nicht unter diesen Begriff, da es in diesem Sinne an einer bewussten, zielgerichteten Steuerung fehlt.[576] Würde man solches Verhalten nicht als strafrechtlich relevant ansehen, so würde dies nicht zuletzt bei Fällen im Straßenverkehr Probleme bereiten. Ohnehin ist es lebensfremd, anzunehmen, jedes menschliche Handeln sei stets derart überlegt, dass man von Finalität im Sinne einer solchen Zielgerichtetheit sprechen könne.[577]

Die fehlende Zielgerichtetheit macht auch die Erfassung von Unterlassungs- und (vor allem unbewussten) Fahrlässigkeitsdelikten problematisch.[578] Der Unterlassungstäter nimmt ja gerade keinen Einfluss auf den Kausalverlauf und handelt damit auch nicht final im gleichen Sinne wie der Begehungstäter.[579] Denn ohne eine durch den Unterlassenden verursachte Zustandsveränderung

[574] *Roxin*, ZStW 74 (1962), 515 (524 ff.); *Baumann/Weber/Mitsch/Eisele*, Strafrecht AT, § 9 Rn. 12.

[575] *Gallas*, ZStW 67 (1955), 1 (6); MüKo-StGB/*Freund/Rostalski*, Vor § 13 Rn. 11; Schönke/Schröder/*Eisele*, Vor §§ 13 ff. Rn. 31.

[576] *Roxin/Greco*, Strafrecht AT I, § 8 Rn. 24; *Baumann/Weber/Mitsch/Eisele*, Strafrecht AT, § 9 Rn. 11.

[577] *Wessels/Beulke/Satzger*, Strafrecht AT, Rn. 143.

[578] *Krey/Esser*, Strafrecht AT, Rn. 289; *Baumann/Weber/Mitsch/Eisele*, Strafrecht AT, § 9 Rn. 13 ff.

[579] *Hirsch*, ZStW 93 (1981), 831 (851); *Roxin/Greco*, Strafrecht AT I, § 8 Rn. 20.

fehlt es hieran.[580] Das Unterlassen würde damit aus dem Handlungsbegriff herausgelöst.[581] Und ist bei der Fahrlässigkeit das Handlungsziel ein außertatbestandliches, fehlt es ebenfalls an der Finalität, da das Verhalten gerade nicht auf den Erfolg abzielt.[582] Beidem kann nur dadurch entgegengewirkt werden, indem man „unbewusste Finalität" oder die bloße Möglichkeit der finalen Beeinflussung ausreichen lässt.[583] Damit entfernt man sich aber bereits zu weit vom ursprünglichen finalen Handlungsbegriff.[584] Das gilt insbesondere dann, wenn man wie *Hirsch* die Finalität nur als „eine ungenaue Bezeichnung für das Erfordernis des Handlungswillens"[585] ansieht. Dann hat die Finalität keine eigenständige Bedeutung mehr, da auch nach dem natürlichen Handlungsbegriff eine nur irgendwie geartete Willensgetragenheit vorliegen muss.

(2) Einordnung von KI-Verhalten nach dem finalen Handlungsbegriff

Wenn man für eine Handlung deren Finalität im engeren Sinne voraussetzt, ist die Annahme von Handlungsfähigkeit für die KI schwieriger. Aufgrund der höheren normativen Anforderungen an den zugrundeliegenden Willen in Form von dessen Zielgerichtetheit, wäre bereits an dieser Stelle zu klären, ob und wenn ja inwieweit intelligente Agenten einen Willen bilden können, der gerade auf die Verwirklichung des Erfolgs abzielt. Das würde den Nachweis erfordern, dass der Agent sich eigene Ziele setzen kann, da die strafbare Verletzung von Rechtsgütern eigentlich keine Ziele sein dürfen, die sich aus seiner Programmierung ergeben (ansonsten wäre der Agent sicherlich nicht zulassungsfähig). Sie müssten also nachträglich hinzugetreten sein. Dass eine autonome KI aber aus sich heraus (quasi in Matrix- oder Terminator-Manier) solche schädlichen Neigungen entwickeln wird, wurde in § 2 bereits dem Reich der Science-Fiction zugeordnet. Schon insofern wäre mit einem finalistischen Handlungsverständnis die (jedenfalls strafrechtlich relevante) Handlungsfähigkeit einer KI nicht gegeben. Zu unterscheiden wäre das von dem Fall, dass eine KI ein erlaubtes Ziel verfolgt und dazu aber unerlaubte Wege einschlägt. Der Zweck heiligt selbstredend nicht die Mittel, allerdings wäre angesichts der

---

[580] *Kindhäuser*, Intentionale Handlung, S. 186.
[581] *Baumann/Weber/Mitsch/Eisele*, Strafrecht AT, § 9 Rn. 17. Das ist aber nur dann von wesentlicher Relevanz, wenn man den Zweck des Handlungsbegriffs noch in einem Verbindungselement erkennt, so etwa *Roxin/Greco*, Strafrecht AT I, § 8 Rn. 19
[582] *Kindhäuser*, Intentionale Handlung, S. 187; Matt/Renzikowski/*Renzikowski*, Vor § 13 Rn. 67.
[583] *Stratenwerth/Kuhlen*, Strafrecht AT, § 6 Rn. 7, 9; vgl. auch *Hirsch*, ZStW 93 (1981), 831 (861) „auf einer geringeren Bewusstseinsstufe".
[584] Schönke/Schröder/*Eisele*, Vor §§ 13 ff. Rn. 31.
[585] *Hirsch*, ZStW 93 (1981), 831 (863).

ja erlaubten Zielsetzung, auf die es nach der Finalität für die strafrechtliche Relevanz Willensgetragenheit ankommen soll, das Vorliegen einer Handlung nicht gegeben.

Zwar wäre es grundsätzlich denkbar, eine relevante Zielgerichtetheit des Willens normativ zuzuschreiben. Da es sich bei der Handlung nach der finalen Lehre aber um etwas Ontologisches handelt, wären zwei Dinge zu klären. Erstens, ob Finalität überhaupt einer Zuschreibung zugänglich wäre, also auch, woraus die Ontologie der Handlungsfähigkeit im finalen Sinne resultiert: aus naturgegebenen Voraussetzungen oder (eben auch beim Menschen) einer Zuschreibung. Und zweitens, ob die KI sich überhaupt als Zurechnungsobjekt eignet, also was die Fähigkeiten sind, die ein solches besitzen muss und ob die KI diese besitzt. Das würde insgesamt eine noch stärkere Normativierung des Handlungsbegriffs zur Folge haben. Das ist aus den oben genannten grundsätzlichen Bedenken hinsichtlich einer zu starken Normativierung der Handlung abzulehnen.

cc. Intentionale und personale Handlungslehre

(1) Dogmatik der intentionalen und personalen Handlungslehre

Dem finalen sowie dem natürlichen Handlungsbegriff nahe stehen der sog. intentionale Handlungsbegriff[586] bzw. der Handlungsbegriff der analytischen Handlungstheorie.[587] Es könne nicht sein, dass man die Handlung in keinerlei Bezug zu den zugrundeliegenden Motivationen zu setzen, sie also als „Ereignis statt als Relation" aufzufassen.[588] Anders als bei der Finalität soll es hier aber nicht auf eine *konkrete* Zweckgerichtetheit ankommen. Vielmehr reicht es aus, dass der Unrechtsvorwurf an ein beliebiges Handlungsziel des Täters anknüpft, welches aber auch bloß Zwischenziel in einer längeren Kette von Zielen oder bloß Nebenfolge eines Verhaltens sein kann.[589] Die Finalität wird quasi zu allen Seiten ausgedehnt. *Kindhäuser* erklärt diesen „Akkordeoneffekt" folgendermaßen: Wenn jemand intentional seinen Finger bewegt, dadurch einen Schalter anknipst, dadurch das Brennen einer Lampe verursacht, dadurch ein Raum beleuchtet wird und dadurch wiederum ein Einbrecher gewarnt wird,

---

[586] *Kindhäuser*, Intentionale Handlung, insb. S. 202 ff.; NK-StGB/*Puppe/Grosse-Wilde*, Vor §§ 13 ff. Rn. 49.

[587] Im Wesentlichen identisch mit dem intentionalen Handlungsbegriff, allerdings abweichend so bezeichnet von Matt/Renzikowski/*Renzikowski*, Vor § 13 Rn. 66.

[588] *Kindhäuser*, Intentionale Handlung, S. 184.

[589] NK-StGB/*Puppe/Grosse-Wilde*, Vor §§ 13 ff. Rn. 49; vgl. auch *Gallas*, ZStW 67 (1955), 1 (43) sowie *Schmidhäuser*, Strafrecht Allgemeiner Teil, 8/21.

dann warnt jemand auch einen Einbrecher.[590] Das Hauptziel, die Intention, in *Kindhäusers* Beispiel könnte so etwa gewesen sein, in der Küche Licht zu machen, um sich ein Glas Wasser zu holen. Das Warnen des Einbrechers im Haus war davon notwendige Nebenfolge.

Nicht zwingend erforderlich für eine Handlung ist also, dass der Täter jedes einzelne Zwischenziel bewusst wahrnimmt (auch nicht dasjenige, das zur Tatbestandsverwirklichung führt). Entscheidend ist vielmehr, dass der Täter wenigstens eine weitere Handlungsalternative zur Hauptzielerreichung zur Verfügung hat.[591] Die Entscheidung für das konkrete Mittel zur Zielerreichung beruht dabei auf der Anwendung von Regeln.[592] Das bedeutet: Weil erfahrungsgemäß (oder jedenfalls erhofft) bei einem bestimmten Verhalten eine bestimmte Hauptfolge eintritt, wird dieses Verhalten gewählt. Die Zuschreibung eines Verhaltens als Handlung in Bezug auf eine Haupt- oder Nebenfolge gelingt dann, wenn ein Effekt in der Außenwelt regelgemäß als eine solche Haupt- oder Nebenfolge der gewählten Verhaltensalternative eintritt. Und strafrechtlich relevant wird die Handlung denklogisch dann, wenn der Täter sich für die in einem ihrer regelgemäßen Ergebnisse tatbestandsverwirklichende Verhaltensalternative entscheidet.

Der intentionale Handlungsbegriff relativiert somit die obige Kritik an der Finalität, sie mache die Erfassung von Fahrlässigkeitsdelikten problematisch, da es hiernach nicht auf ein bestimmtes Handlungsziel ankommt, sondern sozusagen jede irgendwie geartete Intention zur Ausübung eines Verhaltens ausreicht.[593] Zurechnungsgrund für die Fahrlässigkeit ist bei der Intentionalität also, dass eines der Handlungsziele regelbasiert die unerlaubte Gefahr schafft. Durch die Handlung bringt der Handelnde zum Ausdruck, dass die Norm, gegen die er verstößt, keine Geltung habe, indem er die Regeln i.S.e. Wenn-Dann-Verknüpfung, die zur Erreichung des tatbestandlichen Zwischenziels eingehalten werden müssen beachtet (Vorsatz) bzw. missachtet (Unterlassen, Fahrlässigkeit).[594]

---

[590] *Kindhäuser*, Intentionale Handlung, S. 160 f.

[591] *Kindhäuser*, ZIS 2016, 574 (584); *Kindhäuser/Zimmermann*, Strafrecht AT, § 5 Rn. 14; vgl. auch *Roxin/Greco*, Strafrecht AT I, § 8 Rn. 50.

[592] Matt/Renzikowski/*Renzikowski*, Vor § 13 Rn. 66.

[593] NK-StGB/*Puppe/Grosse-Wilde*, Vor §§ 13 ff. Rn. 49; *Gallas*, ZStW 67 (1955), 1 (43); Matt/Renzikowski/*Renzikowski*, Vor § 13 Rn. 67; a.A. *Roxin/Greco*, Strafrecht AT I, § 8 Rn. 50.

[594] *Jakobs*, Der strafrechtliche Handlungsbegriff, S. 25; Matt/Renzikowski/*Renzikowski*, Vor § 13 Rn. 67.

Mit dieser Ansicht lässt sich auch die oben[595] vertretene Auffassung stützen, es komme für die Annahme von Fahrlässigkeit auf einen individuellen Maßstab an. Denn der Täter hat nur dann eine (straflose) Handlungsalternative zur Verfügung, wenn er auch tatsächlich die Fähigkeiten besitzt, diese zu ergreifen („intentionale Normbefolgungsfähigkeit“[596]). Diejenigen Wenn-Dann-Regeln, auf denen die Wahl der Handlungsalternative beruht, die dabei der persönlichen Erfahrung entsprechen und zu einem tatbestandslosen Haupt- oder Zwischenziel führen, umreißen die gebotene Sorgfalt.[597] Erfahrungsregeln eines anderen können dabei nicht zwangsläufig auch für den Handelnden gelten: Ist ein Ziel oder Zwischenziel nach seinen Möglichkeiten nicht erreichbar, so kann er gar nicht zum Ausdruck bringen, die Norm habe Geltung bzw. sei ohne Geltung.[598] Um das Beispiel mit dem Lichtschalter wieder zu bemühen: Angenommen, das Warnen eines Einbrechers wäre strafbar, so wäre die Handlung des Anknipsens des Schalters dennoch keine strafrechtlich relevante, weil keine individuelle Kenntnis der Anwesenheit des Einbrechers bestand und so auch die Nebenfolge des Warnens nicht erkennbar. Insofern bestünde kein Unterschied zum finalen Handlungsbegriff

> *Allerdings ließe der obige Fall mit dem Rasierer in der Badewanne sich nach dem intentionalen Handlungsbegriff wiederum als eine solche (fahrlässige) Handlung klassifizieren: Das Hauptziel war, Besorgungen zu machen, die Kinder dabei unbeaufsichtigt neben dem Rasierer baden zu lassen notwendiges Zwischenziel. Bei der Berücksichtigung seiner persönlichen Erfahrung (er war nach den Feststellungen des Tatgerichts im Vorfeld von einer Umgangspflegerin darüber aufgeklärt worden, dass Kinder in diesem Alter beim Baden nicht unbeaufsichtigt bleiben dürfen), wäre für ihn erkennbar gewesen, dass mit dem Zwischenziel die Gefahr des Erfolgseintritts verbunden war.*
>
> *Auch der erwünschte ärztliche Heileingriff wäre zweifelsfrei (kausale und objektiv zurechenbare) Handlung. Das intentionale Ziel ist die Heilung, während die Körperverletzung, z.B. durch das Verwenden eines Skalpells oder das Spritzen eines Medikaments, hierzu notwendiges tatbestandliches Zwischenziel ist.*

---

[595] § 3 A. II. 1. b. bb.
[596] *Kindhäuser/Zimmermann*, Strafrecht AT, § 5 Rn. 15.
[597] Matt/Renzikowski/*Renzikowski*, Vor § 13 Rn. 66.
[598] *Jakobs*, Der strafrechtliche Handlungsbegriff, S. 25.

Dem intentionalen Handlungsbegriff wesensverwandt ist derjenige Begriffe, der in der Handlung eine Persönlichkeitsäußerung erkennt.[599] Persönlichkeitsäußerung sei alles, was sich einem Menschen als seelisch-geistiges Aktionszentrum zurechnen lässt.[600] Das, was im Rahmen der intentionalen Handlungslehre unter Entscheidbarkeit hinsichtlich der individuell möglichen Handlungsalternativen verstanden wird, ist insoweit mit der Persönlichkeitsäußerung gleichzusetzen.[601] Die Entscheidung, das intentionale Ziel auf eine bestimmte Art und Weise zu verfolgen, trägt insofern die Überlegungen und Abwägungen des inneren Entscheidungsprozesses des Handelnden nach außen.

Roxin/Greco, als exponierteste Vertreter der – jedenfalls begrifflich – auf *Kaufmann* zurückzuführenden personalen Handlungslehre, halten dem intentionalen Handlungsbegriff entgegen, er habe im Falle eines unerkannten Zwischenziels das gleiche Problem, wie die finale Handlungslehre, wenn sie aufgrund der o.g. Kritik auf bloß potentielle Finalität abstelle.[602] Dagegen lässt sich aber sagen, dass potentielle Finalität im Ergebnis nichts anderes meint als das Aufbrechen der Eingrenzung der Finalität auf den vorsätzlich erfüllten Tatbestand und damit ja gerade dessen, was Finalität i.d.S. ausmachen soll. Die dogmatische Verrenkung über die potentielle Finalität beschreibt im Ergebnis lediglich das, was im Rahmen der Intentionalität als Zwischenziel oder Nebenfolge bezeichnet wird. Der Unterschied ist nur, dass bei der potentiellen Finalität die „übergeordnete" Intention (und das damit i.e.S. finale Hauptziel) nicht zwingend näher betrachtet werden muss, während beim intentionalen Handlungsbegriff Haupt- und Zwischenziel durch die soeben postulierten regelhaften Verknüpfungen zueinander in Bezug gesetzt werden.

Intentionalität und die damit verbundene Persönlichkeitsäußerung lassen sich also hinsichtlich des Grades an Normativität des Handlungsbegriffs zwischen Kausalität i.S.d. natürlichen Handlungslehre (die das Erkennen einer Handlungsalternative nicht erfordert) und Finalität verorten (die in Reinform das Abzielen auf eine konkrete, tatbestandliche Handlungsalternative erfordert).

Zurecht wird gegen eine rein natürlich-kausalistische Betrachtung aber angemerkt, dass jedenfalls rein logisch eine separate Betrachtung von Handlung

---

[599] Fischer/*Fischer/Anstötz*, Vor § 13 Rn. 6; *Roxin/Greco*, Strafrecht AT I, § 8 Rn. 44 f; zust. SSW/*Kudlich*, Vor §§ 13 ff. Rn. 13.
[600] *Roxin/Greco*, Strafrecht AT I, § 8 Rn. 44.
[601] *Roxin/Greco*, Strafrecht AT I, § 8 Rn. 50.
[602] *Roxin/Greco*, Strafrecht AT I, § 8 Rn. 50 sowie dort in Fn. 159.

und zugrundeliegendem Willen nur schwerlich gelingen kann.[603] Aus diesem Grund erscheint der intentionale Handlungsbegriff der vorzugswürdige zu sein, da er einerseits der Vortatbestandlichkeit gerecht wird und gleichzeitig auf normativer Ebene nicht zu viel verlangt bzw. solche Kriterien, die dann wiederum über die Zwecke eines solchen Begriffs hinausgehen.

Durch die Beschränkung auf das bloße Bilden von Fallgruppen, wann Handlung vorliege und wann nicht, wird von den meisten wohl dem natürlichen bzw. Handlungsbegriff gefolgt, sei es ausdrücklich[604] oder jedenfalls im Ergebnis durch den bloßen Ausschluss von Nicht-Handlungen.[605]

(2) Einordnung von KI Verhalten nach dem intentionalen bzw. personalen Handlungsbegriff

Nach der intentionalen Handlungslehre genügt es für eine Handlung, wenn erkanntermaßen oder erkennbar mindestens zwei Handlungsalternativen hinsichtlich eines finalen Ziels vorliegen und mit der gewählten Alternative regelmäßig Zwischenziele oder Nebenfolgen verbunden sind. Insofern ließe sich die Handlungsfähigkeit bejahen, denn der Zweck des Verhaltens wird durch die Programmierung vorgegeben. Es wäre zudem mittels eines (diesbezüglich umso mehr erforderlichen) Protokollschreibers nachprüfbar, ob der Agent fähig gewesen wäre, anhand der durch seine Erfahrung und die durch einen etwaigen Trainingsdatensatz gegebenen Wenn-Dann-Verknüpfungen diejenige Handlungsalternative auszuwählen, die nicht den Tatbestand als Zwischenziel gehabt, also eine rechtlich missbilligte Gefahr geschaffen hätte. Zu Beginn wurde auch bereits festgestellt, dass eine KI selbsttätig erkennen kann, dass sie mehrere Handlungsalternativen zur Verfügung hat sowie, dass sie die Erfolgswahrscheinlichkeiten für jede Alternative abwiegt und dann entscheidet.[606] Insofern besitzt die KI also Folgenbewusstsein und verhält sich damit intentional. Die Handlungsfähigkeit wäre hiernach gegeben.

Die Annahme von Handlungsfähigkeit nach der personalen Handlungslehre ist hingegen problematisch, da erstens fraglich ist, ob die KI eine Persönlichkeit in diesem Sinne hat und wenn ja, ob das Verhalten auch tatsächlich Ausfluss

[603] *Kindhäuser*, Intentionale Handlung, S. 183 f.; vgl. auch *Jakobs*, Der strafrechtliche Handlungsbegriff, S. 23
[604] So etwa MüKo-StGB/*Freund/Rostalski*, Vor § 13 Rn. 6; *Walter*, Der Kern des Strafrechts, S. 27 ff. m.w.N.
[605] *Heinrich*, Strafrecht AT, Rn. 211; *Krey/Esser*, Strafrecht AT, Rn. 293 ff.
[606] S.o. § 2 A. II. d.

derselben ist. Hierfür kommt es darauf an, wie man Persönlichkeit i.d.S. versteht. *Roxin/Greco* als vorrangige Vertreter des personalen Handlungsbegriffs lehnen eine Handlungsfähigkeit ausdrücklich ab.[607] Sie bleiben jedoch eine ausreichend präzise Erklärung schuldig, worin genau diese Persönlichkeit bestehen soll. Ihr Ergebnis erscheint angesichts der von ihnen sogar selbst festgestellten direkten Nähe zur intentionalen Handlungslehre widersprüchlich. Geht man nun aber davon aus, dass die Persönlichkeitsäußerung keine zugrundeliegende „innere" Persönlichkeit im engeren, philosophisch-anthropozentrischen Sinne meint, sondern nur die äußerlich sichtbare Manifestation innerer Entscheidungsprozesse, sieht das wiederum anders aus. So machen doch die vom Individuum getroffenen Entscheidungen einen nicht unwesentlichen Teil der Persönlichkeit aus, da sie eben Ausfluss des zugrundeliegenden inneren Wertesystems sind. Auch insofern läge also Handlungsfähigkeit vor.

dd. Sozialer Handlungsbegriff

(1) Dogmatik des sozialen Handlungsbegriffs

Nach der sog. sozialen Handlungslehre ist Handlung das vom menschlichen Willen beherrschte oder beherrschbare sozialerhebliche Verhalten.[608] Verhalten meint dabei jede Antwort des Menschen auf eine erkannte oder erkennbare Situationsanforderung durch Verwirklichung einer ihm zu Gebote stehenden Reaktionsmöglichkeit.[609] Die Sozialerheblichkeit ergebe sich daraus, dass das Verhalten die Lebenssphäre von Mitmenschen berührt, also sinnhaft gestaltender Faktor der sozialen Wirklichkeit ist.[610] Natürlicher und sozialer Handlungslehre ist dabei gemeinsam, dass sie für das Vorliegen einer Handlung nicht auf den inneren Gehalt des zugrundeliegenden Willens abstellen.[611] Es handelt sich somit im Prinzip um eine Ergänzung des nach dem natürlichen Begriff geforderten Willens um dessen Sozialerheblichkeit im Außenverhältnis.[612] Sozial-

---

[607] *Roxin/Greco*, Strafrecht AT I, § 8 Rn. 66f.

[608] *Jescheck/Weigend*, Strafrecht AT, S. 223; *Kaspar*, Strafrecht AT, § 4 Rn. 5; *Wessels/Beulke/Satzger*, Strafrecht AT, Rn. 141 ff.; vgl. auch *Roxin/Greco*, Strafrecht AT I, § 8 Rn. 27 m.w.N. zu einzelnen Ausprägungen des sozialen Handlungsbegriffs; dazu auch *Kindhäuser*, Intentionale Handlung, S. 189 ff. mw.N.

[609] *Jescheck/Weigend*, Strafrecht AT, S. 223; vgl. auch *Wessels/Beulke/Satzger*, Strafrecht AT, Rn. 141 m.w.N. zu weiteren, im Wesentlichen aber bedeutungsgleichen Spielarten der Sozialerheblichkeit.

[610] Matt/Renzikowski/*Renzikowski*, Vor § 13 Rn. 68; *Kaspar*, Strafrecht AT, § 4 Rn. 13.

[611] Lackner/Kühl/Heger/*Heger*, Vor § 13 Rn. 7.

[612] *Walter*, Der Kern des Strafrechts, S. 35; Lackner/Kühl/Heger/*Heger*, Vor § 13 Rn. 7.

erheblichkeit müsste im strafrechtlichen Kontext dabei denklogisch eng verstanden werden, da die Verbrechenslehre nicht jede irgendwie relevante Facette eines Verhaltens abzugrenzen vermag.[613]

Eine wesentliche Kritik besteht allerdings darin, dass die Sozialerheblichkeit im Prinzip eine Leerformel ist, die für das Strafrecht keinerlei Erkenntnisgewinn liefert und allenfalls mit erheblichen wertungsmäßigen Unschärfen einhergeht.[614] Der soziale Handlungsbegriff ist im Kern das, was oben als Handlung im allgemeinen Sinne bezeichnet wurde und entbehrt somit einer für das Strafrecht spezifischen Begründung der Zurechnung eines Verhaltens als Handlung. Die Einbeziehung der Sozialerheblichkeit kann für das Strafrecht zudem schon nicht ohne die Berücksichtigung auch des gesetzlichen Tatbestands gelingen. Denn dieser formuliert für die Unterlassungsdelikte ausdrücklich eine objektive gesellschaftliche und soziale Handlungserwartung, anhand derer die Sozialerheblichkeit des Verhaltens dann festgemacht werden kann.[615] Zwar ist nicht jede soziale Handlungserwartung auch zugleich eine rechtliche, umgekehrt allerdings schon (jedenfalls unter der Prämisse, dass man in einem Rechtsstaat lebt).[616]

Es muss schließlich noch konstatiert werden, dass ein Abstellen auf die Sozialerheblichkeit die Abgrenzungsfunktion des Handlungsbegriffs nicht zu erfüllen vermag. Auch Verhalten, welches eigentlich gerade nicht strafrechtlich relevant sein soll, ließe sich angesichts der relativen Uferlosigkeit hierunter fassen. Sozialerheblich, also für die Gesellschaft (die ja nur die Summe der in ihr lebenden Menschen ist) von Bedeutung, sind auch erfolgsverwirklichende Kurzschlusshandlungen oder Naturgewalten.[617] Hat der Autofahrer einen Schlaganfall und überfährt deshalb einen Kinderwagen (vgl. o. den „Aschaffenburger Fall“[618]), so ist dies für die Gesellschaft sehr wohl von Bedeutung. Betrinkt sich der Alkoholiker und fällt dann torkelnd in eine Schaufensterscheibe, so ist dies sozialerhebliches Folgeverhalten seiner Suchterkrankung bzw. deren Ursachen.[619] Eine Normativierung der Handlung auf diese Weise geht somit deutlich über dasjenige hinaus, was durch den Handlungsbegriff

[613] *Walter*, Der Kern des Strafrechts, S. 30 f.
[614] *Krey/Esser*, Strafrecht AT, Rn. 292; *Walter*, Der Kern des Strafrechts, S. 35 f.; *Heinrich*, Strafrecht AT, Rn. 210.
[615] *Roxin*, ZStW 82 (1970), 675 (681).
[616] Vgl. *Gallas*, ZStW 67 (1955), 1 (12).
[617] *Walter*, Der Kern des Strafrechts, S. 35 f.; vgl. auch *Heinrich*, Strafrecht AT, Rn. 210, jeweils u.a. zur vorliegenden Sozialerheblichkeit des „Tothexens“.
[618] S.o. § 3 A. III. 2.
[619] Vgl. hierzu MüKo-StGB/*Freund/Rostalski*, Vor § 13 Rn. 142.

eigentlich angestrebt ist und was angesichts der Anknüpfung des strafrechtlichen Handlungsbegriffs an den Gesetzeswortlaut noch vertretbar ist.

(2) Einordnung von KI-Verhalten nach dem sozialen Handlungsbegriff

Die soziale Handlungslehre hat bei der Einordnung von KI-Verhalten erhebliche wertungsmäßige Probleme. Denn ob ein Verhalten sozialerheblich ist oder nicht, unterliegt bereits begrifflich dem Urteil derjenigen, die von dem Verhalten betroffen sind: die Gesellschaft bzw. ihre Teile, also die Vielzahl an Individuen.[620] Man könnte nun entweder annehmen, dass quasi jedes KI-Verhalten gegenüber Menschen sozialerheblich sei, da durch die Interaktion unmittelbar Einfluss auf deren Lebenssphäre genommen würde. Oder aber, es wäre der allgemeinen (und damit sozialen) Wahrnehmung unterworfen, ob es sich bei dem Verhalten der KI um ein eigenes handelt oder ein solches, welches sich noch aus der ursprünglichen menschlichen Einflussnahme ergibt. Wenn die Allgemeinheit die Sozialerheblichkeit eines KI-Verhaltens nicht aus ihr selbst, sondern aus den dahinterstehenden Menschen ableitet, wäre die Handlungsfähigkeit somit nicht gegeben. Dieses zuschreibende Element ist allerdings keine Frage, die bereits im Rahmen der Handlung geklärt werden sollte. Insoweit trifft hier die oben vorgebrachte Kritik zu, dass der Begriff der Sozialerheblichkeit entweder viel zu weit greift oder aber eine zu starke normative Aufladung des Handlungsbegriffs erfolgt, was jeweils dem angestrebten Zweck zuwiderläuft.

ee. Stellungnahme

Die zentrale Gemeinsamkeit aller verschiedenen Handlungsbegriffe ist, in unterschiedlich starker Ausprägung, die Willenssteuerung bzw. Willenssteuerbarkeit des Verhaltens.[621] Nach den hier und von der Mehrheit als vorzugswürdig erachteten Handlungsverständnissen wäre die Handlungsfähigkeit starker intelligenter Agenten somit zunächst gegeben. Dies gilt jedenfalls im Hinblick auf das Erfordernis der Willensgetragenheit.

---

[620] Vgl. insoweit *Walter*, Der Kern des Strafrechts, S. 35.

[621] *Kaspar*, Strafrecht AT, § 4 Rn. 8.

In diesem Erfordernis liegt wiederum begründet, dass in den Handlungsdefinitionen auf das Menschsein Bezug genommen wird, indem zum Teil ausdrücklich ein „menschliches" Verhalten erforderlich ist.[622] Es wird davon ausgegangen, dass nur der Mensch einen solchen Willen haben kann. Ginge man eng mit diesem Wortlaut, wäre das Verhalten eines intelligenten Agenten dann generell nicht geeignet, überhaupt eine Handlung vorzunehmen, schon gar nicht eine solche, die Straftatbestände zu erfüllen vermag.

Dabei muss allerdings beachtet werden, dass die Eigenschaft als zur Willensbildung fähiger *Mensch* hier wohl eher dem Ausschluss solchen Verhaltens dienen sollte, das tierisch ist bzw. juristischen Personen ausgeht (zu letzteren sogleich). Tiere werden demgegenüber als instinkt- oder triebgesteuert wahrgenommen. Komplexeres Folgenbewusstsein haben sie nicht, sozial-ethische Abwägungen können sie nicht vornehmen. Die Existenz einer in ihren Fähigkeiten diesbezüglich menschengleichen oder –ähnlichen Entität dürfte bei den Überlegungen indes noch keine Rolle gespielt haben. Insofern kann also bezweifelt werden, dass die Willensgetragenheit im menschlichen Sinne die Identität neurologischer Vorgänge im Inneren der Maschine mit solchen des Menschen zum Inhalt haben muss. Es ist nun also fraglich, ob die Übertragbarkeit der Willensgetragenheit und damit der Handlungsfähigkeit auf intelligente Agenten möglich ist.

Nicht ganz zu Unrecht ließe sich die Übertragbarkeit anzweifeln. Schon ganz intuitiv hätten wohl nicht wenige (Juristen wie nicht Nicht-Juristen[623]) ein Störgefühl, welches sich vereinfacht mit „Es passt irgendwie nicht so recht" zusammenfassen lässt. Begründet ist dies darin, dass das Strafrecht und auch die dem Handlungsbegriff zugrundeliegenden rechtsphilosophischen Überlegungen von Menschen für Menschen angestellt wurden.[624] Ob die oben genannten Begriffe für intelligente Agenten taugen bedarf daher einer weitergehenden Betrachtung.

2. Die strafrechtliche Handlung im Rahmen einer Verbandsstrafbarkeit

In der rechtlichen Auseinandersetzung mit dem Handlungsbegriff wird bereits in Bezug auf eine weitere nicht-menschliche Entität die Diskussion über deren

---

[622] *Walter*, Der Kern des Strafrechts, S. 31.
[623] Das war jedenfalls die wiederkehrende subjektive Wahrnehmung des Verf. bei Gesprächen über sein Dissertationsvorhaben.
[624] So bereits *Quarck*, ZIS 2020, 65 (67).

Handlungsfähigkeit geführt: die juristische Person bzw. Verbände. Im Folgenden wird diese Diskussion näher betrachtet und untersucht, ob sich aus den dortigen Ansätzen Rückschlüsse für die KI ziehen lassen.

a. Der aktuelle Stand national und international im Überblick

Das deutsche Strafrecht kennt bisher noch keine Strafbarkeit von juristischen Personen. Eine Sanktionierung organisatorischer Mängel eines Unternehmens kommt für dieses selbst allenfalls gem. § 30 OWiG oder Art. 83 DSGVO in Form einer Geldbuße infrage. Möglich ist zudem die Einziehung von Taterträgen gem. der §§ 73 ff. StGB. Diese Sanktionsmöglichkeiten betreffen in ihrer tatsächlichen Folge zwar unmittelbar das Unternehmen. Es wird aber jeweils auf eine natürliche Person, als Mittler, rekurriert: „jemand“ in § 30 OWiG, „der Täter oder Teilnehmer“ in §§ 73 ff. StGB, beispielsweise der CEO, der in Drittbereicherungsabsicht zugunsten seiner Firma betrogen hat. Es werden also fremde Handlung und fremdes Verschulden zugerechnet. Die übrigen Normen (§ 14 StGB, §§ 9, 29, 130 OWiG) betreffen allesamt nur die individuelle Sanktionierung der vertretungsberechtigten Personen.

Interessant ist insofern Art. 83 Abs. 2 S. 2 lit. d) DSGVO, der hinsichtlich des Ob und der Höhe der Geldbuße nach dem „Grad der Verantwortung des Verantwortlichen oder des Auftragsverarbeiters“ fragt. Dabei ist „Verantwortlicher“ gem. Art. 4 Nr. 7 DSGVO „die natürliche oder juristische Person, Behörde, Einrichtung oder andere Stelle, die allein oder gemeinsam mit anderen über die Zwecke und Mittel der Verarbeitung von personenbezogenen Daten entscheidet.“ Eine juristische Person trifft Entscheidungen aber womöglich gar nicht „selbst“, sondern durch ihre Vertretungsberechtigten (natürlichen) Personen und Gremien. Wie sich dies auswirkt, wird Teil der Untersuchung sein.

Das jedenfalls rechtspolitische Bedürfnis einer Verbandsstrafbarkeit besteht zweifelsohne[625], da große Prozesse des „white-collar-crime“ allzu oft nur schwer zu einem Abschluss kommen, der Rechtsfrieden stiftet.

> *Prominente Beispiele für Unternehmen als „Straftäter“ hierzulande sind die Prozesse um Cum-Ex oder die VW-Abgas-Affäre.*[626]

---

[625] Statt vieler *Schünemann*, ZIS 2014, 1 (13 f.).

[626] Auch hier liegt übrigens ein spannendes Einsatzgebiet für KI. In seinem Vortrag auf einer Tagung an der Universität Hamburg berichtete ein u.a. mit Cum-Ex betrauter Strafverteidiger, dass Ermittlungsakten zum Teil mit einem Kleintransporter angeliefert werden mussten. Bereits die

Denn einerseits gestaltet sich eine umfassende faktische Sachverhaltsaufklärung hinsichtlich der jeweiligen Rolle von involvierten Einzelpersonen regelmäßig als nicht unproblematisch.[627] Und andererseits sind die Besonderheiten zu beachten, die ein Unternehmen strukturell mit sich bringt. Das ist erstens die Gefahr, dass sich individuelle Verantwortung nicht genau benennen lässt, da die Organisationsstruktur innerhalb eines Unternehmens so dezentralisiert ist, dass eine nach außen verwirklichte Schädigung nicht mehr einzeln zugerechnet, beziehungsweise nur unzureichend über die Verletzung von Organisationspflichten sanktioniert werden kann.[628] Und zweitens ist, selbst wenn eine individuelle Verantwortlichkeit nachgewiesen werden kann, zu berücksichtigen, dass aufgrund von Abhängigkeitsverhältnissen, gegenseitiger Bestärkung oder Entlastung unternehmensspezifische Strukturen das Unrecht mindestens nicht unerheblich beeinflusst haben können.[629] Problematisch ist auch der in § 30 OWiG auf 10 Millionen Euro begrenzte Bußgeldrahmen, welcher vor allem für große Unternehmen zu niedrig angesetzt sei.[630] Hinzu kommt, dass wenn Einzelpersonen aus dem Unternehmen belangt werden, das Unternehmen diesen rechtmäßigerweise etwaige Geldstrafen erstatten darf.[631] Außerdem fallen diese Geldstrafen gegenüber natürlichen Personen naturgemäß niedriger aus, als sie gegenüber dem Unternehmen bemessen werden würden.[632]

In der jüngeren Vergangenheit hat es daher wiederholt Bestrebungen gegeben, eine Unternehmensstrafbarkeit in Deutschland einzuführen. 2013 gab es in Nordrhein-Westfalen einen Gesetzesantrag zur Einführung der strafrechtlichen

---

schiere Fülle, aber auch die Komplexität der Fälle erschwert eine effektive Strafverfolgung erheblich und führt nicht selten dazu, dass kein wirklicher Rechtsfrieden hergestellt werden kann. KI kann die Ermittler z.B. insoweit unterstützen, als dass riesige Datenmengen, etwa Bilanzen oder E-Mail-Verläufe, nach Schlagwörtern oder Mustern durchforsten, so dass diese mühselige und zeitaufwändige Kleinarbeit nicht mehr von Menschen übernommen werden muss. Das birgt wiederum prozessrechtliche Probleme, etwa hinsichtlich der Rechte des Beschuldigten, *Schneider*, ZIS 2020, 79.

[627] *Seelmann*, Kollektive Verantwortung im Strafrecht, S. 13 f.

[628] *Freier*, GA 2009, 98 (101); *Seelmann*, Kollektive Verantwortung im Strafrecht, S. 13; BeckOK-OWiG/*Meyberg*, § 30 Rn. 2; vgl. für einige Beispiele auch *Schmitt-Leonardy*, Unternehmenskriminalität ohne Strafrecht?, Rn. 166 ff.

[629] *Freier*, GA 2009, 98 (101); *Henssler et al.*, NZWiSt 2018, 1 (8 f.); Dölling/Duttge/König/Rössner/*Tag*, § 14 StGB Rn. 23.

[630] *Henssler et al.*, NZWiSt 2018, 1 (5).

[631] BGHSt 37, 226.

[632] *Hirsch*, ZStW 107 (1995), 285 (287).

Verantwortlichkeit von Unternehmen und sonstigen Verbänden, welcher jedoch scheiterte.[633] 2017 legte die Forschungsgruppe Verbandsstrafrecht den „Kölner Entwurf eines Verbandssanktionengesetzes“ vor, worauf allerdings kein Gesetzgebungsverfahren folgte.[634] Im Juni 2020 wurde von der Bundesregierung ein Entwurf eines Gesetzes zur Stärkung der Integrität in der Wirtschaft[635] veröffentlicht, welcher ein Gesetz zur Sanktionierung von verbandsbezogenen Straftaten (Verbandssanktionengesetz – VerSanG) enthielt. Das daraufhin angestrengte Gesetzgebungsverfahren scheiterte jedoch letztendlich rund ein Jahr später.

Im Gegensatz dazu die US-amerikanische Rechtsordnung und die vieler europäischer Staaten eine Unternehmensstrafbarkeit.[636] Wie oben aber bereits erläutert, darf das bloße rechtspolitische Bedürfnis (oder gar der Umstand, dass „andere es auch so machen“) allein noch nicht unmittelbar zu einer Normsetzung führen.[637] Nur, weil ein Ergebnis erwünscht ist, können nicht rechtsdogmatische Prinzipien über Bord geworfen werden. Das gilt sowohl für eine Verbandsstrafbarkeit als auch für die Strafbarkeit elektronischer Personen. Beide Ansätze sehen sich daher fundamentaler Kritik ausgesetzt. Allerdings können Prinzipien durchaus an neue Situationen angepasst werden, soweit sie dabei nicht gänzlich ausgehöhlt werden.

b. Kritik an einer Verbandsstrafbarkeit im Hinblick auf die Handlung

Die juristische Auseinandersetzung um die unmittelbare Sanktionierung von Unternehmen ist kein Phänomen der Neuzeit.[638] Bereits dem römischen Recht wird der Ausspruch „societas delinquere non potest“ (lat.: die Gesellschaft kann sich nicht vergehen) zugeschrieben. Dieses „unverrückbare Dogma“[639]

---

[633] *<https://www.landtag.nrw.de/portal/WWW/dokumentenarchiv/Dokument/MMI16-127.pdf>* (abgerufen am 27.07.2025); vgl. dazu auch *Hoven/Kubiciel*, *<www.zeit.de/2018/04/korruption-strafrecht-mitarbeiter-firmen-ermittlungspflicht>*(abgerufen am 27.07.2025).

[634] *Henssler et al.*, NZWiSt 2018, 1.

[635] *<https://www.bmj.de/SharedDocs/Gesetzgebungsverfahren/Dokumente/RegE_Staerkung_Integritaet_Wirtschaft.pdf;jsessionid=93B67EC2FC55F6E16C9B6F3164587D64.1_cid297?__blob=publicationFile&v=2>* (abgerufen am 04.04.2022).

[636] Vgl. für eine Übersicht der europäischen Staaten *<https://www.bundestag.de/resource/blob/539400/9f7fe461015429dc5f71c4c3d2816704/wd-7-070-17-pdf-data.pdf>* (abgerufen am 27.07.2025).

[637] Vgl. auch *Freier*, GA 2009, 98.

[638] Für eine ausf. hist. Darstellung *Eidam*, Der Organisationsgedanke im Strafrecht, S. 240 ff.

[639] *Tiedemann*, NJW 1988, 1169.

der kontinentaleuropäischen Rechtsgeschichte fußt dabei nach heutigem Verständnis materiellrechtlich auf drei Erwägungen: Kritisiert werden die fehlende Handlungsfähigkeit oder jedenfalls die fehlende Schuldfähigkeit sowie, dass eine Sanktion dann ihrem Wesen nach keine Kriminalstrafe darstellen würde. Insoweit gleichen sich Unternehmens- und KI-Strafbarkeit hinsichtlich der zentralen Kritikpunkte. An dieser Stelle soll es um die Bedenken bezüglich der Handlungsfähigkeit gehen (wobei dies gedanklich natürlich nicht gänzlich von der Schuld getrennt werden kann, da es letztlich die Handlung sein muss, die schuldhaft vorgenommen wurde).

Es wird angeführt, Verbände könnten nicht selbst, sondern nur durch ihre Organe handeln, deren Verhalten ihnen als eigenes (wenn überhaupt) nur zugerechnet werde.[640] Es fehle Verbänden insoweit an „psychisch-geistiger Substanz", so dass sie diesbezüglich selbst nicht nach außen in Erscheinung treten könnten.[641] Dieser Auffassung war auch bereits *von Savigny* vor fast 200 Jahren.[642] Nach dessen Fiktionstheorie beruhe das Dasein des Verbandes allein auf dem individuellen Willen ihrer Vertreter, welcher in Folge einer Fiktion zugerechnet werden.[643] Die Verfehlungen des Unternehmens sind hiernach insoweit personalisierbar.[644] Ein Handeln ohne eigenes Wollen könne aber nur im Zivilrecht Wirkung entfalten, nicht aber im Strafrecht.[645]

Die Kritik zielt also darauf ab, dass ein Verband schon seinem Wesen nach keine eigene Identität in diesem Sinne besitzt. Das vertritt auch *von Freier*, der die sich innerhalb des Verbands abspielenden „sozialen Sachverhalte" als rein objektiv ansieht.[646] Zwar könne man diese (unternehmens-)kulturellen und sozialen Prozesse und deren Bedeutung nicht leugnen. Es fehle ihnen allerdings an Subjektivität im Sinne eines Selbstbewusstseins und Reflexionsvermögens, welche zu einem in sich reflektierten Willen befähigen, der sich wiederum in dem persönlichen Geltungsverlust von Rechtsnormen (also der Begehung einer rechtswidrigen Tat) ausdrücken könne.[647]

---

[640] *Jescheck/Weigend*, Strafrecht AT, S. 227; *Baumann/Weber/Mitsch/Eisele*, Strafrecht AT, § 9 Rn. 30 ff.
[641] *Roxin/Greco*, Strafrecht AT I, § 8 Rn. 59; zust. KK-OWiG/*Rogall*, § 30 Rn. 6; so auch *Schmidhäuser*, Strafrecht Allgemeiner Teil, § 8 Rn. 15.
[642] Vgl. das Wortlautzitat bei *Vogel*, StV 2012, 427 sowie dort Fn. 3.
[643] Vgl. *Eidam*, Der Organisationsgedanke im Strafrecht, S. 242.
[644] *Alwart*, ZStW 105 (1993), 752 (755).
[645] Vgl. *Eidam*, Der Organisationsgedanke im Strafrecht, S. 242.
[646] *Freier*, GA 2009, 98 (105).
[647] *Freier*, GA 2009, 98 (105 f.).

c. Dogmatische Prämissen einer Verbandshandlung

Um zu untersuchen, ob die eben genannten Kritikpunkte verfangen, werden zunächst die verschiedenen dogmatischen Ansätze einer Verbandshandlung untersucht.

aa. Zurechnung von Vertreterhandeln

Der Ansicht, dass der Verband keine eigene Identität besitzt, sind grundsätzlich auch diejenigen, die sich hinsichtlich einer Verbandsstrafbarkeit nicht mit dem Kollektiv per se beschäftigen, sondern auf die im Verband befindlichen Einzelpersonen. Man könne nämlich den Verband nur auf die in ihm vereinten Individuen reduzieren, es wird daher auch von reduktionistischen Ansätzen gesprochen.[648] Eine Verbandsstrafe könne also nur auf das Handeln ihrer Einzelpersonen folgen.[649] Dabei ist im Einzelnen noch umstritten, ob die Zurechnung für alle Angehörigen des Verbandes gelten kann, ob für die Personalisierung nur bestimmte Repräsentanten oder Organe dafür infrage kommen oder erst das „aggregative" Zusammenwirken mehrerer Verbandsangehöriger eine Zurechnung erlaubt.[650] Im Falle der aggregativen Modelle wird den oben unter a. schon kurz angerissenen Besonderheiten der verbandlichen Interna noch insofern Rechnung getragen, als dass die Dynamiken des Zusammenwirkens der Individuen in diesem Kontext dergestalt berücksichtigt werden, als dass Verhaltensmuster mehrerer Individuen addiert werden, welche dann dem Verband zugerechnet werden.[651]

Auf diese Fragen soll hier aber nicht vertieft eingegangen werden. So sah es im Ergebnis auch das BVerfG in seinem Bertelsmann-Lesering-Beschluss aus dem Jahre 1966: „Die Bestrafung juristischer Personen ist dem [...] deutschen Rechtssystem nicht fremd. [...] Die Anwendung strafrechtlicher Grundsätze ist also nicht grundsätzlich ausgeschlossen, wenn das Rechtssubjekt eine juristische Person ist. Die juristische Person ist als solche nicht handlungsfähig. Wird sie für schuldhaftes Handeln im strafrechtlichen Sinne in Anspruch genommen, so kann nur die Schuld der für sie verantwortlich handelnden Personen maßgeblich sein. Die Frage, ob der Kreis dieser Personen auf ihre Organe

[648] Ausf. *Eidam*, Der Organisationsgedanke im Strafrecht, S. 247 ff.
[649] *Hirsch*, ZStW 107 (1995), 285 (307).
[650] Vgl. dafür zsf. *Vogel*, StV 2012, 427 (430); *Mansdörfer*, in: Jahn/Schmitt-Leonardy/Schoop, Das Unternehmensstrafrecht und seine Alternativen, S. 11320 ff.; *Hirsch*, ZStW 107 (1995), 285 (308 ff.) sowie *Eidam*, Der Organisationsgedanke im Strafrecht, S. 247 ff., jeweils m.w.N.
[651] *Hirsch*, ZStW 107 (1995), 285 (307); *Eidam*, Der Organisationsgedanke im Strafrecht, S. 249.

beschränkt ist oder darüber hinaus auf weitere Personen innerhalb der Organisation der juristischen Person […] erstreckt werden kann, braucht hier nicht entschieden zu werden.“[652]

bb. Der Verband als soziales bzw. autopoietisches System

Andere Vertreter, die eine Verbandshandlung für möglich halten, erkennen in den Verbänden ein reines Kollektiv, welches sozusagen als großes Ganzes eine Art eigene Identität und damit eigene Handlungsfähigkeit besitzt. Es wird insofern auch von holistischen Modellen gesprochen.[653] Ein wesentliches Argument knüpft an die Besonderheit der internen Unternehmensstruktur an. Unternehmen seien, wie der Begriff der Holistik bereits impliziert, mehr als die bloße Summe ihrer individuellen Akteure und deren Verhalten.[654] Beschränke man sich für die Strafbarkeit nur auf diese bzw. rechne nur deren Verhalten zu, blieben wesentliche Mechanismen und Strukturen, die zur Schädigung geführt haben, unberücksichtigt.[655] So können aufgrund hierarchischer Strukturen, Werteordnungen oder Verhaltensregeln innerhalb des Kollektivs dazu führen, dass das Individuum diese verinnerlicht und so der (anderslautende) Normappell des Gesetzgebers neutralisiert wird (sog. unmittelbare Neutralisierungsprozesse).[656] Es lasse sich dem Erfolg in der Außenwelt dann kein korrespondierender Einzelwille zuordnen.[657] Dies komme nicht zuletzt dadurch zustande, dass der Mensch sich bei seinen Handlungen aus sozialpsychologischer Sicht regelmäßig von Konformitätsbeweggründen leiten lässt.[658] Dies ist einer der Gründe, warum die große Mehrheit der Menschen keine Straftaten begeht: Es ist mit einer strafrechtlichen, aber eben auch mit einer sozialen Sanktion zu rechnen. Ist nun die kollektivinterne Werteordnung konträr zur gesetzgeberischen, handelt das Individuum also aus seiner Sicht konform zu seinem Umfeld innerhalb des Kollektivs: unerlaubtes Verhalten ist die Norm oder jedenfalls

---

[652] BVerfGE 20, 323 = NJW 1967, 195 (197).
[653] *Eidam*, Der Organisationsgedanke im Strafrecht, S. 246.
[654] *Schmitt-Leonardy*, Unternehmenskriminalität ohne Strafrecht?, Rn. 195.
[655] *Mansdörfer*, in: Jahn/Schmitt-Leonardy/Schoop, Das Unternehmensstrafrecht und seine Alternativen, S. 11325.
[656] *Schmitt-Leonardy*, Unternehmenskriminalität ohne Strafrecht?, Rn. 151.
[657] *Mansdörfer*, in: Jahn/Schmitt-Leonardy/Schoop, Das Unternehmensstrafrecht und seine Alternativen, S. 113 f.
[658] *Schmitt-Leonardy*, Unternehmenskriminalität ohne Strafrecht?, Rn. 153, 159.

gebilligtes Verhalten.[659] Das Unternehmen sei daher der „viel angemessenere Zurechnungsadressat".[660]

Es stellt sich also die Frage nach dem „Wesen" oder der „Identität" des Verbandes.[661] Dabei sei zu berücksichtigen, dass hierunter nicht analog zum Menschen die psychophysische Wirklichkeit verstanden werden könne, sondern vielmehr die soziale Wirklichkeit der in dem Verband verbundenen Menschen, die ihre Interessen durch den Verband wahrnehmen lassen und umgekehrt die Interessen des Verbandes wahrnehmen.[662] Es finde also eine Emanzipation organisationaler Ziele, Strategien und organisationalem Handeln von individuellem statt.[663]

Die Vorgänge im System des Unternehmens seien dabei so spezifisch und in sich geschlossen, dass man dieses System als autopoietisch ansehen könne. Für dieses Verständnis von sozialen Gefügen war im deutschsprachigen Raum der Soziologe *Niklas Luhmann* mit seiner sog. Systemtheorie prägend.[664] Er beschreibt autopoietische Systeme als operativ geschlossene, selbstreferenzielle Systeme, die sich selbst reproduzieren, indem sie in einer bestimmten räumlichen und/oder zeitlichen Einheit die Elemente, aus denen sie künftig bestehen mit Hilfe der Elemente herstellen, aus denen sie aktuell bestehen.[665] *Luhmanns* Annahme im Rahmen der Systemtheorie war, dass die Gesellschaft in ihrer Gesamtheit ein solches System darstelle, wiederum weitere solcher Systeme in sich beherberge (so z.B. auch das Rechtssystem[666]) und von den, quasi auf Subjekt-Ebene bzw. deren physischer Materialisation, handelnden Individuen abstrahiert werden könne.[667] Das System werde vielmehr durch Kommunikationsakte charakterisiert und perpetuiert, die mittels verschiedener Kommunikationsmedien transportiert werden und es so aufrechterhalten.[668] Soziale Systeme bestünden also aus Kommunikation, nicht aus Menschen und könnten durch

---

659 *Schmitt-Leonardy*, Unternehmenskriminalität ohne Strafrecht?, Rn. 183.
660 *Ortmann*, NZWiSt 2017, 241 (243).
661 Vgl. *Eidam*, Der Organisationsgedanke im Strafrecht, S. 245.
662 So bereits *Jescheck*, ZStW 65 (1953), 210 (212); vgl. auch *Mansdörfer*, in: Jahn/Schmitt-Leonardy/Schoop, Das Unternehmensstrafrecht und seine Alternativen, S. 124.
663 *Ortmann*, NZWiSt 2017, 241 (241 f.); vgl. auch *Eidam*, Der Organisationsgedanke im Strafrecht, S. 251 f.
664 Vgl. zum historischen Kontext auch *Ortmann*, NZWiSt 2017, 241 (242).
665 *Luhmann*, Einführung in die Systemtheorie, S. 107 ff.; vgl. auch *Schünemann*, ZIS 2014, 1 (4); *Freier*, GA 2009, 98 (112).
666 Vgl. *Gómez-Jara Díez*, ZStW 119 (2007), 290 (300 ff.) m.w.N.
667 *Luhmann*, Einführung in die Systemtheorie, S. 111, 239 f., 245; vgl. auch *Gómez-Jara Díez*, ZStW 119 (2007), 290 (298); *Freier*, GA 2009, 98 (112) m.w.N.
668 *Luhmann*, Einführung in die Systemtheorie, S. 75, 111.

analoge Medien (z.B. den Menschen, der Sprache benutzt) „Bewusstseinsoperationen" durchführen.[669]

Ob dieses abstrakte Konstrukt in seiner Allgemeingültigkeit zutreffend ist, bedarf hier noch nicht der Klärung. An diese Grundidee wird nun aber jedenfalls (nicht immer ausdrücklich) von einigen angeknüpft, die hinsichtlich der Eigenheiten von Verbänden eine Identität eigener Art konstituieren wollen. Auch der Verband sei eine Gesamtheit aus Kommunikationsakten, die die internen Prozesse bestimmten und besitze damit eine soziale Identität.[670] Die ihm innewohnenden Personen seien hinsichtlich dieser Prozesse fungibel und der Verband damit ein autopoietisches System, was ihm eine Form eigener Identität verleihe (das erinnert ein wenig an die Figur der mittelbaren Täterschaft kraft organisierter Machtapparate, mit dem Unterschied, dass bei diesen eine natürliche Person als Zurechnungssubjekt fungiert und nicht auf das System rekurriert wird).[671] Eine Verbandshandlung liegt also dann vor, wenn das Verhalten eines analogen Mediums (z.B. eines Menschen) Sinnausdruck des Verbands ist.[672] Dafür, dass das möglich ist, spräche auch, dass sich gerade bei komplexeren Systemen häufig Subsysteme bilden, die relativ unabhängig agieren können, so dass es nur bedingt eine hierarchische Befehlskette gibt, die sich auf eine oder wenige Personen zurückführen lassen.[673]

> *Soll in einem Unternehmen eine Entscheidung getroffen werden, etwa, welcher Kauf getätigt oder Markt erschlossen werden soll, so wird dies normalerweise nicht der CEO allein entscheiden. Er wird sich mit der übrigen Geschäftsleitung abstimmen, die Buchhaltung, Marketing, ggf. ein regionaler Standort und andere Abteilungen werden um eine Stellungnahme gebeten werden und sich womöglich auch untereinander besprechen. Dieser Prozess kann sich unter wiederholtem „Hin und Her" über einen längeren Zeitraum hinziehen, bis sich dann „das Unternehmen" entscheidet, die Ware von einem bestimmten Händler zu kaufen.*

[669] *Luhmann*, Einführung in die Systemtheorie, S. 246.
[670] *Ortmann*, NZWiSt 2017, 241 (242); *Gómez-Jara Díez*, ZStW 119 (2007), 290 (296); KK-OWiG/*Rogall*, § 30 Rn. 9 ff. m.w.N.; vgl. auch *Eidam*, Der Organisationsgedanke im Strafrecht, S. 252.
[671] *Gómez-Jara Díez*, ZStW 119 (2007), 290 (296 ff.); vgl. auch *Ortmann*, NZWiSt 2017, 241 (242 f.) sowie *Eidam*, Der Organisationsgedanke im Strafrecht, S. 252.
[672] KK-OWiG/*Rogall*, § 30 Rn. 9 ff.
[673] *Schmitt-Leonardy*, Unternehmenskriminalität ohne Strafrecht?, Rn. 217 ff.

Insofern lasse sich also das (hier relevant: strafbare) Ergebnis des Kommunikationsprozesses in der Außenwelt auf die spezifische Eigendynamik und die Eigeninteressen des Unternehmens zurückführen, aber nicht bzw. nicht zwingend auf die natürlichen Personen, die, quasi durch die Verwendung von Sprache, E-Mail usw., als Mittler der Kommunikationsakte fungierten.[674] Umgekehrt sei auch das Unternehmen ein Akteur, der Normbefolgung leisten wollen könne und auch wissen könne, welches Verhalten hierfür erforderlich sei, etwa, dass der Verkauf von sog. Gammelfleisch verboten ist.[675] Die Handlungsfähigkeit der juristischen Person ergebe sich ergo nicht aus der Summe ihrer Individuen, sondern aus sich selbst. *Ortmann* stellt dafür beispielhaft auf die Europäische Zentralbank ab, deren Kompetenzen Resultat institutioneller Ermächtigungen sei und nicht auf den Fähigkeiten ihrer Mitarbeiter beruhen.[676] Es wird damit für die Handlung auch auf eine Sichtbarkeit im engeren Sinne verzichtet.[677] Anders als der Mensch, der tätig wird oder untätig bleibt, seien systemische Kommunikationsvorgänge nicht zwingend physisch materialisiert.

d. Stellungnahme zur Verbandshandlung

aa. In Bezug auf reduktionistische Modelle

Man kann befürwortend zunächst eine Parallele mit dem Zivilrecht sehen, wo im Schadensersatzrecht, das Schnittmengen mit dem Strafrecht hat, ebenfalls Handlungen einem Verein oder einer juristischen Person zugerechnet werden.[678] Insofern bestehe kein gewichtiger Grund, juristische Personen als zivilrechtlich handlungsfähig anzusehen, hingegen aber strafrechtlich als handlungsunfähig: Auch der Beschluss einer Gesellschafterversammlung und deren Organhandlung sei ein vom Willen getragenes Verhalten.[679] Wenn der Verband ferner Träger von Rechtspflichten sein könne, dann könne er diese nicht nur erfüllen, sondern auch verletzen.[680] Im Grunde genommen werde auch durch § 30 OWiG die eigene Handlungsfähigkeit des Verbandes durch seine

---

674 *Schmitt-Leonardy*, Unternehmenskriminalität ohne Strafrecht?, Rn. 207.

675 *Schmitt-Leonardy*, Unternehmenskriminalität ohne Strafrecht?, Rn. 194; *Mansdörfer*, in: Jahn/Schmitt-Leonardy/Schoop, Das Unternehmensstrafrecht und seine Alternativen, S. 124 f.

676 *Ortmann*, NZWiSt 2017, 241 (244).

677 *Ortmann*, NZWiSt 2017, 241 (243).

678 Vgl. *Eidam*, Der Organisationsgedanke im Strafrecht, S. 254.

679 *Jescheck*, ZStW 65 (1953), 210 (212).

680 *Hirsch*, ZStW 107 (1995), 285 (291) m.w.N.; vgl. auch *Ortmann*, NZWiSt 2017, 241 (242).

Organe bejaht, so dass nur die Frage im Raum steht, ob seine Handlungsfähigkeit auch für die Verwirklichung von Kriminalstrafen ausreicht.[681]

Es muss aber festgehalten werden, dass die Annahme einer Verbandshandlung im strafrechtlichen Sinne nicht gelingen kann, wenn lediglich das Handeln der Organe oder sonstigen Vertreter als eigenes zugerechnet werden soll beziehungsweise allein für die „eigene" Verbandshandlung Pate stehen soll. Es wäre zirkelschlüssig, die Verbandsstrafe auf eine eigene Handlung des Verbandes zu stützen, diese aber wiederum auf eine Zurechnung fremder Handlung.[682] Das muss auch dann gelten, wenn mit den aggregativen Modellen der organisatorische Kontext des Verbandes jedenfalls teilweise berücksichtigt wird. Im Ergebnis läuft es aber auch hier auf die Zurechnung fremden Verhaltens hinaus. Und ohne eine solche, zu starke, Normativierung kommen die reduktionistischen Modelle nicht aus.[683] Dies wäre eine Überdehnung des Handlungsbegriffs. *Schünemann* schreibt dazu leicht nachvollziehbar: „Die Zurechnung einer fremden Handlung ist eben keine Handlung."[684] Dem sei in Ansehung eines entsprechenden Vergleichs mit der mittelbaren Täterschaft von *Jescheck*[685] noch hinzugefügt: Dem Strafrecht ist eine Zurechnung von fremden Verhalten grundsätzlich zwar nicht fremd.[686] Aber anders als bei mittelbarer Täterschaft, Mittäterschaft und Anstiftung, wo ja im Ergebnis auch fremdes Verhalten zugerechnet wird, hat der Verband kein eigenes Verhalten in diesem Sinne gezeigt, an dem man die Zurechnung des fremden Tatbeitrags oder gar der ganzen Tat knüpfen könnte.[687] Es fehlt entweder an der Tatherrschaft (so man eine solche für erforderlich hält) oder an einem Entschluss, durch den das Verhalten der Einzelpersonen miteinander verbunden wird und der für sich genommen noch nicht selbst eine Mittäterschaft zeitigt.[688] Denn ansonsten besteht hinsichtlich des Unternehmens in der Regel noch kein Strafbedürfnis, da individuell Verantwortliche klar ausgemacht werden können. Die organisatorischen Erwägungen im Rahmen der aggregativen Modelle sind insoweit we-

[681] *Hirsch*, ZStW 107 (1995), 285 (289).

[682] Vgl. *Vogel*, StV 2012, 427 (428); *Freier*, GA 2009, 98 (109); sowie *Eidam*, Der Organisationsgedanke im Strafrecht, S. 253.

[683] *Eidam*, Der Organisationsgedanke im Strafrecht, S. 254.

[684] LK-StGB/*Schünemann/Greco*, Vor §§ 25 ff. Rn. 2; *Schünemann*, ZIS 2014, 1 (4).

[685] *Jescheck*, ZStW 65 (1953), 210 (212); ähnlich auch *Tiedemann*, NJW 1988, 1169 (1172).

[686] *Eidam*, Der Organisationsgedanke im Strafrecht, S. 256.

[687] So ähnlich bereits *Hirsch*, ZStW 107 (1995), 285 (288).

[688] Vgl. *Hirsch*, ZStW 107 (1995), 285 (288).

sensverschieden zu dem individuellen Verhalten, welches einer Handlung üblicherweise zugrundeliegt (somit fehlt es auch bzw. jedenfalls am Handlungsunrecht, dazu aber an späterer Stelle im Rahmen der Schuld mehr).

bb. In Bezug auf holistische Modelle

Es muss zunächst konstatiert werden, dass die Aussage von *Roxin/Greco* und anderen zum gänzlichen Fehlen psychisch-geistiger Substanz eines Verbandes in dieser Absolutheit unzutreffend ist. Eine Art Charakter oder eine Identität sind durchaus erkennbar. Der Begriff der „Unternehmenskultur" (engl.: organizational/corporate culture) ist diesbezüglich ein gängiger.[689] Er beschreibt ein geteiltes Konstrukt von sozialen Werten und Normen, die die Handlungen und Entscheidungen der Organisationsmitglieder prägen. Herrscht in der Organisation beispielsweise ein Klima der Offenheit und des Respekts, steigt typischerweise das Maß an Identifikation mit dem Unternehmen (und eben nicht bzw. nicht immer: mit dem CEO oder anderen Organen). Das verändert wiederum den Output, der durch die Mitglieder erzeugt wird.

Außerdem gibt es in der öffentlichen Meinung auch verschiedenartige Rezeptionen von Unternehmen als solchen. Entscheidend sind dabei neben der Branche (Waffen sind z.B. unbeliebter als erneuerbare Energien) auch das Geschäftsgebaren, die gezahlten Löhne, die Behandlung der Angestellten, Authentizität und andere Faktoren. Es gibt also durchaus mehrere Faktoren, die losgelöst von den Individuen eines Verbandes Bedeutung besitzen und zudem auch die internen Prozesse beeinflussen. Ein gut bezahlter, motivierter Angestellter, der sich voll und ganz mit dem Verband identifizieren kann, wird sich anders verhalten als der unterbezahlte und nicht wertgeschätzte Kollege.

Entscheidend ist dabei auch, wie diese internen Kommunikationsprozesse ausgestaltet sind. Wie wird mit Fehlverhalten umgegangen, gibt es insofern Meldepflichten, herrscht gegenseitige Kontrolle zwischen den Mitgliedern? Wenn die Vorgänge so ausgestaltet sind, dass sie Straftaten begünstigen oder gar ermöglichen und dazu vielleicht noch das Schweigen über fragwürdige oder illegale Vorgänge zur Unternehmenskultur gehört, dann könnte es durchaus einleuchten, das auch dem Verband als eigene Handlung zuzurechnen. Durch eine solche „kriminelle Verbandsattitüde"[690] können Mitarbeiter zu Taten gebracht

[689] Vgl. auch *Gómez-Jara Díez*, ZStW 119 (2007), 290 (305 f.).

[690] Begriff geprägt von *Schünemann*, ZIS 2014, 1 (12), auch, wenn dieser i. Erg. einer Verbandsstrafbarkeit ablehnend gegenübersteht.

werden, die sie als Privatpersonen sonst nicht begangen hätten (man denke hierbei an den VW-Abgas-Skandal, wo eine große – und wohl für immer unbekannte – Zahl von Mitarbeitern in den Prozess involviert gewesen sein muss).

Jakobs schreibt in diesem Sinne: „Nicht die Natur lehrt, was Handlung ist, [...] sondern es geht beim Handlungsbegriff um die Interpretation, das Verständlichmachen der gesellschaftlichen Welt, soweit sie mit Strafrecht zu tun hat."[691] Wenn nun also der Annahme einer eigenen Handlungsfähigkeit des Verbandes vorgeworfen wird, sie fingiere lediglich Handlungsfähigkeit, lässt sich dem folgendes entgegnen: Es handelt sich nur dann um eine Fiktion, wenn demgegenüber nur das als Realität angesehen wird, was Realität des physischen Menschen inklusive seiner inneren psychischen Zustände ist.[692] In *Jakobs* Worten also: Wenn das Verhalten eines Verbandes die gesellschaftliche Welt im Hinblick auf das Strafrecht berührt, so kann dieses auch Handlung sein.

Dass aufgrund dieser Erwägungen ein Verband im strafrechtlichen Sinne handeln können soll, ist jedenfalls auf den ersten Blick nicht ganz fernliegend. Eine nicht von der Hand zu weisende Ähnlichkeit besteht auch hinsichtlich des oben bereits dargestellten Verständnisses einer vortatbestandlichen Handlung, deren Zurechnung unter anderem aus sozialen und sprachlichen Erwägungen erfolgen kann. Auch dem Gesetz ist die Differenzierung von originär menschlicher und Verbandshandlung de lege lata nicht gänzlich fremd. In § 30 OWiG wird die Frage, ob ein Repräsentant „als" vertretungsberechtigtes Organ gehandelt hat, danach beantwortet, ob die Handlung eine Pflicht des Unternehmens verletzt oder dieses bereichern soll.[693]

Ob sich diese systemischen Prozesse allerdings stets und stets trennscharf von den Individuen abstrahieren lassen, kann stark bezweifelt werden. Die Idee hinter *Jakobs'* Ansatz der strafrechtlichen Handlung als „Verständlichmachung" (und darauf läuft die Zuschreibung einer eigenen Handlung aufgrund von internen Kommunikationsprozessen hinaus) mag zwar zunächst einleuchten. Er geht in dieser Form allerdings zu weit. Ebenso wie *Luhmanns* Systemtheorie läuft er Gefahr, ins Uferlose abzudriften. Nicht alles gesellschaft-

---

[691] *Jakobs*, Der strafrechtliche Handlungsbegriff, S. 12.
[692] Vgl. *Jescheck*, ZStW 65 (1953), 210 (212); vgl. zum Vergleich mit dem Ordnungswidrigkeitenrecht auch *Hirsch*, ZStW 107 (1995), 285 (290 f.).
[693] *Walter*, JA 2011, 481 (485).

lich oder sozial Relevante kann man einem wie auch immer gearteten übergeordneten System zuschreiben, ebensowenig kann man alles, was die gesellschaftliche Welt in strafrechtlicher Hinsicht berührt einfach zur Handlung erklären. Kein System funktioniert ohne seine Bestandteile, auch, wenn die Bestandteile eben mehr sind als bloß Teil des Systems. Wenn ein Verband ein autopoietisches System ist, dessen Bestandteile Kommunikationsakte sind, so sind doch die vorrangigen Kommunikationsakte, die das System perpetuieren, Entscheidungen, welche irgendwie geartet nach außen kommuniziert werden.[694] Und Entscheidungen werden in diesem System von Menschen getroffen, auch dann, wenn diese in einem bestimmten Umfang von den organisatorischen Eigenheiten des Verbandes beeinflusst worden sind. Eine Trennung, wie sie für die Autopoiesis vorgenommen wird, gelingt insofern nicht dergestalt, als dass dies für Handlungsfähigkeit im strafrechtlichen Sinne reicht.[695] Oben wurde zwar festgestellt, dass hinsichtlich der das Wesen des Verbandes ausmachenden Eigenheiten keine unmittelbare analoge Übertragbarkeit menschlicher Kategorien besteht. Und selbstredend handelt es sich bei den autopoietischen Systemen nur um ein Modell, um sich der komplexen Wirklichkeit anzunähern. Das kann umgekehrt aber eben auch nicht dazu führen, dass es zu einer völligen handlungstheoretischen Loslösung der Individuen und des Verbands voneinander kommt. Beide Extreme wirken im Ergebnis gekünstelt und werden der sozialen wie rechtlichen Wirklichkeit nicht gerecht. Wenn nämlich oben[696] die Willensgetragenheit bzw. Intentionalität als notwendige Bedingung der strafrechtlichen Handlung angesehen werden, so muss folgendes festgehalten werden: Bei der Vielzahl von Akteuren, die an den systemischen Prozessen des Verbands beteiligt sind, kann eine kollektive Intentionalität nicht derart festgemacht werden, als dass dies für eine *eigene* des Verbandes genügt.[697] „Das Unternehmen" in diesem Sinne gibt es nicht. Unternehmenskultur, gemeinsame Werte usw. bleiben hierfür zu vage und jedes Mitglied in dem Prozess verfolgt möglicherweise (jedenfalls auch) eigene Intentionen bzw. kommt aus anderen Erwägungen zu dem der Handlung zugrundeliegenden Willen. Mit dieser Herangehensweise lässt sich der Verband auch dann nicht als selbst strafbarer Akteur konstruieren, wenn man es zusätzlich neben die individuelle Verantwortlichkeit stellte.[698]

---

694 *Gómez-Jara Díez*, ZStW 119 (2007), 290 (303).
695 A.A. *Gómez-Jara Díez*, ZStW 119 (2007), 290 (314).
696 § 4 B. I. 1. f. ee.
697 So auch *Schmitt-Leonardy*, Unternehmenskriminalität ohne Strafrecht?, Rn. 230 ff.
698 Vgl. *Schmitt-Leonardy*, Unternehmenskriminalität ohne Strafrecht?, Rn. 229.

cc. Zurechnung von Verbandsverhalten als Handlung?

Legt man aber das oben Gesagte zugrunde, dass Handlung Zurechnung sei, könnte man jedenfalls grundsätzlich annehmen, dass dann auch die Zurechnung eines „Verhaltens“ des Verbands (z.B. der Verkauf von Lederspray[699] oder die Verunreinigung von Gewässern) zu diesem gelingen könnte. Möchte man nun etwas als Handlung im strafrechtlichen Sinne zurechnen, so sollte eine jedenfalls grundlegende Vergleichbarkeit mit dem gegeben sein, was bisher als solche betrachtet wurde. Andernfalls würde eine Zurechnung willkürlich und uferlos und würde das Konzept der Handlung auflösen. Es darf nicht um jeden Preis das gewünschte Ergebnis herbeigeführt werden. Es bedarf also eines geeigneten Zurechnungssubjekts und eines Zurechnungsgrundes. Beim menschlichen Täter bestand letzterer nach überwiegender Auffassung darin, dass dieser zur Willensbildung im Sinne einer Intentionalität fähig ist. Bezüglich der Willensgetragenheit bzw. Intentionalität wurde soeben aber bereits festgestellt, dass eine solche nicht für den Verband vorliegt, da „der Verband“ als solcher nicht existiert. Denkbar ist insofern, dass die Willensgetragenheit nicht tatsächlich, sondern nur als „juristische Konstruktion“ vorliegen muss, also im Ergebnis ebenfalls zugerechnet wird, da die Realisierung des „Willens“ in der Außenwelt in Form des Erfolgs rechtliche Relevanz habe.[700] Dies ist jedoch zirkelschlüssig. Es handelte sich dann um eine Zurechnung (Handlung) aufgrund einer Zurechnung (Willensgetragenheit). Würde man einen anderen Zurechnungsgrund als die Willensgetragenheit anerkennen, so würde man auch einen anderen Handlungsbegriff als den im strafrechtlichen Sinne postulieren.

Eine weitere elementare Abweichung des Verbandsverhaltens ist, dass es sich bei handlungsfähigen Entitäten bisher stets um Individuen gehandelt hat. Beim Verband handelt es sich hingegen um ein Kollektiv, bzw. um ein abstraktes, (allenfalls) individualisiertes korporatives Konstrukt, welches sich aus einem Kollektiv ergibt. Er kann zwar durchaus tauglicher Normadressat sein und sein „Verhalten“ entsprechend ausrichten (z.B. durch Compliance-Maßnahmen). Es ist aber nicht möglich, die Materie, die den Verband ausmacht, in gleichem Maße greifbar oder sichtbar zu machen, wie dies für den individuellen Täter möglich ist.

Zweifel haben kann man auch bei der Vergleichbarkeit des Verhaltens, das der Zurechnung des Erfolgs in der Außenwelt als Handlung zugrundeliegt. Zumindest mag dies noch ohne Weiteres gelingen, soweit es um das gesprochene oder

---

[699] BGHSt 37, 106.

[700] *Schmitt-Leonardy*, Unternehmenskriminalität ohne Strafrecht?, Rn. 634 f.

geschriebene Wort (§§ 185 ff. StGB) oder Daten geht (§§ 201 ff. StGB). Im Übrigen ist Voraussetzung für eine tatbestandliche Handlung indes regelmäßig ein Körperverhalten, welches Körperschaften in diesem Sinne nicht vornehmen können. Auf die wie auch immer geartete Sichtbarkeit des Verhaltens kann nicht vollumfänglich verzichtet werden. Für den Fall, dass man einen individuellen Letztakteur ausmachen kann, an dem das systemische Unrecht des Verbands sichtbar wird, so ergibt sich daraus das Folgeproblem, dass Letztakteur und Normadressat auseinanderfielen und die Zuschreibung ohne Anknüpfungspunkt „ins Nichts" erfolgte.[701]

Unter diesen Voraussetzungen kann also eine strafrechtliche Handlungsfähigkeit von Verbänden ebenfalls nicht gelingen. Die Bedenken, die zum Teil bereits hinsichtlich der holistischen Modelle und deren Konstruktion einer Verbandspersönlichkeit geäußert wurden, gelten hier gleichermaßen. Im Kern würde es sich bei der Zurechnung von Unternehmensverhalten um die Anwendung des sozialen Handlungsbegriffs handeln. *Schmitt-Leonardy* spricht insofern sogar ausdrücklich von der Konstruktion einer „sozialen Handlungsfähigkeit".[702] Dies würde einen Bruch mit der bestehenden Strafrechtsdogmatik bedeuten, da der soziale Handlungsbegriff aus guten Gründen und überwiegend abgelehnt wird.[703] Die von *Schmitt-Leonardy* vorgeschlagene Definition der Verbandshandlung[704] erscheint eher als eine Spezifikation der Voraussetzungen in § 30 OWiG. Es erscheint insofern vorzugswürdig, die Handlungsfähigkeit von Verbänden zu verneinen, jedenfalls, soweit es um das Strafrecht geht. Das, was dann an Strafbarkeits- bzw. Sanktionslücke verbliebe, ließe zwar auch das kriminalpolitische Bedürfnis einer Sanktionierung zurück. Sollte es de lege ferenda wieder Bestrebungen geben, Verbände über die aktuellen Möglichkeiten hinaus zu sanktionieren, sollte dafür allerdings, zur Vermeidung einer zu starken Aufweichung der Dogmatik (und damit zu erwartenden Diskussionen), nicht das Strafrecht bemüht, sondern eigenständige Normen und Dogmatik geschaffen werden, die sich aber an strafrechtlichen Grundlagen orientieren könnten.[705] Die Annahme von Handlungsfähigkeit, dann im verbandssanktionsrechtlichen Sinne, könnte insofern dann ohne Weiteres auf den oben dargestellten sozialen und systemtheoretischen Erwägungen beruhen. Das (im

---

[701] *Mansdörfer*, in: Jahn/Schmitt-Leonardy/Schoop, Das Unternehmensstrafrecht und seine Alternativen, S. 1138; ähnlich auch *Bock*, Criminal Compliance, S. 379.

[702] *Schmitt-Leonardy*, Unternehmenskriminalität ohne Strafrecht?, Rn. 634, vgl. auch Rn. 632.

[703] S.o. § 4 B. I. 1. f. dd.

[704] *Schmitt-Leonardy*, Unternehmenskriminalität ohne Strafrecht?, Rn. 643.

[705] Einen Vorschlag hierzu macht *Schmitt-Leonardy*, Unternehmenskriminalität ohne Strafrecht?, Rn. 769 ff.; vgl. auch *Bock*, Criminal Compliance, S. 377.

Ergebnis allerdings nicht beschlossene) VerSanG war in dieser Hinsicht begrüßenswert, da es Sanktionen und Tatbestände sui generis zum Inhalt hatte. Auch gemäß Art. 4 Nr. 7 DSGVO kann eine juristische Person „Verantwortlicher" sein. Im Hinblick auf Art. 83 Abs. 2 S. 2 lit. d kommt es für die Höhe einer auf einen Verstoß gegen die DSGVO folgenden Geldbuße (auch) auf den Grad der Verantwortung der juristischen Person an; dies ausdrücklich unter der Berücksichtigung der getroffenen technischen und organisatorischen Maßnahmen. Hier findet sich also eine Bezugnahme auf die Strukturen der juristischen Person. Es handelt sich aber eben lediglich um die Normierung der Voraussetzungen einer Geldbuße, nicht aber einer Strafe. Voraussetzung einer solchen ist weiterhin eine Handlung, welche, im strafrechtlichen Sinne, bei einem Verband nicht vorliegen kann.

3. Rückschlüsse für die Handlungsfähigkeit starker intelligenter Agenten

Die reduktionistischen Modelle können von vornherein nicht für die KI-Handlung fruchtbar gemacht werden, soweit es sich um eine KI handelt, die nicht mit anderen Agenten vernetzt ist (zu diesem Fall sogleich). Dass eine Zurechnung des hier infrage stehenden KI-Verhaltens zu einem Menschen misslingen kann, wurde in § 3 ausführlich dargestellt. Dazu sei ergänzt, dass der Trainingsdatensatz und die Grundprogrammierung, die als Zurechnungsfaktum herhalten könnten, statisch sind – anders die systemischen Prozesse innerhalb eines Verbandes, die durch die Individuen dynamisch angepasst werden können. Bei der lernfähigen autonomen KI hingegen nimmt diese gegebenenfalls selbst die Anpassungen vor.

Hinsichtlich der holistischen bzw. systemtheoretischen Modelle sind einige handlungstheoretische Probleme zu erkennen, die Verband und KI gemeinsam sind. Eine Parallele ist, dass es sowohl innerhalb des Verbands als auch innerhalb der KI Organisations-, Kommunikations- und Entscheidungsketten gibt, anhand derer Handlungsfähigkeit zugeschrieben werden könnte.[706] Zudem besteht die Schwierigkeit, auf der menschlichen Seite (Angehörige des Unternehmens einerseits, Programmierer, Nutzer etc. andererseits) das verwirklichte Unrecht zu individualisieren und umgekehrt die Schwierigkeit, interne Prozesse (des Verbandes bzw. der KI) zu systematisieren, ohne sie zu stark von den Individuen zu trennen. Bei der KI-Handlung erfolgt insoweit also keine Trennung von Verband und Individuum, sondern die Trennung von den Programmierern und ihrer Programmierung von der Entscheidungsfähigkeit des

---

[706] Vgl. *Teubner*, AcP 218 (2018), 155 (164 ff.).

autonomen Systems. Der Trainingsdatensatz, der der KI-Entscheidung zugrundeliegt, ist insofern ja auch das Ergebnis „Vieler“.[707]

Der wesentliche Unterschied liegt hier aber in der Lernfähigkeit und der Autonomie des KI-Systems. Daraus ergibt sich eine Entfernung von der Ausgangsprogrammierung und ermöglicht die bessere Trennbarkeit von System („den Vielen“) und dem Individuum. Die mangelnde Trennbarkeit von Verband und Individuen war ja eines der zentralen Argumente gegen eine strafrechtliche Verbandshandlung.

Allerdings führt das nicht dazu, dass sich durch eine Anlehnung an die holistischen Modelle die Handlungsfähigkeit der KI konstruieren lässt. Denn als Adressat kommt die Programmierung per se nicht infrage (und die Programmierer scheiden als Adressaten jedenfalls teilweise aus). Was sich aber aus den systemtheoretischen Ansätzen ziehen lässt, ist die Bedeutung, die soziale Systeme bei der Herausarbeitung von Handlungsfähigkeit haben. *Jakobs* spricht insoweit von einem „gesellschaftlichen Deutungsschema“ für die Handlung.[708] Dies ist ein wichtiger Aspekt, der als ein Ausgangspunkt für den Entwurf eines Handlungsbegriffs für intelligente Agenten dient.

4. Entwurf eines strafrechtlichen Handlungsbegriffs für intelligente Agenten

Oben wurde die Frage aufgeworfen, ob die verschiedenen tradierten Handlungsbegriffe aufgrund ihrer Schaffung für den Menschen schon von ihrer Grundkonzeption her auf intelligenten Agenten anwendbar sein können. Wie sich gezeigt hat, ist das im Wesentlichen der Fall, da Willensgetragenheit nicht mit dem Menschsein gleichzusetzen ist. Vielmehr muss sie so verstanden werden, dass die Entität den Willen aus eigenem Antrieb und anhand eigener Erwägungen bildet, also autonom handelt. Autonomes Handeln ist, so wurde eingangs festgestellt, die charakteristische Eigenschaft von starker künstlicher Intelligenz. Die gemeinsame erste Grundvoraussetzung für die Handlungsfähigkeit ist somit erfüllt.

Es bedürfte allerdings der begrifflichen Streichung des Menschen aus der Definition. Es stellt sich die Frage, ob ein solches Vorgehen den Handlungsbegriff nicht möglicherweise aushöhlen würde, so dass er sich seinem Kern nach nicht

[707] Vgl. diesbzgl. für die Verbandshandlung *Hirsch*, ZStW 107 (1995), 285 (313).
[708] *Jakobs*, Der strafrechtliche Handlungsbegriff, S. 27 ff.

mehr in die Strafrechtsdogmatik einfügen kann. Es fällt auf, dass alle Konzeptionen der Handlung das Menschsein und die (wie auch immer geartete) Willensgetragenheit begrifflich voneinander trennen. Dies impliziert e contrario, dass das Menschsein für die Willensbildung keine notwendige Voraussetzung ist und auch andere Entitäten grundsätzlich hierzu fähig sein können. In der Tat würde man wohl nicht behaupten, dass etwa intelligente Säugetiere ausschließlich instinkt- und impulsgesteuert sind. Diese Annahme kann man gleichermaßen für starke autonome KI treffen. Im Übrigen ergibt sich das Erfordernis des Menschseins auch nicht aus dem Gesetz. In den Tatbeständen des Besonderen Teils des StGB ist insoweit immer nur von „Wer" die Rede. Auch im Allgemeinen Teil wird nur vom „Täter", „Teilnehmer" usw. gesprochen. Dass es sich dabei um einen Menschen handeln muss, wird (bisher) quasi konkludent hineingelesen. So kann im Ergebnis das Merkmal „Mensch" nur so verstanden werden, dass eben tierisches Verhalten, Verhalten von Unternehmen und im Ergebnis auch das Verhalten von künstlicher Intelligenz ausgeklammert werden soll, obwohl die übrigen Voraussetzungen für die Handlungsfähigkeit vorliegen. Diese anthropozentrische Ausrichtung der Handlung, und im Übrigen auch das Strafrechts per se, ist somit das Paradigma, von dem man sich verabschieden müsste, möchte man auch andere Daseinsformen für handlungsfähig erklären.

Willensgetragenheit im Sinne eines intentionalen Handelns wird also wiederum nicht als psychischer Zustand einer bestimmten, eingegrenzten physischen Entität, sondern als Zuschreibung zielgerichteten Handelns durch einen Beobachter verstanden (und an dieser Form der Zielgerichtetheit fehlt es beim Verband aufgrund der Vielzahl der wiederum individuell entscheidenden Akteure ja gerade; demgegenüber ist die Grundprogrammierung der KI statisch). In Anlehnung an die systemtheoretischen Modelle kann auch ein ganzes Sozialsystem ein solcher Beobachter sein.[709] Wenn das System einem Verhalten Intentionalität in diesem Sinne zuschreibt, ist es auch eine Handlung. Dies lässt sich mit dem sozialen Deutungsschema von *Jakobs* vergleichen. Eine dem Naturrecht entspringende Handlung (gewissermaßen eine Art Ur-Handlung) gibt es demnach nicht. Das heißt also: Individuum und System stehen bei der Handlung nebeneinander und sind untrennbar verbunden. Handeln im strafrechtlichen Sinne können nur Individuen, aber das System im Sinne der Gesamtheit

[709] Vgl. *Lampe*, ZStW 118 (2006), 1 (15 f.).

der Individuen schreibt diejenigen Fähigkeiten zu, die für die Handlungsfähigkeit erforderlich sind.[710] Das stellt somit keinen allzu tiefgreifenden handlungstheoretischen Paradigmenwechsel dar, da tatsächlich nur das Wort „Mensch" entfernt wird, der Rest aber erhalten bleibt, da Willensgetragenheit auch beim Menschen so wie hier verstanden werden kann. Etwaige Unterschiede der inneren Prozesse in KNN und menschlichem Gehirn sind für die Frage nach der Handlungsfähigkeit nicht relevant. Hier kommt es nicht darauf an, warum sie vorliegt, sondern nur darauf, dass sie vorliegt.[711] Die entscheidende Gemeinsamkeit von KI und Mensch ist (in Abgrenzung zum Verband), dass es sich jeweils um ein autonomes Individuum handelt, nicht um viele Individuen, die ein fiktives übergeordnetes Konstrukt bilden. Die auf Verbände bezogene, hier in diesem Sinne aber auch mögliche Kritik von *von Freier*, es fehle an Subjektivität im Sinne eines Selbstbewusstseins und Reflexionsvermögens, welche zu einem in sich reflektierten Willen befähigt, der sich wiederum in dem persönlichen Geltungsverlust von Rechtsnormen ausdrücken könne, greift hier nicht. Denn nach der hiesigen Konzeption der Willensgetragenheit im Rahmen der Handlung ist das noch gar nicht erforderlich, sondern erst bei der Frage nach der Schuldfähigkeit. Für die Willensgetragenheit reicht lediglich eine irgendwie geartete Zielgerichtetheit im Sinne einer Intentionalität.

Anders sieht dies, in nicht überzeugender Weise auch für den weitesten natürlichen Handlungsbegriff, *Lohmann*. Sie möchte die Handlungsfähigkeit nach allen Ansichten an der fehlenden Willensgetragenheit des Verhaltens scheitern lassen, nicht an der Eigenschaft als Mensch, was somit im direkten Widerspruch zu der hiesigen Konzeption steht.[712] Auch, wenn es sich um eine selbstlernende KI handle, könne sie sich nicht von ihrer Programmierung lösen und daher keinen eigenen Willen bilden.[713] *Lohmann* vermischt hier aber Erwägungen in der Handlung, die erst in der Schuld relevant werden, insbesondere die Frage, ob der Wille als solcher frei gebildet werden kann, während es bei der Handlung nur um die Willensgetragenheit im Sinne einer Zielgerichtetheit geht, also um die Kausalität des Willens für das Verhalten.[714] Dafür reicht es aus, wenn die KI selbst etwas zu der Verkettung beiträgt, die schließlich zu dem Verhalten führt, der Impuls also sozusagen aus dem Inneren des intelli-

[710] Vgl. dazu auch o. die „Kompetenzen", § 4 A.
[711] Vgl. insoweit auch oben § 2 A. I. 1. zur Intelligenz, wo sich dies ebenso verhält.
[712] *Lohmann*, Strafrecht im Zeitalter von Künstlicher Intelligenz, S. 110 ff.
[713] *Lohmann*, Strafrecht im Zeitalter von Künstlicher Intelligenz, S. 111.
[714] *Radbruch*, Der Handlungsbegriff in seiner Bedeutung für das Strafrechtssystem, S. 129 f.

genten Agenten kommt (insb. die Verarbeitung des situativen sensorischen Inputs sowie die Umsetzung von neu Gelerntem[715]). „Für die Feststellung, dass eine ‚Handlung' vorliegt, genügt die Gewissheit, dass der Täter willentlich tätig geworden bezw. [sic] untätig geblieben ist. Was er gewollt hat, ist hierfür gleichgültig; der Willensinhalt ist nur von Bedeutung für die Frage der Schuld."[716]

Ein solcher Handlungsbegriff kann dabei nur für das Strafrecht, respektive ein KI-Sanktionenrecht sui generis Bedeutung haben, da er sich aus demjenigen geltenden Recht ableiten muss, welches auch Rechtsfolgen an das bestimmte Verhalten knüpft.[717] Das Zivilrecht und das Öffentliche Recht bedürfen hinsichtlich andersartiger Rechtsfolgen daher auch eines andersartigen Handlungsbegriffs.

5. Fazit zur Handlungsfähigkeit intelligenter Agenten

Starke künstliche Intelligenz ist handlungsfähig im strafrechtlichen Sinne. Hierfür wurden insbesondere der (hinsichtlich des Menschen vorzugswürdige) natürliche bzw. intentionale Handlungsbegriff weiterentwickelt um Erwägungen, die aus Ideen der Verbandshandlung entstammen, ergänzt. Das eigentliche Problem besteht vielmehr darin, Grenzen festzusetzen, wann die KI so stark ist, dass sie handlungsfähig wird. Allerdings dürfte diese Grenze angesichts der zum einen nicht allzu hohen Anforderungen an die Willensgetragenheit bzw. die Intentionalität und der zum anderen diesbezüglich hinzukommenden zuschreibenden Elemente keine unüberwindbare Hürde sein. Der zentrale Anknüpfungspunkt hierfür ist die Autonomie des intelligenten Agenten.

Traditionalistischere Dogmatiker könnten die Ansätze zur Handlungsfähigkeit von KI (wie auch diejenigen zur Verbandsstrafbarkeit) als eine zu starke Auf-

[715] Eine hypothetische Problematik, die auftreten kann ist, dass möglicherweise mehrere Agenten miteinander vernetzt sind und sozusagen Lernerfolge teilen. So könnten Zweifel daran bestehen, dass es sich noch um individuelle Entitäten handelt, sondern vielmehr um Teile einer Gruppe. Angesichts der Komplexität der Agenten sollte aber dennoch hinreichende Trennbarkeit gegeben sein. Denn anders als bei schwacher KI, die durch ihre Programmierung und auch durch etwaige Updates sozusagen „gleichgeschaltet" ist, ist es doch gerade das Charakteristikum starker KI, dass sie autonom ist. Es ist nach jetzigem Kenntnisstand also nicht zu erwarten, dass dies Einfluss auf die Handlungsfähigkeit haben wird.

[716] Zit. nach *Radbruch*, Der Handlungsbegriff in seiner Bedeutung für das Strafrechtssystem, S. 130 f.

[717] Vgl. hierzu auch *Roxin*, ZStW 74 (1962), 515 (516 f.).

weichung des Grundgerüsts der Strafrechtsdogmatik sehen, als eine Übergewichtung kriminalpolitischer Erwägungen gegenüber den Grundannahmen, auf denen das Recht fußt. Allerdings steht nach hiesiger Konzeption weiter das Individuum im Mittelpunkt der strafrechtlichen Betrachtung, während das Kollektiv hierfür nicht geeignet ist. Insofern können kriminalpolitisches Bedürfnis und Dogmatik miteinander in Einklang gebracht werden.

II. Die Schuld

Der Grundsatz, dass Strafe Schuld voraussetzt, ist eines der zentralen Prinzipien des Strafrechts und einer der Grundpfeiler des Rechtsstaats.[718] Ohne ausdrücklich gesetzlich normiert zu sein, wird „nulla poena sine culpa“ aus Art. 20 Abs. 3 GG sowie aus der Menschenwürde und der allgemeinen Handlungsfreiheit abgeleitet und genießt damit Verfassungsrang.[719] Wie bereits die Handlung ist die Schuld ein an verschiedenen Stellen mit unterschiedlicher Bedeutung verwendeter Begriff. Er findet sich etwa in § 263 StPO und Art. 6 Abs. 2 EMRK, wobei hier mit Schuld das Vorliegen sämtlicher Voraussetzungen der Strafbarkeit gemeint ist.[720] Zudem hat die Schuld in Form der Strafzumessungsschuld die Funktion, die Schwere des sozialethischen Vorwurfs zu bemessen, der dem Täter gemacht wird, um daran die konkret zu verhängende Strafe zu orientieren und insoweit auch zu begrenzen, vgl. §§ 46 Abs. 1 S. 1 StGB und § 57a Abs. 1 S. 1 Nr. 2 StGB.[721]

Zentral für die hiesige Betrachtung wird jedoch die Frage sein, ob dem Täter etwas vorgeworfen werden kann, beziehungsweise wenn ja, was dem Täter vorgeworfen werden kann. Es geht also um seine subjektive Verbindung zur Tat in Form eines steuernden Elements.[722] Diese Strafbegründungsschuld beschrieb der BGH bereits Anfang der Fünfzigerjahre in Worten, die so nach h.M. noch heute Geltung haben: „Strafe setzt Schuld voraus. Schuld ist Vorwerfbarkeit. Mit dem Unwerturteil der Schuld wird dem Täter vorgeworfen,

---

[718] *Kaufmann*, Das Schuldprinzip, S. 15 f.

[719] BVerfGE 20, 323 (331); 110, 1 (13); Schönke/Schröder/*Eisele*, Vor §§ 13 ff., Rn. 103/104.

[720] Lackner/Kühl/Heger/*Heger*, Vor § 13, Rn. 22; *Kindhäuser/Zimmermann*, Strafrecht AT, § 21 Rn. 5.

[721] *Hirsch*, ZStW 106 (1994), 746 (748); Lackner/Kühl/Heger/*Heger*, Vor § 13, Rn. 22; *Adam/Schmidt/Schuhmacher*, NStZ 2017, 7 (8).

[722] *Hirsch*, ZStW 106 (1994), 746 (748 ff.).

dass er sich nicht rechtmäßig verhalten, dass er sich für das Unrecht entschieden hat, obwohl er sich rechtmäßig verhalten, sich für das Recht hätte entscheiden können." Der „innere Grund des Schuldvorwurfs" sei die Freiheit des Menschen zu rechtmäßigem Verhalten, wenn er rechtswidrig handelt. Der Mensch verfüge über die Fähigkeit zu „sittlicher Selbstbestimmung". Diese Fähigkeit nicht gebraucht zu haben, sei der Grund für den Vorwurf, der die Strafe legitimiert.[723] In den Ausführungen des BGH wird also einerseits das „Ob" der Verantwortlichkeit beschrieben, also die Schuld im formellen Sinne.[724] Sie ist binär und kann entweder vorliegen oder nicht. Dem denklogisch vorangestellt ist die Frage nach der materiellen Schuld, also nach dem „Warum". Es muss quantifiziert werden, warum die Frage nach dem Ob mit Ja beantwortet werden kann. Aus welchem Grund konnte überhaupt vom Täter erwartet werden, dass er sich an das strafrechtliche Ge- oder Verbot hält und den Unrechtstatbestand nicht verwirklicht?[725] Der BGH beantwortet diese Frage mit der menschlichen Fähigkeit zu „sittlicher Selbstbestimmung", welche ihn befähige, ebensolche Entscheidungen zu treffen, die dann die formelle Schuld begründen.[726]

Was dem Rechtsanwender und wohl auch den meisten Laien unmittelbar einleuchten dürfte, bedarf hier aus mehreren Gründen der genaueren Betrachtung. Einerseits kann man an der geltenden Konzeption der Strafbegründungsschuld selbst im Hinblick auf den Menschen grundsätzliche Zweifel haben. Dies wird der erste Gegenstand der folgenden Untersuchung sein. Und andererseits handelt es sich bei der hier zu Debatte stehenden Entität ja gerade nicht um einen Menschen. Erneut steht man also vor dem Problem der möglicherweise nur bedingten Übertragbarkeit der Dogmatik. In diesem Zusammenhang wird wieder das Unternehmensstrafrecht als Vergleichsmaterie herangezogen werden. Aus allen Erkenntnissen wird schließlich ein Lösungsvorschlag für die Annahme oder Ablehnung der Schuldfähigkeit intelligenter Agenten unterbreitet werden.

1. Dogmatische Grundlagen der materiellen Strafbegründungsschuld

Die Strafbegründungsschuld ist also notwendige Bedingung der Strafbarkeit und macht dem Täter persönlich die rechtswidrige Tatbestandsverwirklichung

---

[723] BGHSt 2, 194 (200 ff.) = NJW 1952, 593 (594).
[724] *Kindhäuser/Zimmermann*, Strafrecht AT, § 21 Rn. 10.
[725] *Kindhäuser/Zimmermann*, Strafrecht AT, § 21 Rn. 11.
[726] BGHSt 2, 194 (200 ff.) = NJW 1952, 593 (594).

zum Vorwurf. Es handelt sich damit um eine persönliche Verantwortlichkeit, die über ein bloßes Ursächlich-Sein für den Erfolg hinausgeht.[727] Neben dem Ursächlich-Sein ist mit Schuld also (untechnisch) ein Dafür-Können gemeint. Der Täter ist mithin Subjekt der Verantwortung. Worin diese Rechtssubjektivität begründet liegt, hat sich im Laufe der Zeit stetiger Veränderung ausgesetzt gesehen. Es hat sich bis heute kein Konsens darüber bilden können.

a. Der psychologische Schuldbegriff

Der psychologische Schuldbegriff fußt auf der inzwischen überholten Auffassung, dass alle subjektiven Elemente der Tat der Schuld zuzuordnen seien (sog. Klassischer Straftatbegriff[728]). Schuld sei dementsprechend zu verstehen als subjektive Beziehung des Täters zum Erfolg.[729] Die Frage, welche dieser Beziehungen nun strafrechtlich relevant sein sollten und warum, vermochte diese Ansicht indes nicht zu beantworten.[730] Spätestens in Ansehung von §§ 20, 35 StGB (Straflosigkeit trotz subjektiver Beziehung in Form des Vorsatzes) und unbewusst fahrlässiger Tatbestandsverwirklichungen (Strafbarkeit trotz fehlender subjektiver Beziehung) konnte sie keine Begründung für die strafrechtliche Verantwortlichkeit liefern.[731] Insofern hat der psychologische Schuldbegriff also keine Bedeutung mehr.

b. Der normative Schuldbegriff

Das Vordringen des neoklassischen Straftatbegriffs, der weniger naturalistisch ausgeprägt war, sondern den Rechtsgüterschutz stärker in den Mittelpunkt rückte, hatte unter anderem auch Auswirkungen auf den Schuldbegriff.[732] Er erfuhr eine Normativierung insofern, als dass es nicht mehr nur auf die innere Beziehung des Täters zur Tat (psychologische Komponente) ankommen konnte, sondern die Bewertung dieser Beziehung (normative Komponente) dasjenige Merkmal sei, welches schließlich schuldbegründend ist.[733] Es kommt

---

[727] Vgl. dazu auch oben die Ausführungen zum Begriff der Verantwortlichkeit, § 4 A. I.

[728] MüKo-StGB/*Freund/Rostalski*, Vor § 13 Rn. 5 f.

[729] *Jescheck/Weigend*, Strafrecht AT, S. 420; *Wessels/Beulke/Satzger*, Strafrecht AT, Rn. 626; vgl. auch *Frister*, JuS 2013, 1057 (1057 f.) m.w.N.

[730] *Jakobs*, Strafrecht AT, § 17 Rn. 6.

[731] *Walter*, Der Kern des Strafrechts, S. 108 f.; *Jescheck/Weigend*, Strafrecht AT, S. 420; *Wessels/Beulke/Satzger*, Strafrecht AT, Rn. 626; vgl. auch *Brüning*, Das Verhältnis des Strafrechts zum Disziplinarrecht, S. 221.

[732] MüKo-StGB/*Freund/Rostalski*, Vor § 13 Rn. 7 ff; *Walter*, Der Kern des Strafrechts, S. 108.

[733] *Wessels/Beulke/Satzger*, Strafrecht AT, Rn. 624.

also darauf an, ob dem Täter sein Verhalten und seine innere Beziehung hierzu, auch im Hinblick auf die Tatsituation, persönlich vorgeworfen werden können.[734] Grundsätzlich gilt dabei, dass die Schuld dabei zum verwirklichten Unrecht kongruent sein muss, so dass hierfür nur an die konkrete Tat angeknüpft werden kann (sog. Einzeltatschuld).[735]

Als Begründer dieses Verständnisses der Schuld wird *Frank* angesehen, der persönliche Vorwerfbarkeit dann als gegeben ansah, wenn der Täter von „normaler geistiger Beschaffenheit" sei.[736] Das bedeutet einerseits seine Zurechnungsfähigkeit als auch, dass die Umstände unter denen er handelt, normal sein müssen.[737] Beides kann dabei entlastend (Schuldunfähigkeit, Entschuldigungsgründe) oder belastend (vermeidbarer Verbotsirrtum, unbewusste Fahrlässigkeit) sein.[738]

Im Rahmen dieser Umstände hat der Täter sein „Verhalten so einzurichten, wie es nötig ist, um den von der Rechtsordnung an sein äußeres Verhalten gestellten Anforderungen entsprechen zu können."[739] *Goldschmidt* hat durch diese Formulierung den normativen Schuldbegriff als individuelle Pflicht zur Normbeachtung inhaltlich ausgefüllt.[740] Ebenfalls auf *Goldschmidt* zurückzuführen ist die Voraussetzung, dass das Erfüllen der von der Rechtsordnung an den Täter gestellten Anforderungen diesem auch zumutbar ist.[741] Die Zumutbarkeit allein vermag allerdings nicht die Schuld zu begründen, dies bleibt die persönliche Vorwerfbarkeit.[742]

An dieses Verständnis hat auch *Welzel* seine finale Handlungslehre angelehnt, nach der die Handlung bewusste und konkret ausgerichtete Zwecktätigkeit sei.

[734] *Frank*, in: FS-Gießen, S. 530; MüKo-StGB/*Freund/Rostalski*, Vor § 13 Rn. 8; *Walter*, Der Kern des Strafrechts, S. 109.
[735] *Roxin/Greco*, Strafrecht AT I, § 19 Rn. 62; *Heinrich*, Strafrecht AT, Rn. 528; diff. BeckOK-StGB/*Eschelbach*, § 20 Rn. 2.1.
[736] *Frank*, in: FS-Gießen, S. 530.
[737] *Frank*, in: FS-Gießen, S. 530.
[738] LK-StGB/*Walter*, Vor §§ 13 ff. Rn. 164; vgl. auch *Wessels/Beulke/Satzger*, Strafrecht AT, Rn. 624.
[739] *Goldschmidt*, Der Notstand, ein Schuldproblem, S. 17.
[740] *Brüning*, Das Verhältnis des Strafrechts zum Disziplinarrecht, S. 222 m.w.N.
[741] *Goldschmidt*, Der Notstand, ein Schuldproblem, S. 34; vgl. auch *Brüning*, Das Verhältnis des Strafrechts zum Disziplinarrecht, S. 222.
[742] Schönke/Schröder/*Eisele*, Vor § 13 ff. Rn. 116.

Aus den bereits genannten Gründen, konnte sich die finale Handlungslehre angesichts der Entwicklungen des Straftatbegriffs nicht durchsetzen.[743] Im Hinblick auf den Schuldbegriff sorgte die finale Handlungslehre aber dafür, dass die Kategorien Vorsatz und Fahrlässigkeit Teil des Unrechtstatbestands wurden, der im weiteren Verlauf dann jedoch aus der Schuld ausgelagert wurde.[744] Somit verblieben in der Schuld lediglich normative Elemente.[745]

Der Schuldvorwurf beinhaltet zusammenfassend somit einen normativen „sozialethischen Tadel".[746] Dem Täter wird vorgeworfen, sich in der Tatsituation für das rechtsfeindliche Verhalten entschieden zu haben (voluntatives Element), obwohl seine geistige Verfassung als auch die Umstände eine andere Entscheidung zugelassen hätten (kognitives Element), er sich also zumutbarerweise für das Recht hätte entscheiden können.[747] Ein sozialethischer Tadel entfällt, wenn dem Täter seine Willensbildung nicht zum Vorwurf gemacht werden kann, da er beispielsweise geisteskrank oder strafunmündig ist (die Grundlage der rechtsfeindlichen Willensbildung ist in diesem Sinne abnormal) oder etwa Umstände wie die des § 35 StGB vorliegen (Ausnahmsweise sozialethische Nachvollziehbarkeit des Verhaltens) oder es an der Zumutbarkeit des rechtstreuen Verhaltens fehlt.[748]

aa. Willensfreiheit als Voraussetzung für Schuldfähigkeit

Notwendige Voraussetzung für die persönliche Vorwerfbarkeit im Sinne des normativen Schuldbegriffs (und auch bereits des psychologischen) ist schon begrifflich die Willensfreiheit: ohne freien Willen gibt es auch keine freie Entscheidung, die man persönlich vorwerfen könnte. Der BGH schrieb dazu 1952: „Der innere Grund des Schuldvorwurfs liegt darin, dass der Mensch auf freie, verantwortliche, sittliche Selbstbestimmung angelegt und deshalb befähigt ist, sich für das Recht und gegen das Unrecht zu entscheiden."[749] Die Willensfrei-

---

[743] S.o. § 4 I. 1. f. bb.
[744] MüKo-StGB/*Freund/Rostalski*, Vor § 13 Rn. 13 ff; *Walter*, Der Kern des Strafrechts, S. 109.
[745] *Brüning*, Das Verhältnis des Strafrechts zum Disziplinarrecht, S. 223; *Frister*, JuS 2013, 1057 (1058).
[746] Schönke/Schröder/*Eisele*, Vor §§ 13 ff. Rn. 103/104; Lackner/Kühl/Heger/*Heger*, Vor § 13 Rn. 23; *Heinrich*, Strafrecht AT, Rn. 529.
[747] BGHSt 2, 194 (200); *Jakobs*, Das Schuldprinzip, S. 9; Schönke/Schröder/*Eisele*, Vor §§ 13 ff. Rn. 118; *Hirsch*, ZStW 106 (1994), 746 (747).
[748] Vgl. LK-StGB/*Walter*, Vor §§ 13 ff. Rn. 165.
[749] BGHSt 2, 194 (200).

heit wird häufig, und so ja auch vom BGH, auf Basis der Menschenwürdegarantie in Art. 1 I GG schlicht als gegeben vorausgesetzt, sofern keine entgegenstehenden Anhaltspunkte vorliegen.[750] So kann dann auch *Goldschmidt* verstanden werden, wenn er davon spricht, dass innere (und äußere) Umstände „normal" sein müssen. Der Mensch als freies Wesen ist die Norm und die Fähigkeiten, die ihn dazu machen, bedürfen daher normalerweise auch keiner näheren Definition. So wird auch im juristischen Gutachten bei entsprechenden Anhaltspunkten stets nur die Schuld*un*fähigkeit geprüft.

Nun ist es aber so, dass nach (nicht einmal neuen[751]) Erkenntnissen aus der humanbiologischen Hirnforschung sich der freie Wille lediglich Ergebnis der neuronalen Verschaltung des Gehirns (insb. des limbischen Systems) darstellt, als Produkt vielfältiger Faktoren wie Genetik und stofflicher Beschaffenheit des Gehirns (etwa in Form von Hormonen).[752] Das, was wir als bewusste freie Entscheidung in Form der Vornahme einer Handlung wahrnehmen, entsteht zum Teil bereits mehrere Sekunden vorher und neurologisch als sogenanntes Bereitschaftspotential messbar in unseren Gehirnen.[753] Das Bewusstsein tritt also später auf als die Entscheidung.[754] Damit wollen einige den empirischen Nachweis dessen sehen, was einige Philosophen und Psychologen schon seit hunderten von Jahren behaupten: Eine von den bio-physischen Funktionen des menschlichen Körpers unabhängige Willensfreiheit im Sinne eines übergeordneten metaphysischen Zustandes lässt sich nicht eindeutig nachweisen. Das gilt allerdings umgekehrt auch für deren Nichtvorliegen und es ist nach überwiegender Ansicht auch nicht zu erwarten, dass sich dies ändern wird – non liquet.[755] Aus diesem Grund ist in der Medizin wie in der Philosophie und rechtswissenschaftlichen Forschung nach wie vor umstritten, ob der Mensch in all

---

[750] Fischer/*Fischer/Anstötz*, Vor § 13 Rn. 8.

[751] Vgl. dazu *Hillenkamp*, ZStW 127 (2015), 10 (10 ff.) m.w.N.

[752] *Roth*, Fühlen, Denken, Handeln, S. 494 ff., 536 ff.; *Singer*, Ein neues Menschenbild?, S. 9 ff., 20 ff., 42, 58 ff.; vgl. auch Fischer/*Fischer/Anstötz*, Vor § 13 Rn. 9 und *Marlie*, ZJS 2008, 41 (44) jeweils m.w.N.

[753] *Kornhuber/Deecke*, Pflügers Archiv 284 (1965), 1 (1 ff.); *Kornhuber/Deecke*, in: Petzold/Sieper, Der Wille, die Neurobiologie und die Psychotherapie, S. 88 ff.; *Libet*, in: Petzold/Sieper, Der Wille, die Neurobiologie und die Psychotherapie, S. 177 ff.; vgl. auch *Hillenkamp*, ZStW 127 (2015), 10 (14 ff.) m.w.N.

[754] *Hochhuth*, JZ 2005, 745 (747).

[755] *Libet*, in: Petzold/Sieper, Der Wille, die Neurobiologie und die Psychotherapie, S. 188 ff.; daraus schlussfolgernd, dass daher Willensfreiheit i.d.S. angenommen werden könne und jeweils m.w.N. *Kaufmann*, Das Schuldprinzip, S. 282; *Adam/Schmidt/Schuhmacher*, NStZ 2017, 7 (8); *Hillenkamp*, JZ 2005a, 313 (318 ff.); LK-StGB/*Walter*, Vor §§ 13 ff. Rn. 163; LK-StGB/*Verrel/Linke/Koranyi*, § 20 Rn. 30; *Hirsch*, ZStW 106 (1994), 746 (763); für die gleiche Annahme im Zivilrecht vgl. *Schuhr*, in: Hilgendorf, Robotik im Kontext von Recht und Moral, S. 20.

seinen Entscheidungen im metaphysischen Sinne frei, also indeterminiert ist oder ob „Entscheidungen“ lediglich das unausweichliche Produkt des neuronalen Aufbaus unserer Gehirne sind, der Mensch in diesen Entscheidungen also determiniert ist. Der „freie Wille“ lässt sich mit den empirischen Wissenschaften nach wie vor nicht greifen.

Der Gesetzgeber hat für das geisteswissenschaftliche Strafrecht in Ansehung des § 20 StGB jedoch eine klare Entscheidung für ein indeterministisches Menschenbild getroffen. Das ist angesichts einer funktionierenden Strafjustiz auch zwingend erforderlich: Es kann nicht auf eine endgültige Entscheidung in diesem Streit gewartet werden.[756] Bei Vorliegen einer rechtswidrigen Tat wird regelmäßig davon ausgegangen, dass diese auch schuldhaft begangen wurde.[757] Was auf einer wissenschaftlichen Ebene jedoch bleibt, ist die gänzlich fehlende Beweisbarkeit des Vorliegens der Schuld nach Maßgabe des Prinzips der Einzeltatschuld. Selbst, wenn man anhand neurologischer Messungen des Gehirns das grundsätzliche Vorhandensein von Willensfreiheit nachweisen könnte, scheitert dieser Nachweis jedenfalls für die Tatsituation, da diese nicht rekonstruiert werden kann.[758]

bb. Schuld als sozial-normative Zuschreibung von Verantwortlichkeit

Daher wird Vorhandensein der Willensfreiheit als Grundlage für die Schuldfähigkeit nach dem normativen Schuldbegriff dogmatisch auf verschiedene Weisen begründet. Etwa mit einer durch die Schuldausschließungsgründe widerleglichen Vermutung, die darin begründet liege, dass das subjektive Freiheitsempfinden eines jeden Menschen dafür sorgt, dass man an andere dieselben Anforderungen hinsichtlich des Anders-Handeln-Könnens stelle, wie an sich selbst.[759] Frei nach der epistemischen Logik muss umgekehrt das, was für einen selbst gilt, denklogisch auch für andere gelten, jedenfalls solange nicht das Gegenteil bewiesen oder zumindest überzeugend argumentiert wird. Es wäre in

---

[756] *Hassemer*, ZStW 121 (2009), 829 (842).

[757] *Hirsch*, ZStW 106 (1994), 746 (750).

[758] *Hassemer*, ZStW 121 (2009), 829 (851), der dies eine „Lebenslüge“ der Strafrechtler nennt; vgl. auch Fischer/*Fischer/Anstötz*, Vor § 13 Rn. 10 sowie *Brüning*, Das Verhältnis des Strafrechts zum Disziplinarrecht, S. 226 f. m.w.N.

[759] *Kaufmann*, Das Schuldprinzip, S. 281 f.; Lackner/Kühl/Heger/*Heger*, Vor § 13 Rn. 26a; *Kühl*, Strafrecht AT, § 10 Rn. 4; *Hassemer*, ZStW 121 (2009), 829 (850); vgl. aus der Hirnforschung, dass Willensfreiheit eine Illusion, deren Empfinden aber real sei *Singer*, Ein neues Menschenbild?, S. 12, 20, 58 f.; vgl. dazu auch *Libet*, in: Petzold/Sieper, Der Wille, die Neurobiologie und die Psychotherapie, S. 188.

der Tat wohl auch nur schwer zu ertragen, müsste man für sich selbst anerkennen, dass es sich bei seiner eigenen Willensfreiheit nur um eine Illusion handele. Auch wird angeführt, dass die Willensfreiheit nicht bloß ein „bio-physikalisches Faktum, sondern ein Teil der sog. gesellschaftlichen Rekonstruktion der Wirklichkeit" sei.[760] Sie sei derart in unserer Kultur, Weltsicht und damit auch Grammatik und Sprache (Handelndes Subjekt und Handlung erleidendes Objekt) verankert, dass eine Preisgabe der Willensfreiheit als Konzept der Auflösung all dessen gleichkäme.[761] *Kohlrausch* sah die Willensfreiheit daher schon vor über 100 Jahren als „staatsnotwendige Fiktion" an.[762]

Mittels eines „analogischen Verfahrens" wird daher üblicherweise ein generalisierender und sozial-vergleichender Maßstab angelegt, anhand dessen Schuld zugeschrieben wird.[763] Ähnlich wie bereits bei der Frage nach dem Sorgfaltsmaßstab im Rahmen der Fahrlässigkeit[764] wird also danach gefragt, wie sich eine andere, fiktive Vergleichsperson in der Tatsituation verhalten hätte.[765] Auch der Handlungsbegriff unterliegt, wie oben dargestellt[766], einer Zuschreibung. Der zugeschriebenen Willensfreiheit wird sich über den sozialen (ergo externen) Vergleichsmaßstab so gut wie möglich angenähert, allerdings bleibt die individuelle (ergo interne) Verantwortlichkeit des Täters das schuldbegründende Merkmal.[767] Das bedeutet, der sozial-ethische Vorwurf nach dem normativen Begriff ist, dass der Täter sich aus sich heraus anders hätte verhalten können und es nicht getan hat, während sich die fiktive Vergleichsperson in der Situation anders verhalten hätte. Das Problem hierbei ist aber, dass eine faktische Trennung von Vergleichsmaßstab und Individuum nur schwerlich gelingen kann. Daraus folgt, dass in der fiktiven, sozialen Vergleichsperson in Bezug auf die Willensfreiheit ein Trugschluss enthalten ist: Bezweifelt man generell die Willensfreiheit für den Menschen, so muss man dies dann konsequenterweise auch für die Maßfigur tun, die dem Täter nebengestellt wird,

---

[760] *Schünemann*, in: Schünemann, Grundfragen des modernen Strafrechtssystems, S. 153; vgl. auch *Hassemer*, ZStW 121 (2009), 829 (850).

[761] *Schünemann*, Grundfragen des modernen Strafrechtssystems in: Schünemann, Grundfragen des modernen Strafrechtssystems, S. 163 f.

[762] *Kohlrausch*, in: FG-Güterbock, S. 1 ff., 23 ff., 26.

[763] MüKo-StGB/*Streng*, § 20 Rn. 20; *Schünemann*, in: Schünemann, Grundfragen des modernen Strafrechtssystems, S. 161; vgl. auch *Lampe*, ZStW 118 (2006), 1 (15 ff.) sowie *Jakobs*, Das Schuldprinzip, S. 12.

[764] S.o. § 3 A. II. 1. b. bb.

[765] MüKo-StGB/*Streng*, § 20 Rn. 20; *Jescheck/Weigend*, Strafrecht AT, S. 427 f.; *Schünemann*, in: Schünemann, Grundfragen des modernen Strafrechtssystems, S. 161.

[766] S.o. § 4 I. 1. f. ee.

[767] *Brüning*, Das Verhältnis des Strafrechts zum Disziplinarrecht, S. 227.

denn was kann diese sein, wenn nicht ebenfalls ein Mensch.[768] Das Problem der fehlenden Beweisbarkeit ist damit nicht gelöst.

cc. Schuld als individuell-normative Zuschreibung von Verantwortlichkeit bei abweichenden Anforderungen an die Willensfreiheit

Allerdings verfängt die geäußerte Kritik an der Voraussetzung von Willensfreiheit in diesem Sinne für die Schuld nicht. Bezüglich der oben dargestellten Versuche, bei denen das Bereitschaftspotential nachgewiesen wurde, wird schon der Versuchsaufbau als ungeeignet gerügt, Willensfreiheit dergestalt nachzustellen, wie sie in einer Tatsituation vorhanden oder nicht vorhanden sein müsste.[769] Es bestehen sogar seitens der Hirnforscher Zweifel an dem gezogenen Schluss, das bloße Vorhandensein des Bereitschaftspotentials reiche als Beweis der Determiniertheit menschlichen Verhaltens aus.[770]

Es können ferner auch Zweifel daran erhoben werden, dass es für die Schuld einer Willensfreiheit überhaupt in einem solchen Sinne bedarf, wie sie in der Hirnforschung verstanden wird. Das hängt damit zusammen, dass unterschiedliche wissenschaftliche Disziplinen unterschiedliche Zielsetzungen und Methoden haben.[771] Eine Zielsetzung der Rechtswissenschaft ist unter anderem die Herstellung materieller Gerechtigkeit sowie die Verhaltenssteuerung der Bevölkerung (etwa durch die Möglichkeit der Bestrafung eines Straftäters) und die Zurverfügungstellung eines gesetzlichen und dogmatischen Instrumentariums hierzu. Ein interdisziplinär identisches Verständnis von Willensfreiheit wäre somit ein Kategorienfehler.[772] Daraus folgt, dass die persönliche Erfahrung und eine daraus folgende Fiktion von Willensfreiheit im biologischen Sinne für das Vorliegen von Willensfreiheit im juristischen Sinne genügt.[773] Bei Einnahme dieser Erste-Person-Perspektive wird auch klar, dass aus dem indeterminierten Selbstverständnis unter anderem Emotionen wie Schuldge-

---

768 So auch *Hillenkamp*, ZStW 127 (2015), 10 (63 f.).

769 *Lampe*, ZStW 118 (2006), 1 (8); *Hillenkamp*, JZ 2005b, 313; *Hillenkamp*, ZStW 127 (2015), 10 (318 f.).

770 *Roth*, Fühlen, Denken, Handeln, S. 493; vgl. auch *Hillenkamp*, ZStW 127 (2015), 10 (75 ff.) m.w.N.

771 *Mezger*, Strafrecht. Ein Lehrbuch, S. 251; *Hassemer*, ZStW 121 (2009), 829 (845 ff.).

772 *Hirsch*, ZIS 2010, 62 (65) will dies jedenfalls als alleiniges Argument nicht gelten lassen.

773 *Burkhardt*, Das Magazin 2003, 21 (23); *Hirsch*, ZStW 106 (1994), 746 (763); vgl. zu dieser Erfahrung auch *Libet*, in: Petzold/Sieper, Der Wille, die Neurobiologie und die Psychotherapie, S. 190; diesbzgl. dann wieder zust. *Hirsch*, ZIS 2010, 62 (65 f.); a.A. *Hillenkamp*, ZStW 127 (2015), 10 (60 ff.).

fühle oder Gewissensbisse resultieren können, also die normative Ansprechbarkeit.[774] Und gerade diese ist Voraussetzung für die Unterscheidung zwischen Recht und Unrecht und damit für die persönliche Verantwortlichkeit in diesem Sinne.

Man kann sich insoweit auch auf den Standpunkt stellen, dass hierfür eine Fiktion gar nicht erforderlich sei, sondern vielmehr die Willensfreiheit gar nicht im absoluten Indeterminismus zu suchen sei.[775] Für die Schuldfähigkeit reiche es laut *Hillenkamp* und vor ihm bereits *Arthur Kaufmann* vielmehr aus, dass der Mensch keine „der Freiheit nicht teilhaftige Marionette" ist, sondern das empfundene „Ich" und dessen Wünsche und Überlegungen, neben anderen Determinanten, zumindest teilweise an der Willensbildung beteiligt ist.[776] So ähnlich schreibt auch *Lampe*: „Die Freiheit [einem Gebot zu folgen oder zuwiderzuhandeln] existiert innerhalb eines Funktionszentrums, das dem Willen *vorgelagert* ist: im personalen *Ich-Selbst*. Nicht der Wille des Menschen ist frei, sondern sein *Ich* entschließt sich frei, ob es handeln *will* oder nicht."[777] Und schließlich meint auch *Hochhuth*: „Ein Mensch greift in den Kausalnexus der Natur ein und verschafft damit zugleich einem Wert Wirklichkeit."[778]

Es wird also anerkannt, dass der sogenannten Entscheidung für das Unrecht Faktoren zugrundeliegen, die der bewussten menschlichen Einflussnahme entzogen sind, auf diese allerdings nicht abgestellt. Der angelegte Vergleichsmaßstab ist dabei insbesondere die Selbsterfahrung: Wenn ich mich selbst für willensfrei halte, dann müssen andere Individuen, die die gleichen oder vergleichbare Fähigkeiten haben, (z.B. Kommunikationsfähigkeit, Lösung von Problemen) ebenfalls einen freien Willen besitzen. Hier liegt eine Parallele zwischen der Zuschreibung von Willensfreiheit, Intelligenz und Autonomie und der engen Verknüpfung dieser Begriffe. Hinsichtlich der normativ begründeten Schuld ist man also selbst (bzw. das Gericht aus seiner Erste-Person-Perspektive) die Vergleichsperson, ohne dass ein Homunkulus mit (empirisch lupenreinem) freiem Willen geschaffen wird.

Daraus ergibt sich, dass selbst bei einer Beweisbarkeit des deterministischen Menschenbildes dieses keinerlei Auswirkungen auf das Schuldstrafrecht

---

[774] *Hirsch*, ZIS 2010, 62 (66).
[775] *Hillenkamp*, ZStW 127 (2015), 10 (72 ff.); *Hochhuth*, JZ 2005, 745 ff.; vgl. auch MüKo-StGB/*Streng*, § 20 Rn. 18.
[776] Zitat von *Hillenkamp*, ZStW 127 (2015), 10 (73); so auch bereits *Kaufmann*, Das Schuldprinzip, S. 117 ff., 280.
[777] *Lampe*, ZStW 118 (2006), 1 (29, 32 ff.)
[778] *Hochhuth*, JZ 2005, 745 (747).

hätte.[779] *Hirsch* gibt hier zwar zu bedenken: „Wie will man belegen, dass in diese Spielräume gerade die strafrechtlich relevanten Fälle gehören?“[780] Allerdings stellte sich diese Frage nur dann, wenn man es für erforderlich hält, eine zweifelsfreie empirische Verknüpfung von menschlichem Entscheidungsspielraum und Tatverhalten zu beweisen. Die Form der Willensfreiheit, die für eine Zuschreibung von Schuld erforderlich ist, ist einer rein empirischen Betrachtung aber nur bedingt zugänglich, schlicht aus dem Grund, dass die Rechtswissenschaft keine empirische Disziplin ist und dies auch nicht sein muss. Vielmehr sind der Schuldbegriff und auch bereits seine Herleitung aus der Willensfreiheit normativ und dem Deutungsschema der Rechtswissenschaft unterworfen.[781] Es sind „normative Konstrukte, die lediglich einen empirischen Kerngehalt aufweisen.“[782]

Auch der Täter selbst wird im Hinblick auf seine empfundene Willensfreiheit nicht differenzieren können, ob sich nun seine Einflussnahme final ausgewirkt hat oder er Opfer seiner neuronalen Verschaltung geworden ist – auch dann nicht, wenn er um seine Determiniertheit wüsste. Er bleibt ansprechbar für das Recht und seine Normen. „Zuschreibung von Verantwortung im Begriff der Schuld ist eine Methode der Herstellung von Erwartungssicherheit, nicht ihrerseits ein Prozess der Naturerkenntnis.“[783] Käme man zu einem anderen Ergebnis und würde bestreiten, dass Menschen verantwortliche Normadressaten sein können, so wäre die „normative Grundlage unseres sozialen Umgangs [...], die Anerkennung als Person“ angetastet und der Kern der Menschenwürde berührt.[784] „Das Strafrecht geht auf Basis von Art. 1 Abs. 1 GG davon aus, dass der Mensch eine mit freiem Willen begabte, selbstverantwortliche, dh [sic] zur Unterscheidung von Gut und Böse befähigte Person sei [...]. Ob oder ob nicht dieses Postulat empirisch ‚gilt′, kann [...] für die Anwendung des Strafrechts dahinstehen.“[785] Das hat auch das Bundesverfassungsgericht unter

---

[779] *Hochhuth*, JZ 2005, 745 (752); i. Erg. auch *Hirsch*, ZIS 2010, 62 (67); a.A. *Hillenkamp*, JZ 2005b, 313 (320).
[780] *Hirsch*, ZIS 2010, 62 (64).
[781] *Jescheck/Weigend*, Strafrecht AT, S. 411; *Hochhuth*, JZ 2005, 745 (749 f.); *Lampe*, ZStW 118 (2006), 1 (27); *Mezger*, Strafrecht. Ein Lehrbuch, S. 251; a.A. *Kaufmann*, Das Schuldprinzip, S. 116 ff., der die Schuldfähigkeit als ureigene Eigenschaft des Menschen ansieht.
[782] *Lampe*, ZStW 118 (2006), 1 (23), der dieses Zitat an der konkreten Stelle zwar in Bezug auf Vorsatz und Fahrlässigkeit, sowie auf die Vermeidbarkeit eines Irrtums bezieht, allerdings um abstrakt-generelle Verantwortlichkeit zu erläutern.
[783] Fischer/*Fischer/Anstötz*, Vor § 13 Rn. 10.
[784] *Hassemer*, ZStW 121 (2009), 829 (849); insg. krit., aber jdf. in diesem Punkt zust. *Hillenkamp*, ZStW 127 (2015), 10 (46 ff.).
[785] Fischer/*Fischer/Anstötz*, Vor § 13 Rn. 8; so auch *Hirsch*, ZStW 106 (1994), 746 (764).

anderem in seinem „Lissabon-Urteil" im Jahre 2009 erneut bestätigt.[786] Andernfalls „wäre die Strafe eine mit dem Rechtsstaatsprinzip unvereinbare Vergeltung für einen Vorgang, den der Betroffene nicht zu verantworten hat."[787] Die Willensfreiheit ist somit „Axiom jeder bestehenden menschlichen Gemeinschaft".[788] Das gesamte Rechtssystem basiert auf der Voraussetzung, „dass es so etwas wie Willensfreiheit und persönliche Verantwortung gibt."[789] Das ergibt sich für das Strafrecht de lege lata konkret aus den §§ 17, 20, 29, 46 und 57a StGB. Orientiert man sich eng am Gesetzeswortlaut, so fordert § 20 StGB in der Tat auch keine positive Feststellung der Schuld sondern nur die Abwesenheit von seelischen Störungen.[790] Daraus lässt sich e contrario folgern, dass für die Annahme der Schuldfähigkeit eben kein Nachweis (und erst recht kein empirischer) der indeterminierten Willensfreiheit erbracht werden muss.[791]

Bei der Annahme von Strafbegründungsschuld handelt es sich also immer um eine individuell-normative Zuschreibung durch richterlichen Wertungsakt, der auf den eben vorgenommenen Erwägungen beruht.[792] Dabei kann das Gericht nicht völlig willkürlich zurechnen, sondern ist denjenigen Annahmen unterworfen, die sich aus dem Gesetz ergeben.[793] So verhält es sich im Übrigen auch bei der Vorsatzbestimmung als weiterer Komponente der subjektiven Beziehung des Täters zur Tat. Diese ist „nicht selten eher ein normativer Zuschreibungsakt als ein psychologischer Erkenntnisakt."[794] Genau genommen ist dies nicht nur nicht selten, sondern jedes Mal der Fall. Welche Gedanken der Täter sich vor oder während der Tat gemacht habt, entbehrt jeder Beweisbarkeit.

---

[786] BVerfGE 123, 267 (408).

[787] So auch bereits BVerfGE 20, 323 (331).

[788] LK-StGB/*Walter*, Vor § 13 ff. Rn. 163.

[789] *Pauen*, Allgemeine Zeitschrift für Philosophie 2001, 23.

[790] *Hassemer*, ZStW 121 (2009), 829 (852); *Hillenkamp*, ZStW 127 (2015), 10 (67 ff.) sowie *Hirsch*, ZStW 106 (1994), 746 (750).

[791] MüKo-StGB/*Streng*, § 20 Rn. 29; *Hochhuth*, JZ 2005, 745 (752 f.).

[792] MüKo-StGB/*Streng*, § 20 Rn. 29.

[793] Insofern zutreffend i.R.d. funktionalen Schuldbegriffs *Roxin/Greco*, Strafrecht AT I, § 19 Rn. 6, näher zu diesem Begriff sogleich.

[794] *Kudlich*, NJW 2017, 3097 (3098); vgl. auch *Puppe*, ZIS 2009, 409 (411); *Lampe*, ZStW 118 (2006), 1 (23 ff., 27); MüKo-StGB/*Kulhanek*, § 16 Rn. 14.

Stattdessen werden regelmäßig objektive Anhaltspunkte oder Plausibilitätsgesichtspunkte herangezogen[795], etwa, indem aufgrund der besonderen Gefährlichkeit des Verhaltens zumindest auf Eventualvorsatz geschlossen wird.[796] Vereinfacht gesagt: Bei diesem Verhalten muss der Täter Vorsatz gehabt haben. Und für die Schuld: Bei diesem Gesamteindruck der (kognitiven, kommunikativen usw.) Fähigkeiten des Täters muss er schuldfähig sein.

c. Der funktionale Schuldbegriff

Bei anderen Verständnissen des Schuldbegriffs ist die Willensfreiheit hingegen kein entscheidendes Kriterium. Die Gründe für die Verantwortlichkeit seien nicht in der persönlichen Vorwerfbarkeit, sondern anderswo zu suchen. Einige plädieren insoweit für eine gänzliche Neuorientierung des Schuldbegriffs und eine Abkehr vom bisherigen Schuldstrafrecht, hin zu einem rein präventiv ausgerichteten Schutzstrafrecht.[797] Bedeutendste Vertreter dieser Auffassung sind *Jakobs* und *Roxin*. Ausschlaggebend für die Verantwortlichmachung des Täters soll hier nicht mehr sein individuelles Dafür-Können sein, sondern Nützlichkeitsgesichtspunkte, vor allem die Generalprävention[798] sein.[799] *Roxin* unterscheidet insofern zwischen der „Schuld" und der „präventiven Notwendigkeit strafrechtlicher Ahndung" als Merkmalen der „Verantwortlichkeit", wobei aber bei „Vorliegen von Schuld die strafrechtliche Verantwortung ohne weiteres gegeben" sei.[800] Der Täter handele dann schuldhaft,

---

[795] Vgl. *Schünemann*, in: Schünemann, Grundfragen des modernen Strafrechtssystems, S. 183 f., der insoweit von den „realen Bedingungen der durchschnittlichen menschlichen Fähigkeit zu normgemäßer Motivation" spricht sowie *Gómez-Jara Díez*, ZStW 119 (2007), 290 (307), der dies „ausschlaggebende Fähigkeit" nennt.

[796] BGH NStZ 2003, 431 (431 f.); anschaulich insofern auch die sog. „Raser-Fälle", dazu *Hörnle*, NJW 2018, 1576; vgl. auch *Jakobs*, Strafrecht AT, § 17 Rn. 23; *Puppe*, Kleine Schule des juristischen Denkens, S. 48 ff. m.w.N.

[797] *Jakobs*, Strafrecht AT, § 17 Rn. 18 ff.; *Roxin*, Kriminalpolitik und Strafrechtssystem, S. 33 ff.; *Marlie*, ZJS 2008, 41 (42); *Gómez-Jara Díez*, ZStW 119 (2007), 290 (331); aus der Hirnforschung *Singer*, Ein neues Menschenbild?, S. 50 f.; inzwischen etwas relativierend *Roxin/Greco*, Strafrecht AT I, § 19 Rn. 33 ff., 36 ff.; vgl. zsf. auch *Hillenkamp*, ZStW 127 (2015), 10 (27 ff., 57 ff.) sowie *Schünemann*, in: Schünemann, Grundfragen des modernen Strafrechtssystems, S. 155 jeweils m.w.N.

[798] Vgl. zu diesem Strafzweck o. § 3 B. I. 2.

[799] *Jakobs*, Das Schuldprinzip, S. 24 f.; *Jakobs*, Strafrecht AT, § 17 Rn. 22; *Roxin*, Kriminalpolitik und Strafrechtssystem, S. 16 ff., 37; aus der Hirnforschung *Roth*, Fühlen, Denken, Handeln, S. 541.

[800] *Roxin/Greco*, Strafrecht AT I, § 19 Rn. 3; zust. *Schünemann*, in: Schünemann, Grundfragen des modernen Strafrechtssystems, S. 187.

„wenn er strafrechtliches Unrecht verwirklicht, obwohl er in der konkreten Situation von der Appellwirkung der Norm (noch) erreicht werden konnte und eine hinreichende Fähigkeit zur Selbststeuerung besaß."[801] Die Schuld sei damit notwendige, aber keine hinreichende Bedingung der Verantwortlichkeit.[802]

Diese präventive Ausrichtung lasse sich damit begründen, dass die vorrangige Aufgabe des Strafrechts der Rechtsgüterschutz und die Normstabilisierung sei.[803] Habe der Täter die gesellschaftlich erforderliche Normtreue nicht gezeigt, so müsse zur Stabilisierung der Norm das Verhalten als schuldhaftes „zugerechnet" werden.[804] „Die Verfehlung des intendierten Regelungsziels wird dem Adressaten der Norm als sein Fehler angelastet."[805] Die Herleitung der Schuldausschließungsgründe ergebe sich daraus, dass auf die Normstabilisierung verzichtet werden könne, wenn der Täter beziehungsweise seine fehlende Motivation zur Normbefolgung „ungleich" verglichen mit den übrigen Normadressaten seien (so etwa bei psychischen Störungen i.S.d. § 20 StGB).[806] Ein solcher „Störfaktor" entstamme also nicht derselben Ordnung, demselben System, so dass der Schuldvorwurf ihm gegenüber nicht erhoben werden könne.[807] Der präventive Zweck der Strafe kann durch Schuldzuschreibung zu etwas Systemfremdem nicht erreicht werden. Gleiches gelte für die Fälle der §§ 33, 35 und 24 StGB.[808]

Einige Vertreter des funktionalen Schuldbegriffs, insb. *Jakobs*, gehen noch einen Schritt weiter: Das Präventionsbedürfnis der Gesellschaft liefere hier nicht nur den Maßstab für die Annahme Verantwortlichkeit in Form der Vergleichsfigur[809], sondern gleichzeitig auch die dogmatische Begründung der Verantwortungszuschreibung.[810] Das Individuum tritt in den Hintergrund. Der wie

---

[801] *Roxin/Greco*, Strafrecht AT I, § 19 Rn. 3.
[802] *Roxin/Greco*, Strafrecht AT I, § 19 Rn. 9.
[803] *Jakobs*, Das Schuldprinzip, S. 24 f.; *Jakobs*, Schuld und Prävention, S. 8 f.; *Jakobs*, Strafrecht AT, § 1 Rn. 15, § 17 Rn. 18; *Roxin/Greco*, Strafrecht AT I, § 2 Rn. 7 ff.
[804] *Jakobs*, Das Schuldprinzip, S. 24; *Jakobs*, Strafrecht AT, § 17 Rn. 1.
[805] *Jakobs*, Das Schuldprinzip, S. 25.
[806] *Jakobs*, Strafrecht AT, § 17 Rn. 50; *Jakobs*, Das Schuldprinzip, S. 27.
[807] *Jakobs*, Schuld und Prävention, S. 17.
[808] *Roxin*, Kriminalpolitik und Strafrechtssystem, S. 33 ff.; *Roxin/Greco*, Strafrecht AT I, § 19 Rn. 3, 8; zust. *Schünemann*, in: Schünemann, Grundfragen des modernen Strafrechtssystems, S. 169; vgl. auch *Brüning*, Das Verhältnis des Strafrechts zum Disziplinarrecht, S. 224.
[809] Insofern besteht eine eindeutige Parallele zwischen dem funktionalen und dem sozial-normativen Schuldbegriff.
[810] *Jakobs*, Strafrecht AT, § 17 Rn. 25.

auch immer gearteten Willensfreiheit bedarf es für die Zuschreibung somit nicht.

Dass die Generalprävention als dogmatische Grundlage für die Schuld herhält, wird allerdings selbst unter denjenigen kritisch gesehen, die ein solches Strafbedürfnis jedenfalls grundsätzlich als Teil der strafrechtlichen Verantwortung sehen.[811] Problematisch ist insofern, dass man einen nicht besserungsfähigen oder -willigen Täter hart bestrafen, womöglich sogar lebenslänglich inhaftieren müsste, obwohl das von ihm verwirklichte Unrecht nur geringes Gewicht hat.[812] Und umgekehrt käme ein Täter, der schwere Straftaten begangen hat, straflos davon, solange er nunmehr gesetzestreu bliebe.[813] Könnte man schädliche Neigungen theoretisch frühzeitig sichtbar machen, wäre gegebenenfalls sogar eine Sanktion vor Tatbegehung angezeigt – eine Art Gesinnungsstrafrecht.[814] „Der Zweck heiligt die Mittel" würde zur Prämisse strafrechtlicher Sanktionierung.[815]

Neben diesen kriminalpolitischen Argumenten sprechen auch dogmatische gegen die Annahme eines funktionalen Schuldbegriffs. Zum einen leuchtet es nicht ein, dass der Mörder nicht deshalb bestraft wird, weil er ein Menschenleben genommen und damit Schuld auf sich geladen hat, sondern nur aus Nützlichkeitserwägungen.[816] So würden die Strafnormen zum Selbstzweck, was angesichts des Umstands, dass grundlegende gesellschaftliche Prinzipien (Du sollst nicht töten, Du sollst nicht stehlen) älter sind als das geschriebene Gesetz, nicht richtig sein kann. Wollte man zudem der Gesellschaft als Rezipientin der generalpräventiven Wirkung etwas Anderes vermitteln, ginge sogar ein wesentlicher Teil dieser Wirkung verloren. Nicht selten ist zum Beispiel in den öffentlichen Reaktionen auf mediale Berichterstattung zu schweren Straftaten zu beobachten, dass die persönliche Schuld im Fokus steht. Würde man die Schuld gänzlich funktional betrachten, wäre dem Bedürfnis der Gesellschaft nicht ausreichend Rechnung getragen. Ein funktionaler Schuldbegriff läuft damit seiner eigenen Zielsetzung zuwider.

Zum anderen enthalten funktionaler wie normativer Begriff die (im Grunde genommen triviale) Kernaussage, dass Gesellschaft und Rechtsordnung ohne die Möglichkeit einer Verantwortungszuschreibung nicht funktionieren kann.

---

[811] *Schünemann*, in: Schünemann, Grundfragen des modernen Strafrechtssystems, S. 170 ff.
[812] *Hillenkamp*, JZ 2005a, 313 (317).
[813] *Hirsch*, ZIS 2010, 62 (64) m.w.N. in Fn. 26.
[814] *Hillenkamp*, JZ 2005a, 313 (317).
[815] *Schünemann*, in: Schünemann, Grundfragen des modernen Strafrechtssystems, S. 171.
[816] *Hirsch*, ZStW 106 (1994), 746 (753).

Es ist augenscheinlich, dass die Schuld (sogar ausdrücklich[817]) zugeschrieben wird, wenn auch mit bei den verschiedenen Begriffen jeweils abweichender Begründung. *Jakobs* schreibt diesbezüglich: „Was Schuld ist, hängt in dem Maß von der jeweiligen Verfassung der Gesellschaft ab, in dem auch der Bestand des Unrechts davon abhängig ist. Was Schuld in einem allgemeinen Sinn ist, läßt [sic] sich deshalb allenfalls rahmenmäßig benennen; Konkretisierungen sind allein unter Bezug auf ein einigermaßen genau umrissenes soziales System möglich."[818] Die Konkretisierungen im Einzelfall können hierbei nichts anderes sein als Zuschreibungen auf Grundlage der funktionalen Erwägungen. So spricht auch *Schünemann* von der nicht gegebenen oder zumindest reduzierten „Entscheidungsfreiheit", wenn es um die Frage geht, ob ein generalpräventives Bedürfnis für die Annahme von Schuld besteht.[819] Dieses Bedürfnis tritt nach seiner Ansicht also zur herkömmlichen Dogmatik hinzu. Inwiefern ein generalpräventives Bedürfnis zur Ahndung eines Verhaltens besteht, bleibt also auch beim funktionalen Schuldbegriff ein normativer Wertungsakt. Wenn *Roxin/Greco* Schuld als „unrechtes Handeln trotz normativer Ansprechbarkeit" verstehen und diese „psychische Steuerungsmöglichkeit" auf einem „erfahrungswissenschaftlichen Befund" beruht[820], dann verschwimmen die Grenzen zwischen den Begriffen endgültig.[821] Erfahrungswissenschaftlicher Befund kann in diesem Fall nichts Anderes meinen als das kollektive Selbstempfinden von Willensfreiheit im Sinne dieser Steuerungsmöglichkeit. Selbst *Jakobs*, der in der Generalprävention das Fundament der Schuld sieht, spricht davon, dass Autonomie nicht festgestellt, sondern als Fähigkeit zugeschrieben werde.[822] Das ist jedenfalls dann erforderlich, wenn sich – und das ist der Fall – keine gesicherten Erkenntnisse gewinnen lassen, wie sich Schuld und Strafe in präventiver Hinsicht auswirken.[823] Seine dem Grunde nach systemtheoretische Auffassung der Schuld erweist sich damit als zirkulär, da auch sie schließlich nicht ohne Zuschreibung auskommt.

Dass an dieser Stelle der funktionale Schuldbegriff kritisch gesehen wird, steht auch nicht im Widerspruch dazu, dass oben noch vorrangig generalpräventive

---

[817] *Roxin/Greco*, Strafrecht AT I, § 19 Rn. 33, 46; „zugerechnet" heißt es bei *Jakobs*, Das Schuldprinzip, S. 24.
[818] *Jakobs*, Strafrecht AT, § 17 Rn. 22.
[819] *Schünemann*, in: Schünemann, Grundfragen des modernen Strafrechtssystems, S. 169.
[820] *Roxin/Greco*, Strafrecht AT I, § 19 Rn. 36, 46 ff. m.w.N.
[821] Diese Inkonsequenz rügt bereits *Schünemann*, in: Schünemann, Grundfragen des modernen Strafrechtssystems, S. 177.
[822] *Jakobs*, Schuld und Prävention, S. 17.
[823] *Schünemann*, in: Schünemann, Grundfragen des modernen Strafrechtssystems, S. 180 f.; *Hillenkamp*, JZ 2005a, 313 (317).

Erwägungen dafür herangezogen wurden, dass Strafbarkeitslücken nicht hinnehmbar sind.[824] Ein gesellschaftliches, generalpräventives Bedürfnis nach Sanktion kann überhaupt nur dann entstehen, wenn Schuld zugerechnet werden kann. Andernfalls würde, im Falle der KI, nur eine Maschine und somit schon kein taugliches Zurechnungssubjekt vorliegen. Die Frage, unter welchen Voraussetzungen individuelle Schuld zuzurechnen ist, ist von der Frage nach dem generellen Warum der Strafe zu trennen.

d. Zwischenfazit zur Schuld

Der Unterschied zwischen den Schuldbegriffen besteht also lediglich in der Perspektive: Der normative Schuldbegriff stellt auf das individuelle Selbstempfinden ab, während der funktionale das Kollektive in den Blick nimmt. Zugeschrieben wird gleichermaßen, aus welcher Perspektive ist vor allem eine Glaubensfrage, die hinsichtlich der Subsumtion durch die Rechtsanwender keinen Unterschied macht, zumal präventive Erwägungen ohnehin bei der Verhängung der schuldangemessenen Strafe eine wesentliche Rolle spielen.[825] Im Ergebnis bedeutet das: Schuld ist die normative Zuschreibung von Verantwortlichkeit, ein Verantwortlich-Machen in Form eines (beinahe martialisch anmutenden) „Dieser Täter war es und er kann etwas dafür!". Das Berufen auf eine indeterministisch verstandene Willensfreiheit als dogmatische Grundlage stellt sich als fruchtloser Versuch dar, etwas zu rationalisieren, was sich nach jetzigem Stand nicht einmal in der Hirnforschung abschließend erklären lässt. Das hat dazu geführt, dass sich die Strafrechtswissenschaft in dieser Hinsicht kaum von der Stelle bewegt hat. Die gerade dargestellten Schuldbegriffe beschreiben also verschiedene Voraussetzungen, unter denen die Zuschreibung von Schuld und, soweit als erforderlich erachtet, Willensfreiheit als deren Grundlage, vorgenommen wird. Bei genauerem Hinsehen sind die Voraussetzungen also nicht einmal wesentlich verschieden.

Vorzugswürdig in Bezug auf die Strafbegründungsschuld ist hierbei, im Einklang mit dem im Rahmen dieser Arbeit eher individualistischen Verständnis des Strafrechts, der (individuell-)normative Schuldbegriff, allerdings ohne die Zugrundelegung eines absoluten Indeterminismus und in Bewusstsein der nur marginalen Unterschiede. Grundlage für die normative Zurechnung ist der epistemisch logische Schluss, dass die subjektive Wahrnehmung von Willensfreiheit und die Möglichkeit deren Existenz für die Bejahung nach einem

[824] S.o. § 3 B. und C.
[825] S.o. § 3 B. I. 2. und 3.

rechtswissenschaftlichen Verständnis ausreicht. Dieser Schluss findet sich auch im Rahmen des funktionalen Schuldbegriffs wieder und ist somit anerkanntermaßen das entscheidende Merkmal für die Zuschreibung. Präventive Erwägungen werden erst im Rahmen der Strafzumessungsschuld relevant. Zustimmung verdient daher die von *Hirsch* vorgeschlagene Abwandlung der BGH-Formel zur Schuld: „Mit dem Unwerturteil der Schuld wird dem Täter vorgeworfen, dass er sich nicht rechtmäßig verhalten [...] hat, obwohl es ihm *nach menschlichem Selbstverständnis* möglich war, sich für das Recht zu entscheiden. Der innere Grund des Schuldvorwurfs liegt darin, dass der Mensch *darauf angelegt ist, im Bewusstsein der Freiheit zu handeln*".[826] Vor diesem Hintergrund kann nun die Frage beantwortet werden, ob die Zuschreibung von persönlicher Verantwortlichkeit im Falle von KI-Verhalten gelingen kann. Angesichts der Herleitung der Schuldzuschreibung aus dem Selbstverständnis des Menschen sowie der Bedeutung der Annahme von Willensfreiheit für die Gesellschaft ergeben sich daraus KI-spezifische Folgeprobleme.

2. KI-Verhalten als Grundlage für die normative Schuldzuschreibung

a. Anhaltspunkte für und gegen eine Schuldzuschreibung

Möchte man nun ergründen, ob man der KI Schuldfähigkeit normativ zuschreiben kann, muss man sich zuerst mit der Frage beschäftigen, ob sie determiniert oder indeterminiert ist. Eine nachweislich determinierte KI kann nicht schuldfähig sein, da dann bereits die bloße Möglichkeit der Willensfreiheit als eine normative Grundlage für eine Verantwortungszuschreibung entfällt und bei sicherem Wissen der vollständigen Determiniertheit die Zuschreibung von Schuld nicht plausibel wäre.[827] Sie wäre dann schon nicht darauf angelegt im „Bewusstsein der Freiheit" zu handeln (und auch ansonsten kein Mensch, dazu aber sogleich).

[826] *Hirsch*, ZIS 2010, 62 (67); so ähnlich auch bereits *Kaufmann*, Das Schuldprinzip, S. 127.

[827] Für determinierte Roboter schlägt *Schuhr* für die deliktische Haftung im Zivilrecht eine Aufspaltung der Norm insofern vor, als dass der verhaltensnormative Teil für Verhaltenssteuerung ex ante dem Menschen zugeschrieben wird. Demgegenüber soll der beurteilungsnormative Teil ex post dem Roboter zugeschrieben werden, *Schuhr*, in: Hilgendorf, Robotik im Kontext von Recht und Moral, S. 17 f. Das ist hier aber nicht Gegenstand der Untersuchung, da von der Indeterminiertheit autonomer Roboter ausgegangen wird. Im Übrigen trägt dieses Konzept auch deshalb für das Strafrecht nicht, weil die Beweisführung im Prozess strengeren Anforderungen unterliegt, vgl. insoweit S. 19 ff.

Im Rahmen der technischen Grundlagen wurde festgestellt, dass eine KI Überzeugungen und auch Wissen haben kann.[828] Das dergestalt, dass Überzeugungen Wahrscheinlichkeiten sind, dass ein bestimmtes Verhalten eine bestimmte Wirkung in der Außenwelt erzeugt. Im Hinblick auf die Erreichung der Nutzenfunktion können verschiedene Wege eingeschlagen werden, die Auswahl des Wegs wird anhand der Stärke Überzeugung autonom getroffen und schließlich entsteht daraus ein Lerneffekt, die KI „weiß" also in diesem Sinne, ob die Entscheidung künftig wiederholt werden sollte. Solchen Entscheidungen von KI im Sinne eines autonomen Prozesses kann ein deterministisch strukturiertes Vorgehen mit vertretbarem Aufwand nicht entnommen werden.[829] Dennoch ist die Übertragbarkeit beim Bewusstsein nicht ohne weiteres möglich. Grundsätzlich gilt zwar schon aus logischer Warte die Annahme: Wenn zwei Gehirne dieselbe organisatorische Struktur aufweisen, so teilen sie auch dieselben Bewusstseinszustände.[830] Hieraus folgt die Plausibilität des eben angesprochenen Schlusses, dass die Selbstwahrnehmung der Willensfreiheit auf andere Menschen übertragen werden kann. Es gibt dementsprechend aber keine Möglichkeit für den Menschen, das Selbstverständnis der KI nachzuvollziehen. Ob es ein solches überhaupt gibt und, wenn ja, wie dieses aussehen mag, entzieht sich unserer Kenntnis. Zudem ist ein menschliches Gehirn strukturell verschieden zu einem KNN, auch, wenn diese dem Gehirn nachempfunden sind. Auf der anderen Seite lässt sich dadurch ein Bewusstsein auch nicht sicher ausschließen. Denn würde man, hypothetisch, in einem menschlichen Gehirn nach und nach die natürlichen durch künstliche Neuronen mit demselben Profil ersetzen, würde sich dadurch der Zustand des Gesamtsystems nicht ändern.[831] Diese Überlegungen führen also nicht weiter. Was bleibt, ist

[828] S.o. § 2 A. I. 2. b. und c.

[829] So auch *Ernst*, JZ 2017, 1026 (1027), der aber dennoch zu einer reinen Zurechenbarkeit zu den menschlichen Beteiligten kommt, weil diese Einflussmöglichkeiten bei der ursprünglichen Gestaltung hatten und auch beim Einsatz Einfluss genommen werden könne.

[830] „Strictly speaking, for the purposes of the invariance principle we must require that for two systems to share their functional organization, they must be in corresponding states at the time in question.", *Chalmers*, in: Metzinger, Conscious Experience, S. 309 ff., abrufbar unter https://web-archive.southampton.ac.uk/cogprints.org/318/1/qualia.html (abgerufen am 22.11.2022).

[831] „We can imagine, for instance, replacing a certain number of my neurons by silicon chips. In the first such case, only a single neuron is replaced. Its replacement is a silicon chip that performs precisely the same local function as the neuron. We can imagine that it is equipped with tiny transducers that take in electrical signals and chemical ions and transforms these into a digital signal upon which the chip computes, with the result converted into the appropriate electrical and chemical outputs. As long as the chip has the right input/output function, the replacement will make no difference to the functional organization of the system.", *Chalmers*, in: Metzinger,

die Heranziehung von Plausibilitätsgesichtspunkten, wie schon bei der Frage, ob die autonome KI intelligent ist (diese Frage wurde bereits bejaht[832]) und nun dahingehend, ob sie dadurch eine Steuerungsfähigkeit dergestalt besitzt, dass sie, wenn sie beim Menschen vorläge, als Willensfreiheit angesehen werden kann. Dazu ist auch die (zu diesem Zeitpunkt teilweise noch hypothetische) Interaktion zwischen Mensch und Maschine heranzuziehen, da die Verständnisse von Intelligenz und auch Schuld durch die soziale Wirklichkeit maßgeblich beeinflusst werden. Im Prinzip handelt es sich bei dieser Herangehensweise also um einen Turing-Test, nur wesentlich ausdifferenzierter.[833]

Gegen eine Zurechnung könnte insofern sprechen, dass KI und Roboter allein aus dem Grund geschaffen werden, um zweckmäßig zu sein. Sie erledigen Aufgaben für den Menschen und sind auch hinsichtlich der Erfüllung der Nutzenfunktion vor allem auf Zweckmäßigkeit ausgerichtet. Sie sollen im Grunde genommen nützlich sein und nicht Teil der Gesellschaft werden. Doch diese Abgrenzung gelingt dann nicht mehr einwandfrei, wenn KI zunehmend Tätigkeiten übernimmt, die auch soziale Aspekte haben, wie etwa bei Pflegerobotern. Es gibt sogar Stimmen, die es für möglich halten, dass es in der Zukunft Liebesbeziehungen zwischen Mensch und Maschine geben wird.[834] Und die menschliche (Re-)Produktion ist keinesfalls unzweckmäßig, sondern selbstzweckmäßig. Menschen bekommen nicht deshalb Kinder, weil ihnen gerade der Sinn danach steht. Das Bedürfnis, sich fortzupflanzen, ist neben der Nahrungsaufnahme wohl eine der fundamentalsten genetischen Prädispositionen, die wir besitzen und kommt damit einer Determiniertheit nahe.

Auch darin zeigt sich: Die Annahme von Freiheit ist in unserer Gesellschaft conditio sine qua non für Verantwortung und Verantwortungssubjektivität. Verantwortung kann nur übernommen werden, wenn sie sich auf etwas bezieht, das (jedenfalls in der eigenen Wahrnehmung) auf Selbstbestimmung und freie Entscheidungen und Handlungen zurückgeht.[835] Es wurde diesbezüglich

---

Conscious Experience, S. 309 ff., abrufbar unter https://web-archive.southampton.ac.uk/cogprints.org/318/1/qualia.html (abgerufen am 22.11.2022).

[832] S.o. § 2 A. II.

[833] Vgl. *Sorge*, Softwareagenten, S. 34.

[834] *Fromme*, *<www.sueddeutsche.de/digital/kuenstliche-intelligenz-man-kann-mit-robotern-eine-ehe-fuehren-1.342591>*; *Lill*, *<www.zeit.de/wissen/2013-07/kuenstliche-intelligenz-hiroshi-ishiguro-lebensgefaehrte-roboter?>* (jeweils abgerufen am 27.07.2025).

[835] *Kirchschläger*, AJP/PJA 2017, 240 (247).

bereits festgestellt, dass es möglich ist, rechtliche Wertungen und ethische Kriterien in die Programmierung der KI aufzunehmen.[836] Daraus ergibt sich, dass eine einigermaßen sichere Prognose bezüglich der Entscheidung der KI möglich ist (insbesondere von überraschenden Handlungen mal abgesehen), also es eine bestimmte Erwartung an sie geben kann. Das erinnert an die eben angesprochene Erwartungshaltung an andere Mitglieder der Gesellschaft, deren normative Ansprechbarkeit sich daraus ergibt, dass sie diese Erwartungshaltung erkennen und ihr Handeln daran ausrichten. „Zuschreibung von Verantwortung im Begriff der Schuld ist eine Methode der Herstellung von Erwartungssicherheit, nicht ihrerseits ein Prozess der Naturerkenntnis."[837] Wenn ein intelligenter Agent zwischen mehreren Handlungsalternativen wählen kann und dabei verschiedene Kriterien berücksichtigt und gewichtet, also nicht nur ein bestimmtes determiniertes Reiz-Reaktion-Schema vorliegt, so liegt es nicht fern, ihm auch die Verantwortung für die Folge der gewählten Alternative zuzuschreiben.[838] Das gilt auch dann, wenn die KI so konzipiert ist, dass ihr Verhalten irrational erscheint, da auch menschliches als schuldhaft zugeschriebenes Verhalten irrational sein kann.[839] Besitzt die KI ein genügend komplexes Netz aus Wünschen und Überzeugungen, aus dem ihr Verhalten plausibel erklärt und prognostiziert werden kann, so kann ihr auch Bewusstsein und ein freier Wille zugeschrieben werden.[840]

Wer verantwortliche „Person" (dazu sogleich) ist, wird in Ethik und Recht auch bisher schon normativ durch Zuschreibung bestimmt.[841] Daraus ergeben sich zwar auch rechtshistorische Kuriositäten, wie etwa Strafprozesse gegen Tiere.[842] Aus heutiger Sicht wäre die Verantwortungszuschreibung hier schon deshalb nicht plausibel, da Tiere in der Rechtsordnung keinen Subjektstatus haben. Selbstredend darf die Zuschreibung dabei aber nicht willkürlich geschehen, ansonsten befände man sich wieder auf dem Stand des Perserkönigs Xerxes I., der angeblich aus Wut über zerstörte Schiffe das Meer dreihundert Mal

---

[836] S.o. zu den einzuhaltenden Sorgfaltspflichten § 3 A. II. c. bb.; vgl. an dieser Stelle nur noch *Teubner*, AcP 218 (2018), 155 (184).
[837] Fischer/*Fischer/Anstötz*, Vor § 13 Rn. 10.
[838] *Teubner*, AcP 218 (2018), 155 (174).
[839] Dazu, dass die mögliche Irrationalität ein Ausschlusskriterium für die Verantwortlichkeit sein soll *Kirchschläger*, AJP/PJA 2017, 240 (247).
[840] Vgl. *Erhardt/Mona*, in: Gless/Seelmann, Intelligente Agenten und das Recht, S. 80.
[841] *Gless/Seelmann*, in: Gless/Seelmann, Intelligente Agenten und das Recht, S. 20; vgl. auch *Loh*, InTer 2017, 220 (222).
[842] Vgl. nur *Dinzelbacher*, Das fremde Mittelalter, S. 147 ff.

auspeitschen ließ.[843] Und ebenfalls darf die Zuschreibung nicht nur deshalb vorgenommen werden, weil es (kriminal)politisch opportun oder allein aus präventiven Erwägungen angezeigt ist.
Teil der Bedingungen für die plausible Zuschreibung von Schuld müssen unter anderem die Fähigkeiten sein, die eingangs im Rahmen der Verantwortung genannt wurden: Kommunikationsfähigkeit, Handlungsfähigkeit und Urteilskraft.[844] Bezüglich dieser Voraussetzungen liegt auch eine graduelle Bestimmbarkeit vor. Das Folgeproblem, welches sich hieraus ergibt ist dann, ab welchem Grad von autonomen Fähigkeiten eine rechtliche Verantwortlichkeit des Agenten infrage kommt. Erforderlich wäre dafür unter anderem, dass das Normverständnis der KI nicht nur daraus besteht, dass ihr vorher die Rechtsordnung einprogrammiert wurde, sondern auch Urteilskraft dergestalt vorliegt, dass aus bekannten Normen Schlüsse auf unbekannte Normen gezogen werden können, sprich also: Wenn Verhalten X und Y untersagt sind, so muss das auch für Verhalten Z gelten. Im Prinzip würde es sich hier also um das Erkennen von Wertungsmustern handeln, aus denen dann ein Schluss gezogen wird. Ein solches Vorgehen beherrschen künstliche Intelligenzen dem Grunde nach bereits, wenn auch für deutlich weniger komplexe Vorgänge oder Muster wie etwa Bilder.[845] Eine Übertragbarkeit ist mit Blick in die Zukunft aber im Bereich des Möglichen und würde einen Teil des dogmatischen Fundaments für eine Schuldzuschreibung gießen.

b. Die strafrechtliche Schuld im Rahmen einer Verbandsstrafbarkeit

Oben wurden bereits für die Handlungsfähigkeit Verbände als dogmatisches Vergleichsobjekt herangezogen, da auch dort die Strafbarkeit einer nichtmenschlichen Entität diskutiert wird. Bezüglich der fehlenden Eigenschaft als Mensch könnte sich die Schuldfähigkeit von KI Kritik ausgesetzt sehen (auch, wenn das Menschsein nach den obigen Ausführungen per se keine Voraussetzung der Schuld ist). Daher sollen auch an dieser Stelle die Überlegungen zur Schuldfähigkeit im Rahmen einer Verbandsstrafbarkeit untersucht und gegebenenfalls fruchtbar gemacht werden.

---

[843] Vgl. nur *Spiegel Online*, <*www.spiegel.de/politik/meer-gepeitscht-a-b4f418ff-0002-0001-0000-000045202465*> (abgerufen am 27.07.2025).
[844] S.o. § 4 A. I.
[845] S.o. § 2 A. II. 1. a. aa. (2).

aa. Dogmatische Prämissen einer Verbandsschuld

Das Schuldprinzip wird unter anderem auf die Garantie der Menschenwürde aus Art. 1 Abs. 1 GG gestützt und dient dem Schutz des Einzelnen. Diese kann einer Verbandsstrafbarkeit nicht entgegengehalten werden, da Verbände, insb. juristische Personen, nicht in den Schutzbereich des Art. 1 Abs. 1 GG fallen.[846] Das muss insofern auch dann gelten, wenn mit den reduktionistischen Ansätzen lediglich fremde Schuld als eigene zugerechnet wird. Diese Annahme liegt auch dem oben bereits angesprochenen „Bertelsmann-Lesering-Beschluss" des BVerfG zugrunde.[847] Ferner spricht auch das Rechtsstaatsprinzip nicht gegen eine Verbandsschuld, da der Rechtsstaat wohl kaum Schaden nähme, würde man fehler- und schadhaftes Verhalten bzw. fehler- und schadhafte Organisation von Verbänden sanktionieren.[848] Aus den im Rahmen der Verbandshandlung gemachten Ausführungen zum rechtspolitischen Bedürfnis nach einer Verbandsstrafbarkeit lässt sich vielmehr Gegenteiliges folgern.[849]

Wie bereits beim Handlungsbegriff lassen sich die Ansätze für eine Verbandsschuld im Wesentlichen unter den reduktionistischen und den holistischen Modelle zusammenfassen.[850] Zum einen kommt also wieder eine Zurechnung der Schuld der dem Verband zugehörigen natürlichen Personen infrage. Bezüglich der Zurechnung kann vollumfänglich nach oben verwiesen werden.[851] Zum anderen ist auch die Schaffung einer originären Verbandsschuld denkbar, was man auf verschiedene Weisen begründen kann:

Auf *Tiedemann* lässt sich das sog. Schuldanalogiemodell zurückführen, wonach den Verband ein eigenes Organisationsverschulden treffe: „Als derart eigener sozialer Vorwurf, der die "Verantwortlichkeit" des Verbandes begründet und der gegen den Verband selbst erhoben werden kann, ist nach unserer Auffassung der Organisationsfehler oder das Organisationsverschulden anzusehen, welches den materiellen Grund dafür darstellt, daß [sic] die Organpersonen bei dem Geschäftsbetrieb des Verbandes Straftaten und Ordnungswidrigkeiten begehen und daß [sic] der Verband hierfür verantwortlich gemacht wird: Die Individualtaten (Anknüpfungstaten) werden deshalb und insoweit als Verbandsdelikte angesehen, weil und soweit der Verband - durch seine Organe

[846] *Vogel*, StV 2012, 427 (429); *Henssler et al.*, NZWiSt 2018, 1 (9).
[847] BVerfGE 20, 323 = NJW 1967, 195; vgl. auch o. I. 4. c. aa.
[848] *Henssler et al.*, NZWiSt 2018, 1 (9).
[849] S.o. § 4 B. I. 4. a.
[850] S.o. § 4 B. I. 4. c. aa. und bb.
[851] S.o. § 4 B. I. 4. c. aa.

oder Vertreter - Vorsorgemaßnahmen zu treffen unterlassen hat, die erforderlich sind, um einen ordentlichen, nicht deliktischen Geschäftsbetrieb zu gewährleisten.“[852] Wird der Verband also so organisiert, dass die Begehung von Straftaten ermöglicht oder begünstigt wird, so ist diese Organisation schuldbegründend.[853]

Eine gänzlich eigene Verbandspersönlichkeit und daraus folgende Schuldfähigkeit wollen schließlich diejenigen annehmen, die sich an der oben besprochenen Systemtheorie[854] orientieren.[855] Es wird insoweit vertreten, der Verband könne dann „Schuld auf sich laden“, wenn „der Verbandsangehörige mit der Handlung (auch) eine kollektive (und nicht etwa eine lediglich individuelle) Sinnkonstituierung zustande bringt.“[856] Insofern sei eine „normativ gesetzte Gleichheit zwischen den natürlichen Personen und der institutionellen Tatsache Unternehmen naheliegend.“[857] Dem liegt der Gedanke zugrunde, dass das Unternehmen ein sozialer Akteur sei, da er unter anderem durch seine Kommunikation an der Gesellschaft teilnehme und somit auch Adressat gesellschaftlicher Erwartungen sein könne.[858] In den USA wird diese Erwartungshaltung als „good corporate citizen“ bezeichnet und umfasst neben der Erwartung, sich an geltendes Recht zu halten (Compliance), auch die Erwartung, sich sozial zu engagieren, etwa durch Spenden oder andere Wohltätigkeitsaktionen.[859] Das spiegelt sich unter anderem auch darin wieder, dass in

---

[852] *Tiedemann*, NJW 1988, 1169 (1172).

[853] So im Ergebnis auch *Lampe*, ZStW 106 (1994), 683 (731 ff.), der allerdings nicht das Handlungs- sondern das Erfolgsunrecht zurechnen möchte und die rechtliche Haftung den Unternehmensträgern zuordnet. Die bereits bestehende Haftung gem. § 14 Abs. 1 Nr. 1 und 2 StGB und § 30 Abs. 1 Nr. 1 OWiG müsse stärker an die Unternehmensphilosophie und das daraus entstehende systemische Unrecht und weniger an die Vertreterhandlung angeknüpft werden.

[854] S.o. § 4 B. I. 4. c. bb.

[855] *Gómez-Jara Díez*, ZStW 119 (2007), 290 (315 ff., 325 ff.); *Schmitt-Leonardy*, Unternehmenskriminalität ohne Strafrecht?, Rn. 645 ff., 667 ff.

[856] KK-OWiG/*Rogall*, § 30 Rn. 11.

[857] *Schmitt-Leonardy*, Unternehmenskriminalität ohne Strafrecht?, Rn. 675.

[858] *Jakobs*, in: Prittwitz/Baurmann/Günther/Kuhlen/Merkel/Nestler/Schulz, Lüderssen-FS, S. 560; *Tiedemann*, Wirtschaftsstrafrecht, Rn. 374, 377; *Gómez-Jara Díez*, ZStW 119 (2007), 290 (315 ff.); *Schmitt-Leonardy*, Unternehmenskriminalität ohne Strafrecht?, Rn. 673 ff.; in diesem Punkt zust. auch *Freier*, GA 2009, 98 (102).

[859] *Gómez-Jara Díez*, ZStW 119 (2007), 290 (315 f.); *Schmitt-Leonardy*, Unternehmenskriminalität ohne Strafrecht?, Rn. 675; vgl. auch <*https://wirtschaftslexikon.gabler.de/definition/corporate-citizenship-31191/version-384767*> (abgerufen am 24.07.2023).

letzter Zeit Anlageprodukte solcher Unternehmen populärer geworden, die sich an sog. ESG-Richtlinien halten.[860]

bb. Kritik an einer Verbandsschuld

Wie schon im Rahmen des Handlungsbegriffs lässt sich gegen die Zurechnung fremder Schuld einwenden, dass es sich dann eben nicht um eine eigene Schuld handeln würde.[861] Hierin läge ein Verstoß gegen das Schuldprinzip.[862] Es würde das Fehlverhalten nicht persönlich vorgeworfen, sondern die Vorwerfbarkeit lediglich vom Individuum auf das Kollektiv übertragen. Zwar kann sich der Verband, wie gezeigt, insoweit nicht auf die Menschenwürdegarantie berufen. Allerdings ist es zentrales Charakteristikum des Schuldprinzips, dass es für eine Strafbarkeit nur auf die eigene, höchstpersönliche Schuld ankommen kann.[863] Dieser Grundsatz ergibt sich auch bereits aus § 29 StGB.[864]

Gegen die Annahme einer persönlichen Verantwortlichkeit in Form des Organisationsverschuldens lässt sich einwenden, dass die Organisation des Verbands durch Menschen vorgenommen wird.[865] Deren fehlerhafte Organisation würde die Schuld begründen. Beim Organisationsverschulden handelt es sich also nur um eine Zurechnung über Umwege, so dass die soeben erhobenen Einwände auch hier greifen.

Auch *Tiedemann* als früher Verfechter des Organisationsverschuldens erkennt dies dem Grunde nach an, wenn er schreibt, dass der Verband „durch seine Organe oder Vertreter Vorsorgemaßnahmen zu treffen unterlassen hat."[866] Es ist zudem durchaus verwunderlich, dass dieses Organisationsverschulden seitdem auch für die strafrechtliche Schuld herangezogen wird, obwohl *Tiedemann* unmittelbar vor dem Zitat aus dem vorigen Abschnitt schreibt: „Im

---

[860] ESG steht für Environmental, Social, Governance, also die Verpflichtung des Unternehmens, sich an Umwelt- und soziale Standards zu halten sowie das Unternehmen gut zu führen, dazu insg. *Dörrwächter*, NZG 2022, 1083.
[861] LK-StGB/*Schünemann/Greco*, Vor §§ 25 ff. Rn. 25; *Freier*, GA 2009, 98 (108).
[862] *Peglau*, ZRP 2001, 406 (407).
[863] *Jakobs*, in: Prittwitz/Baurmann/Günther/Kuhlen/Merkel/Nestler/Schulz, Lüderssen-FS, S. 566.
[864] *Lampe*, ZStW 106 (1994), 683 (729); zust. *Eidam*, Der Organisationsgedanke im Strafrecht, S. 259.
[865] LK-StGB/*Schünemann/Greco*, Vor §§ 25 ff. Rn. 28; KK-OWiG/*Rogall*, § 30 Rn. 6; *Ransiek*, NZWiSt 2012, 45 (47); *Roxin/Greco*, Strafrecht AT I, § 8 Rn. 63.
[866] *Tiedemann*, NJW 1988, 1169 (1172).

Schuldbereich schließlich ist ausschlaggebend, daß [sic] das deutsche Ordnungswidrigkeitengesetz das kriminalstrafrechtliche Schulderfordernis gezielt senkt und zu einer stärker an rechtlichen Bezügen ausgerichteten "Verantwortlichkeit" abstuft (vgl. §§ 12, 11 II OWiG). Damit wird allgemein die Möglichkeit eröffnet, anstelle der als persönliche sittliche Fehlleistung verstandenen menschlichen Schuld im klassischen Sinne einen an sozialen und rechtlichen Kategorien ausgerichteten Schuldbegriff im weiteren Sinne zu setzen."[867] Diese Schuld im weiteren Sinne wurde also eigentlich nur für das Ordnungswidrigkeitenrecht anerkannt, während für das Strafrecht weiterhin auf die *persönliche* Vorwerfbarkeit rekurriert wird.

Zudem besteht das Problem der Bestrafung Unbeteiligter. Zweck der Strafe ist auch künftige Verhaltenssteuerung.[868] Eine sinnvolle spezialpräventive Sanktion wäre daher die organisatorische Restrukturierung des Verbands, um den strafbarkeitsbegründenden Mangel zu beseitigen. Ansonsten wäre die Begehung von Straftaten stets eine bloße Kosten-Nutzen-Rechnung, die dann immer wieder aufgeht, wenn der Ertrag aus dem delinquenten Verhalten höher ist als die Geldstrafe und die Verfahrenskosten.[869] Hierin würde auch ein generalpräventiver Nutzen liegen, wenn nämlich die Bevölkerung das Bewusstsein hätte, der Verband könne nach der Restrukturierung nicht einfach weitermachen. Sowohl Sanktionen in Form von Geldstrafen als auch Restrukturierungen würden dann aber auch Unbeteiligte treffen, die die mangelhafte Organisation nicht zu verschulden haben oder gar erst nach der Tat Mitglied des Verbandes geworden sind.[870] Das würde wiederum einen Verstoß gegen das Schuldprinzip darstellen. Zwar sind durch die Verhängung von Kriminalstrafen gegen Menschen regelmäßig auch Dritte mittelbar betroffen, etwa Familienangehörige. Allerdings wäre dies im Falle der Verbandsstrafe keine unerwünschte Nebenfolge, sondern vielmehr gewollt und hinzunehmen, da durch eine Sanktion der Verband und damit seine Mitglieder, insb. seine Organe, zu rechtstreuem Verhalten angehalten werden sollen.[871]

Die Annahme von Schuld erfolgt, wie gezeigt, zwar infolge einer Zuschreibung, aber auf Basis von Plausibilitätserwägungen, die beim Verband nicht greifen. Diese besitzen in diesem Sinne keine eigene Selbstreflektion und die

---

[867] *Tiedemann*, NJW 1988, 1169 (1172).

[868] S.o. zur Prävention § 3 B. I.

[869] Vgl. *Volk*, JZ 1993, 429 (434).

[870] *Freier*, GA 2009, 98 (115); *Eidam*, Der Organisationsgedanke im Strafrecht, S. 259, 263; vgl. auch *Tiedemann*, NJW 1988, 1169 (1173).

[871] *Peglau*, ZRP 2001, 406 (408); *Eidam*, Der Organisationsgedanke im Strafrecht, S. 263; *Tiedemann*, NJW 1988, 1169 (1173); *Freier*, GA 2009, 98 (114 f.).

Fähigkeit, sich zu normgemäßem Verhalten zu motivieren, da der Verband aus einem Motivbündel seiner Mitglieder besteht.[872] *Jakobs* spricht diesbezüglich von einer „schizophrenen Organseelenlage“.[873] Soziale Sachverhalte sind objektiv, während das Selbstempfinden von freier Entscheidung, welches Grundlage der Zuschreibung ist, subjektiv ist.[874] Verkäme die Schuld zu einer bloß funktionalen Zuschreibung in Form einer Erfolgshaftung, so würde nulla poena sine culpa jegliche Bedeutung verlieren, da Unrecht und Schuld gleichgesetzt würden.[875] Schuld darf aber (anders als im Ordnungswidrigkeitenrecht[876]) eben nicht nur als bloße Urheberschaft verstanden werden, da ihr, die Annahme des sittlich freiverantwortlich handelnden Individuums zugrundeliegt, und zwar auch dann, wenn sie zugeschrieben wird.[877]

Aus den genannten Gründen kann schließlich auch die bereits angesprochene Systemtheorie nicht für eine Verbandsschuld fruchtbar gemacht werden. Es wurde bezüglich der Systemtheorie bereits ganz grundsätzlich Kritik geübt.[878] Darüber hinaus fehlt auch einem autopoietischen System ein (gänzlich) eigenes Bewusstsein.[879] Macht der Verband beispielsweise durch Bonuszahlungen oder andere Anreize rechtswidriges Verhalten attraktiv, so mag man dies zwar als spezifische Unternehmenskultur ansehen.[880] Allerdings hat diesen Anreiz stets eine Leitungsperson gesetzt. Und es ist auch nicht immer klar, ob dies nun tatsächlich ein korporativer Akt ist oder nur schlechter Führungsstil der individuellen Leitungsperson. Die Trennung von Verband und Individuum gelingt somit auch hier nicht.[881] Nimmt der Verbandsangehörige eine kollektiv sinnkonstituierende, rechtswidrige Handlung vor, so wäre es ihm dennoch individuell möglich gewesen, diese nicht vorzunehmen. Dies in Verbindung mit der Fähigkeit zum Normverständnis zeitigt dann die persönliche Vorwerfbarkeit im Sinne der strafrechtlichen Schuld. Und schließlich ist auch zu beachten, dass Verbände ab einer bestimmten Größe so viele Subsysteme beinhalten und

---

872 *Freier*, GA 2009, 98 (105); *Eidam*, Der Organisationsgedanke im Strafrecht, S. 257.

873 *Jakobs*, in: Prittwitz/Baurmann/Günther/Kuhlen/Merkel/Nestler/Schulz, Lüderssen-FS, S. 570.

874 *Freier*, GA 2009, 98 (105).

875 *Eidam*, Der Organisationsgedanke im Strafrecht, S. 261; *Hirsch*, ZStW 106 (1994), 746 (747); vgl. auch *Kaufmann*, Das Schuldprinzip, S. 129.

876 Vgl. *Tiedemann*, NJW 1988, 1169 (1172).

877 *Kaufmann*, Das Schuldprinzip, S. 128 f.; vgl. auch o. II. 1. b.; andere Ansicht *Schmitt-Leonardy*, Unternehmenskriminalität ohne Strafrecht?, Rn. 690 ff.

878 S.o. § 4 B. I. 4. d. bb.

879 *Freier*, GA 2009, 98 (105); *Eidam*, Der Organisationsgedanke im Strafrecht, S. 264.

880 Vgl. *Ortmann*, NZWiSt 2017, 241 (248).

881 Vgl. hierzu auch *Freier*, GA 2009, 98 (109 f.).

die Vorgänge so komplex sind, dass nicht ersichtlich ist, wie sie anders hätten handeln können.[882] Dies ist aber Voraussetzung für den Schuldvorwurf. Es entsteht eine Determiniertheit, so dass ein Schuldvorwurf nicht erhoben werden kann. Es liegt weder die Fähigkeit vor, sich zu normgemäßem Verhalten zu motivieren, noch danach zu handeln.

Im Ergebnis ist also auch eine Verbandsschuld abzulehnen, soweit man diese in die Form des Strafrechts gießen möchte. Das, was Grundlage für die Verantwortungszuschreibung wäre, wäre von dem, was bisher als strafrechtliche Schuld verstanden wird, zu verschieden. Nichtsdestotrotz sind die rechtspolitischen Erwägungen nicht von der Hand zu weisen und die Gedanken zu einem Organisationsverschulden plausibel. Insofern sollte künftig durchaus weiter über die Einführung von weitergehenden Verbandssanktionen nachgedacht werden, allerdings in einem vom Strafrecht getrennten Regelungskonstrukt. Diskutiert wird insofern unter anderem ein Maßregelmodell, auf das hier aber nicht näher eingegangen werden soll.[883]

cc. Rückschlüsse für die Schuldfähigkeit intelligenter Agenten

Eine Parallele, die zwischen den Erwägungen einer Verbandsschuld und künstlicher Intelligenz vorliegt, ist die, dass einer Schuldfähigkeit von intelligenten Agenten die Menschenwürdegarantie nicht entgegensteht. Auch, wenn sie gleiche Fähigkeiten besitzen, sind intelligente Agenten keine Menschen.

Die Ansätze, nach denen dem Verband die Schuld seiner Mitglieder zugerechnet werden soll, entweder unmittelbar oder mittelbar über die Figur des Organisationsverschuldens, können für die eigene Schuld von KI nicht fruchtbar gemacht werden. Denn anders als ein Verband unterliegt eine selbstlernende KI nicht (mehr) einer direkten Steuerung. Wenn überhaupt könnten eine direkte Zurechnung oder die Zurechnung aufgrund mangelhafter Organisation (= Programmierung) für die an der Herstellung der KI beteiligten menschlichen

[882] LK-StGB/*Schünemann/Greco*, Vor §§ 25 ff. Rn. 29; *Schmitt-Leonardy*, Unternehmenskriminalität ohne Strafrecht?, Rn. 663 ff., die dies dann anerkennt, soweit es für die Schuld noch auf eine sittliche Komponente ankomme. Nach hiesiger Auffassung kann für die Schuld im strafrechtlichen Sinne aber nicht verzichtet werden, so dass entweder auf ein Regelungssystem sui generis oder auf ein Maßregelmodell zurückgegriffen werden sollte.

[883] Vgl. nur LK-StGB/*Schünemann/Greco*, Vor §§ 25 ff. Rn. 30; *Roxin/Greco*, Strafrecht AT I, § 8 Rn. 63; *Tiedemann*, NJW 1988, 1169 (1170 f.); jeweils m.w.N.

Akteure infrage kommen. Einer solchen Zurechnung bedarf es aber schon deshalb nicht, weil eine Strafbarkeit bereits mit dem vorhandenen Instrumentarium möglich ist.[884]

Anders verhält sich das bei dem Ansatz, der eine eigene Verbandspersönlichkeit konstruieren möchte. Der Grundgedanke, dass ein Verband ein sozialer Akteur sei, woraus eine entsprechende Erwartungshaltung folge, lässt sich auch auf intelligenten Agenten übertragen. Wie bereits beim Handlungsbegriff lässt sich der Schuldvorwurf, im Gegensatz zum Verband, deshalb plausibel machen, weil nicht auf einen abstrakten systemischen Prozess abgestellt wird, sondern es sich um ein klar abgrenzbares Individuum handelt. Die Prozesse, die der Entscheidungsfindung zugrundeliegen, lassen sich in einer Entität zusammenfassen. Um dieser Erwartungshaltung an Individuen in der Rechtsordnung entsprechend Ausdruck zu verleihen, wird sogleich die Einführung eines Personenstatus für intelligente Agenten diskutiert werden.

Ein Problem könnte sich bezüglich einer individuellen Verantwortlichkeit dann ergeben, wenn mehrere Agenten untereinander vernetzt sind, sie also beispielsweise über eine Art Cloud-Lernen Lernerfahrungen austauschen oder auch im Tatzeitpunkt vernetzt sind.[885] Dann wäre der innere Prozess, also die Konfiguration des Agenten, die zur der Rechtsgutsverletzung geführt hat, auch bei anderen Agenten zu finden. Der Agent, der die strafbare Handlung vorgenommen hat, hat den dieser zugrundeliegenden Lernprozess also möglicherweise gar nicht „selbst" durchlaufen. Hier gilt aber wieder zu beachten, dass eine Schuldzuschreibung nur dann gelingt, wenn sie auch plausibel ist. Daraus folgt, dass eine so geringe kognitive Beteiligung (im untechnischen Sinne) nicht ausreichen kann, um eine Strafbarkeit anderer Agenten zu begründen. Eine Überarbeitung des Algorithmus wäre auch bei diesen angezeigt, dies würde dem Grad der kognitiven Beteiligung aber auch bereits gerecht. Alles andere käme einem Gesinnungsstrafrecht gleich. Nur der physisch handelnde Agent weist ein strafwürdiges Maß an Vorwerfbarkeit auf. Der physisch beteiligte Agent wäre im Hinblick auf die auch bei anderen Agenten vorliegenden Konfiguration insofern auch nicht das „Bauernopfer" (mangels Menschenwürde wäre dies wohl ohnehin unschädlich), da nur er der soziale Akteur ist, der im Hinblick auf die Tat als Zurechnungssubjekt taugt. Umgekehrt kann es auch beim Menschen sein, dass Erfahrungen ausgetauscht werden. Niemand würde hier auf die Idee kommen, einen Tipp- oder Hinweisgeber mitzubestra-

[884] S.o. § 3.

[885] Vgl. für das Zivilrecht diesbzgl. *Teubner*, AcP 218 (2018), 155 (158, 201 ff.)

fen, soweit dieser an der konkreten Tat nicht beteiligt ist und auch keinen Vorsatz bezüglich des rechtswidrigen Einsatzes dieses Wissens hat. Wenn Fischer A dem B zum Beispiel ohne böse Absicht erzählt, dass er wegen des zu erwartenden Sturms heute nicht mehr rausfährt und der B dieses Wissen dann dazu nutzt, den C von einer Fangfahrt zu überzeugen, wobei C im Sturm ertrinkt, ist der A nicht strafrechtlich verantwortlich. Ebenso wenig kann ein anderer intelligenter Agent verantwortlich sein, wenn (möglicherweise sogar automatisiert) Lernerfahrungen ausgetauscht werden, die bei einem anderen Agenten dann kausal für eine Rechtsgutverletzung werden. Entscheidend ist jeweils der Kontext, in dem Wissen und Erfahrungen untereinander weitergegeben werden.

Für eine Schuldfähigkeit und Strafbarkeit von intelligenten Agenten kann schließlich auch ein Blick auf die Erfahrungen mit einer Verbandsstrafbarkeit in Österreich geworfen werden, wo keine negativen Rückwirkungen auf das für natürliche Personen geltende Strafrecht beobachtet werden konnten und auch im Übrigen rechtsstaatliche Standards nicht in Mitleidenschaft gezogen wurden.[886] Ähnlich dürfte dies auch für die Schuldfähigkeit von KI zu erwarten sein, insbesondere vor dem Hintergrund, dass deren Zuschreibung den gleichen Kriterien folgt, wie beim Menschen.

c. Ein e-Personenstatus als notwendige Bedingung der Schuldzuschreibung

In Ansehung des eben Gesagten sollte für die Zuschreibung von Schuld und Verantwortlichkeit eine irgendwie geartete Rechtssubjektivität vorliegen, also ein rechtlicher Status, aus dem unter anderem die Pflicht folgt, sich an die aufgestellten Regeln zu halten oder andernfalls die Konsequenzen über sich ergehen lassen zu müssen.[887] Strafrechtliche Verantwortlichkeit bedeutet auch die Anerkennung als Person und gelingt nur bei Anerkennung als Person.[888] Dies hatte sich auch soeben im Rahmen der Verbandsschuld gezeigt. Schuldfähigkeit und Personenstatus sind im Strafrecht also untrennbar miteinander verknüpft. Blieben künstlich intelligente Agenten auch in der Zukunft lediglich

---

[886] *Henssler et al.*, NZWiSt 2018, 1 (9).

[887] Ob das Strafrecht normentheoretisch Ge- oder Verbote aufstellt oder gar lediglich eine Art Gesellschaftsvertrag mit „Preisen“ für bestimmte Handlungen darstellt, bedarf hier keiner näheren Ausführung.

[888] *Hassemer*, ZStW 121 (2009), 829 (849); *Markwalder/Simmler*, AJP/PJA 2017, 171 (180 f.); *Gómez-Jara Díez*, ZStW 119 (2007), 290 (307 ff.); *Fincan*, Artificial Intelligence and Legal Issues, S. 64 ff.; vgl. auch *Schmitt-Leonardy*, Unternehmenskriminalität ohne Strafrecht?, Rn. 600.

Sachen im Rechtssinne, so stünden die hier angestellten Überlegungen auf tönernen Füßen. So schreibt selbst *Jakobs* als einer radikalsten Verfechter eines funktionalen Schuldbegriffs: „Eine Ordnung ist allenfalls für diejenigen Menschen eine Rechtsordnung, die in ihr eine Stellung als Personen haben, also Träger von Rechten sind, freilich auch die Rechte anderer zu respektieren haben.“[889] Allerdings „vermag allein die Behandlung als Person die Schuld noch nicht zu materialisieren; denn Personalität ist ihrerseits eine der Formen, in denen Recht stattfindet.“[890] Doch darf das kriminalpolitische bzw. präventive Bedürfnis allein auch für die Annahme eines Personenstatus nicht ausreichen.[891] Fraglich ist also, ob diese Einordnung dogmatisch überhaupt gelingen kann. Dafür werden auch rechtsgebietsübergreifende Betrachtungen vorgenommen.

aa. De lege lata

De lege lata wird Rechtssubjektivität für intelligente Agenten in allen Rechtsbereichen überwiegend abgelehnt. Im allgemeinen Bürgerlichen Recht sind sie nach jetzigem Stand nicht in der Lage, eigene Willenserklärungen abzugeben, da es ihnen an der erforderlichen Einsichts- und Urteilsfähigkeit im Hinblick auf die rechtlichen Folgen der Erklärung fehle.[892] Es kommt allenfalls eine Zurechnung zum Menschen infrage, wobei die Modalitäten im Einzelnen umstritten sind.[893] Der BGH führte hierzu in seiner Entscheidung zu einer Online-Flugbuchung aus: „Nicht das Computersystem, sondern die Person, die es als Kommunikationsmittel nutzt, gibt die Erklärung ab: Der Inhalt der Erklärung ist mithin nicht danach zu bestimmen, wie sie das automatische System voraussichtlich deuten und verarbeiten wird, sondern danach, wie sie der menschliche Adressat nach Treu und Glauben und der Verkehrssitte verstehen darf.“[894]

---

[889] *Jakobs*, Das Schuldprinzip, S. 26; so auch *Hirsch*, ZStW 107 (1995), 285 (299); vgl. bzgl. einer Unternehmensstrafbarkeit ferner *Gómez-Jara Díez*, ZStW 119 (2007), 290 (316).

[890] *Jakobs*, Das Schuldprinzip, S. 28; vgl. auch *Jakobs*, in: Prittwitz/Baurmann/Günther/Kuhlen/Merkel/Nestler/Schulz, Lüderssen-FS, S. 575; so aber wohl *Markwalder/Simmler*, AJP/PJA 2017, 171 (180 f.).

[891] So bzgl. einer Unternehmensstrafbarkeit *Hirsch*, ZStW 107 (1995), 285 (304).

[892] *Müller-Hengstenberg/Kirn*, MMR 2014, 307 (308); *Bräutigam/Klindt*, NJW 2015, 1137 (1137 ff.); *Groß/Gressel*, NZA 2016, 990 (991 f.); mit diesem Argument auch gegen eine Haftung *Horner/Kaulartz*, CR 2016, 7; vgl. auch *Borges*, NJW 2018, 977-982 (979).

[893] Vgl. hierzu nur Hoeren/Sieber/Holznagel/*Lampe*, Teil 29.2 Rn. 2 ff. m.w.N.

[894] BGH NJW 2013, 589 (599), auch, wenn das verwendete System in diesem Fall ein verhältnismäßig einfaches war, wird dennoch die Richtung deutlich; vgl. auch *Sorge*, Softwareagenten, S. 26 ff.

Es ist haftungsrechtlich teilweise auch unklar, wer im Schadensfall für eine Fehlleistung zur Verantwortung zu ziehen sei.[895] Grundsätzlich sei aber der Mensch verantwortlich, was auch dann gelte, wenn das System einen hohen Automatisierungsgrad besitze.[896] Der fehlende Personenstatus ergebe sich daraus, dass dieser mangels Menschenwürde der KI auch nicht deren Ausfluss sein kann, bzw. die KI mangels konstitutioneller bzw. einfachgesetzlicher Voraussetzungen auch nicht mit einer juristischen Person oder einem Verein vergleichbar sei.[897]

Ebenso im Urheberrecht wird die Inhaberschaft von Urheberrechten bei einer KI abgelehnt, da dieses gem. § 2 Abs. 2, 7, 11 UrhG nur Werke persönlicher geistiger Schöpfung schütze und hierbei ein anthropozentrisches Verständnis gelte.[898] Es kommt dann nur eine Urheberschaft derjenigen Menschen infrage, die sich der KI zur Herstellung des Werkes bedient haben, soweit deren Anteil an der Herstellung noch ausreicht.[899] Dieses Ergebnis ist seit dem Release von ChatGPT besonders relevant und wird künftig mit fortschreitenden Fähigkeiten der KI wohl erneuten Prüfungen zu unterziehen sein. Aktuell dürfte es für eine menschliche Urheberschaft ausreichen, dass der Mensch die Parameter, etwa für das Schreiben eines Essays, vorgegeben hat, welche dann umgesetzt wurden.

De lege lata gilt die anthropozentrische Sicht auch für das Ordnungswidrigkeitenrecht, wo bezüglich auf die erforderliche Vorwerfbarkeit dieselben Probleme vorliegen wie bereits im Strafrecht im Hinblick auf die Schuld und die entsprechenden kognitiven Fähigkeiten des KI-Systems.[900]

[895] *Müller-Hengstenberg/Kirn*, MMR 2014, 307 (309 f.); *Bräutigam/Klindt*, NJW 2015, 1137 (1137 ff.); *Groß/Gressel*, NZA 2016, 990 (991 f.), die aber ein Tätigwerden des Gesetzgebers, insb. im Hinblick auf Haftungsfragen, für angezeigt halten.
[896] *Horner/Kaulartz*, CR 2016, 7 (7 ff.); Hoeren/Sieber/Holznagel/*Lampe*, Teil 29.2 Rn. 9 ff.
[897] *Müller-Hengstenberg/Kirn*, MMR 2014, 307 (308); *Sorge*, Softwareagenten, S. 34 ff.; *Linke*, MMR 2021, 200 (201).
[898] Hoeren/Sieber/Holznagel/*Lampe*, Teil 29.2 Rn. 31 ff.; Leupold/Wiebe/Glossner/*Scheufen*, Teil 9.6.2. Rn. 4 ff.
[899] Leupold/Wiebe/Glossner/*Scheufen*, Teil 9.6.2. Rn. 6; Hoeren/Sieber/Holznagel/*Lampe*, Teil 29.2 Rn. 32 f.; vgl. beispielhaft das Gemälde „Edmond de Belamy“ des Kollektivs „Obvious Art“, <*https://obvious-art.com/portfolio/edmond-de-belamy/*> (abgerufen am 27.07.2025).
[900] BeckOK-OWiG/*Beck*, § 130 Rn. 132.

bb. De lege ferenda

Auffällig ist, dass in den verschiedenen Rechtsgebieten für die Annahme von Rechtssubjektivität bestimmte Fähigkeiten oder Eigenschaften vorausgesetzt werden, so dass jedenfalls de lege ferenda ein Personenstatus für KI denkbar ist. Der Begriff der Rechtsperson ist somit nicht statisch, sondern ein dogmatischer Begriff, dessen Bedeutung von der Rechtswissenschaft bestimmt werden muss und in der Geschichte auch schon immer auf verschiedene, epochen- und kontextabhängige Weise bestimmt worden ist.[901] *Jakobs* schreibt dazu: „Im Ergebnis wird also die Person im Recht generalisierend-normativ bestimmt. Es ist nicht einmal so, daß [sic] ihre Selbstbestimmung zur Rechtlichkeit in einem psychologisierend verstandenen Sinn erwartet würde – wie das psychophysische Subjekt mit seiner Rolle fertig wird, ist im Grundsatz seine eigene Angelegenheit; es wird – im Grundsatz – als ein Subjekt behandelt, das sich als Bürger definiert hat.“[902] Dieser Ansicht ist auch *Fincan*, der schreibt: „[…] recognizing rights and responsibilities is not the result of personality. In other words, because entities can have rights and responsibilities, we accept them with specific qualifications as legal personhood. […] To summarize, legal personhood is a status that indicates the recognition of a legal entity and its ability to have certain rights and obligations. Thus, entities with some essential aptitudes are awarded legal personhood under the consequence of these capabilities.“[903] Der rechtliche Status als Person ist also nicht automatische Folge bestimmter Eigenschaften und Fähigkeiten einer Entität, sondern wird erst anhand derselben verliehen. Dieser Ansicht ist auch *Gaede* in Anlehnung an *Kant* im Hinblick auf den Menschen. Dessen Würde und Subjektstellung werde zentral auf sein Vermögen zur Selbstbestimmung und damit auf seine Vernunftbegabung gestützt und nicht schlicht aus seiner Natur gefolgert.[904] Gaede erkennt auch an, dass angesichts der Unmöglichkeit, den Streit zwischen Deterministen und Indeterministen beizulegen, der subjektive Erfahrungshorizont die wesentliche Entscheidungsgrundlage darstellt.[905]

---

[901] *Erhardt/Mona*, in: Gless/Seelmann, Intelligente Agenten und das Recht, S. 83; *Gómez-Jara Díez*, ZStW 119 (2007), 290 (307 f.); *Fincan*, Artificial Intelligence and Legal Issues, S. 65 f.

[902] *Jakobs*, Das Schuldprinzip, S. 29.

[903] *Fincan*, Artificial Intelligence and Legal Issues, S. 67.

[904] *Gaede*, Künstliche Intelligenz, S. 33.

[905] *Gaede*, Künstliche Intelligenz, S. 35.

Auch hier ist wieder das Muster zu erkennen, welches im Rahmen dieser Arbeit schon vermehrt aufgetreten ist: Die Zuschreibung anhand von Plausibilitätsgesichtspunkten unter Berücksichtigung der rechtlichen Notwendigkeit für ein gerechtes und verbindliches Zusammenleben.

Dabei bedeutet aber die Anerkennung eines e-Personenstatus für das Zivilrecht nicht automatisch auch eine Ausweitung der Rechtssubjektivität auf alle anderen Rechtsbereiche und umgekehrt. Der Personenbegriff ist insoweit relativ.[906] Jeder Sozialkontext schafft seine eigenen Kriterien der Personalität.[907] Denn verschiedene Kontexte ziehen auch unterschiedliche Kriterien für die Plausibilität einer Zuschreibung heran. Das bedeutet im Umkehrschluss auch, dass der Begriff grundsätzlich erweiterbar ist.[908] Das gilt auch und vor allem dann, wenn neue Kontexte entstehen, wie etwa in der hiesigen Untersuchung neuer Technologien. Die Erweiterbarkeit zeigt sich rechtshistorisch anschaulich an den Vermögens- und Unternehmensgesamtheiten, die wir heute als voll rechtssubjektive juristische Personen oder jedenfalls als teilrechtsfähig verstehen.[909]

Die Annahme von Rechtssubjektivität im Strafrecht fußt auf der Pflichtenseite darauf, dass der Mensch normalerweise Fähigkeiten besitzt, die die Annahme von Schuld ermöglichen. Hierfür kommt es auch auf die soziale Wirklichkeit an sowie auf die Frage, ob die Anerkennung als Rechtsperson zweckmäßig ist.[910] Die Schaffung eines strafrechtlichen Personenbegriffs für intelligente Agenten de lege ferenda muss sich also an diesen Voraussetzungen orientieren.[911]

(1) Vergleichbarkeit von Eigenschaften und Fähigkeiten

Angesichts der Fungibilität des Personenbegriffs darf es nicht dazu kommen, dass dieser zu Lasten der Rechtssicherheit willkürlich und uferlos ausgeweitet

---

906 *Gómez-Jara Díez*, ZStW 119 (2007), 290 (307 ff.); a.A. wohl *Eidenmüller*, ZEuP 2017, 765 (774).

907 *Teubner*, AcP 218 (2018), 155 (169).

908 *Hilgendorf*, in: Hilgendorf/Hötitzsch, Das Recht vor den Herausforderungen der modernen Technik, S. 16.

909 *Lewinski*, InTer 2018, 168 (171).

910 Vgl. dazu bereits die Ausführungen i.R.d. Schuldbegriffs, § 4 B. II. 2. c.

911 Anders *Kemper*, cognitio 2018, 1 (8): „Ein eigenständiger Status im Sinne einer Teilrechtsfähigkeit wäre nur sinnvoll, wenn er der Funktionsweise und den Einsatzszenarien von digitalen Agenten gerecht wird und losgelöst von Analogien zum Menschen und zu juristischen Personen ist." Das kann aber nicht, beziehungsweise nicht vollumfänglich für das Strafrecht gelten, da ansonsten der Kern des Schuldbegriffs ausgehöhlt würde.

wird. Möchte man neue Phänomene unter bereits bestehende Begriffe subsumieren, so können diese nicht völlig verschieden sein, da sonst das bestehende Begriffsverständnis ausgehöhlt würde. Zunächst muss also eine Vergleichbarkeit hinsichtlich der Eigenschaften und Fähigkeiten beim Menschen gegeben sein. Das Vorhandensein einer „Seele" (wie auch immer man diese definieren möchte) ist dabei keine erforderliche Eigenschaft, da auch Entitäten ohne Seele verantwortlich sein können (z.B. Unternehmen, strafrechtlich jedenfalls in anderen Rechtsordnungen) beziehungsweise auch Entitäten mit Seele keine Verantwortung trifft (z.B. Schuldunfähige).[912] So schreibt auch Gaede, dass nicht ohne Weiteres ein Vorranganspruch der menschlichen Spezies (Speziezismus) erhoben werden könnte, soweit künstliche Intelligenz die Anforderungen erfülle, „auf die wir unsere eigene Überlegenheit gegenüber anderen Arten stützen."[913] Wie gegen das Erfordernis einer „Seele" lässt sich auch gegen das zwingende Erfordernis einer Körperlichkeit argumentieren.[914] Dabei muss aber beachtet werden, dass ein Körper Einfluss auf die Wahrnehmung von dem intelligenten Agenten hat und somit auch für die Zuschreibung relevant sein kann.[915] Ebenfalls keine Voraussetzung sind der freie Willen sowie das Selbstbewusstsein, die oben bereits ausführlich besprochen wurden.[916]

Im Kontext des Strafrechts ist für die Annahme einer Rechtspersönlichkeit im Wesentlichen Voraussetzung, dass die KI als taugliche Normadressatin Folgenbewusstsein sowie die Fähigkeit zur Abwägung besitzen muss.[917] Sie muss in der Lage sein, die Ergebnisse ihrer Handlungen vorauszusehen und diese anhand der Rechtsordnung als gut oder schlecht zu unterscheiden. Eine solche „moral agency"[918] bzw. „moral personhood"[919] als Voraussetzung für die „legal personhood"[920], also den von der Rechtsordnung zugeschriebenen Personenstatus, geht dabei aber über die bloße Vorhersage von Kausalketten hinaus und erfordert daneben auch eine Ansprechbarkeit für Werte und deren Bedeutung, kurz: Moral.[921] Die Kommunikationsfähigkeit, die mehrfach als ein

---

[912] *Fincan*, Artificial Intelligence and Legal Issues S. 71 ff.

[913] *Gaede*, Künstliche Intelligenz, S. 38, vgl. auch S. 41 f.

[914] *Fincan*, Artificial Intelligence and Legal Issues, S. 89 f.

[915] Hier gibt es Untersuchungen, die nahelegen, dass eine vollständige Imitation des menschlichen Körpers beim menschlichen Rezipienten eher zu Misstrauen führt als wenn noch eine teilweise „technische" Optik beibehalten wird.

[916] S.o. § 4 B. II. 1. b.; vgl. dazu auch *Fincan*, Artificial Intelligence and Legal Issues, S. 73 ff.

[917] Zum Vergleich das Zivilrecht: Eine juristische Person kann Eigentum und Vermögen haben, durch ihre Vertreter Willenserklärungen abgeben und selbst haftungspflichtig sein.

[918] *Loh*, InTer 2018, 29 (31 f.).

[919] *Fincan*, Artificial Intelligence and Legal Issues, S. 68 f.

[920] *Fincan*, Artificial Intelligence and Legal Issues, S. 69.

[921] Vgl. *Eidenmüller*, ZEuP 2017, 765 (775); *Loh*, InTer 2018, 29 (31 f.).

wichtiger Indikator für die Zuschreibung von Intelligenz herangezogen wurde, spielt für die Annahme von Rechtspersönlichkeit ebenfalls eine Rolle, wenn auch eine zweitrangige. Denn die Kommunikation liefert einen wichtigen Anhaltspunkt dafür, ob die KI Folgenbewusstsein und die Fähigkeit zur Abwägung besitzt. Da dies aber auch auf anderem Wege festgestellt werden kann, ist die Kommunikationsfähigkeit keine notwendige Bedingung.[922]
Diese moralischen Werte werden aber, jedenfalls teilweise, von den Entwicklern und Programmierern festgelegt, sind also nicht immer intrinsisch. Fraglich ist, ob das ausreichend ist, um den Wertvorstellungen des Gemeinwesens gerecht zu werden. Zum einen muss hier aber beachtet werden, dass ein selbstlernendes System in der Lage ist, sich fortwährend anzupassen, Neues zu lernen und Überkommenes zu verlernen. Sie sind insofern also auch empfänglich für neue Werte und Regeln. Und zum anderen ist das, was beim Menschen Werte und Moral sind, größtenteils auch extrinsisch erlernt worden. Kindern muss beigebracht werden, dass es nicht richtig ist, anderen etwas wegzunehmen und man bei Rot nicht über die Ampel geht. Dass der einzelne Mensch einen sprichwörtlichen moralischen Kompass besitzt, den er sich gänzlich selbst oder die Natur ihm gegeben hat, ist nicht naheliegend. Es würde sich bei den Fähigkeiten, die die KI hinsichtlich der moral agency also nicht nur lediglich um eine „funktionale Äquivalenz",[923] sondern um eine tatsächlich vorliegende normative Ansprechbarkeit handeln.

In einem solchen Verständnis von Moral und Werten wird von einigen die Gefahr einer Robotisierung des Menschenbildes gesehen, einer Infragestellung des humanistischen Weltbildes.[924] Auch in dieser Arbeit werden diverse post- und transhumanistische Ansichten vertreten. Wie bereits bei Handlungs- und Schuldfähigkeit muss der der Rechtsordnung zugrundeliegende Humanismus auf den Prüfstand gestellt und gegebenenfalls für neue Konzepte geöffnet werden. Denn es ist zu erwarten, dass die stetige Entwicklung neuer Technologien bei allen Risiken und Problemen, die sie mit sich bringen, dem Gemeinwohl insgesamt dienlich sein werden. Gleiches gilt auch für das Recht: „Die Revolution der Technik wird nicht zu einer Revolution des Rechts führen, sondern zu einer evolutionären Weiterentwicklung, die veraltete Elemente hinter sich lässt, bewahrenswert erscheinende Grundeinsichten aber verteidigt und vielleicht sogar ausbaut."[925] Wer nun Sorge hat, dass durch einen solchen digitalen

[922] So auch *Fincan*, Artificial Intelligence and Legal Issues, S. 78; a.A. *Gaede*, Künstliche Intelligenz, S. 49.
[923] *Loh*, InTer 2018, 29 (31 ff.).
[924] *Kirchschläger*, AJP/PJA 2017, 240 (245 f.); *Linke*, MMR 2021, 200 (202).
[925] *Hilgendorf*, ZStW 130 (2018), 674 (677).

Posthumanismus unsere menschliche Welt zu sehr von Maschinen und Algorithmen beeinflusst wird, so dass das originär menschliche verloren zu gehen oder eine Art Übernahme droht, der möge sich fragen, ob die eigentliche Gefahr hier nicht vielmehr woanders liegt: Die bereits bestehende Einflussnahme auf den Menschen durch Algorithmen und Bots in sozialen Medien hat insofern eine vielfach höhere Sprengkraft ohne einen gleichzeitigen vergleichbaren Nutzen.[926]

Neben den intellektuellen Fähigkeiten muss auch gefragt werden, inwieweit es für eine Rechtssubjektivität auch auf emotionale Fähigkeiten ankommen muss. Begreift man die Menschenwürde als „Recht auf Rechte“, so griffe eine Beschränkung dessen, was „das Menschliche“ ausmacht, auf bloß Kognitives, womöglich zu kurz.[927] Eine originäre Emotionalität einer künstlichen Intelligenz ist (jedenfalls zum jetzigen Zeitpunkt) jedoch zum einen hoch spekulativ.[928] Und zum anderen wäre das Erfordernis einer direkten Emotionalität (im menschlichen Sinne) ein „naturalistischer Fehlschluss.“[929] Es würde wiederum eine unmittelbare Übertragung menschlicher Begrifflichkeiten stattfinden, ohne dass diese überhaupt für den Menschen hinreichend begriffen worden sind. Geht man jedoch davon aus, dass das Empfinden von Emotionen eine Voraussetzung für Normverständnis ist, so wäre notwendig, dass die KI durch eigene Wahrnehmungen emotionale Intelligenz selbst erlernt, es sich also nicht nur um eine vorab implementierte Emulation handelt.[930]

(2) Soziale Wirklichkeit

Wie schon bei der Schuld muss auch bei der Frage nach Rechtssubjektivität die soziale Wirklichkeit berücksichtigt werden. *Teubner* geht für das Zivilrecht in Anlehnung an Luhmanns Systemtheorie sogar so weit, dass es auf die soeben dargestellten Fähigkeiten gar nicht ankomme: „Nicht die inneren Eigenschaften der Agenten, sondern die gesellschaftlichen Interaktionen, an denen die laufenden Operationen des Algorithmus teilnehmen, d.h. eine geschlossene und autonome Abfolge rekursiver Kommunikationen, konstituieren den Algorithmus als Person, als semantisches Artefakt, als kommunikations-

---

[926] Vgl. *Drexl*, ZUM 2017, 529; *Volkmann*, MMR 2018, 58-63; *Döpke/Jülicher*, InTer 2019, 16 (17 ff.), jeweils m.w.N.
[927] *Gaede*, Künstliche Intelligenz, S. 45 f.
[928] *Gaede*, Künstliche Intelligenz, S. 46.
[929] *Gaede*, Künstliche Intelligenz, S. 48.
[930] *Gaede*, Künstliche Intelligenz, S. 48.

fähigen Akteur. [...] Gesellschaftliche Teilsysteme konstruieren sie als semantische Artefakte, indem sie ihnen volle oder eingeschränkte Subjektivität zuschreiben."[931] Es kann nach hier vertretener Ansicht aber nicht gänzlich auf die kognitiven Fähigkeiten verzichtet werden. Richtig ist, dass eine Zuschreibung stattfindet und zwar auch auf Grundlage der Fähigkeiten. Würde man indes zulassen, dass allein die soziale Wirklichkeit ausschlaggebend sein kann, könnte ein bloßer Eliza-Effekt ohne tatsächliche Fähigkeiten ausreichen und wäre missbrauchsanfällig und unbestimmt. Nicht jede beliebige Entität sollte durch bloße Übereinkunft Rechtssubjektivität erhalten können. So ähnlich sieht das auch *Fincan*, der danach fragt, ob alle künstlichen Entitäten, die einen einschlägigen Test zur Feststellung ihrer Intelligenz bestanden haben, automatisch auch eine Rechtspersönlichkeit erhalten sollen und ist der Meinung: „From my standpoint, the main determining factor in this decision is the acceptance and usage ratio of artificial intelligence systems in society."[932] Ohne die zugrundeliegenden Fähigkeiten kommt für ihn also schon kein Personenstatus infrage, welcher dann aber wesentlich von der Integration der KI in die Gesellschaft bestimmt wird.

Oben wurde dargestellt, dass die der Schuldfähigkeit zugrundeliegende Willensfreiheit unter anderem daraus folgt, dass sie schlechthin konstituierend für unser gesellschaftliches und rechtliches Zusammenleben ist.[933] Daraus folgt wiederum, dass sie anderen Menschen, auf dem jeweiligen Selbstempfinden der Willensfreiheit gründend, anhand von Plausibilitätskriterien zugeschrieben wird. Da allerdings diejenigen Agenten, die Gegenstand der hiesigen Untersuchung sind, noch gar nicht existieren, ist bezüglich der sozialen Wirklichkeit lediglich eine Prognose möglich. In der Einleitung wurde diesbezüglich bereits herausgearbeitet, dass mit einem flächendeckenden Einsatz auch starker KI mit hoher Wahrscheinlichkeit gerechnet werden muss. Es ist denkbar, dass das Einsatzgebiet Einfluss auf die Einordnung als e-Person haben wird, da beispielsweise in kommunikativeren Kontexten eher eine entsprechende Zuschreibung vorgenommen werden dürfte. Man könnte sich zwar auf den Standpunkt stellen, dass die Entwicklung und der Einsatz von KI kein sozialer, sondern ein rein technischer Prozess ist und die Ergebnisse dementsprechend auch keine sozialen Konstrukte sind. Doch wenn intelligente Agenten ihrer Natur nach so konstruiert sind, dass sie auf autonom am sozialen Leben teilnehmen, dann ist auch ein dem Grunde nach technischer Prozess in diesem sozialen

[931] *Teubner*, AcP 218 (2018), 155 (171).
[932] *Fincan*, Artificial Intelligence and Legal Issues, S. 95
[933] S.o. § 4 B. II. 1. b.

Kontext zu betrachten.[934] Umgekehrt ist nicht alles, was ein Mensch tut schon bereits deshalb in einen sozialen Kontext einzuordnen, weil der Mensch generell Teil des sozialen Zusammenlebens ist. Die Grenzen können hier jeweils fließend sein und lassen eine auf den konkreten (oder konkret möglichen und üblichen) sozialen Interaktionen des intelligenten Agenten beruhende Einordnung als e-Person zu.

(3) Zweckmäßigkeitserwägungen

Zwar wurde eingangs gesagt, dass reine Zweckmäßigkeitserwägungen allein nicht für die Annahme eines Personenstatus ausreichen können. Das insoweit angesprochene kriminalpolitische und Präventionsbedürfnis tritt aber neben die übrigen, gerade gemachten Erwägungen hinzu, ist also notwendig, aber nicht hinreichend für einen e-Personenstatus.

Die Verleihung von Rechtssubjektivität würde eine einfache rechtlichere Handhabe der strafrechtlichen Verantwortungszuweisung ermöglichen, wenn sich nicht (mehr) feststellen lässt oder sogar ausgeschlossen ist, dass ein Mensch verantwortlich ist. Für die Fälle der Einhaltung der Sorgfaltspflichten würde ein Verantwortungsvakuum verhindert werden.[935] Sieht die soziale Wirklichkeit entsprechend der Prognosen so aus, dass intelligenten Agenten eine Personalität durch die Gesellschaft zugeschrieben wird, so ist dies ein starkes Indiz dafür, dass auch das Recht dieser Wirklichkeit folgen sollte. Das Recht verfolgt insofern keinen Selbstzweck, sondern hat auch die Aufgabe gesellschaftliche Entwicklungen aufzunehmen und abzubilden.[936]

(4) Gesetzliche Ausgestaltung eines e-Personenstatus

Grundsätzlich besteht also die Möglichkeit, einen e-Personenstatus beziehungsweise entsprechende Rechtsgrundlagen zu schaffen. Denkbar ist hierfür eine Reformierung des StGB dahingehend, dass festgelegt wird, welche Tatbestände von einem intelligenten Agenten verwirklicht werden können oder ob das sogar für alle gelten muss. Letzteres erscheint aber nicht sinnvoll, da eben keine vollständige Gleichstellung mit dem Menschen angestrebt werden sollte. Denkbar ist aber auch die Schaffung eines gesonderten Abschnitts im StGB

---

[934] *Hoffmann-Riem*, AöR 142 (2017), 1 (28 f.).

[935] Dazu s.o. § 3 B. II. und C.

[936] Vgl. auch *Gaede*, Künstliche Intelligenz, S. 42, der davon spricht, dass man eine selbstbewusste KI als Trägerin von Rechten anerkennen müsste, die Anforderungen an ein solches Bewusstsein aber äußert hoch lägen.

oder eines eigenen KI-StGB mit besonderen Tatbeständen. Fraglich ist, ob es angezeigt sein könnte, die Rechtssubjektivität für intelligente Agenten umfassend zu regeln, damit es nicht zu Inkonsistenzen zwischen verschiedenen nationalen Rechtsordnungen oder zwischen einzelnen Rechtsgebieten kommt. Dies ist angesichts der Relativität des Personenbegriffs allerdings nicht zwingend und auch nicht sinnvoll. Denn zum einen führt die Fähigkeit des Agenten, das eigene Verhalten in einer Weise wahrzunehmen, die Schuldfähigkeit und Personenstatus zu begründen vermag, nicht automatisch dazu, dass auch in anderen Bereichen die erforderlichen Fähigkeiten vorliegen. Und zum anderen führt, dieses angenommen, das tatsächliche Können nicht unmittelbar zum rechtlichen Sollen. So kann de lege lata die juristische Person Vermögen haben, Willenserklärungen abgeben und zivilrechtlich haften, allerdings nicht strafrechtlich verantwortlich sein, obwohl es durchaus stichhaltige Argumente gibt, das zu bejahen.

Fraglich bleibt zum jetzigen Zeitpunkt, wer und wie feststellt, ob ein Agent so entwickelt ist, dass ihm ein e-Personenstatus zuerkannt werden muss. Das Europäische Parlament diskutiert zumindest für ausgeklügelte Agenten einen zivilrechtlichen Status.[937] Es würde sich, auch für das Strafrecht, im Ergebnis nicht um eine nur durch die Normierung herbeigeführte Herstellung eines Personenstatus handeln, sondern um einen solchen, der sich an die bereits geltenden Kriterien für seine Annahme hält und für den nunmehr die spezialgesetzlichen Regelungen geschaffen werden müssen, was in einigen Bereichen auch bereits angestrebt wird.

C. Fazit

Starke künstliche Intelligenz ist handlungsfähig im strafrechtlichen Sinne. Handlungsfähigkeit ist dabei zwar nicht auf Menschen beschränkt, erforderlich ist aber, dass das Verhalten von einem autonomen Individuum ausgeht. Für die Willensgetragenheit der Handlung reicht lediglich eine irgendwie geartete Zielgerichtetheit im Sinne einer Intentionalität, welche als innerer Zustand zwangsläufig zugeschrieben werden muss.

---

[937] Europäisches Parlament, Berichtsentwurf mit Empfehlungen an die Kommission zu zivilrechtlichen Regelungen im Bereich Robotik (2015/2103(INL)), <*https://www.europarl.europa.eu/doceo/document/JURI-PR-582443_DE.pdf?redirect*> S. 13 Nr. 31 lit. f (abgerufen am 27.07.2025); vgl. auch Leupold/Wiebe/Glossner/*Leupold/Wiesner*, Teil 9.6.4 Rn. 6 ff.

Ferner ist starke KI auch schuldfähig im strafrechtlichen Sinne. Dem Schuldbegriff zugrunde liegt dabei eine individuell-normative Verantwortungszuschreibung anhand von Plausibilitätsgesichtspunkten, die (für den Menschen) auf dem Selbstempfinden des freien Willens, insbesondere aber auf der sozialen Interaktion des Zuschreibungssubjekts fußt. Daraus folgt, dass Zuschreibung und Rechtssubjektivität sich gegenseitig bedingen. Die hiermit verbundene und dogmatisch mögliche Schaffung eines e-Personenstatus sollte für das Strafrecht entweder durch eine Reformierung des StGB oder durch spezialgesetzliche Regelungen außerhalb des StGB angestrebt werden, nicht aber durch eine generelle Gleichstellung.

§ 5 Täterschaftliche Begehung mit oder mittels KI

Nimmt man die Schuld- und insb. Handlungsfähigkeit von intelligenten Agenten an, können sie also grundsätzlich Tatbeteiligte sein, so ergeben sich daraus auch Folgen für die §§ 25 ff. StGB. Verursacht eine KI einen strafrechtlichen Erfolg, überschreitet der intelligente Agent also die vorgesehene Nutzenfunktion, ist neben einer KI-Strafbarkeit, auch und nicht zuletzt an eine Verantwortung der involvierten menschlichen Akteure zu denken. Zu untersuchen sind also Fälle, in denen eine KI erfolgskausal wird, in denen sich womöglich aber (auch) eine strafrechtliche Verantwortlichkeit der menschlichen Akteure ergibt. Infrage kommen dafür, wie bereits im Rahmen der Fahrlässigkeitskonstellationen, grundsätzlich:[938]

1. Der oder die Hersteller der KI, bzw. die diesen unterstellten Personen, namentlich Entwickler, Programmierer, Ingenieure usw.,
2. insb. im Falle autonom fahrender Kraftfahrzeuge ggf. der Halter und
3. der oder die Betreiber, Benutzer und Bediener der KI.

Anders als in § 3 soll es hier nun aber um solche Konstellationen gehen, in denen eine direkte menschliche Einwirkung auf den intelligenten Agenten zum Zwecke der Tatbestandsverwirklichung vorliegt, die Ursache für die Rechtsgutsverletzung also unmittelbar auf menschliches Verhalten zurückzuführen ist. Unmittelbare Ursachen in dem eben genannten Sinne können namentlich etwa in einem Verstoß gegen vom Hersteller ausdrücklich aufgestellte Regeln für die Benutzung oder in einem bewussten Missbrauch des intelligenten Agenten zu sachfremden Zwecken liegen, sei es durch die konkrete Bedienung oder eine entsprechende Veränderung des Algorithmus. Denkbar sind also unter anderem Fälle, in denen die Nutzenfunktion des intelligenten Agenten vorsätzlich so festgelegt wird, dass dieser durch sein Verhalten einen strafrechtlichen Erfolg herbeiführt

> *<u>Fallbeispiel 7:</u> Der Pflegeroboter stößt durch den bewussten und gewollten Input des Neffen den Erbonkel die Treppe hinunter anstatt ihn in den Treppenlift zu setzen*

[938] Vgl. *Borges*, NJW 2018, 977-982 (980); *Sander/Hollering*, NStZ 2017, 193 (195); *Schaub*, InTer 2019, 2 (5); *Taeger*, NJW 2016, 3764 (3765).

© Der/die Autor(en), exklusiv lizenziert an
Springer Fachmedien Wiesbaden GmbH, ein Teil von Springer Nature 2025
L. F. Quarck, *Die künstliche Intelligenz in der Strafrechtsdogmatik*,
https://doi.org/10.1007/978-3-658-50504-2_5

> *Fallbeispiel 8: Das autonom fahrende Auto wird durch Änderung des Algorithmus dazu veranlasst, einen Unfall zu verursachen, um die Versicherungssumme zu kassieren oder den Rivalen zu verletzen.*

Es wird zunächst auf die dogmatischen Grundlagen dieser Konstellationen eingegangen und dann untersucht, ob unter Berücksichtigung der oben herausgestellten technischen Voraussetzungen künstlicher Intelligenzen eine Verantwortlichkeit des Menschen unter Vorsatzgesichtspunkten vorliegen kann. Die Frage, ob es sich um eine starke oder schwache KI handelt, wird dabei insbesondere für die Frage relevant sein, welche Alternative des § 25 Abs. 1 StGB einschlägig ist. Im Einzelnen:

A. Unmittelbare menschliche Täterschaft

Die täterschaftliche Begehung ist in § 25 StGB normiert. Demnach ist Täter, wer die Tat „selbst oder durch einen anderen" (Abs. 1) oder mit mehreren „gemeinschaftlich" (Abs. 2) begeht. Es wird also zwischen unmittelbarer und mittelbarer sowie Mittäterschaft differenziert. Als weitere Beteiligungsformen kommen in dem in Deutschland – jedenfalls für das Vorsatzdelikt – herrschenden dualistischen Beteiligungssystem[939] noch die Anstiftung gem. § 26 StGB sowie die Beihilfe gem. § 27 StGB vor. Der unmittelbare Alleintäter i.S.d § 25 Abs. 1 Alt. 1 StGB ist dabei der Standardfall, den das StGB voraussetzt.

I. Dogmatik der unmittelbaren täterschaftlichen Begehung

Eine Legaldefinition, wann der Täter Alleintäter ist, gibt es daher nicht. Mangels Definition müssen die Voraussetzungen direkt aus dem gesetzlichen Tatbestand abgeleitet werden, es wird mithin auch von einem tatbestandsbezogenen Täterbegriff gesprochen.[940] Es ist in der Tat ohne Weiteres einleuchtend, dass derjenige, der die tatbestandsmäßige, erfolgskausale und objektiv zurechenbare Handlung selbst vornimmt und dadurch objektiv wie subjektiv den

---

[939] MüKo-StGB/*Scheinfeld*, Vor § 25, Rn. 1 f.; Lackner/Kühl/Heger/*Heger*, Vor § 25, Rn. 1; *Bock*, Strafrecht AT, S. 162 f.

[940] *Roxin*, Täterschaft und Tatherrschaft, S. 13f.; *Kühl*, Strafrecht AT, § 20 Rn. 5; *Wessels/Beulke/Satzger*, Strafrecht AT, Rn. 797.

Unrechtstatbestand verwirklicht, Täter sein muss.[941] Eine gänzlich eigenhändige Erfüllung des Tatbestandes ist indes nicht erforderlich, soweit die Zurechnung zum betroffenen Tatbeteiligten gelingt, ohne dass Handlungen Dritter zugerechnet werden müssen.[942]

Dabei wird diese Tatbestandsbezogenheit nach herrschender Meinung (wieder: jedenfalls in Bezug auf das Vorsatzdelikt) angesichts der gesetzlichen Normierung in § 25 StGB, die die „Begehung" der Tat fordert, restriktiv verstanden.[943] Hiernach ist nicht ausreichend, dass lediglich irgendeine rechtsgutsverletzende Ursache gesetzt wird, ohne dass es auf deren Gewicht ankäme.[944] Ein solches erfolgsorientiertes extensives Verständnis käme nämlich der Annahme einer Einheitstäterschaft gleich, nach der die bloße Setzung einer erfolgskausalen Ursache bereits für Täterschaft genügt. Das, was der Gesetzeswortlaut in Täterschaft, Anstiftung und Beihilfe differenziert, würde einheitlich verstanden werden. Das kann jedoch hinsichtlich gerade dieser gesetzlichen Differenzierung in § 25 ff. StGB nicht gelten.[945] Durch die Annahme der Einheitstäterschaft würden die §§ 26, 27 StGB zu bloßen Strafeinschränkungsgründen verkommen. Wären die Teilnahmevorschriften aber Strafeinschränkungsgründe zugunsten des Einheitstäters, so wäre die Teilnahme an Taten, die einen besonderen Handlungsunwert voraussetzen, namentlich eigenhändige Delikte und Pflichtdelikte, nicht möglich.[946] Die Beihilfe zum Meineid ist indes strafbar, obwohl dem Gehilfen die Zeugeneigenschaft fehlt.[947] Zur Verdeutlichung sei auch das altbekannte Lehrbuchbeispiel der blinden Mutter des Kaschemmenwirts genannt, die die Strickleiter knüpft, mit der dann der Wirt mit seinen Komplizen in eine Wohnung einsteigt, um dort Gegenstände wegzunehmen. Folgte man dem extensiven Verständnis, so wäre die Mutter wegen vollendeten Diebstahls zu bestrafen (jedenfalls soweit sie auch den subjektiven Tatbestand erfüllt). Dass dieses Ergebnis nicht richtig sein kann, entspricht wohl auch einem laienhaften Judiz.

---

[941] Vgl. hierzu nur Lackner/Kühl/Heger/*Heger*, § 25 Rn. 1 m.w.N.

[942] SK-StGB/*Hoyer*, § 25 Rn. 32 ff., 34.

[943] SSW/*Murmann*, Vor §§ 25 ff. Rn. 4; Schönke/Schröder/*Heine*/Weißer, Vor §§ 35 ff. Rn. 4; dazu, dass es sich eben nur um eine restriktive Interpretation und nicht um einen Täter-„Begriff" i.e.S. handelt NK-StGB/*Schild/Kretschmer*, § 25 Rn. 20 f.

[944] Vgl. zu diesem extensiven Täterbegriff Schönke/Schröder/*Heine/Weißer*, Vor §§ 25 ff., Rn. 7.

[945] Schönke/Schröder/*Heine/Weißer*, Vor §§ 25 ff., Rn. 7; *Roxin*, Täterschaft und Tatherrschaft, S. 12; SK-StGB/*Hoyer*, Vor § 25 Rn. 5; NK-StGB/*Schild/Kretschmer*, § 25 Rn. 21.

[946] SSW/*Murmann*, Vor §§ 25 ff. Rn. 3.

[947] MüKo-StGB/*Scheinfeld*, Vor §§ 25 ff. Rn. 7.

Der vorzugswürdigen restriktiven Interpretation liegt also der Gedanke zugrunde, dass in Ansehung der Tatbestandsmerkmale des Besonderen Teils derjenige Täter ist, der die Tatherrschaft über deren Verwirklichung hat.[948] „Der Täter ist also schon ein Bestandteil der Tatbeschreibung."[949] Tatherrschaft wird üblicherweise beschrieben als das vom Vorsatz umfasste In-den-Händen-Halten des tatbestandsmäßigen Geschehensablaufes.[950] Täter ist demnach, wer als Zentralgestalt das deliktische Geschehen planvoll-lenkend beherrscht und so die Tatbestandsverwirklichung nach seinem Willen hemmen oder ablaufen lassen kann.[951] Bei der unmittelbaren Alleintäterschaft liegt also Tatherrschaft in Form der Handlungsherrschaft vor.[952]

II. Anwendbarkeit des § 25 Abs. 1 Alt. 1 StGB auf Fälle mit intelligenten Agenten

Soweit die für die Verwirklichung einer Strafbarkeit konkret vorzunehmende tatbestandliche Handlung im Gesetz nicht näher beschrieben wird, ist grundsätzlich jedes Verhalten des Täters geeignet, den Tatbestand zu erfüllen. Bei Erfolgsdelikten genügt jede kausale und objektiv zurechenbare Handlung. Wird der intelligente Agent von der Rechtsordnung als Sache angesehen, so macht es für die Frage der Täterschaft keinen Unterschied, ob der Täter sich eines intelligenten Agenten oder eines anderen mechanischen Werkzeugs bedient. Das gilt jedenfalls so lange, wie es sich bei der KI um eine in ihrer Programmierung auch ansonsten determinierte Maschine handelt. Sie ist dann nicht anders zu behandeln als etwa ein vom Täter selbst gesteuertes Kfz oder eine Pistole. Bedenken dergestalt, dass es angesichts der Simplizität einer Pistole gegenüber einem raffiniert programmierten intelligenten Agenten (für dessen Bedienung ggf. sogar Sonderkenntnisse vonnöten sind) an der Vergleichbarkeit fehlt, kann entgegnet werden, dass auch dann eine unmittelbare Allein-

---

[948] *Roxin*, Täterschaft und Tatherrschaft, S. 364 f.; SK-StGB/Hoyer, Vor § 25 Rn. 11; Schönke/Schröder/*Heine/Weißer*, Vor §§ 25 ff., Rn. 4 f.; SSW/*Murmann*, Vor §§ 25 ff. Rn. 4; demgegenüber wird auch vertreten, dass es für die Frage nach der Täterschaft darauf ankomme, dass Täterwillen (animus auctoris) vorliege, sog. subjektive Theorien. Auf diesen Streit soll hier aber nicht näher eingegangen werden, vgl. dazu nur MüKo-StGB/*Scheinfeld*, § 25 Rn. 6 ff.

[949] *Roxin*, Täterschaft und Tatherrschaft, S. 365.

[950] Dölling/Duttge/Rössner/König/*Ingelfinger*, § 25 Rn. 7; *Wessels/Beulke/Satzger*, Strafrecht AT, Rn. 806 m.w.N. in Fn. 21.

[951] *Wessels/Beulke/Satzger*, Strafrecht AT, Rn. 806; Dölling/Duttge/Rössner/König/*Ingelfinger* § 25 Rn. 7; BeckOK-StGB/*Kudlich*, § 25 Rn. 15.

[952] *Roxin*, Täterschaft und Tatherrschaft, S. 141 ff.; Dölling/Duttge/Rössner/König/*Ingelfinger*, § 25 Rn. 8.

täterschaft angenommen wird, wenn der Täter den Erfolg mittels eines ausgeklügelten Tötungsmechanismus herbeiführt.[953] Auf die Komplexität der Apparatur kann es nicht ankommen, soweit es sich ihrer Rechtsnatur nach eben bloß um eine Maschine ohne Subjektstatus handelt und der Täter die Tatherrschaft durch diese Maschine ausübt.[954] Selbiges gilt im Übrigen auch für den Einsatz von Tieren zur Erfolgsherbeiführung.[955]

Eine vergleichbare Wertung der Aktionen determinierter Agenten wird im Zivilrecht vorgenommen. Bei der Frage, ob es sich bei automatisierten Nachrichten, die von einer EDV-Anlage verschickt werden, um rechtswirksame Willenserklärungen handelt, wird die Erklärung der Maschine als eine solche ihres Betreibers oder Bedieners angesehen.[956] Das soll auch dann gelten, wenn der Agent die Konkretisierung der vertraglichen essentialia negotii erst noch selbst vornimmt, etwa indem er im Rahmen von determinierten Kriterien eigenständig bestimmte Angebote herausfiltert und auf diese dann reagiert.[957]

Abschließend kann festgehalten werden, dass wenn es sich bei dem intelligenten Agenten um eine Sache bzw. einen Softwareagenten ohne eigene Rechtspersönlichkeit handelt, bei einer vorsätzlichen Ausnutzung durch einen Menschen mit den vorhandenen strafrechtlichen Instrumentarien keine dogmatischen Schwierigkeiten bestehen.

B. Mittelbare menschliche Täterschaft bei starker KI mit eigener Rechtspersönlichkeit

Anders liegen Fälle, in denen eine starke KI eine eigene Rechtspersönlichkeit bzw. einen rechtlichen Status besitzt und dann wiederum vom menschlichen Akteur vorsätzlich zur Erfolgsverwirklichung missbraucht wird. Denn anders als bei der unmittelbaren täterschaftlichen Begehung bedient sich der Mensch dann keiner Sache zur Tatbegehung, sondern eines anderen Rechtssubjekts. Die Grundlage dieser Überlegungen ist also die soeben diskutierte Annahme

---

[953] Vgl. etwa die „Stromfalle", BGH NStZ 2001, 475 oder Tötungen mittels Autobomben, die beim Starten des Kfz explodieren.

[954] Vgl. dazu auch *Fincan*, Artificial Intelligence and Legal Issues, S. 136 ff.

[955] Vgl. zu solchen Fallbeispielen SK-StGB/*Hoyer*, § 25 Rn. 37.

[956] *Bräutigam/Klindt*, NJW 2015, 1137 (1137 f.); Grüneberg/*Ellenberger*, Einf v § 116 Rn. 1; Staudinger/*Singer*, Vor §§ 116 ff. Rn. 57; MüKo-BGB/*Busche*, Vor § 145 Rn. 38; vgl. auch BGHZ 195, 126.

[957] MüKo-BGB/*Busche*, Vor § 145 Rn. 38.

eines elektronischen Personenstatus. Zugrunde liegt also, dass eine KI mit eigener Rechtspersönlichkeit derart manipuliert wird, dass sie in der Folge einen strafrechtlichen Erfolg verwirklicht. Es wird zunächst in Kürze dargestellt, unter welchen Voraussetzungen eine mittelbare Täterschaft grundsätzlich vorliegen kann und dann die Frage geklärt, ob eine Beherrschung des intelligenten Agenten in diesem Sinne möglich ist.

I. Dogmatik der mittelbaren täterschaftlichen Begehung

Der mittelbaren Täterschaft im Sinne des § 25 Abs. 1 Alt. 2 StGB liegt die Überlegung zugrunde, dass es Fälle geben kann, in denen der Täter nicht auch gleichzeitig die Person ist, die die Tat selbst ausgeführt hat. Damit trotz fehlender eigenhändiger Tatbestandsverwirklichung der mittelbare Täter im Sinne der Tatherrschaftslehre als planvoll-lenkende Zentralgestalt des Geschehens angesehen werden kann, müssen Umstände vorliegen, die ihn als ebenso strafwürdig erscheinen lassen wie eine Person, die vollverantwortlich den Abzug der Waffe zieht.[958] Das ist dann der Fall, wenn dem mittelbaren Täter das Verhalten des Tatmittlers dergestalt zugerechnet werden kann, als hätte er es selbst vorgenommen.[959] Dass er selbst alle Tatbestandsmerkmale verwirklicht, ist nicht erforderlich.[960]

Eine solche Zurechnung kommt grundsätzlich dann in Betracht, wenn der Tatmittler einerseits selbst nicht alle Voraussetzungen der Strafbarkeit erfüllt, also einem sogenannten Defekt unterliegt, und andererseits der mittelbare Täter diesen Defekt auf irgendeine Weise beherrscht.[961] Dieser Defekt, der beim Tatmittler quasi die „Werkzeugqualität“[962] hervorruft, begründet in Kumulation mit der überlegenen Stellung des mittelbaren Täters die Tatherrschaft desselben. Während also der Täter i.S.d. § 25 Abs. 1 Alt. 1 StGB die unmittelbare Handlungsherrschaft innehat, ist der mittelbare Täter Inhaber der Willens-, Wissens- oder Organisationsherrschaft über den Tatmittler.[963]

---

958 Vgl. *Roxin*, Täterschaft und Tatherrschaft, S. 157.

959 Schönke/Schröder/*Heine/Weißer*, § 25 Rn. 8; BGHSt 36, 231 = NJW 1989, 2826.

960 SK-StGB/*Hoyer*, § 25 Rn. 39.

961 *Bock*, Strafrecht AT, S. 172; Schönke/Schröder/*Heine/Weißer*, § 25 Rn. 9; Lackner/Kühl/Heger/*Heger*, § 25 Rn. 2; BeckOK-StGB/*Kudlich*, § 25 Rn. 20; i. Erg. so auch NK-StGB/*Schild/Kretschmer*, § 25 Rn. 77 f.

962 Vgl. zu diesem häufig verwendeten Begriff nur *Wessels/Beulke/Satzger*, Strafrecht AT, Rn. 842.

963 *Roxin*, Täterschaft und Tatherrschaft, S. 141 ff., 158 ff.; Dölling/Duttge/Rössner/König/*Ingelfinger*, § 25 Rn. 13.

1. Defekte beim Tatmittler

Der strafbarkeitsausschließende Defekt kann dabei auf allen Ebenen der Strafbarkeitsprüfung vorliegen.[964]

a. Defekte auf Tatbestandsebene

An der objektiven Tatbestandsmäßigkeit des Verhaltens des Vordermannes mangelt es unter anderem dann, wenn dieser durch den mittelbaren Täter zur Schädigung eigener Rechtsgüter veranlasst wird[965] oder ihm eine besondere Täterqualität fehlt.[966] Im subjektiven Tatbestand liegt häufig deshalb ein Defekt vor, weil der Tatmittler aufgrund eines Irrtums unvorsätzlich handelt.

> *So im berühmten „Salzsäure-Fall", in dem der mittelbare Täter dem Vordermann vorgaukelt, in der Flasche, die er dem Opfer verabreichen soll, befinde sich ein harmloses Schlafmittel.*[967]

Dasselbe gilt, wenn er ein anderes Delikt verwirklichen will.

> *Beipielsweise, wenn die Täter das Opfer absprachegemäß in dessen Wohnung überfallen, um es einzuschüchtern, einer der Täter dann aber die Gelegenheit nutzt, um auch Wertgegenstände wegzunehmen.*[968]

Die Anwendung der mittelbaren Täterschaft im Falle der Hervorrufung und Beherrschung tatbestandlicher Defekte beim intelligenten Agenten hält in dogmatischer Hinsicht keine Besonderheiten bereit. Legt man zugrunde, dass ein neuronales Gehirn nach vergleichbaren oder zum Teil gar gleichen Grundsätzen wie ein biologisches (menschliches) funktioniert[969], so führt die Hervorrufung eines Irrtums auch beim intelligenten Agenten dazu, dass keine Hemmungsmotive bezüglich der Tatausführung entstehen. Das ist auch insofern

---

[964] BeckOK-StGB/*Kudlich*, § 25 Rn. 21; *Wessels/Beulke/Satzger*, Strafrecht AT, Rn. 842.

[965] Vgl. dazu den berühmten „Sirius-Fall", BGHSt 32, 28; Schönke/Schröder/*Heine/Weißer*, § 25 Rn. 10; BeckOK-StGB/*Kudlich*, § 25 Rn. 22; *Kühl*, Strafrecht AT, § 20 Rn. 46; *Heinrich*, Strafrecht AT Rn. 1248a; *Rengier*, Strafrecht AT, § 43 Rn. 8; a.A. und eine unmittelbare Täterschaft annehmend Dölling/Duttge/Rössner/König/*Ingelfinger*, § 25 Rn. 33.

[966] Vgl. *Heinrich*, Strafrecht AT, Rn. 1248; SSW/*Murmann*, § 25 Rn. 11; BeckOK-StGB/*Kudlich*, § 25 Rn. 22.

[967] BGHSt 30, 363.

[968] BGH NStZ, 2013, 103; vgl. auch *Rengier*, Strafrecht AT, § 43 Rn. 12 ff.

[969] S.o. § 2 A. II. 1. b. und c.

einleuchtend, als dass die Programmierung des Agenten grundsätzlich Rechtstreue voraussetzen muss.

Das führt dazu, dass bei vollständiger Sachverhaltskenntnis die strafbare Handlung nicht vorgenommen worden wäre, da ein Vorsatz bzgl. einer Rechtsgutsverletzung in der Programmierung nicht vorgesehen ist. Der Irrtum hat somit dieselben Folgen bei Mensch und Maschine. Denkt man sich nun im Salzsäure-Fall anstatt des menschlichen Tatmittlers eine KI mit eigener Rechtspersönlichkeit, so ist hinsichtlich der rechtlichen Einordnung also kein Unterschied zu erkennen.

> *Neben der Vorspiegelung unrichtiger Tatsachen, wie im Salzsäure-Fall, kann bei einem intelligenten Agenten im Rahmen dieser Fallgruppe noch an eine Manipulation der Sensoren gedacht werden, die zur Wahrnehmung der Außenwelt dienen. Denkbar wäre zum Beispiel ein Fall, in dem ein optischer Sensor derart verändert wird, dass dem Agenten die Wahrnehmung roten Lichts oder das Sehen bei Dunkelheit erschwert, wodurch der Agent mit der zu pflegenden blinden Person über die rote Ampel geht oder fährt und einen Unfall verursacht.*

Gesetzt den Fall, dass der KI Personenstatus zuerkannt wird, müsste eine mittelbare Täterschaft bei durch den Menschen verursachter Selbstschädigung der KI genauer untersucht werden. Die §§ 211 ff. StGB wären bereits deshalb nicht einschlägig, weil es sich bei der KI nicht um einen Menschen handelt. Problematisch wäre eine Anwendung der §§ 223 ff. StGB. Dort ist insoweit nur von einer anderen „Person“ die Rede. Ohne hier zu sehr in die Tiefe zu gehen, würde eine Strafbarkeit hier wohl aber auch ausscheiden. Denn die Merkmale Person, Körper(lich) und Gesundheit werden auch im menschlichen Sinne verstanden. Die Annahme einer Strafbarkeit in einem solchen Fall würde eine täterbelastende Analogie darstellen und somit gegen den Grundsatz *nulla poena sine lege* verstoßen, § 1 StGB, Art. 103 Abs. 2 GG, Art. 7 Abs. 1 EMRK. Es bliebe noch eine Strafbarkeit nach § 303 StGB, wobei dann fraglich wäre, ob eine KI mit Personenstatus noch eine Sache sein kann. Denkbar wäre de lege ferenda eine ähnliche Regelung wie die in § 90a BGB für Tiere. Es müssten bei Einführung eines e-Personenstatus[970] also auch besondere Schutzgesetze zugunsten intelligenter Agenten in Betracht gezogen und gegebenenfalls die

[970] Dazu s.o. § 4 B. II. 2. c.

Normen des StGB angepasst werden, soweit man intelligenten Agenten entsprechende Recht zuerkennen möchte.[971]

Es bleibt festzuhalten, dass bei Defekten auf Tatbestandsebene im Wesentlichen keine dogmatischen Besonderheiten bestehen. Unterschiedlich sind nur die zusätzlichen Möglichkeiten der Einflussnahme auf den künstlich intelligenten mittelbaren Täter.

b. Defekte auf Rechtfertigungsebene

Auch, wenn das Werkzeug rechtmäßig handelt, kommt eine mittelbare Täterschaft infrage. Ein Ausschluss der Rechtswidrigkeit kann unter anderem dann vorliegen, wenn der Tatmittler auf Befehl oder Weisung handelt und dadurch bei diesem eine Zwangslage entsteht, weil der Befehl für ihn verbindlich ist.[972] Denkbar ist hier eine Rechtfertigung des Tatmittlers, etwa wenn der mittelbare Täter durch eine falsche Aussage eine Festnahme gem. § 127 Abs. 2 StPO, die Anordnung von Untersuchungshaft gem. §§ 112 ff. StPO oder gar die Vollstreckung einer Freiheitsstrafe (tatbestandlich jeweils § 239 StGB) durch die Staatsgewalt als Werkzeug verursacht.

> *Ein solcher Fall lässt sich unproblematisch auch auf eine starke KI übertragen, die im Polizeidienst eingesetzt wird.*

Voraussetzung für die Relevanz täterschaftsbegründender Defekte auf Rechtfertigungsebene ist, dass sich intelligente Agenten überhaupt auf die einschlägigen Rechtfertigungsründe berufen können. Das ist, anders als bei der Anwendung von Straftatbeständen, nicht ohne Weiteres anzunehmen. Denn im Rahmen der strafrechtlichen Rechtfertigung hat die angegriffene Person regelmäßig diverse Abwägungen zu treffen, sei es die Wahl des geeigneten und erforderlichen Mittels, die Verhältnismäßigkeit bei der Notwehr oder die Interessenabwägung beim Notstand. Die Implementierung rechtlicher Wertungen und deren Umsetzung in Eigenverantwortung ist zunächst komplizierter als die Implementierung einer bloßen Pflicht zum strikten Befolgen einfacher Verbote. Die Fähigkeit, eine notwendige Abwägung vorzunehmen, ist Voraussetzung dafür, dass sich eine KI überhaupt auf einen Rechtfertigungsgrund beru-

---

[971] Vgl. dazu auch u. die Folgeüberlegungen in § 6 B.

[972] SK-StGB/*Hoyer*, § 25 Rn. 50; Schönke/Schröder/*Heine/Weißer*, § 25 Rn. 34; *Heinrich*, Strafrecht AT, Rn. 1251a.

fen könnte. Eine durch eine KI vorgenommene rechtliche Abwägung birgt dabei jede Menge gesellschaftlichen, rechtspolitischen und rechtsdogmatischen Sprengstoff.

> *Zu denken ist hier exemplarisch wieder an Dilemma-Situationen selbstfahrender Autos.*[973]

Anders als selbstfahrende Autos, die (jedenfalls Stand jetzt) nur domänespezifische Intelligenz besitzen, ist aber starke KI Gegenstand der hiesigen Betrachtung. Das Problem, dass dem Algorithmus die entsprechenden Abwägungen schon vor dessen Entlassung in den Verkehr implementiert werden müssen und so evtl. eine menschliche Verantwortlichkeit zeitigt, stellt sich an dieser Stelle also nicht im selben Maße. Denn spätestens, wenn durch die Lernprozesse nach Inverkehrbringen des Agenten das Künstliche Neuronale Netzwerk weit genug von der Ausgangskonfiguration entfernt ist, können die getroffenen Abwägungen nicht mehr dem Menschen zugerechnet werden.[974] Das gilt für Agenten, die untereinander vernetzt sind und so Erfahrungen und Gelerntes austauschen sogar schon ab Inverkehrbringen. Das bedeutet denklogisch, dass die Möglichkeit, dass sich ein intelligenter Agent nur dann auf einen Rechtfertigungsgrund berufen kann, davon abhängig ist, dass dieser sich auch selbst strafbar machen kann.

Die Bewertung der vorgenommenen Abwägung, also die Frage etwa, ob die in Notwehr oder im Notstand handelnde Entität auch gerechtfertigt ist, kann daher anhand der konkreten Situation und den konkreten Beteiligten vorgenommen werden. Es kommt somit, wie immer, auf eine ex post-Betrachtung an. Dabei ist zunächst fraglich, wie schwer man die Rechtsgüter des intelligenten Agenten gewichten möchte, sollte man diesem denn welche zuerkennen.[975] Schon im Hinblick auf Art. 2 Abs. 2 GG gelangt man zu dem Schluss, dass diese jedenfalls geringer zu gewichten sein müssen als das menschliche Leben bzw. menschliche körperliche Unversehrtheit. Da im Rahmen der Notwehr aber grundsätzlich keine Interessenabwägung stattfindet, ergibt sich hieraus die Überlegung, ob § 32 StGB überhaupt auf KI anwendbar sein kann. Denn Voraussetzung ist ja immer ein menschlicher Angriff, so dass die Notwehrhandlung auch stets menschliche Rechtsgüter betreffen würde. Daraus ließe sich schlussfolgern, dass eine Anwendbarkeit ausscheidet und der Agent menschliche Angriffe auf ihn selbst stets zu dulden hätte, bzw. nur die Flucht

[973] S.o. § 3 A. III. 3.
[974] S.o. § 3 A. IV.
[975] Dazu auch u. § 6.

ergreifen könnte. Infrage käme aber auch eine einfachere Subsumtion unter die Fallgruppen des krassen Missverhältnisses. Erkennt man der KI einen vollumfänglichen Subjektstatus zu, ist auch eine „normale" Anwendung der Notwehr nicht ausgeschlossen, ebenso wie eine Normierung solcher Fälle de lege ferenda.

Die Probleme im Zusammenhang mit der Rechtfertigung sind also weniger rechtliche als faktische beziehungsweise moralisch-soziologische: Möchte man, dass starke KI Angriffe und Gefahren von anderen oder gar sich selbst abwendet, auch wenn dabei fremde Rechtsgüter und unter Umständen menschliche körperliche Unversehrtheit geschädigt werden? Welche Rechte sind mit dem wie intensiv ausgestalteten Subjektstatus der KI verbunden und wie schwer möchte man diese gewichten. Diesen Fragen könnte man wohl eine eigene Arbeit widmen. In Bezug auf die mittelbare Täterschaft ergeben sich aber jedenfalls insoweit keine dogmatischen Schwierigkeiten, als dass bei Bejahung der Möglichkeit, dass sich die KI auf einen Rechtfertigungsgrund berufen kann, bei einer einschlägigen Defektbeherrschung der Hintermann täterschaftlich belangt werden kann.

c. Defekte auf Schuldebene

Schließlich kann ein Fehlen der Schuld des Tatmittlers ein tauglicher Defekt für die Annahme mittelbarer Täterschaft sein. Der Vordermann kann entweder von vornherein schuldunfähig gem. § 20 StGB sein oder aus sonstigen Gründen entschuldigt sein, etwa, wenn er sich in einem unvermeidbaren Verbotsirrtum gem. § 17 S. 1 StGB befindet, ein Notwehrexzess i.S.d. § 33 StGB oder ein entschuldigender Notstand gem. § 35 Abs. 1 StGB vorliegt.[976]

Damit bei einem intelligenten Agenten ein Defekt auf Schuldebene vorliegen kann, muss dieser grundsätzlich schuldfähig sein, was, wie sich gezeigt hat, der Fall ist.[977] Relevant könnte bei der Anwendung der schuldausschließenden Defekte auf den ersten Blick eine Analogie zu der Konstellation sein, dass der Hintermann ein gem. § 19 StGB strafunmündiges Kind als Werkzeug einsetzt. Die Behandlung eines solchen Falles ist bei menschlichen Akteuren zwar umstritten[978], im Zusammenhang mit künstlicher Intelligenz aber nicht von Be-

---

[976] *Wessels/Beulke/Satzger*, Strafrecht AT, Rn. 846; SK-StGB/*Hoyer*, § 25 Rn. 51; *Bock*, Strafrecht AT, S. 183.
[977] S.o. § 4 B. II.
[978] Vgl. hierzu nur BeckOK-StGB/*Kudlich*, § 25 Rn. 27 f. m.w.N.

deutung. Es wird nämlich davon ausgegangen, dass eine vergleichbare rechtliche Einordnung für intelligente Agenten nicht stattfinden wird. Nimmt man an, dass es zur Einführung eines elektronischen Personenstatus kommen wird, so ist es fernliegend, dass solche Agenten diesen erhalten, die hinsichtlich ihrer kognitiven Fähigkeiten strafunmündig sind. Voraussetzung für die Strafmündigkeit ist in Ansehung des § 3 S. 1 JGG nämlich die notwendige Entwicklungsreife und Einsichtsfähigkeit. KI, die hoch genug entwickelt ist, um eine eigene Rechtspersönlichkeit zu besitzen, wird gleichzeitig auch die Voraussetzungen der Strafmündigkeit erfüllen. Die Irrelevanz dieses Streits ist auch dann gegeben, wenn man den Grund der unwiderleglich vermuteten Schuldunfähigkeit gem. § 19 StGB, neben dem Fehlen für die Übernahme von strafrechtlicher Verantwortung erforderlicher kognitiver Fähigkeiten, in dem Fehlen „präventiver Bestrafungsnotwendigkeit" sieht.[979] Einer KI, die nicht über ein „verinnerlichtes moralisches Regelsystem"[980] verfügt, anhand dessen sie handeln kann, wird man auch keinen Personenstatus zuschreiben können, so dass denklogisch auch kein präventives Strafbedürfnis besteht.

Ist der intelligente Agent also grundsätzlich strafmündig, bleibt zu klären, welche Konstellationen im Rahmen dieser Fallgruppe relevant werden. Es müssen dabei eine Änderung der *Verarbeitung* von (sonst fehlerfreien) Input-Signalen von denjenigen abgegrenzt werden, in denen die Sensorik des Agenten so verändert wird, dass bereits das *Input-Signal* als solches fehlerhaft ist (ihm also quasi falsche Tatsachen vorgespiegelt werden).

Auf den ersten Blick mag das kontraintuitiv sein, da es sich bei der Irrtumserregung auf Tatbestandsebene durch die Vorspiegelung falscher Tatsachen (bzw. falscher Input-Signale) dem Grunde nach auch um einen manipulierten und damit fehlerhaften „Input" handelt. Allerdings betrifft eine Veränderung bzw. Beeinflussung der mechanischen Komponenten, die das Input-Signal erzeugen, die *Außenwelt* und ruft damit einen rein äußerlichen, tatsächlichen Irrtum hervor. Dagegen bedeutet eine Manipulation des KNN einen Eingriff in das *Innere* des Agenten und steht daher der Schuld dem Sinngehalt nach näher, da diese als persönliche Vorwerfbarkeit begriffen wird. An dieser fehlt es nämlich dann, wenn eine interne Manipulation die Einsicht des Agenten verhindert, dass er Unrecht tut. Hierzu einige Beispiele:

> *Es könnte eine Veränderung dahingehend gemacht werden, dass bei der Wahrnehmung von roten Ampeln nicht angehalten wird, sondern*

[979] SSW/*Kaspar*, § 19 Rn. 2.
[980] *Schilling*, NStZ 1997, 261 (263).

der Pflegeroboter mit dem reichen Erbonkel die vielbefahrene Hauptverkehrsstraße überquert. Das könnte einerseits dadurch erreicht werden, dass entweder der sensorische (korrekt ins System eingegangene) Reiz „Farbe Rot" nicht mehr als solche erkannt wird, sondern für grün gehalten wird (Außenwelt). Der Algorithmus könnte auch dergestalt manipuliert werden, dass die Einhaltung bestimmter Normen (das Halten an der roten Ampel) nicht mehr als verpflichtend angesehen wird (Innenwelt).

Der Vorsatz wird durch eine Veränderung des KNN auf diese Weise indes nicht berührt, da mit der Änderung des KNN auch eine veränderte Nutzenfunktion einhergeht. Auf Grundlage dieser Nutzenfunktion kann der Agent Überzeugungen bilden und entsprechend handeln.[981] Der erzeugte Output in Form der konkreten Handlung kommt also deshalb zustande, weil die Nutzenfunktion und die Überzeugungen des Agenten entsprechend sind. Davon, dass die Handlung in diesem Sinne nicht bewusst oder gewollt vorgenommen wurde, kann daher nicht die Rede sein.

In den Fällen, in denen die Verarbeitung des sensorischen Reizes manipuliert bzw. die Verpflichtung zum normgemäßen Verhalten im KNN manipuliert wird, ist darin vielmehr ein Verbotsirrtum gemäß oder jedenfalls im Sinne des § 17 StGB erblicken. Für den Agenten ist dieser Irrtum aufgrund der Einflussnahme von außen unvermeidbar, so dass dann die die mittelbare Täterschaft begründenden Voraussetzungen vorliegen.

Relevant sind daneben auch die Fälle des Nötigungsnotstands. Hier kommt es wieder auf Abwägungen an, die zum einen möglicherweise vorher implementiert werden müssen und zum anderen bei der KI anders ausfallen können als beim Menschen.

Der an sich einfach gelagerte Fall „Schlag das Opfer oder ich erschieße dich" würde beim menschlichen Tatmittler zum Nötigungsnotstand führen. Eventuell müsste eine KI die eigene Zerstörung aber hinnehmen, da ihre Programmierung die absichtliche Verletzung eines Menschen nicht zulässt.[982]

---

[981] Dazu s.o. § 2 A. I. 2. b. und c.

[982] So das erste Robotergesetzt nach *Isaac Asimov*.

2. Begründung der überlegenen Stellung des mittelbaren Täters

Das Vorliegen eines Defekts allein reicht für seine strafrechtliche Verantwortlichkeit allerdings nicht aus.[983] Es bedarf für die Einordnung als planvoll-lenkende Zentralgestalt im Sinne der Tatherrschaftslehre zusätzlich der Defektbeherrschung bzw. in Fällen, in denen auch bei volldeliktisch haftendem Vordermann mittelbare Täterschaft angenommen wird der Tatbeherrschung durch den Hintermann. Die Begründung der überlegenen Stellung des Hintermanns lässt sich in die Fallgruppen des überlegenen Willens, des überlegenen Wissens und der (im Einzelnen umstrittenen) überlegenen Organisationsherrschaft unterteilen.[984] Letztere muss nur dann bemüht werden, wenn kein Defekt vorliegt, der in irgendeiner Weise beherrscht werden kann und ist somit den Fallgruppen des Täters hinter dem Täter zuzuordnen.

a. Tatherrschaft kraft überlegenen Willens

Für die dogmatische Begründung der Willensherrschaft wird auf das Verantwortungsprinzip zurückgegriffen.[985] Die Selbstverantwortung jedes Teilnehmers im Rechtsverkehr müsse da enden, wo diejenige eines anderen beginnt, so dass der Vordermann bei freiverantwortlichem Handeln keine Werkzeugqualität haben könne. Ein Verhalten könne „nicht zugleich als frei und als von einem anderen beherrscht, d. h. [sic] aber als unfrei, erscheinen."[986]

Deutlich wird eine Täterschaft kraft überlegenen Willens, wenn der Vordermann deshalb ein Strafbarkeitsdefizit aufweist, weil er vom mittelbaren Täter zur Tatausführung genötigt wurde. In einer solchen Konstellation fußt das Strafbarkeitsdefizit des Vordermanns auf einer Exkulpation insbesondere gem. § 35 StGB oder sonstigen Entschuldigungsgründen (z.B. § 20, § 33 oder einem übergesetzlichen Notstand).[987] Sieht der Gesetzgeber vor, dass der genötigte Vordermann nach diesen Vorschriften exkulpiert ist, so muss diese Entlastung bei konsequenter Anwendung des Verantwortungsprinzips zu einer Belastung des Hintermannes führen.[988] Die Willensherrschaft des mittelbaren Täters

---

[983] *Kühl*, Strafrecht AT, § 20 Rn. 45.
[984] SK-StGB/*Hoyer*, § 25 Rn. 41; MüKo-StGB/ *Scheinfeld*, § 25 Rn. 62; Schönke/Schröder/*Heine/Weißer*, § 25 Rn. 7.
[985] Dölling/Duttge/Rössner/König/*Ingelfinger*, § 25 Rn. 28; Lackner/Kühl/Heger/*Heger*, § 25 Rn. 2; *Rengier*, Strafrecht AT, § 43 Rn. 2.
[986] *Gallas*, in: Gallas, Gallas 1968, S. 78Gallas (Hrsg.), Beiträge zur Verbrechenslehre, S. 99.
[987] Schönke/Schröder/*Heine/Weißer*, § 25 Rn. 7; *Roxin*, Täterschaft und Tatherrschaft, S. 159 f.
[988] LK-StGB/*Schünemann*, § 25 Rn. 69; zust. MüKo-StGB/*Scheinfeld*, § 25 Rn. 65 f.

überlagert also die Handlungsherrschaft des Tatmittlers[989] (die Handlungsherrschaft liegt vor, da die Tat, zu der genötigt wurde, ja vorsätzlich begangen wurde).

b. Tatherrschaft kraft überlegenen Wissens

Wissen in Bezug auf die überlegene Stellung meint, dass der Tatmittler ein intellektuelles Defizit aufweist, das in Bezug auf den konkret infrage stehenden Tatbestand seine Verantwortung ausschließt oder mindert.[990] Anders als die Willensherrschaft überlagert die Wissensherrschaft aber nicht vollumfänglich die Handlungsherrschaft des Tatmittlers. Dieser handelt im Rahmen der ihm (vom mittelbaren Täter) zur Verfügung gestellten Sachverhaltsinformationen freiverantwortlich, so dass hier dogmatisch nicht[991] bzw. nicht im selben Umfang[992] auf das Verantwortungsprinzip zurückgegriffen werden kann. Der mittelbare Täter beherrscht den Tatmittler nicht im gleichen Maße wie bei der Willensherrschaft, letzterer ist insoweit „blinder" Kausalfaktor.[993]

Die Begründung der Tatherrschaft kraft überlegenen Wissens ergibt sich daher auch und vor allem daraus, dass der Hintermann diesen blinden Kausalfaktor in sein Handlungsprogramm mehrerer zum Erfolg führender Kausalfaktoren einplant, so dass bei ihm das In-den-Händen-halten des Geschehensablaufs zu verorten ist.[994] Er kontrolliert als „spiritus rector" der Tat die Verknüpfung der Kausalfaktoren während es beim Tatmittler durch den hervorgerufenen oder ausgenutzten Irrtum an Motiven für das Absehen von der Ausführung fehlt.[995]

---

[989] LK-StGB/*Schünemann*, § 25 Rn. 69.

[990] MüKo-StGB/*Scheinfeld*, § 25 Rn. 86.

[991] LK-StGB/*Schünemann*, § 25 Rn. 79; *Roxin*, Strafrecht AT II, § 25 Rn. 62.

[992] *Herzberg*, Täterschaft und Teilnahme, S. 17 ff.; *Bloy*, Die Beteiligungsform als Zurechnungstypus im Strafrecht, S. 349 ff.; SK-StGB/*Hoyer*, § 25 Rn. 61 ff., der für die mittelbare Täterschaft bei fahrlässiger Tat darauf abstellt, dass wenigstens das Erfolgsunrecht übrigbleibe, welches dem Hintermann aufgrund der milderen rechtlichen Beurteilung des Vordermanns im Sinne des Verantwortungsprinzips zugerechnet werden könne.

[993] *Roxin*, Täterschaft und Tatherrschaft, S. 190 ff.; MüKo-StGB/*Scheinfeld*, § 25 Rn. 92 ff.; a.A. SK-StGB/*Hoyer*, § 25 Rn. 61 ff., 70, der jedenfalls in Fällen einer nicht einmal unbewusst fahrlässigen Handlung des Vordermanns diesen einem mechanischen Werkzeug gleichstellt und den Hintermann dadurch als unmittelbaren Täter ansieht. Begründet wird dies damit, dass der Vordermann in Fällen der Fahrlässigkeit ja wenigstens für das Erfolgsunrecht verantwortlich sei. Bei unbewusster Fahrlässigkeit fehle es aber an einem solchen zurechenbaren Unrechtsanteil.

[994] *Roxin*, Täterschaft und Tatherrschaft, S. 191 f.; vgl. auch *Stratenwerth/Kuhlen*, Strafrecht AT, § 12 Rn. 35; *Roxin*, Strafrecht AT II, § 25 Rn. 63 ff.; Schönke/Schröder/*Heine/Weißer*, § 25 Rn. 14 ff.

[995] LK-StGB/*Schünemann*, § 25 Rn. 83.

Roxin spricht insoweit von einer „finalen Überdetermination des Kausalverlaufs“.[996] Das führt aber nicht dazu, dass das Verantwortungsprinzip bei der Wissensherrschaft gänzlich an Bedeutung verliert. Sowohl bei der Willens- als auch bei der Irrtumsherrschaft sorgt nämlich die Einwirkung des mittelbaren Täters dafür, dass diese Hemmungsmotive nicht diejenigen sind, die schließlich das Handeln des Tatmittlers bestimmen. Während bei der Willensherrschaft der Impuls der nötigenden Einwirkung die Hemmungsmotive überlagert, verhindert der Hintermann bei der Wissensherrschaft durch seine Beeinflussung der Sachverhaltserfassung bereits die Entstehung ausreichend starker Motive.[997] Anders als bei der Nötigungsherrschaft, wo der Tatmittler durch Drohung oder Gewalt zu seinem Verhalten gebracht wird, hatte der Täter im Salzsäure-Fall selbst die Entscheidungsgewalt darüber, ob er dem Opfer das vermeintliche Schlafmittel verabreicht oder nicht – jedenfalls in dem Rahmen der Sachverhaltserfassung, den der Hintermann ihm übrigließ.

Im Ergebnis kann bzgl. der Wissensherrschaft also nicht vollumfänglich auf das Verantwortungsprinzip als dogmatische Grundlage verzichtet werden. Es ist aber nicht ihr konstituierendes Merkmal. Daraus folgt, dass in bestimmten Konstellationen der Vordermann volldeliktisch verantwortlich sein kann und dennoch eine mittelbare Täterschaft anzunehmen ist.

3. Fallgruppen des Täters hinter dem Täter

Die Fallgruppen des Täters hinter dem Täter betreffen daher insbesondere Fälle, in denen der Tatmittler zwar einem Wissensdefizit unterliegt, dieses aber die Verantwortlichkeit nach dem Straftatbestand nicht entfallen lässt. Aber auch eine Tatherrschaft kraft Organisationsgewalt als dritte Form der Beherrschung des Tatmittlers ist grundsätzlich denkbar.

a. Gradueller Tatbestandsirrtum

Relevant sind zunächst Fälle des sog. graduellen Tatbestandsirrtums, in denen der Vordermann zwar rechtswidrig und schuldhaft den Tatbestand verwirklicht, allerdings über die Tragweite seines Verhaltens irrt – es wird insoweit

---

[996] *Roxin*, Täterschaft und Tatherrschaft, S. 191.

[997] *Herzberg*, Täterschaft und Teilnahme, S. 18 f.; zust. *Bloy*, Die Beteiligungsform als Zurechnungstypus im Strafrecht, S. 350, die aber darin eine rein phänomenologische Differenzierung sehen, die keine normativen Auswirkungen hat. Sie halten insoweit an der uneingeschränkten Anwendung des Verantwortungsprinzips fest.

auch von einem Irrtum über den konkreten Handlungssinn gesprochen.[998] Dieser kann sich sowohl auf quantifizierbare Unrechts- und Schuldmaße als auch gesetzliche Qualifikationsmerkmale beziehen.[999] Anders als bei einem vorsatzausschließenden Irrtum wird hier die Tatbestandlichkeit des Handelns nicht berührt.

Veranlasst der mittelbare Täter den Tatmittler beispielsweise dazu ein Gemälde zu vernichten und hält ihn in dem Glauben, es handele sich um wertlosen Plunder, so bleibt dem Vordermann die Schwere des von ihm angerichteten Schadens verborgen (die Schwere der Rechtsgutsverletzung und damit der Schuld ist in diesem Fall quantifizierbar).[1000] Dadurch wird – hier dann wieder vergleichbar mit dem tatbestandlichen Defekt – seine Hemmschwelle zur Tatbegehung erheblich herabgesetzt.[1001]

Ebenso ist derjenige wegen Tötungsdelikts in mittelbarer Täterschaft strafbar, der dem Tatmittler vorgaukelt, das Opfer habe beispielsweise ausdrücklich und ernsthaft die Tötung verlangt. Dieser Fall ist insofern von einem Irrtum auf Tatbestandsebene abzugrenzen, da hier kein Stufenverhältnis zwischen § 211 StGB und § 216 StGB vorliegt, sondern diese Normen eigene Tatbestände darstellen.

Allerdings kann für einen graduellen Tatbestandsirrtum nach überwiegender Auffassung nicht jeder Irrtum ausreichen. Es bedarf einer wesentlichen Unrechtssteigerung, die etwa dadurch „messbar" gemacht werden kann, dass der ansonsten unbeachtliche Irrtum des Tatmittlers für diesen im Rahmen der Strafzumessung gem. § 46 StGB von Bedeutung ist.[1002]

Beim graduellen Tatbestandsirrtum bestehen für Fälle mit intelligenten Agenten keine besonderen Schwierigkeiten. Ebenso wie beim menschlichen Akteur kann bei der KI die Entstehung von Hemmungsmotiven durch die Vorspiegelung falscher Tatsachen wesentlich verhindert werden. Das gilt insbesondere dann, wenn der Hintermann die grundsätzlichen Abwägungen, die das System

---

[998] Schönke/Schröder/*Heine/Weißer*, § 25 Rn. 23; *Roxin*, Strafrecht AT II, § 25 Rn. 96 ff.; MüKo-StGB/*Joecks*, § 25 Rn. 105 ff.; *Kühl*, Strafrecht AT, § 20 Rn. 75 ff.; SK-StGB/*Hoyer*, § 25 Rn. 75 ff.

[999] MüKo-StGB/*Scheinfeld*, § 25 Rn. 113 f.

[1000] Beispiel so gebildet mit einem Kandinsky-Gemälde von *Herzberg*, Täterschaft und Teilnahme, S. 27.

[1001] Hierzu ausf. *Roxin*, Strafrecht AT II, § 25 Rn. 97.

[1002] SK-StGB/*Hoyer*, § 25 Rn. 77; *Roxin*, Strafrecht AT II, § 25 Rn. 96; zust. Schönke/Schröder/*Heine/Weißer*, § 25 Rn. 23; krit. SSW/*Murmann*, § 25 Rn. 21.

normalerweise vornimmt, kennt und seine Einwirkung entsprechend anpassen kann.

Es können aber, wie gerade, nur solche Fälle unter die Fallgruppe des graduellen Tatbestandsirrtums gefasst werden, in denen der Irrtum durch eine Einwirkung in der Außenwelt vorgenommen wird. Eine Veränderung der Gewichtungen bei der Abwägung von Rechtsgütern und Risiken führt zwar zu einer fehlerhaften Bewertung der tatsächlichen Lage, ist als interne Einwirkung bei der Schuld zu verorten.

Allerdings ist bei dieser Fallgruppe wieder fraglich, ob sie überhaupt praktisch von Bedeutung sein wird. Denn Voraussetzung für einen graduellen Tatbestandsirrtum ist ja die vorsätzliche, rechtswidrige und schuldhafte Verwirklichung eines Straftatbestandes.

> *Es ist jedoch gut denkbar, dass die KI so programmiert ist, dass sie dem Gesuch des mittelbaren Täters, das wertlose Gemälde zu zerstören, schon deshalb nicht nachkommen wird, weil die (ungerechtfertigte) Verletzung fremder Rechtsgüter dem Algorithmus widerspricht (man denke hier an eine extensivere Auslegung des ersten Asimov'schen Gesetzes im Sinne einer bedingungslosen Rechtstreue). Es könnte allenfalls sein, dass der mittelbare Täter vorgaukelt, das herrenlose Gemälde gehöre in den Müll, was dann aber das Hervorrufen eines Tatbestandsirrtums darstellen würde.*

Anders als bei tatbestandlichen Defekten, wo der getäuschte Vordermann unvorsätzlich handelt, also überhaupt keine Hemmungsmotive entstanden sind, liegen solche Motive beim graduellen Tatbestandsirrtum vor. Schon das bloße Vorliegen noch so geringfügiger Motive muss bei der KI aber für die Nichtvornahme der strafbaren Handlung ausreichen. Andernfalls käme eine Strafbarkeit der Hersteller und Programmierer in Betracht.

b. Manipulierter error in persona vel obiecto

Die gleiche Wertung wie beim graduellen Tatbestandsirrtum ist in Fällen vorzunehmen, in denen der mittelbare Täter beim Vordermann einen unbeachtlichen error in persona vel obiecto hervorruft, indem er ein anderes Tatobjekt

„unterschiebt".[1003] Die mittelbare Täterschaft liegt hier nicht in einer Veränderung der Tat und einem damit verbundenen abweichenden Unrechtsgehalt begründet, sondern darin, dass der Hintermann durch das Unterschieben planvoll-lenkend die konkrete Tatsituation herbeiführt.[1004] Auch hier irrt der Tatmittler dadurch über den konkreten Handlungssinn der Tat, so dass mittelbare Täterschaft vorliegt.

In Ansehung des gerade Gesagten, dürfte auch diese Fallgruppe eine allenfalls untergeordnete Bedeutung haben, da auch hier vorausgesetzt ist, dass sich der Schädigungsvorsatz auf ein bestimmtes Tatobjekt konkretisiert hat. Für den Fall, dass die Vornahme einer vorsätzlichen strafbaren Handlung durch die KI möglich ist, so ergeben sich keine dogmatischen Besonderheiten. Verursacht der Tatmittler bei dem intelligenten Agenten einen Irrtum durch das Unterschieben eines anderen Tatobjekts, so ist dies ebenso zu bewerten, wie wenn diese Täuschung bei einem menschlichen Akteur vorgenommen worden wäre.

> *Der Täter schickt das ahnungslose Opfer in den Zielbereich einer intelligenten Kampfdrohne, die dieses irrtümlich für einen Kombattanten hält und erschießt.*

Vorausgesetzt, der Algorithmus funktioniert ordnungsgemäß, wird in gleicher Weise wie beim menschlichen Tatmittler ein Irrtum über den konkreten Handlungssinn hervorgerufen, der die Entstehung von Hemmungsmotiven in Bezug auf das untergeschobene Tatobjekt verhindert und somit die mittelbare Täterschaft zeitigt.

c. Vermeidbare Irrtümer

An einem strafbarkeitsausschließenden Defekt fehlt es überdies dann, wenn der Verbotsirrtum des Vordermannes vermeidbar im Sinne des § 17 S. 1 StGB war oder er irrig entschuldigende Umstände annimmt, § 35 Abs. 2 S. 1. Damit mittelbare Täterschaft infrage kommt, muss der Hintermann diesen Irrtum hervorgerufen oder jedenfalls ausgenutzt haben, andernfalls fehlt es schon an einem beherrschenden Element bzw. nimmt der mittelbare Täter diesen Irrtum schon nicht in sein Handlungsprogramm auf. Der Vordermann wird von der Appellfunktion des Rechts nicht erreicht und erst durch die Einwirkung des

[1003] MüKo-StGB/*Scheinfeld*, § 25 Rn. 120; Schönke/Schröder/*Heine/Weißer*, § 25 Rn. 24; SK-StGB/*Hoyer*, § 25 Rn. 78; *Rengier*, Strafrecht AT, § 43 Rn. 58.

[1004] SSW/*Murmann*, § 25 Rn. 22; LK-StGB/*Schünemann*, § 25 Rn. 105; *Rengier*, Strafrecht AT, § 43 Rn. 58.

Hintermanns können bei ihm auch keine Hemmungsmotive im Hinblick auf die konkrete Tat entstehen.[1005]

Wie schon bei den Rechtfertigungsgründen ist aber fraglich, ob § 35 StGB auf intelligente Agenten Anwendung finden kann. Zwar erfolgt keine Güterabwägung wie beim rechtfertigenden Notstand, allerdings erfolgt ähnlich der Notwehr eine Erforderlichkeitsprüfung der Abwehrhandlung unter Berücksichtigung anderer zumutbarer Handlungsalternativen.[1006] Hinsichtlich der insoweit entstehenden moralisch-ethischen Bedenken kann auf die Ausführungen zu Defekten auf Rechtfertigungseben verwiesen werden.[1007]

Beim Begriff der Vermeidbarkeit des Irrtums im Rahmen des § 35 StGB bestehen bezüglich der Anwendbarkeit keine Bedenken, soweit der Irrtum tatsächliche Umstände betrifft. Es handelt sich bei diesem Irrtum zwar um einen solchen sui generis, dogmatisch steht er aber dem Erlaubnistatbestandsirrtum nahe.[1008] Er muss bezüglich des tatsächlichen Bestehens einer Notstandslage vorliegen. Dass intelligente Agenten einem solchen tatsachenbezogenen Irrtum unterliegen können, wurde oben bereits dargelegt.

Anders verhält es sich hingegen bei der Vermeidbarkeit des rechtlichen Irrtums i.R.d. § 17 S. 1 StGB sowie bei solchen Irrtümern i.R.d. § 35 StGB, die auch normative Umstände betreffen (z.B. eine fehlerhafte Bewertung der Umstände, so dass der bekannte mildere Weg für unzumutbar gehalten wird[1009]). Unvermeidbarkeit wird hier grundsätzlich dann angenommen, wenn es dem Täter auf Grund seiner sozialen Stellung und nach seinen individuellen Fähigkeiten auch bei der ihm zumutbaren Anspannung seines Gewissens unter Zuhilfenahme anderer möglicher Erkenntnisquellen nicht möglich war, das Unrecht der Tat

---

[1005] Schönke/Schröder/*Heine/Weißer*, § 25 Rn. 43; LK-StGB/*Schünemann*, § 25 Rn. 92; a.A. *Schaffstein*, NStZ 1989, 153 (157).

[1006] Vgl. hierzu *Bosch*, Jura 2015, 347 (351 f.); MüKo-StGB/*Müssig*, § 35 Rn. 40 ff. jeweils m.w.N.

[1007] S.o. § 5 II. 1. a. bb.

[1008] BeckOK-StGB/*Momsen/Savic*, § 35 Rn. 28; NK-StGB/*Neumann*, § 35 Rn. 63 f.;

[1009] Schönke/Schröder/*Perron*, § 35 Rn. 42; NK-StGB/*Neumann*, § 35 Rn. 64.

einzusehen.[1010] Damit der Täter entschuldigt sein kann, darf er also nicht einmal potenzielles Unrechtsbewusstsein haben.[1011] Von einem solchen kann aber jedenfalls dann ausgegangen werden, wenn dem konkreten Agenten bei seiner Programmierung entsprechende Rechtsnormen (und ggf. deren Abwägung) implementiert wurden. Dass das wohl Voraussetzung für seine Zulassung sein muss, wurde bereits dargelegt.

> *Die Unvermeidbarkeit scheidet also – auch i.R.d. § 35 StGB – ebenfalls dann aus, wenn der Agent die Möglichkeit hat, sich entweder mit anderen Agenten „kurzzuschließen", also eine Cloud-Konnektivität besteht oder er gar unmittelbar und in Echtzeit Nachforschungen im Internet anstellen kann. In diesem Fall würde es aufgrund der rechtstreuen Programmierung wohl erst gar nicht zur Vornahme der Handlung kommen.*

Das Vorliegen eines unvermeidbaren Verbotsirrtums ist daher in KI-Fällen eher fernliegend (selbst beim menschlichen Akteur ist die Annahme der Unvermeidbarkeit die Ausnahme[1012]).

d. Organisationsherrschaft

Spätestens seit den Mauerschützen-Urteilen des BGH[1013], die eine Strafbarkeit der Mitglieder des Nationalen Verteidigungsrates der DDR wegen Tötungsdelikten in mittelbarer Täterschaft durch die Grenzsoldaten bejahten, ist auch die Rechtsfigur der organisierten Machtapparate im Rahmen des § 25 Abs. 1 Alt. 2 StGB anerkannt.[1014] Danach kann auch bei Vorliegen einer vorsätzlich, rechtswidrig und schuldhaft begangenen Haupttat mittelbare Täterschaft angenommen werden, wenn der Hintermann durch Organisationsstrukturen vorge-

---

[1010] So mit entsprechenden Ausdifferenzierungen die st. Rspr., BGHSt 2, 194 (201 f.); BGH NStZ 2013, 461; NJW 2017, 1487 (1489); vgl. zur Kasuistik der Vermeidbarkeit die Nachweise bei Lackner/Kühl/Heger/*Heger*, § 17 Rn. 7; zust. a. d. Lit. u.a. BeckOK-StGB/*Heuchemer*, § 17 Rn. 35 ff.; Schönke/Schröder/*Sternberg-Lieben/Schuster*, § 17 Rn. 13 ff.

[1011] NK-StGB/*Neumann*, § 17 Rn. 53; Lackner/Kühl/Heger/*Heger*, § 17 Rn. 1 m.w.N. zur h.M.; krit. zur dogmatischen Einordnung des potenziellen Unrechtsbewusstseins im Hinblick auf das Schuldprinzip *Eidam*, ZStW 2015, 120 (137 f.).

[1012] *Bosch*, Jura 2015, 347 (355).

[1013] Vgl. nur BGHSt 40, 218 = NJW 1994, 2703.

[1014] Zu dieser Figur bereits *Roxin*, GA 1963, 193 als ihr geistiger Urheber.

gebene Rahmenbedingungen ausnutzt, innerhalb derer seine Tathandlung regelhafte Abläufe auslöst.[1015] Solche Strukturen sind vor allem innerhalb von staatlichen Machtapparaten oder (kriminellen) geschäftsähnlichen Organisationen zu finden, die streng hierarchisch gegliedert sind.[1016] Weitere Voraussetzung ist die Rechtsgelöstheit der Organisation im Rahmen der von ihr verwirklichten Straftatbestände und eine damit verbundene Außerkraftsetzung rechtsstaatlicher Garantien, die bei den Mitgliedern der Organisation eine erhöhte Tatbereitschaft zur Folge hat.[1017]

Die Täterschaft des Tatmittlers ergibt sich hier nicht aus dessen Defektbeherrschung oder einer überlegenen Stellung im Hinblick auf die Sachverhaltserfassung, sondern aus der hierarchischen Machtstruktur selbst und der daraus folgenden untergeordneten Stellung und ggf. Weisungsgebundenheit der Mitglieder der Organisation (sog. Organisationsherrschaft).[1018] Kennzeichnend ist, dass der mittelbare Täter nur „ein Rädchen im Getriebe“ ist und durch eine beliebige andere Person aus dem Machtapparat ausgetauscht werden könnte (sog. Fungibilität).[1019] Die Organisationsherrschaft steht daher als dritte Kategorie der mittelbaren Täterschaft neben der Willens- und der Wissensherrschaft und kann den Fallgruppen des Täters hinter dem Täter zugeordnet werden.

Auch die Organisationsherrschaft kann grundsätzlich für Sachverhalte mit intelligenten Agenten fruchtbar gemacht werden, wenn im Rahmen einer Organisation eine Vielzahl von Agenten eingesetzt wird. Dann bestehen keine Unterschiede zu Konstellationen mit Menschen, da eine KI handlungs- und schuldfähig sein kann. Hierbei ist aber wiederum aufgrund des Erfordernisses der rechtstreuen Programmierung die praktische Bedeutung dieser Fallgruppe anzuzweifeln.

[1015] BGH NStZ 1994, 537 (538); SSW/*Murmann*, § 25 Rn. 25; Schönke/Schröder/*Heine/Weißer*, § 25 Rn. 26.

[1016] Lackner/Kühl//Heger/*Heger*, § 25 Rn. 2; SSW/*Murmann*, § 25 Rn. 25.

[1017] Schönke/Schröder/*Heine/Weißer*, § 25 Rn. 27; *Roxin*, ZIS 2009, 565 (567), der entgegen seiner früheren Auffassung die Tatgeneigtheit nicht als selbstständiges Merkmal sondern als logische Konsequenz der Rechtsgelöstheit ansieht.

[1018] *Roxin*, GA 1963, 193 (199 f.); NK-StGB/*Schild/Kretschmer*, § 25 Rn. 120; LK-StGB/*Schünemann*, § 25 Rn. 122; BeckOK-StGB/*Kudlich*, § 25 Rn. 34.

[1019] *Roxin*, GA 1963, 193 (200); zust. *Herzberg*, Täterschaft und Teilnahme S. 42; vgl. auch *Jakobs*, NStZ 1995, 26 (27); *Kühl*, Strafrecht AT § 20 Rn. 73; BeckOK-StGB/*Kudlich*, § 25 Rn. 34.

II. Fazit

Die Fallgruppen, in denen eine menschliche Verantwortlichkeit infrage kommt, ergeben sich aus einer Handlungs- oder Organisationszuständigkeit des menschlichen Akteurs. Die technische Möglichkeit der Manipulation einer KI schließt dabei Subjektsqualität des Agenten nicht aus. Auch insoweit ist die Vergleichbarkeit mit dem Hervorrufen eines Defekts bei einem menschlichen Tatmittler gegeben: Auch einen solchen kann man im weiteren Sinne „sensorisch", täuschen, indem dessen objektive Wahrnehmung oder die subjektive Einordnung des objektiv Wahrgenommenen (z.B. beim graduellen Tatumstandsirrtum) durch Änderung des Algorithmus beeinflusst. Die Gemeinsamkeit der Fallgruppen der mittelbaren Täterschaft ist die Verhinderung der Entstehung von Hemmungsmotiven beziehungsweise deren Überlagerung. Dass bei einem intelligenten Agenten überhaupt solche Hemmungsmotive entstehen können, setzt zwar zunächst voraus, dass ihm diejenigen Wertungen impliziert worden sind, die auch den zu befolgenden Gesetzen zugrunde liegen. Dass es ebendieser Implikationen in der Praxis aber zwangsläufig bedarf, ergibt sich bereits daraus, dass eine KI, bei der Rechtsbrüche in deren Algorithmus angelegt sind, nicht zulassungsfähig sein kann. Aufgrund der hier angenommenen Stellung der starken KI in der Dogmatik und der Gesellschaft sind die meisten Fallgruppen unproblematisch anwendbar.

C. Anstiftung des intelligenten Agenten

Der Anstifter muss den Haupttäter zu dessen Tat bestimmt haben. Darunter wird das Hervorrufen des Tatentschlusses zu einer konkreten Tat verstanden.[1020] Die Anstifterhandlung muss dabei kausal für den Tatentschluss gewesen sein.[1021] Soweit die KI selbst strafrechtlich verantwortlich sein kann, kann sie denklogisch auch angestiftet werden. Besteht die Möglichkeit, einen Protokollschreiber auszulesen[1022] oder die Konfiguration des KNN vor und nach der Einflussnahme zu vergleichen, wird eventuell sogar das Problem der der fehlenden Beweisbarkeit psychischer Kausalität beseitigt. Es liegt allerdings dann

[1020] Fischer/*Fischer*, § 26 Rn. 2 f.; BGH NStZ 2017, 401 (404); BGH NJW 1957. 29 (31).

[1021] Freilich können die Regeln der naturgesetzlichen Kausalität bei der Verursachung des ja nur psychischen Tatentschlusses nicht unmittelbar übertragen werden. Kausalität muss hier daher als Übernahme der Motive des Anstifters durch den Haupttäter als eigene verstanden werden, SSW/*Murmann*, § 26 Rn. 3; vgl. ferner *Fischer*, § 26 Rn. 4 f.

[1022] Zur diesbzgl. Forderung s.o. § 3 A. II. c. bb. 2) b).

kein eigener Tatentschluss vor, wenn der Algorithmus oder die Sensoren manipuliert werden. Hier muss dann zur mittelbaren Täterschaft oder zum Einsatz des Agenten als bloßes Werkzeug abgegrenzt werden.

§ 6 Folgeüberlegungen

Nimmt man an, dass intelligente Agenten Handlungsfähigkeit, Schuldfähigkeit und Rechtssubjektivität besitzen, ergeben sich darüber hinaus eine Reihe Folgeprobleme, die allerdings nicht mehr Teil der eigentlichen Arbeit sind und daher nur überblicksartig dargestellt werden sollen. Das betrifft zum einen das Wesen der konkret zu verhängenden Sanktion und zum anderen den Umfang der Rechtssubjektivität, die oben dem Grunde nach angenommen wurde.

A. Kriminalstrafen für intelligente Agenten?

Die konkrete Sanktion, die nach Feststellung einer materiellen Strafbarkeit verhängt werden müsste, dürfte im Rahmen einer KI-Strafbarkeit das schwierigste Problem darstellen. Dabei ist zum einen fraglich, ob eine Sanktion die mit einer Kriminalstrafe angestrebten Zwecke erreichen kann und zum anderen, ob es sich bei einer KI-Sanktion dogmatisch überhaupt um eine Kriminalstrafe handelt.

I. Kann eine KI-Sanktion ihre Wirkung als Strafe entfalten?

Wenn der Verfasser Freunden und Bekannten von dem Thema meiner Dissertation berichtete, so war die erste Reaktion auf das Schlagwort „KI-Strafbarkeit" häufig: „Und was willst du dann mit dem Roboter machen, abschalten?" Bemerkenswerterweise kam diese Aussage häufiger von Nicht-Juristen als von Personen vom Fach. Dabei trifft sie den problematischen Nagel auf den Kopf: Ohne entsprechende Sanktion nützt die materielle Strafbarkeit nichts, denn erst über sie können die Strafzwecke ihre volle Wirkung entfalten. Zwar mag auch bereits die Feststellung, dass Unrecht verwirklicht wurde eine rechtsfriedenstiftende Wirkung haben. Allerdings wird sie allein zumindest dann nicht ausreichen, wenn es zwangsläufig bei einer bloßen Feststellung bleibt. Es muss jedenfalls die Möglichkeit geben, eine darüberhinausgehende Sanktion zu verhängen.

© Der/die Autor(en), exklusiv lizenziert an
Springer Fachmedien Wiesbaden GmbH, ein Teil von Springer Nature 2025
L. F. Quarck, *Die künstliche Intelligenz in der Strafrechtsdogmatik*,
https://doi.org/10.1007/978-3-658-50504-2_6

Denkbar sind neben einer Umprogrammierung das Ableisten gemeinnütziger Arbeit, Eingriffe in den Roboterkorpus oder als ultima ratio auch ein Abschalten.[1023] Wenn nun aber die breite Masse der Bevölkerung einen intelligenten Agenten als „unbestrafbar“ ansieht, weil er ja „nur eine Maschine“ und daher unter anderem unempfänglich für ein Strafübel ist (dazu sogleich), so können generalpräventive Erwägungen nur eingeschränkt zur Geltung kommen. Ein wesentliches Kriterium dafür, ob die Sanktion ihre strafzwecktheoretische Wirkung entfalten kann, ist eben die Rezeption von künstlicher Intelligenz bei den Adressaten der Generalprävention. In den Blick genommen muss bezüglich generalpräventiver Erwägungen daher die künftige Entwicklung der Wahrnehmung von KI im sozialen Zusammenleben. Zum jetzigen Zeitpunkt können hier nur Prognosen angestellt werden, es ist aber durchaus denkbar, dass bei flächendeckendem Einsatz und entsprechend hochentwickelter KI der Eindruck, es handele sich „nur um eine Maschine“ zusehends aufgeweicht wird. Dies auch vor dem Hintergrund, dass KI den Einsatz von beispielsweise Mimik oder Sprache immer perfektionieren wird.[1024] Diesbezüglich würde sich wohl auch ein Eliza-Effekt einstellen.[1025]

In Bezug auf die spezialpräventive Wirkung der Strafe lässt sich für KI wohl die maximale Wirkung erzielen. Denn sie kann umprogrammiert, ihr neue Regeln implementiert werden. Ebendas möchte man dem Grunde nach auch mit dem menschlichen Täter erreichen: Dieser soll die Verhaltensregeln unserer Gesellschaft internalisieren und so künftig keine Straftaten mehr begehen. Seine Resozialisierung hat in den vergangenen Jahrzehnten auch einen immer größeren Stellenwert erhalten (auch, wenn die Schuldangemessenheit nach überwiegender Auffassung nach wie vor das grundlegende Kriterium ist).[1026] Im Ergebnis ist es also keinesfalls fernliegend, dass die Strafzwecke mit einer KI-Sanktion erreicht werden.

[1023] *Gless*, GA 2017, 324 (328).

[1024] *Christaller et al.*, Robotik, S. 145; sehr spannend sind diesbzgl. auch sog. „Deep Fakes“ bei denen Stimme und Aussehen anderer Menschen durch ein Computerprogramm emuliert werden, hier am Beispiel von Schauspieler Morgan Freeman: https://www.y-outube.com/watch?v=oxXpB9pSETo (abgerufen am 15.01.2023).

[1025] Zu diesem s.o. § 2 A. I. 2. c.; es ist allerdings noch unklar, ob ein besonders menschenähnliches Aussehen die Funktion des Roboters unterstützt. Auch dies wird zu beobachten sein, da es ein Faktor für die Anthropomorphisierung sein kann, *Decker*, in: Gless/Seelmann, Intelligente Agenten und das Recht, S. 38.

[1026] *Roxin/Greco*, Strafrecht AT I, § 3 Rn. 12 f; MüKo-StGB/*Maier*, § 46 Rn. 49; vgl. auch o. § 3 B. I.

II. Die Merkmale der Kriminalstrafe

Die eben geschilderten, etwas ungläubige Reaktionen bezüglich der Bestrafbarkeit intelligenter Agenten rührten vor allem daher, dass es nur schwer vorstellbar ist, dass eine Sanktion für eine KI „spürbar" ist. Diese spürbare Übelszufügung ist dabei eines der Merkmale, welche eine Sanktion zur Kriminalstrafe machen. Daneben sind die Voraussetzungen ein sozialethisches Unwerturteil sowie der Missbilligungscharakter. Fraglich ist, inwieweit das Vorliegen dieser Merkmale zum einen zwingend erforderlich für eine Kriminalstrafe sind und zum anderen ob sie bei intelligenten Agenten überhaupt vorliegen können. Auch das wird hier nur überblicksartig dargestellt werden.

1. KI-Sanktion als Übelszufügung?

Durch die Strafe findet also eine Einwirkung auf den Täter statt, die von diesem als nachteilig empfunden werden soll (auch, wenn das nicht immer der Fall ist).[1027] Es erscheint fraglich, ob eine Strafe schuldausgleichende Wirkung haben kann, wenn sie schon grundsätzlich nicht als persönliche Übelszufügung wahrgenommen wird bzw. werden kann.[1028] Allerdings kann man Zweifel daran haben, ob es sich hierbei um ein spezifisches Merkmal der Kriminalstrafe handelt, da es für sich genommen wertneutral ist.[1029] Denn es wird dem Täter hinsichtlich der tatsächlichen Folge wenig interessieren, ob er einen Geldbetrag deshalb zahlen muss, weil es sich um eine Geldstrafe oder Geldbuße handelt.[1030] Die Spürbarkeit des Übels ist also jedenfalls kein hinreichendes, möglicherweise aber dennoch notwendiges Merkmal der Kriminalstrafe. Es dürfte jedenfalls das in der breiten Masse bewusstseinsdominante Merkmal sein. Man kann sich insofern aber auch auf den Standpunkt stellen, dass es auf eine messbare Leidzufügung gar nicht ankommt, sondern dass Strafe ganz technisch eine erzwungene Einbuße von Rechten ist (z.B. Vermögen, Freiheit).[1031] Diesbezüglich würde sich dann wieder die Frage stellen, inwieweit einer KI überhaupt die grundrechtlichen Garantien zukommen, die durch die Strafe beschnitten

---

[1027] *Meier*, Strafrechtliche Sanktionen, S. 16.

[1028] *Gless*, GA 2017, 324 (328); *Seher*, in: Gless/Seelmann, Intelligente Agenten und das Recht, S. 59.

[1029] So *Brüning*, Das Verhältnis des Strafrechts zum Disziplinarrecht, S. 544 ff.; a.A. *Meier*, Strafrechtliche Sanktionen, S. 16.

[1030] *Roxin*, in: Hassemer/Kempf/Moccia, Volk-FS, S. 602; vgl. auch *Bock*, Strafrecht AT, S. 59.

[1031] *Freier*, GA 2009, 98 (102).

werden, wenn ja, auf welche Weise[1032] und was das für die Legitimation der Strafe änderte. Dies gilt auch und vor allem im Hinblick auf eine etwaige Umprogrammierung, also einem erheblichen Eingriff in das „Wesen" des intelligenten Agenten oder gar ein (evtl. nur temporäres?) Abschalten als Pendant zur Todesstrafe. Ob dies rechtlich und moralisch vertretbar wäre, hinge nicht zuletzt davon ab, ob man die Rechtssubjektivität der künstlichen Intelligenz aus Erwägungen herleitet, die denen der Menschenwürde ähneln.[1033] Voraussetzung für die Vertretbarkeit ist wiederum ein posthumanistisches Verständnis des Strafrechts[1034], welches dieser Arbeit zugrunde liegt.

Daneben ist es technisch keinesfalls ausgeschlossen, dass Roboter künftig zum Beispiel Schmerzen empfinden können.[1035] Dadurch wäre dann auch denkbar, dass eine entsprechende Reaktion der KI auf einen Freiheitsentzug erfolgt, so dass dieser ebenfalls in das Repertoire der Sanktionen aufgenommen werden könnte. Dabei wäre zu beobachten, inwiefern eine solche Vorgehensweise den Lernprozess der KI gegenüber einer bloßen Umprogrammierung beeinflusst. Hinsichtlich der Durchsetzung des Strafübels müsste, angesichts der physischen Beschaffenheit von Maschinen nach geeigneten Mitteln gesucht werden.[1036]

2. KI-Sanktion als sozialethisches Unwerturteil?

Neben der Übelszufügung beinhaltet die Kriminalstrafe ein sozialethisches Unwerturteil, welches über Tat und Person des Täters ausgesprochen wird.[1037] Es folgt aus dem Schuldspruch, also der Zuschreibung persönlicher Verantwortlichkeit.[1038] Allerdings ist auch hier fraglich, ob es sich um ein spezifisches Merkmal der Strafe handelt. Insofern leuchtet es nicht ein, warum nur das Strafrecht einen sozialethischen Charakter haben soll, dies bei Sanktionen aus anderen Rechtsgebieten aber nicht der Fall sein soll.[1039] Auch, wenn sie in anderen Bereichen keine zwingende Voraussetzung für die Rechtsfolge ist, liegt

[1032] Diesbzgl. ist bei Strafen ggü. Menschen umstritten, ob diese positives oder Naturrecht sind. Da es sich bei KI um künstliche Entitäten handelt, dürfte wohl auch eine Sanktion positives Recht sein.
[1033] Vgl. o. § 4 B. II. 2. c. bb. (1).
[1034] *Gaede*, Künstliche Intelligenz, S. 66.
[1035] *Markwalder/Simmler*, AJP/PJA 2017, 171 (181).
[1036] Ausf. *Gaede*, Künstliche Intelligenz, S. 67 f.
[1037] BVerfG NJW 1967, 1219 (1220); BGHSt 11, 263 (266); MüKo-StGB/*Radtke*, Vor § 38 Rn. 2; *Wessels/Beulke/Satzger*, Strafrecht AT, Rn. 4.
[1038] *Meier*, Strafrechtliche Sanktionen, S. 16.
[1039] *Brüning*, Das Verhältnis des Strafrechts zum Disziplinarrecht, S. 542.

nicht selten trotzdem persönliche Verantwortlichkeit vor aus der ein solches Unwerturteil abgeleitet werden kann. Zudem ist die Sozialethik begrifflich wenig trennscharf.[1040] Wäre ein solches Unwerturteil ferner hinreichendes Merkmal der Strafe, käme es also gerade auf die moralisch-ethische Herabwertung des Täters an, so könnte dies im Hinblick auf die Menschenwürdegarantie problematisch sein.[1041] Allerdings griffe dieser Einwand bei der KI nicht, da sie nicht Trägerin der Menschenwürde ist. Hier liegen, wie bereits im Rahmen der Übelszufügung, eventuell charakteristische Unterschiede zwischen Sanktionen gegenüber Mensch bzw. KI vor. Ob diese auch so wesentlich sind, dass die Sanktionen unterschiedlicher Rechtsnatur sind, bleibt zu untersuchen.

3. Missbilligungscharakter der KI-Sanktion

Dass die Strafe einen Schuldspruch voraussetzt und dadurch das zugrundeliegende Unwerturteil gegenüber anderen Sanktionen besonders schwer wiegt, weist daher wohl auf den Kerngehalt der Kriminalstrafe hin. Die Besonderheit der Strafe liegt also insbesondere also darin, dass durch sie ein bestimmtes individuelles Verhalten als besonders missbilligenswert eingestuft wird, da es in entsprechender Weise gegen die Rechtsordnung verstößt und die betroffenen Rechtsgüter als besonders schützenswert angesehen werden.[1042] Es wäre hier zu untersuchen, ob dieser Missbilligungscharakter gegenüber einer KI überhaupt dergestalt zum Tragen kommen kann, dass es sich noch um eine Kriminalstrafe handelt. Denn die Einordnung der Folge des dem Täter gemachten Vorwurfs als Strafe und die damit verbundene Schwere des Vorwurfs, trifft eine KI dann nicht oder jedenfalls nur eingeschränkt, wenn sie zwar ein, aber kein gleichwertiges Mitglied der sozialen Gemeinschaft ist. Dann nämlich wäre der durch die Missbilligung betroffene soziale Geltungsanspruch der KI weniger stark ausgeprägt als beim Menschen und der Vorwurf entsprechend weniger schwer. Eine KI könnte also per se nicht so sehr gegen die gesellschaftlichen Regeln verstoßen wie ein Mensch, weil sie, trotz Ähnlichkeit, keiner ist.

Man kann insgesamt also durchaus zu dem Schluss kommen, dass insb. mangels Übelszufügung oder mangels Möglichkeit eine der Kriminalstrafe adäquate Missbilligung auszusprechen, eine KI-Sanktion keine Kriminalstrafe

[1040] *Roxin*, in: Hassemer/Kempf/Moccia, Volk-FS, S. 603.

[1041] *Brüning*, Das Verhältnis des Strafrechts zum Disziplinarrecht, S. 543 f.

[1042] *Brüning*, Das Verhältnis des Strafrechts zum Disziplinarrecht, S. 547 ff.; vgl. auch *Meier*, Strafrechtliche Sanktionen, S. 17.

sein kann. Dies wird in der Zukunft weiteren Untersuchungen bedürfen. Denkbar wäre alternativ eine Form des Maßregelrechts oder Sanktionen sui generis, die eine Anknüpfung an das Strafrecht als Grundlage hat.

B. Rechte für intelligente Agenten?

Des Weiteren stellt sich die Frage, welche Folgen die Annahme von Rechtssubjektivität hätte, neben damit einhergehenden eigenen Pflichten, sich an die Rechtsordnung zu halten. Als erstes ist hier an Verfahrens- und Prozessrechte zu denken: Möchte man eine KI für verantwortlich erklären und sie sanktionieren, muss hierzu auch ein rechtsstaatliches Verfahren durchgeführt werden. In diesem Zusammenhang haben Menschen zum Beispiel den Anspruch auf rechtliches Gehör, Art. 103 Abs. 1 GG oder das Schweigerecht im Strafverfahren gem. § 136 Abs. 1 S. 2 StPO und 243 Abs. 5 S. 1 StPO. Infrage kommt womöglich auch eine Grundrechtsfähigkeit.[1043] Hier muss man jeweils wieder differenzieren, welche Rechte (auch) Ausfluss der Menschenwürdegarantie sind, inwieweit es möglich bzw. erforderlich ist, sie auch e-Personen zuzuerkennen, ob diese durch spezielle Gesetze geschützt werden sollen oder ob für intelligente Agenten gar eine ausschließlich pflichtenbezogene Rechtssubjektivität denkbar ist.[1044] Grundsätzlich ist hier durch die Fungibilität des Personenbegriffs im positiven Recht eine Vielzahl von Konstellationen denkbar.

[1043] Dazu insg. *Neuhöfer*, Grundrechtsfähigkeit Künstlicher Intelligenz.

[1044] Zu diesem Ergebnis käme wohl *Teubner*, AcP 218 (2018), 155 (161), der eine analoge Anwendung von Art. 19 III GG auf Software-Agenten entschieden ablehnt und sie als „digitale Sklaven“ bezeichnet.

§ 7 Abschließende Thesen

1. Die digitale Transformation ist unaufhaltbar im Gange. Sie mitzugestalten und dabei frühzeitig die zu erwartenden Probleme in den Blick zu nehmen, ist auch eine Aufgabe der Rechtswissenschaft.

2. Künstliche Intelligenz wird auf verschiedenste Weisen das gesellschaftliche Zusammenleben prägen und intelligente Agenten somit zu relevanten sozialen Akteuren werden.

3. Daraus ergibt sich, dass bei gesellschaftlich und von der Rechtsordnung unerwünschtem Verhalten von intelligenten Agenten auf dieses eine Sanktion folgen muss.

4. Solange es sich um schwache KI handelt, kann diese Sanktion nur gegenüber Menschen erfolgen. Dabei gibt es bezüglich der Anwendbarkeit des Strafrechts keine wesentlichen Probleme.

5. Bei starker, also autonomer und selbstlernender KI mit mindestens menschengleichen Fähigkeiten scheidet eine strafrechtliche Verantwortlichkeit des Menschen hingegen aus, soweit alle erforderlichen Sorgfaltspflichten eingehalten wurden.

6. Starke KI kann dagegen auch selbst verantwortlich sein. Sie ist handlungs- und schuldfähig im strafrechtlichen Sinne, da es sich jeweils um Zuschreibungen anhand unterschiedlicher Plausibilitätsgesichtspunkte handelt.

7. Eine an diese Verantwortlichkeit anknüpfende Sanktion hätte indes wohl nicht den gleichen Charakter wie eine Kriminalstrafe. Hier müssen andere Wege gegangen werden.

8. Gesellschaft und Recht sind nicht starr, sondern wandelbar und flexibel. Stellen sich neue Herausforderungen, so muss das Recht diesen im Sinne des gesamtgesellschaftlichen Konsenses begegnen.

© Der/die Herausgeber bzw. der/die Autor(en), exklusiv lizenziert an Springer Fachmedien Wiesbaden GmbH, ein Teil von Springer Nature 2025
L. F. Quarck, *Die künstliche Intelligenz in der Strafrechtsdogmatik*,
https://doi.org/10.1007/978-3-658-50504-2

Literaturverzeichnis

Adam, Jürgen/Schmidt, Karsten/Schuhmacher, Jörg: Nulla poena sine culpa – Was besagt das verfassungsrechtliche Schuldprinzip?, NStZ 2017, S. 7–13.

Alwart, Heiner: Strafrechtliche Haftung des Unternehmens - vom Unternehmenstäter zum Täterunternehmen, ZStW 105 (1993), S. 752–773.

Ambos, Kai: Ernst Belings Tatbestandslehre und unser heutiger »postfinalistischer« Verbrechensbegriff, JA 2007, S. 1–4.

Ärzteblatt: Künstliche Intelligenz soll Nutzung chirurgischer Instrumente im OP vorhersagen, abrufbar unter: *https://www.aerzteblatt.de/nachrichten/117532/Kuenstliche-Intelligenz-soll-Nutzung-chirurgischer-Instrumente-im-OP-vorhersagen.*

Asimov, Isaac: Ich, der Roboter. 2. Aufl., München 2017

Ast, Stephan: Handlung und Zurechnung. Berlin 2019.

Bauernhansl, Thomas: Die Vierte Industrielle Revolution – Der Weg in ein wertschaffendes Produktionsparadigma, in: Birgit Vogel-Heuser/Thomas Bauernhansl/Michael ten Hompel (Hrsg.), Handbuch Industrie 4.0. Bd. 4: Allgemeine Grundlagen. 2. Aufl., Berlin 2017, 1-31.

Baumann, Jürgen/Eisele, Jörg/Weber, Ulrich/Mitsch, Wolfgang: Strafrecht, Allgemeiner Teil. 13. Aufl. Bielefeld 2023 [zitiert als: *Baumann et al.*, Baumann/Weber/Mitsch/Eisele, Strafrecht AT].

Beck, Susanne: Grundlegende Fragen zum rechtlichen Umgang mit der Robotik, JR 2009, S. 225–230.

Bekey, George A.: Autonomous Robots. From Biological Inspiration to Implementation and Control. Cambridge 2005.

Beling, Ernst von: Grundzüge des Strafrechts. 11. Aufl. Tübingen 1930.

Berliner Abendblatt: Fahrerlose Busse kurven wieder durch Tegel, abrufbar unter: *https://berliner-abendblatt.de/service/fahrerlose-busse-kurven-wieder-durch-tegel-id99726/.*

Bloy, René: Die Beteiligungsform als Zurechnungstypus im Strafrecht. Berlin 1985 (Zugl.: Göttingen, Univ., Habil.-Schr., 1982/83).

BMBF: Industrie 4.0, abrufbar unter: *https://www.bmbf.de/de/zukunftsprojekt-industrie-4-0-848.html.*

Bock, Dennis: Criminal Compliance. Baden-Baden 2011.

ders.: Strafrecht Allgemeiner Teil. 2. Aufl. Berlin, Heidelberg 2021 [zitiert als: *Bock*, Strafrecht AT].

Boehme-Neßler, Volker: Die Macht der Algorithmen und die Ohnmacht des Rechts. Wie die Digitalisierung das Recht relativiert, NJW 2017, S. 3031–3037.

© Der/die Herausgeber bzw. der/die Autor(en), exklusiv lizenziert an Springer Fachmedien Wiesbaden GmbH, ein Teil von Springer Nature 2025
L. F. Quarck, *Die künstliche Intelligenz in der Strafrechtsdogmatik*,
https://doi.org/10.1007/978-3-658-50504-2

Borges, Georg: Rechtliche Rahmenbedingungen für autonome Systeme, NJW 2018, 977-982.

Bosch, Nikolaus: Grundprobleme des entschuldigenden Notstands (§ 35 StGB), Jura 2015, S. 347–355.

Brandstetter, Thomas: Expertin klärt auf: Können wir uns in Roboter verlieben?, abrufbar unter: *https://www.abendblatt.de/ratgeber/article234367105/roboter-liebe-beziehung-siri-alexa-expertin-interview.html*.

Bräutigam, Peter/Klindt, Thomas: Industrie 4.0, das Internet der Dinge und das Recht, NJW 2015, S. 1137–1142.

Brüning, Janique: Entscheidungsanmerkung BGH Urt. v. 29.4.2010 - 5 StR 18/10. Strafbarkeit des Arztes wegen der zwangsweisen Verabreichung von Brechmitteln, ZJS 2010, S. 549–553.

dies.: Das Verhältnis des Strafrechts zum Disziplinarrecht. Unter besonderer Berücksichtigung der verfassungsrechtlichen Grenzen staatlichen Strafens. Baden-Baden 2017.

Burchard, Christoph: Künstliche Intelligenz als Ende des Strafrechts? Zur algorithmischen Transformation der Gesellschaft, abrufbar unter: *https://d-nb.info/1193574447/34*.

Burkhardt, Björn: Und sie bewegt uns doch: die Willensfreiheit, Das Magazin 2003, S. 21–24.

Ceffinato, Tobias: Hate Speech zwischen Ehrverletzungsdelikten und Meinungsfreiheit, JuS 2020, S. 495–498.

Chalmers, David J.: Absent Qualia, Fading Qualia, Dancing Qualia, in: Thomas Metzinger (Hrsg.), Conscious experience, Paderborn 1995.

ders.: Absent Qualia, Fading Qualia, Dancing Qualia, in: Thomas Metzinger (Hrsg.), Conscious Experience, Paderborn 1995, S. 309–328.

Christaller, Thomas/Decker, Michael/Gilsbach, M. Joachim/Hirzinger, Gerd/Lauterbach, Karl W./Schweighofer, Erich/Schweitzer, Gerhard/Sturma, Dieter: Robotik. Berlin, Heidelberg 2001.

Cirener, Gabriele et. al. (Hrsg.): Strafgesetzbuch. Leipziger Kommentar Band 1. 13. Aufl. Berlin 2020 [zitiert als: LK-StGB/*Verfasser*].

dies.: Strafgesetzbuch. Leipziger Kommentar Band 2. 13. Aufl. Berlin 2021 [zitiert als: LK-StGB/*Verfasser*].

dies.: Strafgesetzbuch. Leipziger Kommentar Band 4. 13. Aufl. Berlin 2020 [zitiert als: LK-StGB/*Verfasser*].

Conrad, Bernd/Knecht, Jochen: Sicherheitsfahrer bleiben zu Hause, abrufbar unter: *https://www.auto-motor-und-sport.de/tech-zukunft/waymo-autonome-autos-ohne-sicherheitsfahrer/*.

Decker, Michael: Adaptive Robotik und Verantwortung, in: Sabine Gless/Kurt Seelmann (Hrsg.), Intelligente Agenten und das Recht, Baden-Baden 2016, S. 23–44.

Delahaye, Jean-Paul: Universelle Intelligenz. Die Formel, in: Spektrum der Wissenschaft kompakt v. 17.10.2016, S. 4–13.

Destatis: Fehlverhalten der Fahrerinnen und Fahrer bei Unfällen mit Personenschaden, abrufbar unter: *https://www.destatis.de/DE/Themen/Gesellschaft-Umwelt/Verkehrsunfaelle/Tabellen/fehlverhalten-fahrzeugfuehrer.html;jsessionid=CF84D5ECDA4C6F304D0BEFCFF32CBF9A.live721.*

dass.: Pressemitteilung Nr. 084 vom 25. Februar 2021, abrufbar unter: *https://www.destatis.de/DE/Presse/Pressemitteilungen/2021/02/PD21_084_46.html#:~:text=WIESBADEN%20%E2%80%93%20Im%20Jahr%202020%20sind,2019%20(3%20046%20Todesopfer).*

Deutsche Welle, abrufbar unter: *https://www.dw.com/de/wenn-der-richter-mit-softwarehilfe-urteilt/a-47174579.*

Deutscher Verkehrssicherheitsrat: Unfallstatistik, abrufbar unter: *https://www.dvr.de/service/unfallstatistik.*

Dierig, Carsten: Cobots ermöglichen den Aufbruch in ganz neue Welten, abrufbar unter: *https://www.welt.de/wirtschaft/article164014716/Cobots-ermoeglichen-den-Aufbruch-in-ganz-neue-Welten.html.*

Diermann, Ralph: Fraunhofer IEE schafft Kompetenzzentrum für Künstliche Intelligenz im Energiesystem, abrufbar unter: *https://www.pv-magazine.de/2020/08/06/fraunhofer-iee-schafft-kompetenzzentrum-fuer-kuenstliche-intelligenz-im-energiesystem/.*

Dinzelbacher, Peter: Das fremde Mittelalter. Gottesurteil und Tierprozess. 2. Aufl. Darmstadt 2020.

Dölling, Dieter/Duttge, Gunnar/König, Stefan/Rössner, Dieter (Hrsg.): Gesamtes Strafrecht. 5. Aufl. Baden-Baden 2022 [zitiert als: Dölling/Duttge/König/Rössner/*Verfasser*].

Döpke, Christian F./Jülicher, Tim: Digitale Transformation im Spiegel juristischer Grundlagendisziplinen, InTer 2019, S. 16–20.

Dörner, Karolin: Supermikrochirurgie – In Zukunft mit OP-Roboter?, abrufbar unter: *https://www.mdr.de/wissen/supermikrochirurgie-op-roboter-operation-da-vinci-musa-100.html.*

Dörrwächter, Jan: Nachhaltigkeit und Gesellschaftsinteresse. Zu den Pflichten des Vorstands im Zusammenhang mit ESG, NZG 2022, S. 1083–1093.

Drexl, Josef: Bedrohung der Meinungsvielfalt durch Algorithmen, ZUM 2017, S. 529–543.
Duttge, Gunnar: Rechtsprechungsübersicht zur (strafrechtlichen) Fahrlässigkeit. Kontinuität und Wandel seit der Jahrtausendwende, NStZ 2006, S. 266–274.
Eidam, Lutz: Auswirkung und Stellenwert strafrechtlicher Expertengutachten auf die Anwendbarkeit von § 17 StGB in wirtschaftsstrafrechtlichen Fallkonstellationen, ZStW 2015, S. 120–142.
ders.: Der Organisationsgedanke im Strafrecht. Tübingen 2015.
Eidenmüller, Horst: The Rise of Robots and the Law of Humans, ZEuP 2017, S. 765–777.
Engländer, Armin: Das selbstfahrende Kraftfahrzeug und die Bewältigung dilemmatischer Situationen, ZIS 2016, S. 608–618.
Erhardt, Jonathan/Mona, Martino: Rechtsperson Roboter - Philosophische Grundlagen für den rechtlichen Umgang mit künstlicher Intelligenz, in: Sabine Gless/Kurt Seelmann (Hrsg.), Intelligente Agenten und das Recht, Baden-Baden 2016, S. 61–96.
Ernst, Christian: Algorithmische Entscheidungsfindung und personenbezogene Daten, JZ 2017, S. 1026–1036.
Europäische Kommission: Mitgliedstaaten und Kommission arbeiten gemeinsam an Förderung künstlicher Intelligenz „Made in Europe“, abrufbar unter: *https://ec.europa.eu/commission/presscorner/detail/de/IP_18_6689.*
dies.: Verordnung des Europäischen Parlaments und des Rates zur Festlegung harmonisierter Vorschriften für Künstliche Intelligenz (Gesetz über Künstliche Intelligenz) und zur Änderung bestimmter Rechtsakte der Union, abrufbar unter: *https://eur-lex.europa.eu/legal-content/DE/TXT/HTML/?uri=CELEX:52021PC0206&from=DE.*
Europäisches Parlament: Entschließung des Europäischen Parlaments vom 16. Februar 2017 mit Empfehlungen an die Kommission zu zivilrechtlichen Regelungen im Bereich Robotik, abrufbar unter: *https://www.europarl.europa.eu/doceo/document/TA-8-2017-0051_DE.html?redirect.*
dass.: Entschließung des Europäischen Parlaments vom 16. Februar 2017 mit Empfehlungen an die Kommission zu zivilrechtlichen Regelungen im Bereich Robotik (2015/2103(INL), abrufbar unter: *https://www.europarl.europa.eu/doceo/document/TA-8-2017-0051_DE.html?redirect.*
Fincan, Müslüm: Artificial Intelligence and Legal Issues. A Review of AI-based Legal Impasses in Terms of Criminal Law. Berlin 2022.
Finke, Christina: Was kann und darf der Autopilot von Tesla?, abrufbar unter: *https://www.autozeitung.de/tesla-model-s-autopilot-109969.html.*

Fischer, Thomas (Hrsg.): Strafgesetzbuch. 72. Aufl. München 2025 [zitiert als: Fischer/*Bearbeiter].*

Freier, Friedrich von: Zurück hinter die Aufklärung: Zur Wiedereinführung von Verbandsstrafen, GA 2009, S. 98–116.

Frister, Helmut: Der strafrechtsdogmatische Begriff der Schuld, JuS 2013, S. 1057–1065.

Fromme, Claudia: "Man kann mit Robotern eine Ehe führen", abrufbar unter: *https://www.sueddeutsche.de/digital/kuenstliche-intelligenz-man-kann-mit-robotern-eine-ehe-fuehren-1.342591.*

Gaede, Karsten: Künstliche Intelligenz - Rechte und Strafen für Roboter? Plädoyer für eine Regulierung künstlicher Intelligenz jenseits ihrer reinen Anwendung. Baden-Baden 2019.

Gallas, Wilhelm: Zum gegenwärtigen Stand der Lehre vom Verbrechen, ZStW 67 (1955), S. 1–47.

ders.: Täterschaft und Teilnahme, in: Wilhelm Gallas (Hrsg.), Beiträge zur Verbrechenslehre, Berlin 1968, S. 78–129.

Gelitz, Christian: Interview mit einem Cog, in: Spektrum der Wissenschaft kompakt v. 17.10.2016, S. 14–24.

Geminn, Christian: Die Regulierung Künstlicher Intelligenz. Anmerkungen zum Entwurf eines Artificial Intelligence Act, ZD 2021, S. 354–359.

Gless, Sabine: Von der Verantwortung einer E-Person, GA 2017, S. 324–329.

Gless, Sabine/Seelmann, Kurt: Intelligente Agenten und das Recht - Verantwortungszuschreibung in Antike und Moderne, in: Sabine Gless/Kurt Seelmann (Hrsg.), Intelligente Agenten und das Recht, Baden-Baden 2016, S. 11–22.

Gless, Sabine/Weigend, Thomas: Intelligente Agenten und das Strafrecht, ZStW 126 (2014), S. 561–591.

Goldschmidt, James: Der Notstand, ein Schuldproblem. Mit Rücksicht auf die Strafgesetzentzwürfe Deutschlands, Österreichs und der Schweiz. Wien, Manz 1913.

Gómez-Jara Díez, Carlos: Grundlagen des konstruktivistischen Unternehmensschuldbegriffes, ZStW 119 (2007), S. 290–333.

Gopnik, Alison: Lernen wie ein Kind, in: Spektrum der Wissenschaft kompakt v. 01.10.2018, S. 12–20.

Görz, Günther/Nebel, Bernhard: Künstliche Intelligenz. Frankfurt a. M. 2003.

Götzke, Manfred: „Hochstapler setzen beim Problem des Vertrauens an“, abrufbar unter: *https://www.deutschlandfunk.de/psychogramm-des-hochstaplers-hochstapler-setzen-beim-100.html.*

Graf, Jürgen (Hrsg.): Beck'scher Online-Kommentar Ordnungswidrigkeitengesetz. 39. Edition München 01.07.2023 [zitiert als: BeckOK-OwiG/*Verfasser*].

Graff, Bernd: Rassistischer Chat-Roboter: Mit falschen Werten bombardiert, abrufbar unter: *https://www.sueddeutsche.de/digital/microsoft-programm-tay-rassistischer-chat-roboter-mit-falschen-werten-bombardiert-1.2928421*.

Greco, Luís: Das Subjektive an der objektiven Zurechnung: Zum „Problem" des Sonderwissens, ZStW 117 (2005), S. 519–554.

Groff, Todd/Jones, Thomas: Introduction to Knowledge Management. KM in Business. London, New York 2011.

Groß, Nadja/Gressel, Jacqueline: Entpersonalisierte Arbeitsverhältnisse als rechtliche Herausforderung – Wenn Roboter zu Kollegen und Vorgesetzten werden, NZA 2016, S. 990–996.

Grosse-Wilde, Thomas: Verloren im Dickicht von Kausalität und Erfolgszurechnung. Über „Alleinursachen", „Mitursachen", „Hinwegdenken", „Hinzudenken", „Risikorealisierungen" und „Unumkehrbarkeitszeitpunkte" im Love Parade-Verfahren, ZIS 2017, S. 638–661.

Grüneberg, Christian (Hrsg.): Bürgerliches Gesetzbuch. 82. Aufl. München 2023 [zitiert als: Grüneberg/*Verfasser*].

Güntge, Georg-Friedrich: Die Spielraumtheorie - Dominanz einer "unwissenschaftlichen" Strafzumessungslehre?, ZIS 2018, S. 384–387.

Günther, Jan-Philipp: Roboter und rechtliche Verantwortung (Dissertation) 2013.

Habersack, Mathias (Red.): Münchener Kommentar zum Bürgerlichen Gesetzbuch Band 7. 9. Aufl. München 2024 [zitiert als: MüKo-BGB/*Verfasser*].

Hahn, Thomas: Land der Alten, abrufbar unter: *https://www.sueddeutsche.de/politik/japan-land-der-alten-1.5034933*.

Hartnett, Kevin: Durch eigenständiges Lernen zur Meisterschaft, in: Spektrum der Wissenschaft kompakt v. 01.10.2018, S. 47–49.

Hassabis, Demis: AlphaGo: using machine learning to master the ancient game of Go, abrufbar unter: *https://blog.google/technology/ai/alphago-machine-learning-game-go/*.

Hassemer, Winfried: Grenzen des Wissens im Strafprozess. Neuvermessung durch die empirischen Wissenschaften vom Menschen?, ZStW 121 (2009), S. 829–859.

Heinrich, Bernd: Strafrecht - Allgemeiner Teil. 7. Aufl. Stuttgart 2022 [zitiert als: *Heinrich*, Strafrecht AT].

v. Heintschel-Heinegg, Bernd (Red.): Münchener Kommentar zum Strafgesetzbuch Band 1. 5. Aufl. München 2024 [zitiert als: MüKo-StGB/*Verfasser*].
ders. (Red.): Münchener Kommentar zum Strafgesetzbuch Band 2. 4. Aufl. München 2020 [zitiert als: MüKo-StGB/*Verfasser*].
ders. (Hrsg.): Beck'scher Online-Kommentar Strafgesetzbuch. 65. Edition München, Stand 01.05.2025 [zitiert als: BeckOK-StGB/*Verfasser*].
Heise: Zahlen, bitte! Die (fast) unendliche Tiefe des Go-Spiels, abrufbar unter: *https://www.heise.de/hintergrund/Zahlen-bitte-Die-fast-unendliche-Tiefe-des-Go-Spiels-3130017.html.*
Heiss, Stefan: Artificial Intelligence Meets European Union Law. The EU Proposals of April 2021 and October 2020, EuCML 2021, S. 252–257.
Henssler, Martin/Hoven, Elisa/Kubiciel, Michael/Weigend, Thomas: Kölner Entwurf eines Verbandssanktionengesetzes, NZWiSt 2018, S. 1–10.
Herberger, Maximilian: "Künstliche Intelligenz" und Recht. Ein Orientierungsversuch, NJW 2018, S. 2825–2829.
Hertzberg, Joachim: Technische Gestaltungsoptionen für autonom agierende Komponenten und Systeme, in: Eric Hilgendorf/Sven Hötitzsch (Hrsg.), Das Recht vor den Herausforderungen der modernen Technik. Beiträge der 1. Würzburger Tagung zum Technikrecht im November 2013, Baden-Baden 2015, S. 63–73.
Herzberg, Rolf: Täterschaft und Teilnahme. Eine systematische Darstellung anhand von Grundfällen. München 1977.
ders.: Grundprobleme der deliktischen Fahrlässigkeit im Spiegel des Münchener Kommentars zum Strafgesetzbuch - beck-online, NStZ 2004, S. 593–600.
ders.: Zweifelsfragen des § 222 StGB - Zugleich eine Besprechung des Urteils BGH NStZ 2005, 446, NStZ 2005, S. 602–607.
Hilgendorf, Eric: Humanismus und Recht – Humanistisches Recht? Eine erste Orientierung, in: Horst Groschopp (Hrsg.), Humanismus und Humainiserung, Aschaffenburg 2014.
ders.: Recht und autonome Maschinen - ein Problemaufriß, in: Eric Hilgendorf/Sven Hötitzsch (Hrsg.), Das Recht vor den Herausforderungen der modernen Technik. Beiträge der 1. Würzburger Tagung zum Technikrecht im November 2013, Baden-Baden 2015, S. 11–40.
ders.: Automatisiertes Fahren und Recht - ein Überblick, JA 2018, S. 801–807.
ders.: Automatisiertes Fahren und Strafrecht - der "Aschaffenburger Fall", DRiZ 2018, S. 66–69.

ders.: Autonome Systeme, künstliche Intelligenz und Roboter. Eine Orientierung aus strafrechtlicher Perspektive, in: Stephan Barton/Ralf Eschelbach/Michael Hettinger/Eberhard Kempf/Christoph Krehl/Franz Salditt (Hrsg.), Festschrift für Thomas Fischer, München 2018, S. 99–113.

ders.: Dilemma-Probleme beim automatisierten Fahren. Ein Beitrag zum Problem des Verrechnungsverbots im Zeitalter der Digitalisierung, ZStW 130 (2018), S. 674–703.

Hillenkamp, Thomas: Strafrecht ohne Willensfreiheit? Eine Antwort auf die Hirnforschung, JZ 2005a, S. 313–320.

ders.: Strafrecht ohne Willensfreiheit? Eine Antwort auf die Hirnforschung, JZ 2005b, S. 313–320.

ders.: Hirnforschung, Willensfreiheit und Strafrecht – Versuch einer Zwischenbilanz, ZStW 127 (2015), S. 10–96.

Hirsch, Hans Joachim: Der Streit und Handlungs- und Unrechtslehre, insbesondere im Spiegel der Zeitschrift für die gesamte Strafrechtswissenschaft, ZStW 93 (1981), S. 831–863.

ders.: Das Schuldprinzip und seine Funktion im Strafrecht, ZStW 106 (1994), S. 746–765.

ders.: Strafrechtliche Verantwortlichkeit von Unternehmen, ZStW 107 (1995), S. 285–323.

ders.: Zur gegenwärtigen deutschen Diskussion über Willensfreiheit und Strafrecht, ZIS 2010, S. 62–67.

Hochhuth, Martin: Die Bedeutung der neuen Willensfreiheitsdebatte für das Recht, JZ 2005, S. 745–753.

Hoeren, Thomas/Sieber, Ulrich/Holznagel, Bernd (Hrsg.): Handbuch Multimedia-Recht. 58. Aufl. München 2022 [zitiert als: Hoeren/Sieber/Holznagel/*Verfasser*].

Hoffmann-Riem, Wolfgang: Verhaltenssteuerung durch Algorithmen - Eine Herausforderung für das Recht, AöR 142 (2017), S. 1–42.

Holland, Martin: US-Justiz: Algorithmen benachteiligen systematisch Schwarze, abrufbar unter: *https://www.heise.de/newsticker/meldung/US-Justiz-Algorithmen-benachteiligen-systematisch-Schwarze-3216770.html.*

Höpner, Axel: Wie die dänische Stadt Odense zum Mekka des neuen Roboterbooms wurde, abrufbar unter: *https://www.handelsblatt.com/technik/thespark/intelligente-maschinen-wie-die-daenische-stadt-odense-zum-mekka-des-neuen-roboterbooms-wurde/23761738.html?ticket=ST-23281-DtCXleiaClNVd25sVHeP-ap1.*

Horner, Susanne/Kaulartz, Markus: Haftung 4.0. Verschiebung des Sorgfaltsmaßstabs bei Herstellung und Nutzung autonomer Systeme, CR 2016, S. 7–14.

Hörnle, Tatjana: Vorsatzfeststellung in "Raser-Fällen", NJW 2018, S. 1576–1578.

Horvitz, Eric J./Breese, John S./Henrion, Max: Decision Theory in Expert Systems and Artificial Intelligence, International Journal of Approximate Reasoning 2 (1988), S. 247–302.

Hötitzsch, Sven: Juristische Herausforderungen im Kontext von "Industrie 4.0" - Benötigt die vierte industrielle Revolution einen neuen Rechtsrahmen?, in: Eric Hilgendorf/Sven Hötitzsch (Hrsg.), Das Recht vor den Herausforderungen der modernen Technik. Beiträge der 1. Würzburger Tagung zum Technikrecht im November 2013, Baden-Baden 2015, S. 75–96.

Hoven, Elisa/Kubiciel, Michael: Ende der Schonzeit, abrufbar unter: *https://www.zeit.de/2018/04/korruption-strafrecht-mitarbeiter-firmen-ermittlungspflicht.*

IFR: Service Robots, abrufbar unter: *https://www.ifr.org/service-robots.*

Ito, Joichi: Resisting Reduction: A Manifesto, abrufbar unter: *https://jods.mitpress.mit.edu/pub/resisting-reduction.*

Jakobs, Günther: Schuld und Prävention. Tübingen 1976.

ders.: Strafrecht, Allgemeiner Teil. Die Grundlagen und die Zurechnungslehre. Tübingen 1991 [zitiert als: *Jakobs*, Strafrecht AT].

ders.: Der strafrechtliche Handlungsbegriff. München 1992.

ders.: Das Schuldprinzip. Opladen 1993.

ders.: Mittelbare Täterschaft der Mitglieder des Nationalen Verteidiungsrats, NStZ 1995, S. 26–27.

ders. Strafbarkeit juristischer Personen?, in: Cornelius Prittwitz/Michael Baurmann/Klaus Günther/Lothar Kuhlen/Reinhard Merkel/Cornelius Nestler/Lorenz Schulz (Hrsg.), Festschrift für Klaus Lüderssen, Baden-Baden 2002, S. 559–575.

Janisch, Wolfgang: Wie Ermittler Internet-Hetzern das Leben schwer machen wollen, abrufbar unter: *https://www.sueddeutsche.de/digital/hate-speech-anzeigen-1.4682038.*

Jescheck, Hans-Heinrich: Die strafrechtliche Verantowrtlichkeit der Personenverbände, ZStW 65 (1953), S. 210–225.

Jescheck, Hans-Heinrich/Weigend, Thomas: Lehrbuch des Strafrechts. Allgemeiner Teil. 5. Aufl. Berlin 1996 [zitiert als: *Jescheck/Weigend*, Strafrecht AT].

Kaler, Matthias v./*Wieser, Sylvia*: Weiterer Rechtsetzungsbedarf beim automatisierten Fahren, NVwZ 2018, S. 369–373.

Kämper, Vera: Die Kanzlerin entdeckt #Neuland, abrufbar unter: *https://www.spiegel.de/netzwelt/netzpolitik/kanzlerin-merkel-nennt-bei-obama-besuch-das-internet-neuland-a-906673.html.*

Kaplan, Jerry: Künstliche Intelligenz. Eine Einführung. Frechen 2017.

Kaspar, Johannes: Strafrecht Allgemeiner Teil. Einführung. 4. Aufl. Stuttgart 2023 [zitiert als: *Kaspar*, Strafrecht AT].

Kaufmann, Arthur: Das Schuldprinzip. Eine strafrechtlich-rechtsphilosophische Untersuchung. 2. Aufl. Heidelberg 1976.

Kaufmann, Thomas/Forstner, Lisa: Die horizontale Integration der Wertschöpfungskette in der Halbleiterindustrie - Chancen und Herausforderungen, in: Birgit Vogel-Heuser/Thomas Bauernhansl/Michael ten Hompel (Hrsg.), Handbuch Industrie 4.0. Bd. 4: Allgemeine Grundlagen. 2. Aufl., Berlin 2017, S. 124–133.

Kemper, Carolin: Rechtspersönlichkeit für Künstliche Intelligenz?, cognitio 2018, S. 1–12.

Keßler, Oliver: Intelligente Roboter – neue Technologien im Einsatz. Voraussetzungen und Rechtsfolgen des Handelns informationstechnischer Systeme, MMR 2017, S. 589–594.

Kindhäuser, Urs: Intentionale Handlung. Sprachphilosophische Untersuchungen zum Verständnis von Handlung im Strafrecht. Berlin 1980.

ders.: Erlaubtes Risiko und Sorgfaltswidrigkeit. Zur Struktur strafrechtlicher Fahrlässigkeitshaftung, GA 1994, S. 197–223.

ders.: Der subjektive Tatbestand im Verbrechensaufbau. Zugleich eine Kritik der Lehre von der objektiven Zurechnung, GA 2007, S. 447–468.

ders.: Zur Alternativstruktur des strafrechtlichen Kausalbegriffs. Zugleich eine Entgegnung auf Puppes Kritik der condicio per quam, ZIS 2016, S. 574–593.

Kindhäuser, Urs/Hilgendorf, Eric: Strafgesetzbuch. 10. Aufl. Baden-Baden 2025 [zitiert als: *Kindhäuser/Hilgendorf*].

Kindhäuser, Urs/Neumann, Ulfried/Paeffgen, Hans-Ullrich/Saliger, Frank (Hrsg.): Nomos Kommentar Strafgesetzbuch. 6. Aufl. Baden-Baden 2023 [zitiert als: NK-StGB/*Verfasser*].

Kindhäuser, Urs/Zimmermann, Till: Strafrecht, Allgemeiner Teil. 11. Aufl. 2023 [zitiert als: *Kindhäuser/Zimmermann*, Strafrecht AT].

Kirchschläger, Peter G.: Roboter und Ethik, AJP/PJA 2017, S. 240–248.

Knauer, Florian: Zur Wiederkehr der Sozialadäquanz im Strafrecht – Renaissance einer überholten Rechtsfigur oder dogmatische Kategorie der Zukunft?, ZStW 126 (2014), S. 844–865.

Kniepert, Cornelius: Die Rechtsfähigkeit autonomer Systeme, JA 2021, S. 358–368.

Koch, Christof: Talent am Joystick, in: Spektrum der Wissenschaft kompakt v. 17.10.2016, S. 28–35.
Kohlrausch, Eduard: Sollen und Können als Grundlage der strafrechtlichen Zurechnung, in: Festgabe für Karl Güterbock zur achtzigsten Wiederkehr seines Geburtstages, von den früheren und den gegenwärtigen Angehörigen der Fakultät, Berlin 1910, S. 1–34.
Kornhuber, Hans Helmut/Deecke, Lüder: Hirnpotentialänderungen bei Willkürbewegungen und passiven Bewegungen des Menschen: Bereitschaftspotential und reafferente Potentiale, Pflügers Archiv 284 (1965), S. 1–17.
dies.: Wille und Gehirn, in: Hilarion G. Petzold/Johanna Sieper (Hrsg.), Der Wille, die Neurobiologie und die Psychotherapie. Zwischen Freiheit und Determination, Bielefeld, Locarno 2019, S. 77–176.
Krämer, Benjamin: Synäshtetische Soziologie. Versuche über Sinn und Gesellschaft. Freiburg 2012.
Kreuzberg, Bastian: Täterschaft und Teilnahme als Handlungsunrechtstypen. Berlin 2019.
Krey, Volker/Esser, Robert: Deutsches Strafrecht Allgemeiner Teil. 7. Aufl. Stuttgart 2022 [zitiert als: *Krey/Esser*, Strafrecht AT].
Kudlich, Hans: Strafbarkeit des Anstifters bei error in persona, NJW 2017, S. 3097–3098.
Kühl, Kristian: Strafrecht. Allgemeiner Teil. 8. Aufl. München 2017 [zitiert als: *Kühl*, Strafrecht AT].
Lackner, Karl/Kühl, Kristian/Heger, Martin: Strafgesetzbuch. 30. Aufl. München 2023 [zitiert als: Lackner/Kühl/Heger/*Verfasser*].
Lämmel, Uwe/Cleve, Jürgen: Künstliche Intelligenz. Mit 51 Tabellen, 43 Beispielen, 118 Aufgaben, 89 Kontrollfragen und Referatsthemen. 4. Aufl. München 2012.
Lampe, Ernst-Joachim: Systemunrecht und Unrechtssysteme, ZStW 106 (1994), S. 683–745.
dass.: Willensfreiheit und strafrechtliche Unrechtslehre, ZStW 118 (2006), S. 1–43.
Legg, Shane/Hutter, Marcus: Universal Intelligence. A Definition of Machine Intelligence, Minds & Machines 17 (2007), S. 391–444.
Leupold, Andreas/Wiebe, Andreas/Glossner, Silke (Hrsg.): IT-Recht. 4. Aufl. München 2021 [zitiert als: Leupold/Wiebe/Glossner/*Verfasser*].
Lewinski, Kai von: Regulierungsbedarf und Regulierungsfelder von algorithmischen Systemen, InTer 2018, S. 168–176.

Libet, Benjamin: Besitzen wir Willensfreiheit?, in: Hilarion G. Petzold/Johanna Sieper (Hrsg.), Der Wille, die Neurobiologie und die Psychotherapie. Zwischen Freiheit und Determination, Bielefeld, Locarno 2019, S. 177–196.

Lill, Felix: Meine große Liebe, der Roboter, abrufbar unter: *https://www.zeit.de/wissen/2013-07/kuenstliche-intelligenz-hiroshi-ishiguro-lebensgefaehrte-roboter?*

Lin, Patrick/Abney, Keith/Bekey, George A.: Robot ethics: Mapping the issues for a mechanized world, Artificial Intelligence 2011, S. 942–949.

Linke, Christian: Die elektronische Person. Erforderlichkeit einer Rechtspersönlichkeit für autonome Systeme?, MMR 2021, S. 200–204.

Liszt, Franz von: Der Zweckgedanke im Strafrecht, ZStW 3 (1883), S. 1–47.

Loh, Janina: Verantwortung und Roboterethik - ein kleiner Überblick - Teil 1, InTer 2017, S. 220–226.

dies.: Verantwortung und Roboterethik – ein kleiner Überblick – Teil 2, InTer 2018, S. 29–35.

Lohmann, Anna: Strafrecht im Zeitalter von Künstlicher Intelligenz. Der Einfluss von autonomen Systemen und KI auf die tradierten strafrechtlichen Verantwortungsstrukturen. Baden-Baden 2021.

Luhmann, Niklas: Einführung in die Systemtheorie. 6. Aufl. Heidelberg 2011.

Luo, Gang: Automatically Explaining Machine Learning Prediction Results: A Demonstration on Type 2 Diabetes Risk Prediction, abrufbar unter: *https://pages.cs.wisc.edu/~gangluo/explain_prediction_results.pdf.*

Mansdörfer, Marco: Die rechtsdogmatische Diskussion um ein Unternehmensstrafrecht im Kontext aktueller Corporate Governance, in: Matthias Jahn/Charlotte Schmitt-Leonardy/Christian Schoop (Hrsg.), Das Unternehmensstrafrecht und seine Alternativen, Baden-Baden 2016, S. 113–133.

Markwalder, Nora/Simmler, Monika: Roboterstrafrecht - Zur strafrechtlichen Verantwortlichkeit von Robotern und künstlicher Intelligenz, AJP/PJA 2017, S. 171–182.

Marlie, Marcus: Schuldstrafrecht und Willensfreiheit Ein Überblick, ZJS 2008, S. 41–46.

Martini, Mario: Algorithmen als Herausforderung für die Rechtsordnung, JZ 2017, S. 1017–1025.

Matt, Holger/Renzikowski. Joachim (Hrsg.): Strafgesetzbuch. 2. Aufl. München 2020 [zitiert als: Matt/Renzikowski/*Verfasser*].

McCarthy, John/Minsky, Marvin L./Rochester, Nathaniel/Shannon, Claude E.: A Proposal For The Dartmouth Summer Research Project On Artificial Intelligence 1955, abrufbar unter: *http://www-formal.stanford.edu/jmc/history/dartmouth/dartmouth.html*.

MDR: Autonomes Fahren: Echtzeitdaten sollen Unfälle verhindern, abrufbar unter: *https://www.mdr.de/wissen/sicher-autonom-fahren-algorithmus-echtzeitdaten-unfall-verhindern-100.html*.

Meier, Bernd-Dieter: Strafrechtliche Sanktionen. 5. Aufl. 2019.

Menne, Katharina: Wenn die Maschine in menschliche Abgründe blickt, abrufbar unter: *https://www.zeit.de/2021/24/kuenstliche-intelligenz-software-sexuelle-gewalt-kinder-ermittlung-microsoft*.

Meyer, Jan-Bernd: "Künstliche Intelligenz ist besser als natürliche Dummheit", abrufbar unter: *https://www.computerwoche.de/a/kuenstliche-intelligenz-ist-besser-als-natuerliche-dummheit,3210426*.

Mezger, Edmund: Strafrecht. Ein Lehrbuch. 3. Aufl. Berlin, München 1949 [zitiert als: *Mezger*, Strafrecht. Ein Lehrbuch].

Miebach, Bernhard: Digitale Transformation von Wirtschaft und Gesellschaft. Wie KI, Social Media und Big Data unsere Lebenswelt verändern. Wiesbaden 2020.

Mitsch, Wolfgang (Hrsg.): Karlsruher Kommentar zum Gesetz über Ordnungswidrigkeiten. 5. Aufl. München 2018 [zitiert als: KK-OwiG/*Verfasser*].

Mnih, Volodymyr/Kavukcuoglu, Koray/Silver, David/Graves, Alex/Ioannis Antonoglu/Wierstra, Daan/Riedmiller, Martin: Playing Atari with Deep Reinforcement Learning 2013, abrufbar unter: *http://www.cs.toronto.edu/~vmnih/docs/dqn.pdf*.

Mockenhaupt, Andreas: Digitalisierung und Künstliche Intelligenz in der Produktion. Grundlagen und Anwendung. Wiesbaden 2021.

Mueller, Alexandra S./Reagan, Ian J./Cicchino, Jessica B.: Addressing Driver Disengagement and Proper System Use: Human Factors Recommendations for Level 2 Driving Automation Design, Journal of Cognitive Engineering and Decision Making 2021, S. 3–27.

Müller, Melinda Florina: Roboter und Recht. Eine Einführung, AJP/PJA 2014, S. 595–608.

Müller-Hengstenberg, Claus D./Kirn, Stefan: Intelligente (Software-)Agenten: Eine neue Herausforderung unseres Rechtssystems Rechtliche Konsequenzen der "Verselbstständigung" technischer Systeme, MMR 2014, S. 307–313.

Musser, George: Quantencomputer könnten künstliche Intelligenz voranbringen, in: Spektrum der Wissenschaft kompakt v. 01.10.2018, S. 50–61.

Naber, Helmut: Aufbau und Einsatz eines mobilen Roboters mit unabhängiger Lokomotions- und Manipulationskomponente. Berlin, Heidelberg 1991.

Neuhöfer, Stefan: Grundrechtsfähigkeit Künstlicher Intelligenz. Berlin 2023.

Nielsen, Michael: Computer lernen Intuition, in: Spektrum der Wissenschaft kompakt v. 01.10.2018, S. 38–46.

Noack, Ulrich: Organisationspflichten und -strukturen kraft Digitalisierung, ZHR 183 (2019), S. 105–144.

Ortmann, Günther: Für ein Unternehmensstrafrecht Sechs Thesen, sieben Fragen, eine Nachbemerkung, NZWiSt 2017, S. 241–251.

Pathak, Deepak/Agrawal, Pulkit/Efros, Alexei A./Darrell, Trevor: Curiosity-driven Exploration by Self-supervised Prediction 2017, abrufbar unter: *https://pathak22.github.io/noreward-rl/resources/icml17.pdf.*

Pauen, Michael: Freiheit und Verantwortung. Wille, Determinismus und der Begriff der Person, Allgemeine Zeitschrift für Philosophie 2001, S. 23–44.

Pavlus, John: Intelligent - und neugierig!, in: Spektrum der Wissenschaft kompakt v. 01.10.2018, S. 28–37.

Peglau, Jens: Unbeantwortete Fragen der Strafbarkeit von Personenverbänden, ZRP 2001, S. 406–409.

Pieper, Fritz-Ulli: Künstliche Intelligenz: Im Spannungsfeld von Recht und Technik, InTer 2018, S. 9–15.

Pistorius, Johannes: Industrie 4.0 – Schlüsseltechnologien für die Produktion. Grundlagen, Potenziale, Anwendungen. Berlin 2020.

Puppe, Ingeborg: Der objektive Tatbestand der Anstifrung, GA 1984, S. 101–123.

dies.: Der dolus eventualis und sein Beweis, ZIS 2009, S. 409–411.

dies.: Kleine Schule des juristischen Denkens. 4. Aufl. Göttingen 2019.

Quarck, Lasse: Zur Strafbarkeit von e-Personen, ZIS 2020, S. 65–69.

Radbruch, Gustav: Der Handlungsbegriff in seiner Bedeutung für das Strafrechtssystem. Zugleich ein Beitrag zur Lehre von der rechtswissenschaftlichen Systematik. Berlin 1903.

Ransiek, Andreas: Zur strafrechtlichen Verantwortung von Unternehmen, NZWiSt 2012, S. 45–51.

Reichwald, Julian/Pfisterer, Dennis: Autonomie und Intelligenz im Internet der Dinge. Möglichkeit und Grenzen autonomer Handlungen, CR 2016, S. 208–212.

Rengier, Rudolf: Strafrecht Allgemeiner Teil. 16. Aufl. München 2024 [zitiert als: *Rengier*, Strafrecht AT].

Rhetorikmagazin: Glaubwürdigkeit, Macht und Sprache: Interview mit Gert Postel über „Schwafelkunst" und Kommunikation, abrufbar unter: *https://www.rhetorikmagazin.de/?p=4408*.
Roboterwelt: Wann ist ein Roboter ein Roboter?, abrufbar unter: *http://www.roboterwelt.de/magazin/wann-ist-ein-roboter-ein-roboter*.
Rostalski, Frauke: Normentheorie und Fahrlässigkeit. Zur Fahrlässigkeit als Grundform des Verhaltensnormverstoßes, GA 2016, S. 73–89.
Roth, Gerhard: Fühlen, Denken, Handeln. Wie das Gehirn unser Verhalten steuert. Frankfurt a. M. 2003.
Roxin, Claus: Zur Kritik der finalen Handlungslehre. Über die Leistungsfähigkeit des strafrechtlichen Handlungsbegriffs, ZStW 74 (1962), S. 515–561.
ders.: Straftaten im Rahmen organisatorischer Machtapparate, GA 1963, S. 193–207.
ders.: Literaturbericht. Strafrecht - Allgemeiner Teil, ZStW 82 (1970), S. 675–740.
ders.: Kriminalpolitik und Strafrechtssystem. 2. Aufl. Berlin 1973.
ders.: Strafrecht Allgemeiner Teil Bd. 2. München 2003 [zitiert als: *Roxin*, Strafrecht AT II].
ders.: Bemerkungen zum Fujimori-Urteil des Obersten Gerichtshofs in Peru, ZIS 2009, S. 565–568.
ders.: Strafe und Strafzwecke in der Rechtsprechung des Bundesverfassungsgerichts, in: Winfried Hassemer/Eberhard Kempf/Sergio Moccia (Hrsg.), In dubio pro libertate. Festschrift für Klaus Volk zum 65. Geburtstag, München 2009, S. 601–617.
ders.: Täterschaft und Tatherrschaft. 10. Aufl. Berlin, Boston 2019.
Roxin, Claus/Greco, Luís: Strafrecht Allgemeiner Teil Bd. 1. 5. Aufl. München 2020 [zitiert als: *Roxin/Greco*, Strafrecht AT I].
Rusch, Lina: Strategie der Bundesregierung: Wohin mit den Milliarden für Künstliche Intelligenz?, abrufbar unter: *https://www.tagesspiegel.de/wirtschaft/wohin-mit-den-milliarden-fur-kunstliche-intelligenz-5584852.html*.
Russell, Stuart Jonathan: Die gar nicht mal so große KI-Debatte, abrufbar unter: *https://link.springer.com/content/pdf/10.1007/s42354-021-0361-5.pdf?pdf=core*.
Sander, Günther M./Hollering, Jörg: Strafrechtliche Verantwortlichkeit im Zusammenhang mit automatisiertem Fahren, NStZ 2017, S. 193–206.
Satzger, Helmut/Schluckebier, Wilhelm (Hrsg.): Strafgesetzbuch. 6. Aufl. Hürth 2024 [zitiert als: SSW/*Verfasser*].

Schaffstein, Friedrich: Der Täter hinter dem Täter bei vermeidbarem Verbotsirrtum und verminderter Schuldfähigkeit des Tatmittlers - Zugleich eine Besprechung von BGH - 4StR 352/88 -, NStZ 1989, S. 153–158.

Schaub, Renate: Interaktion von Mensch und Maschine. Haftungs- und immaterialgüterrechtliche Fragen bei eigenständigen Weiterentwicklungen autonomer Systeme, JZ 2017, 342-349.

dies.: Verantwortlichkeit für Algorithmen im Internet, InTer 2019, S. 2–7.

Schilling, Uwe: Begutachtung von strafrechtlicher Verantwortlichkeit und Schuldfähigkeit aus der Sicht eines Jugendpsychologen, NStZ 1997, S. 261–265.

Schleswig-Holsteinischer Landtag: Digitalisierung: „Ein Quanten-sprung für das ganze Land", abrufbar unter: *https://www.landtag.ltsh.de/nachrichten/22_02_digitalisierungsgesetz/*.

Schmidhäuser, Eberhard: Strafrecht Allgemeiner Teil. 2. Aufl. Tübingen 1975.

Schmidt, Dominik/Schäfer, Christian: Es ist schuld?! - Strafrechtliche Verantwortlichkeit beim Einsatz autonomer Systeme im Rahmen unterschiedlicher Tätigkeiten, NZWiSt 2021, S. 413-420.

Schmitt-Leonardy, Charlotte: Unternehmenskriminalität ohne Strafrecht? Heidelberg 2013.

Schneider, Frédéric: Auswirkungen der Digitalisierung auf das Ermittlungsverfahren. Impulse aus der Strafverteidigungspraxis, ZIS 2020, S. 79–83.

Schönke, Adolf/Schröder, Horst (Begr.): Strafgesetzbuch. 30. Aufl. München 2019 [zitiert als: Schönke/Schröder/*Verfasser*].

Schubert, Claudia (Red.): Münchener Kommentar zum Bürgerlichen Gesetzbuch Band 1. 9. Aufl. München 2021 [zitiert als: MüKo-BGB/*Verfasser*].

Schuhr, Jan C.: Neudefinition tradierter Begriffe (Pseudo-Zurechnungen an Roboter), in: Eric Hilgendorf (Hrsg.), Robotik im Kontext von Recht und Moral, Baden-Baden 2014, S. 13–26.

Schulman, John et. al.: Introducing ChatGPT, abrufbar unter: *https://openai.com/blog/chatgpt*.

Schünemann, Bernd: Die Funktion des Schuldprinzips im Präventionsstrafrecht, in: Bernd Schünemann (Hrsg.), Grundfragen des modernen Strafrechtssystems, Berlin 1984, S. 153–195.

ders.: Die aktuelle Forderung eines Verbandsstrafrechts – Ein kriminalpolitischer Zombie, ZIS 2014, S. 1–18.

Seelmann, Kurt: Kollektive Verantwortung im Strafrecht. Berlin 2002.

Seher, Gerhard: Intelligente Agenten als "Personen" im Strafrecht?, in: Sabine Gless/Kurt Seelmann (Hrsg.), Intelligente Agenten und das Recht, Baden-Baden 2016, S. 45–60.

Silver, David/Huang, Aja/Maddison, Chris J./Guez, Arthur/Sifre, Laurent/van den Driessche, George/Schrittwieser, Julian/Antonoglou, Ioannis/Panneershelvam, Veda/Lanctot, Marc/Dieleman, Sander/Grewe, Dominik/Nham, John/Kalchbrenner, Nal/Sutskever, Ilya/Lillicrap, Timothy/Leach, Madeleine/Kavukcuoglu, Koray/Graepel, Thore/Hassabis, Demis: Mastering the game of Go with deep neural networks and tree search, Nature 529 (2016), 484–503.

Silver, David/Schrittwieser, Julian/Simonyan, Karen/Antonoglou, Ioannis/Huang, Aja/Guez, Arthur/Hubert, Thomas/Baker, Lucas/Lai, Matthew/Bolton, Adrian/Chen, Yutian/Lillicrap, Timothy/Hui, Fan/Sifre, Laurent/van den Driessche, George/Graepel, Thore/Hassabis, Demis: Mastering the game of Go without human knowledge, Nature 550 (2017), S. 354–359.

Singer, Wolf: Ein neues Menschenbild? Gespräche über Hirnforschung. Frankfurt a. M. 2003.

Smith, Mitch: In Wisconsin, a Backlash Against Using Data to Foretell Defendants' Futures, abrufbar unter: *https://www.nytimes.com/2016/06/23/us/backlash-in-wisconsin-against-using-data-to-foretell-defendants-futures.html?module=inline*.

Sönnichsen, Birte: Mein Helfer, der Pflege-Roboter, abrufbar unter: *https://www.tagesschau.de/inland/pflege-roboter-101.html*.

Sorge, Christoph: Softwareagenten. Vertragsschluss, Vertragsstrafe, Reugeld. Karlsruhe 2005.

Spiegel Online: Meer gepeitscht, abrufbar unter: *https://www.spiegel.de/politik/meer-gepeitscht-a-b4f418ff-0002-0001-0000-000045202465*.

dass.: Software schlägt Go-Genie mit 4 zu 1, abrufbar unter: *https://www.spiegel.de/netzwelt/gadgets/alphago-besiegt-lee-sedol-mit-4-zu-1-a-1082388.html*.

Spindler, Gerald: Roboter, Automation, künstliche Intelligenz, selbst-steuernde KfZ - Braucht das Recht neue Haftungskategorien? Eine kritische Analyse möglicher Haftungsgrundlagen für autonome Steuerung, CR 2015, S. 766–776.

Statista: Anzahl der polizeilich erfassten Opfer von Totschlag und Tötung auf Verlangen in Deutschland von 2003 bis 2022, abrufbar unter: *https://de.statista.com/statistik/daten/studie/37468/umfrage/opfer-von-totschlag-und-toetung-auf-verlangen-in-deutschland/#:~:text=Im%20Jahr%202019%20gab%20es,(T%C3%B6tung%20auf%20Verlangen)%20StGB*.

v. Staudinger, Julius (Begr.): Kommentar zum Bürgerlichen Gesetzbuch §§ 90-124; §§ 130-133. Berlin 2021. [zitiert als: Staudinger/*Verfasser*].

Stöcker, Christian: Es geht um weit mehr als Go, abrufbar unter: *https://www.spiegel.de/netzwelt/gadgets/alphago-sieg-wendepunkt-der-menschheitsgeschichte-a-1082001.html.*

Stratenwerth, Günter/Kuhlen, Lothar: Strafrecht Allgemeiner Teil. 6. Aufl. München 2011 [zitiert als: *Stratenwerth/Kuhlen*, Strafrecht AT].

Styczynski, Zbigniew A./Rudion, Krzysztof/Naumann, André: Einführung in Expertensysteme. Grundlagen, Anwendungen und Beispiele aus der elektrischen Energieversorgung. Berlin, Heidelberg 2017.

Taeger, Jürgen: Die Entwicklung des IT-Rechts im Jahr 2016, NJW 2016, S. 3764–3770.

Teubner, Gunther: Digitale Rechtssubjekte? Zum privatrechtlichen Status autonomer Softwareagenten, AcP 218 (2018), S. 155–205.

Tiedemann, Klaus: Die "Bebußung" von Unternehmen nach dem 2. Gesetz zur Bekämpfung der Wirtschaftskriminalität, NJW 1988, S. 1169–1174.

ders.: Wirtschaftsstrafrecht. 5. Aufl. München 2017.

Turing, Alan M.: Computing Machinery and Intelligence, Mind 49 (1950), S. 433–460.

Vogel, Joachim: Unrecht und Schuld in einem Unternehmensstrafrecht, StV 2012, S. 427–432.

Volk, Klaus: Zur Bestrafung von Unternehmen, JZ 1993, S. 429–435.

Volkmann, Viktor: Hate Speech durch Social Bots. Strafrechtliche Zurechnung von Volksverhetzungen gem. § 130 Abs. 1 StGB, MMR 2018, 58-63.

Walter, Tonio: Der Kern des Strafrechts. Tübingen 2006.

ders.: Sanktionen im Wirtschaftsstrafrecht, JA 2011, S. 481–486.

Weber, Klaus (Hrsg.): Rechtswörterbuch. 30. Edition München 01.04.2023 [zitiert als: Weber/*Verfasser*].

Weber, Philipp: Dilemmasituationen beim autonomen Fahren, NZV 2016, S. 249–254.

Weizenbaum, Joseph: ELIZA - A Computer Program For the Study of Natural Language Communication Between Man And Machine, Communications of the ACM 1966, S. 36–45.

Welzel, Hans: Zum Notstandsproblem, ZStW 1951, S. 47–56.

ders.: Das Deutsche Strafrecht. Eine systematische Darstellung. 11. Aufl. Berlin 1969.

Wessels, Johannes/Beulke, Werner/Satzger, Helmut: Strafrecht Allgemeiner Teil. 54. Aufl. Heidelberg 2024 [zitiert als: *Wessels/Beulke/Satzger*, Strafrecht AT].

Wildhaber, Isabelle/Lohmann, Melinda F.: Roboterrecht - eine Einleitung, AJP/PJA 2017, S. 135–140.

Wolf, Christian: Vorbild Gehirn, in: Spektrum der Wissenschaft kompakt v. 01.10.2018, S. 4–11.

Wolfangel, Eva: Die Grenzen der künstlichen Intelligenz, in: Spektrum der Wissenschaft kompakt v. 17.10.2016, S. 41–47.

Wolter, Jürgen (Hrsg.): Systematischer Kommentar zum Strafgesetzbuch Band 1. 10. Aufl. Köln 2023 [zitiert als: SK-StGB/*Verfasser*].

Wörner, Liana: Der Weichensteller 4.0. Zur strafrechtlichen Verantwortlichkeit des Programmierers im Notstand für Vorgaben an autonome Fahrzeuge, ZIS 2019, S. 41–48.

Xetra: Hochfrequenzhandel, abrufbar unter: *https://www.xetra.com/xetra-de/newsroom/aktuelle-regulatorische-themen/hochfrequenzhandel.*

Zech, Herbert: Zivilrechtliche Haftung für den Einsatz von Robotern - Zuweisung von Automatisierungs- und Autonomierisiken, in: Sabine Gless/Kurt Seelmann (Hrsg.), Intelligente Agenten und das Recht, Baden-Baden 2016, S. 163–204.

Zeit Online: Computerprogramm gaukelt erfolgreich Menschsein vor, abrufbar unter: *https://www.zeit.de/wissen/2014-06/kuenstliche-intelligenz-turing-test.*

Ziegenfuß, Thomas: Notfallmedizin. 8. Aufl., Berlin 2021.

Zoglauer, Thomas: Einführung in die formale Logik für Philosophen. 6. Aufl. Göttingen 2021.

FSC
www.fsc.org
MIX
Papier | Fördert
gute Waldnutzung
FSC® C083411

Kolibri 360 GmbH
Ferdinand-Jühlke-Straße 7
99095 Erfurt, Deutschland
produktsicherheit@kolibri360.de